2025年版

みんなが欲しかった！

介護福祉士の教科書

TAC介護福祉士
受験対策研究会

TAC出版
TAC PUBLISHING Group

はじめに

介護福祉士国家試験の筆記試験は、４つの領域に分類される12科目と、４領域の知識および技術を横断的に問う「総合問題」によって構成されています。試験内容は、介護の理念、福祉の制度、心身のしくみ、疾患の特徴、介護技術の実際など幅広く多岐にわたっているため、出題実績に即して、ポイントを押さえた、効率の良い学習を行っていくことが大切です。

『みんなが欲しかった！　介護福祉士の教科書』は、資格試験対策書籍分野で高い実績と評価を誇るTAC出版の徹底した分析に基づき、合格必須ポイントをコンパクトにまとめあげました。さらに短期間で効率的な学習を進められるよう、フルカラーでレイアウトしています。特に、ポイントとなるのは次の３つです。

パッっと
重要ポイントが
目に飛び込んでくる
フルカラーレイアウト

単調なレイアウトのテキストをただ読むだけでは、学習時間を割いても効率が悪く、効果も限定的です。

⇒　**だから試験における重要度を踏まえて、配色やレイアウトを工夫しています。**

スッっと
実戦知識が
頭に入ってくる
多彩なイラスト・図表

長い説明文を読むだけでは簡単に理解できないし、文章を読むだけでは把握しにくい。

⇒　**イラストや図表を多用し、そのイメージから視覚的に理解し、補足できるようにしました。**

グッっと
アウトプット力も
身につく例題等の
多機能アイテム

単に知識を得るだけで、国家試験の問題が解けるようになるわけではありません。

⇒　**過去問題や補足知識などを「アイテム」として付しているので、国家試験問題への対応力が身につきます。**

今回の2025年版では、新しい介護福祉士国家試験出題基準に基づいて実施された第35回および第36回国家試験と、以前の出題基準に基づいて実施された第34回国家試験までの頻出項目、新出題基準でも問われる可能性のある項目等を分析し、第37回国家試験（2025年１月実施予定）に対応できるよう、本文内容を改訂しています。本書を通じて、ぜひ、介護福祉士国家試験の合格を勝ち取ってください。

2024年４月

TAC介護福祉士受験対策研究会

本書の使い方と効率的学習法

まずは学習準備♪

1

**まずはスタートアップ講座で
試験範囲を見渡しましょう！**

「スタートアップ講座」は、介護福祉士国家試験の学習を始めるにあたって、その学習範囲をざっくりと見渡すものです。

▶ 「スタートアップ講座」では、４領域12科目と「総合問題」で構成される介護福祉士国家試験の全体像をまとめています。ここで全体像を知っておけば、学習がスムーズになること間違いなし！　学習の第１歩となるものです。

そして本格学習開始♪

2

**このSECTIONのポイントで
学習リズムをつかみます！**

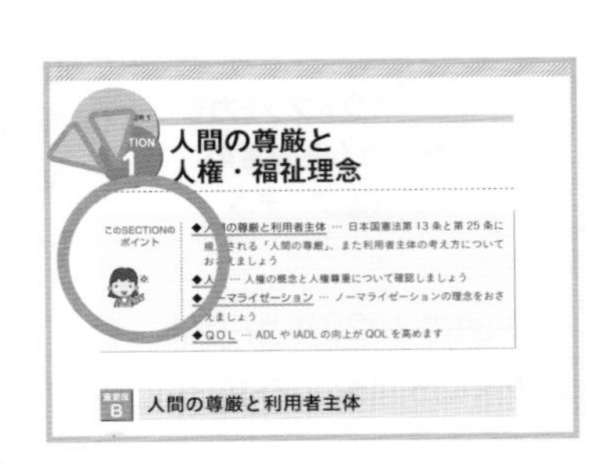

「このSECTIONのポイント」は、学習効率を考えて細分化された、各SECTIONの学習内容を示したものです。

▶ 「このSECTIONのポイント」では、各SECTIONでどのようなことを学ぶのかを、簡潔に説明しています。学習上のねらいが分かれば、学習リズムがつかみやすくなるはずです。

3 各項目の重要度はABCのランクで一目瞭然♪

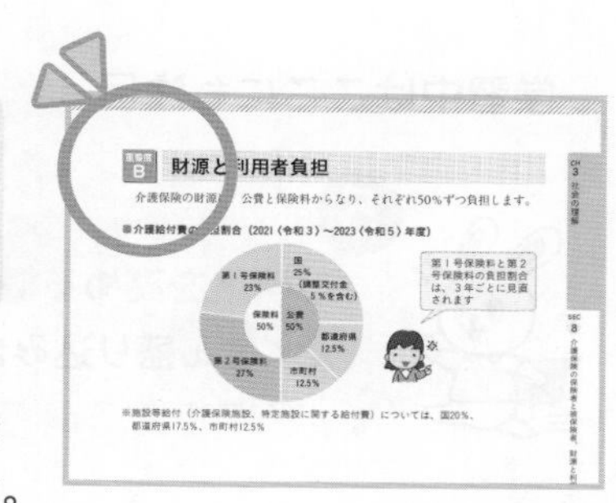

各項目の重要度を、出題頻度などを踏まえたうえで、A・B・Cの３段階で表示しています。

▶ 今、学習中の項目がどの程度重要なのかということは、気になるものです。国家試験の直前など時間的な制約があるときには、優先順位をつけて学習する必要があります。そこで各項目の重要度をA・B・Cの３段階で表示しました。学習の目安として活用してください。

Aランク	▶	重要な項目です。何度も確認してマスターしましょう。
Bランク	▶	比較的重要な項目です。しっかりおさえておきましょう。
Cランク	▶	確実な合格をめざすならおさえておきたい項目です。

4 学んだことを例題ですぐに確認しましょう♪

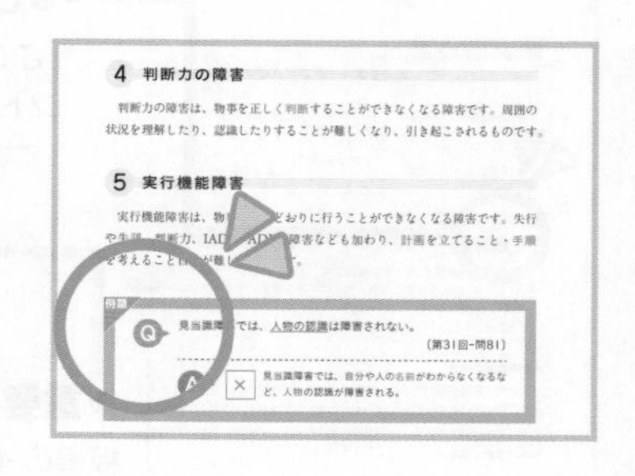

学習内容に応じて、過去問題の選択肢からピックアップした「例題」を掲載していますので、学んだことが理解できているかを確認できます。

▶ 「例題」は国家試験問題（過去問題）から、学習の確認に最適な選択肢をピックアップして掲載しています。学習で身につけた知識がしっかりと理解できているか、また、実際に国家試験ではどう問われるのかを知ることができます。もしも「例題」が解けなかったら、必ず本文に戻って確認して、知識の定着を図りましょう。

学習中はここにも注目

5 理解度を高める機能をたくさん盛り込みました♪

ちょっとした説明の違いで、学習上の理解度はぐーんとアップします。そこで、理解度を高める機能をたくさん盛り込んでいます。

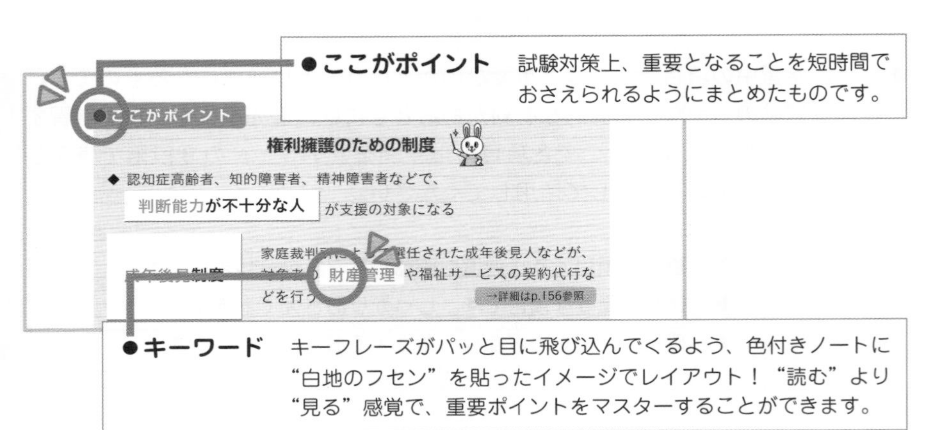

●ここがポイント　試験対策上、重要となることを短時間でおさえられるようにまとめたものです。

●キーワード　キーフレーズがパッと目に飛び込んでくるよう、色付きノートに“白地のフセン”を貼ったイメージでレイアウト！“読む”より“見る”感覚で、重要ポイントをマスターすることができます。

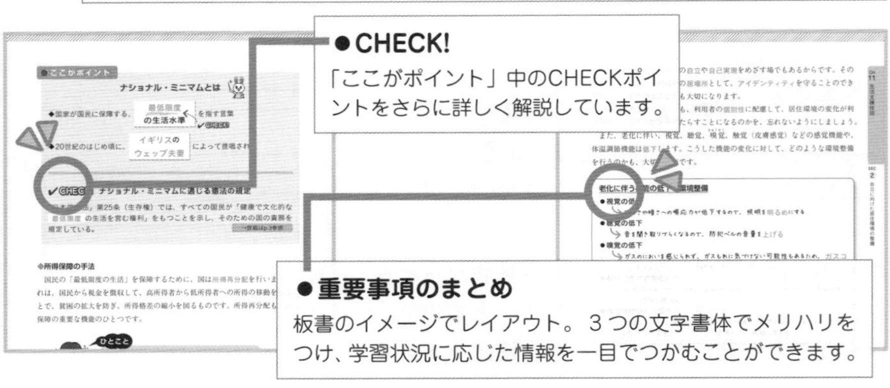

●CHECK!
「ここがポイント」中のCHECKポイントをさらに詳しく解説しています。

●重要事項のまとめ
板書のイメージでレイアウト。３つの文字書体でメリハリをつけ、学習状況に応じた情報を一目でつかむことができます。

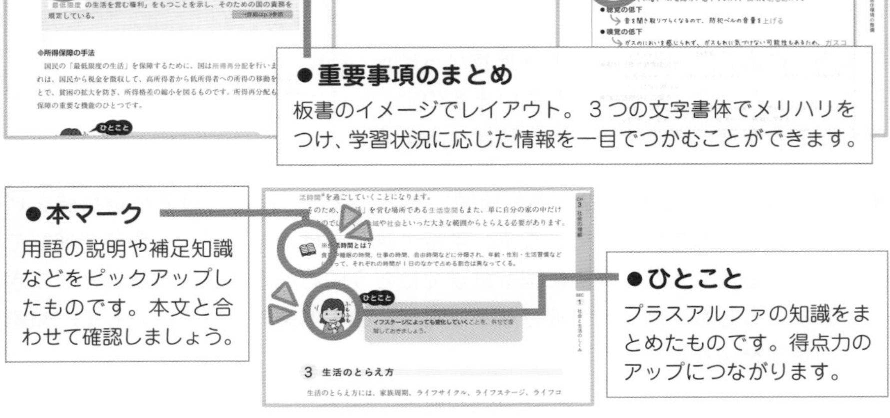

●本マーク
用語の説明や補足知識などをピックアップしたものです。本文と合わせて確認しましょう。

●ひとこと
プラスアルファの知識をまとめたものです。得点力のアップにつながります。

便利なツールを使いこなしましょう

6 赤チェックシートを有効活用しましょう！

本書には暗記学習に便利な「**赤チェックシート**」が付属しています。国家試験の得点に直結するキーワードは、この「**赤チェックシート**」で隠せるようになっていますので、しっかりと暗記して、知識定着を図りましょう。

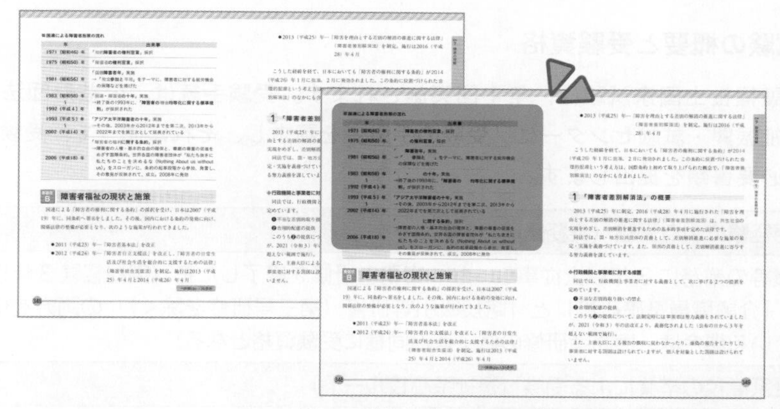

※ページサムネイルはいずれも作成サンプルです。

『みんなが欲しかった！ 介護福祉士の過去問題集』を併用すれば合格がより近くなります！

本書を使って知識のインプットを進めるなかで、**『みんなが欲しかった！ 介護福祉士の過去問題集』**を併用すれば、インプットした知識が確実に身についているかどうかを、しっかりとアウトプットして確認できるので、学習効果が倍増します！　ぜひ合わせてご利用ください！

介護福祉士国家試験の概要

介護福祉士は「社会福祉士及び介護福祉士法」によって規定されている、介護福祉職の国家資格です。

介護福祉士になるためには、厚生労働大臣の指定する養成施設で、所定の科目を修得して卒業することで資格を取得する方法（養成施設ルート）と、一定の実務経験を積んだうえで介護福祉士国家試験に合格する方法（実務経験ルート）、そして高等学校等で福祉に関する所定の学習を修めて卒業したうえで、介護福祉士国家試験に合格する方法（福祉系高校ルート）があります。

試験の概要と受験資格

介護福祉士国家試験は、年１回実施されます。受験手続は、公益財団法人社会福祉振興・試験センターに「受験の手引」を請求し、それに従って、受験申込書と必要書類を提出します。

実務経験による受験（実務経験ルート）
介護等の業務に３年以上従事し、かつ実務者研修を修了した者（実務経験３年以上で、「介護職員基礎研修」と「喀痰（かくたん）吸引等研修（第三号研修を除く）」の両方を修了している場合は、実務者研修の修了者と同様に受験資格となる）
福祉系高校の卒業による受験（福祉系高校ルート）
高等学校または中等教育学校、特例高等学校（専攻科を含む）において、福祉に関する所定の教科目および単位を修めて卒業した者（特例高等学校の場合は卒業後、９か月以上介護等の業務に従事することが必要）

試験は筆記試験と実技試験で行われますが、実務経験ルートの場合、実務者研修の修了が必須であることから、実技試験が免除となります。また、福祉系高校ルートのうち、新カリキュラムを修了した2009年度以降の入学者のほか、旧カリキュラムを修了した2008年度以前の入学者と、特例高等学校の卒業者は、介護技術講習を修了することで、実技試験が免除となります。

CHECK!

養成施設ルートの者についても、資格取得のためには国家試験の合格が義務化されましたが、現在は、経過措置期間となっています。

試験の実施団体

公益財団法人社会福祉振興・試験センターは、厚生労働大臣の指定機関として、社会福祉士・介護福祉士・精神保健福祉士の国家試験の実施と登録の事務を行っています。

受験資格のほか、試験に関する質問は、下記、公益財団法人社会福祉振興・試験センターへお問合せください。

公益財団法人社会福祉振興・試験センター
WebSite ▶ http://www.sssc.or.jp/
〒150-0002　東京都渋谷区渋谷1-5-6 SEMPOSビル
国家試験情報専用電話案内　03-3486-7559（音声案内、24時間対応）
試験室電話番号　03-3486-7521（９:00～17:00、土・日・祝を除く）

試験のスケジュール〈2023年度（第36回）実施例〉

受験申込受付期間		2023年８月９日（水）～９月８日（金）（消印有効） ※過去の試験（第10回～35回）で、受験票を受け取った者のうち、受験資格が確定している者は、インターネットによる受験申し込みが可能
受験料		18,380円
筆記試験	受験票発送	2023年12月８日（金）
	試験日	2024年１月28日（日）
	試験地	北海道、青森県、岩手県、宮城県、秋田県、福島県、群馬県、埼玉県、千葉県、東京都、神奈川県、新潟県、石川県、長野県、岐阜県、静岡県、愛知県、京都府、大阪府、兵庫県、和歌山県、鳥取県、島根県、岡山県、広島県、香川県、愛媛県、高知県、福岡県、長崎県、熊本県、大分県、宮崎県、鹿児島県、沖縄県
実技試験受験選択者	筆記試験結果通知及び実技試験受験票発送	2024年２月16日（金） ※実技試験免除で受験申し込みをした方には、３月25日（月）の合格発表時に筆記試験結果に基づく合否を通知します。
	実技試験日	2024年３月３日（日）
	試験地	東京都、大阪府
合格発表		2024年３月25日（月）14時

筆記試験の概要〈2023年度（第36回）実施例〉

試験は午前（100分）、午後（120分）の合計220分で行われます。出題形式はマークシートによる５肢択一を基本とする多肢選択形式です。問題用紙に図・表・イラスト・グラフを用いることがあり、合計125問が出題されます。

区　分	領　域	科　目	出題数
午前（100分）	人間と社会（18問）	人間の尊厳と自立（本書：CHAPTER１）	２問
		人間関係とコミュニケーション（本書：CHAPTER２）	４問
		社会の理解（本書：CHAPTER３）	12問
	こころとからだのしくみ（40問）	こころとからだのしくみ（本書：CHAPTER４）	12問
		発達と老化の理解（本書：CHAPTER５）	８問
		認知症の理解（本書：CHAPTER６）	10問
		障害の理解（本書：CHAPTER７）	10問
	医療的ケア（５問）	医療的ケア（本書：CHAPTER８）	５問
午後（120分）	介護（50問）	介護の基本（本書：CHAPTER９）	10問
		コミュニケーション技術（本書：CHAPTER10）	６問
		生活支援技術（本書：CHAPTER11）	26問
		介護過程（本書：CHAPTER12）	８問
	総合問題（本書：CHAPTER13）		12問
合　計			125問

CHECK!

第35回試験から、試験時間が午前は110分から100分に、午後が110分から120分に変更されました。出題順も「こころとからだのしくみ」「医療的ケア」の領域が午後から午前に、「介護」の領域が午前から午後の出題に変更されました。また、「人間関係とコミュニケーション」が２問増えて４問の出題、「コミュニケーション技術」が２問減って６問の出題となっています。

◉配点と合格基準

配点は１問１点の125点満点で、次にあげるアとイの２つの条件を満たすことが合格の条件となります。

ア：問題の総得点の60％程度を基準として、問題の難易度で補正した点数以上の得点の者（2023年度の第36回では67点以上の者）

イ：以下の11科目群すべてにおいて得点があった者

❶人間の尊厳と自立、介護の基本　❷人間関係とコミュニケーション、コミュニケーション技術　❸社会の理解　❹生活支援技術　❺介護過程　❻こころとからだのしくみ　❼発達と老化の理解　❽認知症の理解　❾障害の理解　❿医療的ケア　⓫総合問題

実技試験の概要〈2023年度（第36回）実施例〉

実技試験は「介護等に関する専門的技能（介護の原則、健康状況の把握、環境整備、身体介護）」を問うもので、実際のシチュエーションを再現した会場で、５分以内という条件で行われます。

◉配点と合格基準

課題の総得点の60％程度を基準として、課題の難易度で補正した点数以上の得点の者（2023年度の第36回では53.33点以上の者）が合格となります。

過去５年間の受験者数・合格者数の推移

	2019年度（第32回）	2020年度（第33回）	2021年度（第34回）	2022年度（第35回）	2023年度（第36回）
受験者数	84,032人	84,483人	83,082人	79,151人	74,595人
合格者数	58,745人	59,975人	60,099人	66,711人	61,747人
合格率	69.9%	71.0%	72.3%	84.3%	82.8%

もくじ contents

CHAPTER 5 発達と老化の理解 ／253

CHAPTER 6 認知症の理解 ／315

CHAPTER 7 障害の理解 ／355

介護福祉士
スタートアップ講座

本文に入る前に、ここで
介護福祉士国家試験の
学習内容をざっくり知ろう!!

介護福祉士 スタートアップ講座

介護
こころとからだのしくみ
人間と社会
医療的ケア

介護福祉士は、高齢者やさまざまな障害のある人の介護を行う「介護福祉職の国家資格」です。介護福祉士の資格を取得するための国家試験は、4領域に分類される12の科目（本書におけるCHAPTER）と「総合問題」で構成されています。まずはその全体像をみてみましょう。

START

領域：人間と社会

介護の基本的な考え方、介護に関わるさまざまな制度について学ぶ領域です。

CHAPTER1 人間の尊厳と自立
CHAPTER2 人間関係とコミュニケーション
CHAPTER3 社会の理解

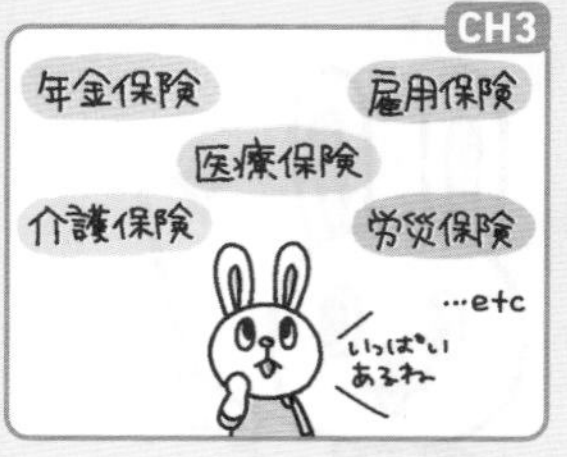

領域：こころとからだのしくみ

CHAPTER4 こころとからだのしくみ
CHAPTER5 発達と老化の理解
CHAPTER6 認知症の理解
CHAPTER7 障害の理解

アウトライン

まず『人間と社会』で“考え方や制度”を、次に『こころとからだのしくみ』で“人体のしくみ、疾患や障害”などについて理解を深め、『医療的喀痰吸引・経管栄養の基礎と実施手順について学ぶ領域です。

領域：医療的ケア

CHAPTER8 医療的ケア

病気や障害、人体のしくみなどの専門的な知識について学ぶ領域です。

領域：介護

介護の現場で必要とされる、実践的な知識・技術について学ぶ領域です。

CHAPTER9 介護の基本
CHAPTER10 コミュニケーション技術
CHAPTER11 生活支援技術
CHAPTER12 介護過程

ケア』で"喀痰吸引・経管栄養"の基礎と実施手順を押さえます。そして、『介護』で"実践的な知識・技術"を身につけ、介護福祉職として必要な能力を総合的に学びます。

CHAPTER13 総合問題

どの領域にどんな科目が含まれているのか、
理解できましたか？
では、科目ごとに学習のポイント、
国家試験対策のコツをつかんでおきましょう。

介護　こころとからだのしくみ
人間と社会　医療的ケア

領域：人間と社会

CHAPTER 1
人間の尊厳と自立

介護を行ううえで基本となる「尊厳」や「自立」といった考え方について学ぶ科目です。「日本国憲法」などの法制度における規定を、併せて理解しておきましょう。

CHAPTER 2
人間関係とコミュニケーション

介護福祉職には、介護を必要とする利用者との間に、信頼関係を築くことが求められます。相互理解を深めるために、受容・共感・傾聴など、コミュニケーションの基礎をおさえておきましょう。

CHAPTER 3
社会の理解

介護保険制度を中心に、少子高齢化などの社会状況、年金保険制度や医療保険制度、障害者福祉制度など、制度全般の理解度が問われます。

領域：こころとからだのしくみ

CHAPTER 4
こころとからだのしくみ

人間の欲求、記憶などのこころのしくみ、からだの各器官の構造や機能など、介護を必要とする利用者の心身に関する知識をおさえておきましょう。移動・食事・入浴・排泄などは、CHAPTER11と関わります。

CHAPTER 5
発達と老化の理解

老化によるこころとからだの機能の変化（知能や記憶など）や、高齢者に多くみられる疾患や症状の特徴が問われる科目です。代表的な疾患を、からだの器官ごとにおさえておきましょう。

CHAPTER 6
認知症の理解

認知症と一口にいっても、アルツハイマー型、血管性、レビー小体型、前頭側頭型など、その種類と症状はさまざまです。それぞれの症状に合わせたケアの方法についても理解しておきましょう。

身体障害、知的障害、精神障害、発達障害など、障害にもさまざまな種類があります。障害別の特徴や支援の方法をおさえて、「総合問題」などにも生かせるようにしましょう。

CHAPTER7
障害の理解

領域：医療的ケア

CHAPTER8
医療的ケア

介護職に実施が認められた医療的ケアには、喀痰吸引・経管栄養があります。その基礎的知識や実施手順を理解しておきましょう。

領域：介護

CHAPTER9
介護の基本

「尊厳」と「自立」を踏まえた介護のあり方、多職種連携、身体拘束禁止や虐待防止、事故防止・安全対策など、日々の介護で必要となる知識を網羅した科目です。

CHAPTER 2と比べて、より実践的なコミュニケーション技術について問われる科目です。閉じられた質問や開かれた質問などの技法、利用者の疾患や障害に応じたコミュニケーションの取り方を理解しておきましょう。

CHAPTER10
コミュニケーション技術

CHAPTER11
生活支援技術

利用者の自立を支援するために、ADL（日常生活動作）の介助や、さまざまな生活場面で必要とされる知識や技術が問われる科目です。実際の場面を想定しながら、「何が利用者の自立につながるか」を考えていきましょう。

「介護過程」は、利用者の自立や自己実現を支援するためのプロセスです。利用者の状態・状況に応じて、どのように介護過程を展開させていくか、支援のあり方が問われてきます。

CHAPTER12
介護過程

CHAPTER13
総合問題

これまでの4領域・12科目で学んできた知識や技術が、事例形式で出題されます。各科目で学んできたことの習熟度が問われてきます。

本書は、2024年2月末現在の情報に基づき編集しています。最新の試験情報については**社会福祉振興・試験センターのホームページ**（http://www.sssc.or.jp/）を、その他の制度改正情報については**TAC出版ホームページ「正誤表・法改正情報」**（https://bookstore.tac-school.co.jp/err_res/）にて御確認ください。

CHAPTER

1

人間の尊厳と自立

CHAPTER 1
SECTION 1

人間の尊厳と人権・福祉理念

このSECTIONのポイント

◆人間の尊厳と利用者主体 … 日本国憲法第13条と第25条に規定される「人間の尊厳」、また利用者主体の考え方についておさえましょう

◆人権 … 人権の概念と人権尊重について確認しましょう

◆ノーマライゼーション … ノーマライゼーションの理念をおさえましょう

◆QOL … ADLやIADLの向上がQOLを高めます

重要度B 人間の尊厳と利用者主体

1 人間の多面的理解

介護を必要とし、介護サービスを利用する人＝「**利用者**」に対するサービス提供にあたって、介護福祉職には理解しておくべきことがあります。

利用者は、ほかの誰とも異なる**個性**（**性格**・**価値観**など）をもった、１人の人間です。それぞれの利用者が、それぞれの人生を生き、今に至っています。その背景には、家族や友人との人間関係、仕事、趣味、こころやからだの状態など、複数の要素が関わり合っています。

こうした人間の**多面性**を踏まえ、さまざまな視点から利用者の理解に努めることが、介護福祉職には求められています。

2 人間の尊厳

「人間の尊厳」とは、すべての人がもつ、**個人**としてその存在を**尊重**され、生きる権利のことをいいます。

わが国で人間の尊厳について規定し、その基盤となっているのは、「日本国憲法」の第13条：個人の尊重と第25条：生存権です。

●ここがポイント

「日本国憲法」の定める「人間の尊厳」

個人の尊重
（第13条）

すべて国民は、個人として尊重される。生命、自由及び幸福追求に対する国民の権利については、公共の福祉に反しない限り、立法その他の国政の上で、最大の尊重を必要とする

✔CHECK! ❶

生存権
（第25条）

〔第１項〕
すべて国民は、健康で文化的な最低限度の生活を営む権利を有する
〔第２項〕
国は、すべての生活部面について、社会福祉、社会保障及び公衆衛生の向上及び増進に努めなければならない

✔CHECK! ❷

✔CHECK! 第13条と第25条の規定する「人間の尊厳」

❶ 第13条では、「人間の尊厳」とは、人が個人として尊重されること、そして国家においてどのように扱われるべきかを規定している。
❷ 第25条では、国民の権利として「最低限度の生活の保障」を示し、そのための国の責務を規定している。

ひとこと

生存権に基づき、最低限度の生活の保障を目的とするのは「**生活保護法**」です。生存権と生活保護をめぐる有名な訴訟として、1957（昭和32）年に朝日茂氏が当時の厚生大臣を提訴した**朝日訴訟**があります。

3 利用者主体の考え方

QOL（生活の質）→詳細はp.7参照の向上、ノーマライゼーション→詳細はp.5参照の理念を踏まえ、介護福祉職に求められるのが、**利用者主体**の介護です。

利用者一人ひとりが、どのようなくらしを送りたいか、どのような介護を受けたいかという希望をもっています。そして利用者には、その希望を実現させるための**権利**があります。

介護福祉職は、利用者がもっている力を生かし、支援の内容を自分の判断で選択（**自己選択**）していくことができるように、**自己決定**を尊重することが大切です。

ひとこと

自己選択・自己決定を尊重し、利用者主体の介護を提供していくためには、利用者の**ニーズ**を的確にとらえる必要があります。

重要度B 人権

1 人権の概念

「人権」とは、人が生まれながらにもち、その人らしく生きていくために欠かせない権利のことです。人権には、**固有性**、**不可侵性**、**普遍性**があります。

人権の基本的性格

◆人権の固有性
→人は生まれながらにして誰もが人間としての権利をもっている

◆人権の不可侵性
→**公共の福祉**に反しない限り、誰かに奪われたり制限されたりするものではない

◆人権の普遍性
→人種、性別、出自、身分、年齢などにかかわらず全ての人が普遍的にもつことができる

2 人権尊重

「日本国憲法」において、基本原理のひとつとして**基本的人権**の尊重が掲げられています。基本的人権は、すべての国民が等しくもつ権利であり、

- 平等権、自由権、社会権（生存権を含む）、請求権、参政権※

の５つに分類されます。

※平等権、自由権、社会権、請求権、参政権とは？

平等権：第14条の「法の下の平等」などのこと。
自由権：第19条の「思想および良心の自由」、第21条の「表現の自由」などのこと。
社会権：第25条の「生存権」、第26条の「教育を受ける権利」などのこと。
請求権：第32条の「裁判を受ける権利」などのこと。
参政権：第15条の「選挙で投票する権利」などのこと。

介護の場においても、利用者の権利が侵害されることのないよう、介護福祉職は**権利擁護** →詳細はp.11参照 と**人権尊重**に努める必要があります。介護福祉士の職能団体である日本介護福祉士会の「**日本介護福祉士会倫理綱領**」→詳細はp.449参照 にも、介護福祉士の職業倫理として、「介護福祉士はすべての人々の**基本的人権を擁護**し、一人ひとりの住民が心豊かな暮らしと老後が送れるよう利用者本位の立場から**自己決定を最大限尊重**し、自立に向けた介護福祉サービスを提供していきます」と明示されており、人権を尊重して活動にあたる専門職であることを示しています。

重要度B ノーマライゼーション

1 ノーマライゼーションの考え方

「ノーマライゼーション」とは、障害のある人も、そうでない人も、自分が普

段くらしている場所で、分けへだてなく生活（普通に生活）していくことのできる、そうした社会の実現をめざす福祉の理念です。

ノーマライゼーションの理念は**デンマーク**で発祥し、各国の社会運動家によって、理論化が進められていきました。

■ノーマライゼーションに関する運動家と、その施策・理論の内容

運動家	活動した国	施策・理論の内容
バンク-ミケルセン	デンマーク	「ノーマライゼーションの父」と呼ばれる。知的障害児の親の会の運動を受け、ノーマライゼーションという言葉を初めて法律のなかに盛り込んだ「1959年法」の制定に関わった
ニィリエ	スウェーデン	知的障害者の生活環境を、一般的な水準に近づけることを目的として、8つの原則を具体的に提示した
ヴォルフェンスベルガー	アメリカ（カナダ）	ノーマライゼーションの考え方をアメリカに導入し、世界的に広めた人物。その後、ノーマライゼーションに代わる「**価値のある社会的役割の獲得**」をめざすソーシャルロール・バロリゼーション（SRV）を提唱

ひとこと

日本国内では、国連総会で定められた**1981年**の「国際障害者年」（p.360参照）を契機に、ノーマライゼーションに対する関心が高まっていきました。

2 ノーマライゼーションの実現

ノーマライゼーションの理念を実現するための、具体的な施策として挙げられるのは、**バリアフリー**の推進です。

ここでいうバリアフリーは、段差をなくしたり、手すりを取り付けたりといっ

た、物理的な手段だけにとどまるものではありません。

障害のある人が、障害を理由とした差別を受けたり、生活に制限を加えられたりすることのないように、**心理**面（不確実な知識・偏見など）、**制度**面（採用・資格制限など）、**情報**面（手話・点字サービスの不足など）の障壁となるもの＝**バリア**を取り除く、という意味も含まれています。

なお、施設や製品等について、新たにバリアが生じないように、すべての人に利用しやすくデザインするという考え方を**ユニバーサルデザイン**といいます。

→詳細はp.527参照

例題

Q 障害児・者に対して、ノーマライゼーションの理念を実現するための方策として、障害種別ごとに、同じ職業に就くことができるように訓練することは適切である。〔第29回-問２〕

A ×　障害種別に同じ職業に就くように訓練することは、障害児・障害者本人の**主体性**や**意思**を無視する行為であり、そうした人たちの「普通の生活」をめざすノーマライゼーションの理念に反するものである。

重要度B　QOL（生活の質）の考え方

介護を必要とする利用者は、**ADL**（日常生活動作）や**IADL**（手段的日常生活動作）の低下により、社会生活を送るうえで、さまざまな制約を受けています。

介護を通じて、ADLやIADLの向上をめざすことは、もちろん大切です。しかし、それ以上に重要な視点として挙げられているのが、**QOL**（**生活の質**）を高めることです。

介護福祉職には、利用者のニーズや生活環境を総合的に理解して、その人に適した介護＝**個別ケア**の方針を検討していくことが求められます。そのためにも、どのようにすれば**QOL**を高め、**自立**を促していくことができるのかを、常に心がけておく必要があります。

ひとこと

QOLを向上させるうえで大切なのは、利用者の **身体的** **側面**、心にはたらきかける **精神的** **側面**（心理的側面）、他者との交流や役割をもつ **社会的** **側面**を考慮して支援を行っていくことです。

●ここがポイント

ADL・IADLの範囲とQOLの考え方

ADL※（日常生活動作）	IADL※（手段的日常生活動作）
立つ、座る、歩くなどの**基本的動作**のことで、食事や排泄、入浴、更衣（着替え）、コミュニケーション能力などが含まれる	基本的動作をもとに、掃除、洗濯、買い物、調理、金銭管理、交通機関の利用など、より**複雑な動作**が含まれる

◆ADLの向上   ◆IADLの向上

QOL※（生活の質）

精神的な満足度や幸福感などから、その人の望む**生活の質**に焦点を当てて支援していくという考え方

※ADL／IADL／QOLとは？

ADLは、Activities of Daily Livingの略称。
IADLは、Instrumental Activities of Daily Livingの略称。
QOLは、Quality of Lifeの略称。

自立の概念

このSECTIONのポイント

◆自立の概念 … 自立と自律の考え方について確認しましょう

◆尊厳の保持と自立 … 介護福祉職には利用者の自己決定、自己選択の機会を提供することが求められます。利用者の権利をどのように代弁し、どのようにして意欲を引き出していけばよいのか、その考え方をおさえましょう

重要度B 自立の概念

利用者が充実した生活を送ることができるように、介護福祉職には、利用者の**自立**を支援していくことが求められています。

介護サービスの利用者の多くは、加齢や障害などによって、思うようにからだを動かすことができなかったり、判断や意思表示をすることが難しい人たちです。介護福祉職は、それぞれの利用者のニーズに合った適切な支援を行うなかで、**能力**や**意欲**を引き出していきます。

そして、利用者が自分の力で必要な動作をとれるようになったり、他者の支援を受けても、自分の意思で日常生活を送り、利用したいサービスを決定することができるようになったりしたとき、その人は**自立**している、ということができます。

また、利用者が主体的な生活を送り、自己選択・自己決定をしていくためには、利用者自身が自分のなかに**規範**をもち、それに従って物事を判断して取り組んでいく必要があります。

これは、自立に対して、**自律**と呼ばれる考え方です。自律した精神は、**自立**した行動の前提になります。

■「自律した精神」と「自立した行動」

なお、自立には主に次に挙げる４種類があるといわれています。

■ ４つの自立

身体的自立	食事や排泄、更衣など、生活を維持・継続していくために必要な身体的動作を**自力で行える**こと
精神的自立	自分の生活や人生に**目標**を持ち、自らが主体となって、目標達成のために物事を**判断**し、進めていくこと
経済的自立	収入の多寡(たか)にかかわらず、**働く**ことができており、かつ**収入と支出のバランスが取れている**こと
社会的自立	経済活動や社会活動などに**参加**し、**社会的な役割を担う**こと

例題

Q 社会的自立は、社会的な役割から離れて自由になることである。
〔第36回-問２〕

A × 社会的自立とは、経済活動や社会活動などに**参加**し、社会的な**役割を担う**ことをいう。

重要度B 尊厳の保持と自立

1 自己決定、自己選択

自立支援で大切なのは、利用者が主体的に生活するために、**自己決定**、**自己選択**する機会を提供し、**生きる意欲**を引き出すことです。

介護福祉職には、利用者に残された力や、表に出てきていない力を活用して、**主体性**を取り戻させることが求められます。そのためには、介護福祉職が主導的な立場から支援を行っていくのは、望ましくありません。

利用者の心身の状態、置かれた状況や環境を理解し、**自発的**に取り組んでいけるようなはたらきかけや、そのためのきっかけとなる**場面づくり**を支援の中心にしていきます。

ひとこと

利用者が、主体的に自分の生活をコントロールしていく**自己決定**、**自己選択**という考え方は、1960年代にアメリカで起こった、**自立生活運動**（**IL運動**）によって広まっていきました（p.361参照）。

2 権利擁護（アドボカシー）

◆「権利擁護」とは？

「権利擁護」（アドボカシー）とは、一言で言えば、「権利を守ること」です。しかし介護の場で求められるのは、利用者の権利を守ることだけではありません。

利用者の多くは高齢者や障害者であり、何かしらの疾患や障害を抱えています。また、判断力の低下などにより、自分の**権利**や**ニーズ**を主張することが難しい状態にあります。こうしたときに、利用者の意思や主張を**代弁**し、家族の意向も踏まえ、必要な**サービス**や**制度**につなげることが、介護福祉職には求められます。

◆「権利擁護」のための制度や機関

例えば、利用者に対して、家族による虐待（ぎゃくたい） →虐待の種類はp.454参照 の可能性があるときなどは、権利擁護のための制度の活用や、地域の機関との連携を図る必要があります。介護福祉職は、制度の内容や機関の役割を理解して、利用者に対してエンパワメント※の視点から支援を行っていきます。

●ここがポイント

権利擁護のための制度

◆ 認知症高齢者、知的障害者、精神障害者などで、

判断能力が不十分な人 が支援の対象になる

成年後見制度	家庭裁判所によって選任された成年後見人などが、対象者の **財産管理** や福祉サービスの契約代行などを行う →詳細はp.158参照
日常生活自立支援事業	社会福祉協議会の職員が、福祉サービスの利用手続きの代行や、**日常の金銭管理** などを行う →詳細はp.171参照

権利擁護のために連携すべき機関

地域包括支援センター	権利擁護業務として **高齢者虐待** への対応などを担い、**虐待防止ネットワーク** を構築して、地域における連携の拠点となる →詳細はp.57参照

※エンパワメントとは？

ソロモンが、アメリカの黒人の公民権運動を背景にした著書『黒人のエンパワメント』（1976年）において提唱した概念。表に出ていない利用者の意欲や本来もっている力を引き出し、主体性をもって自己決定していけるようにすること（p.362も参照）。

3 法律で規定される「尊厳」と「自立」

介護においては、利用者の尊厳を守り、自立を支援することが、大きな目的になります。「社会福祉法」「介護保険法」「障害者基本法」など、福祉や介護の基盤となる法律で、尊厳や自立がどのように明記されているかを、しっかりと理解しておくことが求められます。

■「尊厳」と「自立」について明記した、福祉や介護の法律

法律名	条文の概要
「社会福祉法」	〔第3条　福祉サービスの基本的理念〕 福祉サービスは、**個人の尊厳の保持**を旨とし、福祉サービスの利用者が心身ともに健やかに育成され、または**その有する能力に応じ自立した日常生活を営むことができるように支援する**ものとして、良質・適切なものでなければならない
「介護保険法」	〔第1条　目的〕 **要介護状態**になり、介護、機能訓練、看護などを必要とする人が、**尊厳を保持し、その有する能力に応じ自立した日常生活を営むことができるよう**、国民の共同連帯の理念に基づき介護保険制度を設け、国民の保健医療の向上と福祉の増進を図る
「障害者基本法」	〔第3条　基本的理念〕 すべての障害者が、障害者でない者と等しく、**基本的人権を享有する個人としてその尊厳が重んぜられ**、その尊厳にふさわしい生活を保障される権利を有する
「障害者総合支援法」	〔第1条　目的〕 障害者および障害児が、**基本的人権を享有する個人としての尊厳にふさわしい日常生活や社会生活を営むことができるように**、必要な支援を総合的に行い、障害の有無にかかわらず国民が相互に人格と個性を尊重し、安心してくらすことのできる**地域社会の実現**に寄与する
	〔第3条　国民の責務〕 すべての国民は、障害の有無にかかわらず、**障害者等が自立した日常生活や社会生活を営むことができるような地域社会の実現**に協力するよう、努めなければならない

「社会福祉士及び介護福祉士法」	**〔第44条の２　誠実義務〕** **担当する者が個人の尊厳を保持し、自立した日常生活を営むことができるよう**、常にその者の立場に立って、**誠実**に業務を行わなければならない
「精神保健福祉士法」	**〔第38条の２　誠実義務〕** **担当する者が個人の尊厳を保持し、自立した生活を営むことができるよう**、常にその者の立場に立って、**誠実**に業務を行わなければならない

ひとこと

利用者の尊厳を支えるための理念として、障害のある人もそうでない人も、分けへだてなく普通に生活できるような社会をめざす**ノーマライゼーション**の理念なども、しっかりと理解しておきましょう。

例題

「障害者総合支援法」では、すべての国民は、障害者等が自立した生活を営めるような地域社会の実現に協力するよう努めなければならないと、規定している。　〔第26回-問１〕

国民の責務のほかに、「障害者総合支援法」では、障害者や障害児が安心してくらすことのできる**地域社会の実現**に寄与することを、その目的として掲げている。

CHAPTER

2

人間関係とコミュニケーション

CHAPTER 2
SECTION 1

人間関係の形成とコミュニケーションの基礎

このSECTIONのポイント

◆**人間関係と心理** … 利用者との信頼関係＝ラポールを形成するためには、自己覚知と他者理解、自己開示が求められます

◆**コミュニケーションの意義** … コミュニケーションは人間関係の形成に欠かせないものです

◆**コミュニケーション技法の基礎** … コミュニケーションの種類や話を聴く姿勢などをおさえましょう

重要度B 人間関係と心理

1 自己覚知

「自己覚知」とは、自分自身のものの見方や考え方について、**客観**的な視点から理解しようとすることです。具体的には、「自分はどんな性格をしているか」「どのような価値観や判断基準をもっているか」「物事に対して、どういった反応や考え方をしているか」といったことを、自分自身に問いかけ、自己の感情の動きとその背景を洞察することです。

介護福祉職は、自分が抱く感情にどのような**背景**があるのかを知ることで、**先入観**をもたずに利用者に接していくことができるようになります。

ひとこと

自己覚知を深めるためにはスーパービジョン（p.30参照）を受けることが効果的です。

2 他者理解

相手に対する理解の心＝「他者理解」の意識をもつことで、コミュニケーションは、よりスムーズになります。

生活歴や家族関係などの背景も含めて、利用者がどのような**価値観**や**考え方**をもっているのかを知ろうとすることは、今後どのような介護を提供していくべきか、その基準ともなります。

3 自己開示

「自己開示」とは、自分自身に関する情報を、**本人の意思**のもとに、特定の他者に言語を介して伝達することです。介護福祉職と利用者・家族が相互に自己開示を行うことで、お互いのことを知ることができ、**良好な関係**づくりにつながります。

適切な自己開示を行うためには、次に挙げる５つの判断基準を理解しておく必要があります。

適切な自己開示を行うための判断基準

❶ **量**：どのくらいの量の情報を開示するか
❷ **深さ**：どのくらいの深さの内容を開示するか
❸ **時**：どのようなタイミングで開示するか
❹ **人**：どのような相手に開示するか
❺ **状況**：どのような状況や機会に開示するか

◆ジョハリの窓

自己開示と関わる考え方として、ジョハリの窓というものがあります。ジョハリの窓は、自分や他人の**知っている部分**と**知らない部分**を組み合わせて、４つの窓に分類したものです。

■ジョハリの窓

自分は知っていて他人は知らない「隠された窓」（隠蔽部分）について語ることで、「開かれた窓」（開放部分）は大きくなります。また、他人は知っていて自分は知らない「気づかない窓」（盲点部分）について語ってもらうことによっても、開放部分は大きくなっていきます。なお、「閉ざされた窓」（未知部分）は自分も他人も気づいていない部分で、多くの可能性が秘められています。

ひとこと

ジョハリの窓は、**自己開示により関係を深めるための参考になるもの**として、活用していくようにしましょう。

例題

Q 利用者とのコミュニケーション場面で、介護福祉職が行う自己開示の目的は、ジョハリの窓（Johari Window）の「開放された部分（open area）」を狭くするために行う。

〔第34回−問 4〕

自己開示は、ジョハリの窓における、自分も他人も知っている「開かれた窓」（開放された部分）を広くしていくために行われるものといえる。

4 信頼関係＝ラポールの形成

自己覚知と他者理解、自己開示を基本として、コミュニケーションを重ねていくことにより、人間関係はより深まっていきます。

介護福祉職と利用者のような、援助をする人と援助を受ける人の間に形成される信頼関係を「**ラポール**」といいます。お互いへの尊敬の念や信頼感に基づく関係であり、**ラポール**を形成することから介護は始まるともいえます。

ひとこと

ラポール形成の基本となるのは、**利用者を知ろうとする姿勢**です。利用者をありのままに受け入れ（**受容**）、その感情を共有する（**共感**）といった態度で接していくことが大切です。受容・共感については、p.22でチェックしましょう。

例題

ラポール形成の初期段階のかかわりとして、利用者の感情に関心を持つ。〔第27回-問３〕

ラポール形成の初期段階においては、利用者は慣れない環境で混乱しやすい状況にある。利用者にとって、自らの感情に関心をもってもらうことは、受け入れられているという感覚をもたらし、**安心感**につながる。

重要度B コミュニケーションの意義

「コミュニケーション」とは、人と人が、言葉や表情、身ぶり・手ぶりなどの媒体・手段を通じて、お互いの**意思**や**感情**、**情報**を伝え合い、共有化することです。そのため、コミュニケーションは**双方向**的なものといえます。

介護福祉職は、コミュニケーションを通じて、利用者がどのような性格で、どのような考えをもっているのかを理解します。また、介護福祉職の側からも、自分の意思や感情を利用者に伝えることで、相互理解を深めていきます。

コミュニケーションは、**情報伝達**そのものであり、**人間関係**の形成に欠かせないものといえます。

重要度A コミュニケーション技法の基礎

利用者とのコミュニケーションを図っていくうえで、基本となる技法があります。ここでは、利用者との距離や位置、メッセージの伝え方・受け取り方、話を聞くときの姿勢や態度に注目していきます。

1 コミュニケーションの種類

コミュニケーションの場で、相手にメッセージを伝える媒体・手段は、ひとつではありません。大きく分けると、次の2種類があります。

- 言語によるメッセージの伝達＝**言語**的コミュニケーション
- 非言語によるメッセージの伝達＝**非言語**的コミュニケーション

コミュニケーションの種類

□ **言語的コミュニケーション**	□ **非言語的コミュニケーション**
言葉を用いた、会話、文字、手話、点字などによるコミュニケーション。	言葉を用いない、表情、身ぶり・手ぶり、姿勢、視線、声の強弱や抑揚（**準言語**）などで感情を表すコミュニケーション。

ひとこと

利用者の感情を理解するためには、特に **非言語 的コミュニケーションに留意**して、言葉には表れないメッセージに気づき、受け取れるように心がけることが大切です。

2 対人距離と位置関係

人と人との間の距離＝対人距離には、**物理**的距離と**心理**的距離（**パーソナルスペース**）があります。**物理**的距離＝実際の距離と**心理**的距離＝心の距離は密接に関係し、**物理**的距離が近くなると、**心理**的距離も近くなります。

しかし、介護福祉職が利用者に近づきすぎると、利用者を緊張させたり、不快感を与える場合があり、反対に遠すぎると**心理**的距離も遠くなり、温かさや熱心さが伝わりにくくなります。そのため、程よく**適切**な距離を保つことが求められます。また、対人距離と合わせて、利用者とどのような位置関係をとるかも、コミュニケーションのしやすさに関わってきます。

テーブルに向かって会話をする場面を想定して、位置関係の種類を取り上げてみます。これらの位置関係は、**相手**や**状況**に応じて使い分けるようにします。

●ここがポイント

利用者との関係をつくる座り方

直角法

◆介護福祉職と利用者が、テーブルの角をはさんで斜めに座る
◆お互いの視線がぶつかりにくく、圧迫感がやわらぐので、会話をしやすい

対面法

◆介護福祉職と利用者が、向かい合う形で座る
◆視線による圧迫感が強まるので、視線を自然に向けられる花瓶などをテーブルの上に置く

並列法

◆横長のテーブルなどに向かって、介護福祉職と利用者が横並びに座る
◆視線が交わらないため、長時間の面談に適している

ひとこと

面談や相談などの場面では、**介護福祉職が利用者の目線の高さに合わせ、リラックスした態度で接するように心がける**ことで、よりスムーズに会話を進めることができます。

例題

利用者との関係性をつくる座り方として、直角法より対面法の方が有効である。〔第25回-問３〕

向かい合う**対面法**では圧迫感が強まるので、関係性をつくる場面では、視線がぶつかりにくい**直角法**のほうが有効である。

3 受容、共感、傾聴

利用者の話を聞くときに、介護福祉職が心に留めておくべき基本的な姿勢や態度として挙げられるのが、**受容**、**共感**、**傾聴**です。

●ここがポイント

受容、共感、傾聴

受容	利用者をありのままに受け入れること。利用者の言動には、何かしらの理由があると考え、批判を加えずに受け入れることから始める
共感	利用者の気持ちに心を寄せて、その感情を共有し、理解するように努めること
傾聴	利用者の主観的な訴えや心の声に、耳を傾けること。利用者の言葉を妨(さまた)げず、適度に相槌(あいづち)や頷(うなず)きをはさむことで、利用者に関心をもって接していることが伝わるようにする

◆「感情の反射」と「感情の明確化」

受容・共感・傾聴は、利用者との信頼関係を築くうえでも大切なものですが、これと関係して、「感情の**反射**」と「感情の**明確化**」という技法があります。

感情の「反射」と「明確化」

□ **感情の反射**	□ **感情の明確化**
利用者の話のなかから、特に感情の表れている言葉をピックアップして、「～なんですね」といったように**繰り返す**（**反射する**）技法。	利用者の話から読み取った感情を、「～と思っているんですね」などと言葉にして伝えることで、**自覚**や**理解**を促す技法。

ひとこと

「感情の反射」や「感情の明確化」を通じて、**利用者は自分のもっていた感情に気づく**ことができます。また、自分のことが理解されていると感じられるため、**信頼関係の形成につながる技法**といえます。

例題

共感的態度とは、利用者の感情をその人の立場になって理解して関わることである。〔第28回-問３〕

共感とは、利用者の気持ちに心を寄せて、その**感情**を共有し、**理解**するように努めることである。利用者の立場になって**感情を理解**することが求められる。

CHAPTER 2
SECTION 2

チームマネジメント

このSECTIONのポイント

- ◆介護サービスの特性 … 介護サービスはチームによる支援で進められます
- ◆組織と運営管理 … 組織の構造やコンプライアンスについておさえておきましょう
- ◆チーム運営の基本 … PM 理論について理解しましょう
- ◆人材の育成と管理 … 職場研修の種類について覚えておきましょう

重要度B 介護サービスの特性

介護サービスにおいては、その実践の過程で、多くの関係者との合議と協働が求められます。チームによる支援が円滑に進むようにコーディネートしていく、**チームマネジメント**が重要になります。

重要度B 組織と運営管理

1 組織の構造

◆「組織」とは？

アメリカの経営学者バーナードによると、「組織」は、個人が目的を達成できないときに協働することで生まれるとし、❶**共通目的**（共通の目的の達成をめざす）、❷**貢献意欲**（組織に貢献しようとする意欲をもつ）、❸**伝達**（コミュニケーション）の３要素が組織設立の条件としています。つまり、「共通の目的を達成するための集団」を「組織」ということができます。

◆組織の構造

効率よく業務を遂行するためには、組織の構造づくりが重要となります。組織の構造の決定には、次の5つの原則があります。

組織構造決定の5原則

◆**専門化の原則**
→業務を分業化することで、全体の仕事の効率を上げる

◆**権限・責任一致の原則**
→自主性と判断の自由度を与え、与えられた権限ととるべき責任を同じレベルにする

◆**命令一元化の原則**
→命令・指揮系統は一元化する方が効率的である

◆**統制範囲適正化の原則**
→1人の管理者が管理できる部下の数は適切でなければならない

◆**例外の原則**
→日常的な業務は部下に任せ、上司は例外的な業務に従事するべき

また、業務内容などによって次のような組織形態がとられます。

■組織形態の種類

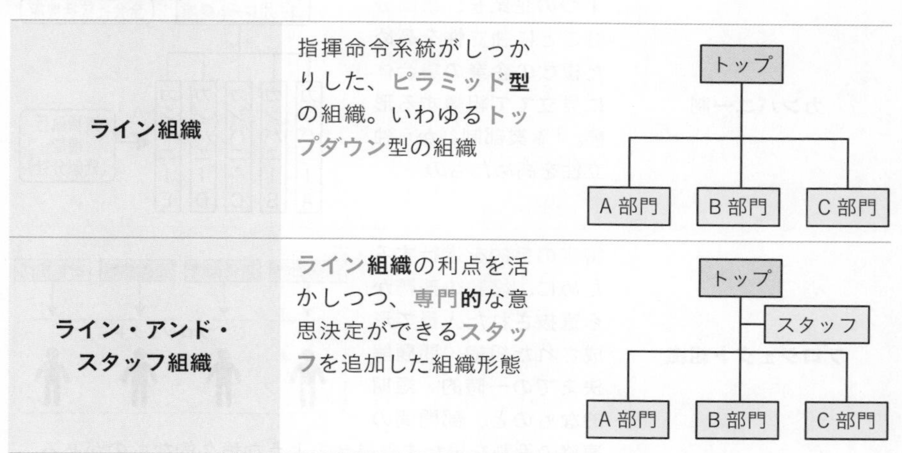

ライン組織	指揮命令系統がしっかりした、**ピラミッド型**の組織。いわゆる**トップダウン型**の組織	
ライン・アンド・スタッフ組織	**ライン組織**の利点を活かしつつ、**専門的**な意思決定ができる**スタッフ**を追加した組織形態	

逆ピラミッド型組織

顧客重視型の組織形態で、現場に近い担当者が意思決定を行い、管理者側がそのような環境を支えたり、要望などに応えたりする組織

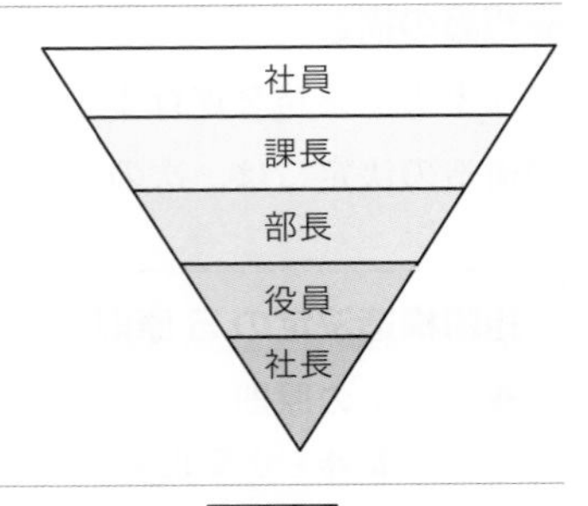

ファンクショナル組織（機能別組織）

生産、販売、研究開発の各機能を別々の部門に担当させ、専門化をめざす組織

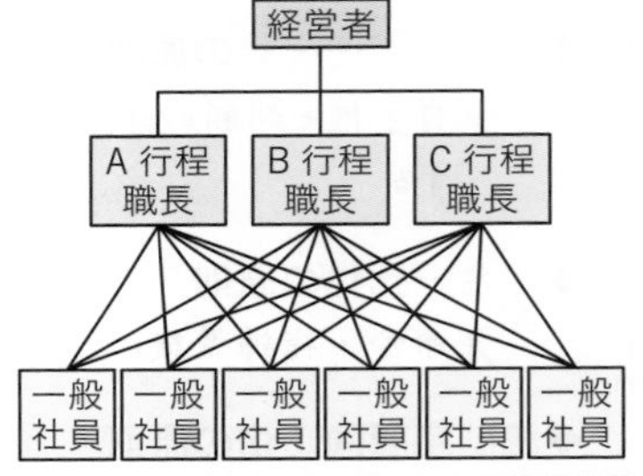

事業部制組織

複数の事業を営む事業体で、事業部単位に編成された組織。複数の事業部の中に各部門を設ける

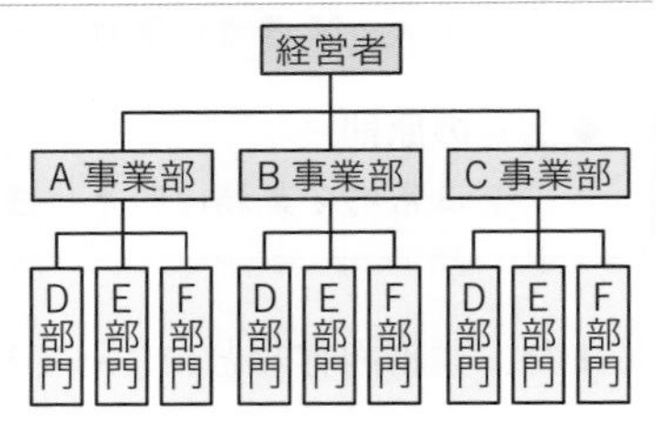

カンパニー制

１つの企業を、事業分野ごとに独立性を高めた複数の企業の集合体に見立てて組織する形態。「事業部制」から独立性を高めたもの

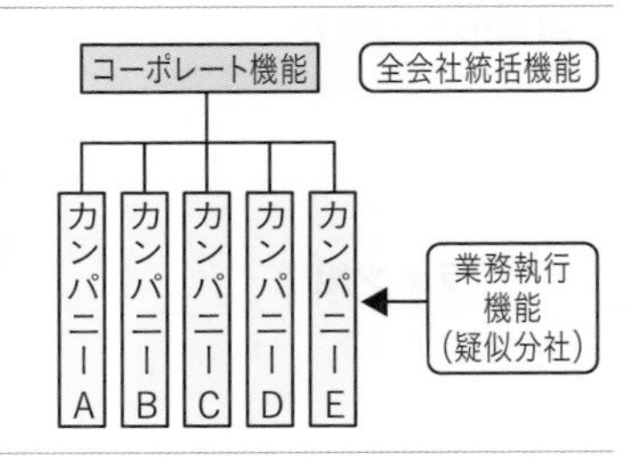

プロジェクト組織

特定の目的を遂行するために、複数の部門から選抜された人員で形成された組織。問題解決までの一時的・短期的なものと、部門間の連絡の役割を果たす委員会のような恒久的なものがある

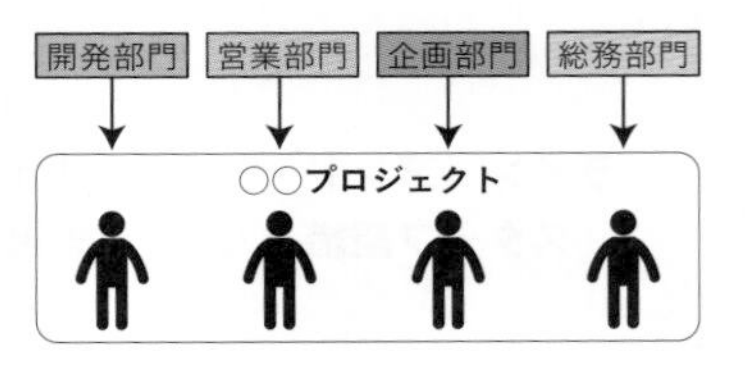

2 福祉サービス提供組織の機能と役割

福祉サービスとは、地域社会の一員として自立した日常生活を営むことを支援するもので、「社会福祉を目的とする事業」です。また、社会福祉法 →詳細はp.43参照 においては、「社会福祉事業」として、「第一種社会福祉事業」と「第二種社会福祉事業」が規定されています。このうち、第一種社会福祉事業の経営主体は、原則、国、地方公共団体、社会福祉法人 →詳細はp.43参照 とされています。社会福祉法第 5 条に、「福祉サービスの提供の原則」として、「社会福祉を目的とする事業を経営する者は、その提供する多様な福祉サービスについて、**利用者の意向を十分に尊重**し、地域福祉の推進に係る取組を行う他の地域住民等との連携を図り、かつ、保健医療サービスその他の関連するサービスとの**有機的な連携を図るよう創意工夫**を行いつつ、これを**総合的に提供**することができるようにその事業の実施に努めなければならない」と規定されています。

3 コンプライアンスの遵守

組織の社会的責任として、**コンプライアンス**の遵守が挙げられます。コンプライアンスとは、経営者や従業員が法律や規則などを守ることで、営利組織のみならず、福祉関連のサービス提供組織においても確立が求められるものです。

重要度B チーム運営の基本

1 リーダーシップ、フォロワーシップ

チームによる支援においては、チームのなかで影響力をもつ人物（**リーダー**）の役割が重要です。アメリカの経営学者ドラッカーの著書『プロフェッショナルの条件』によると、「**リーダーシップ**とは、組織の使命を考え抜き、それを目に見える形で明確に確立することである。リーダーとは目標を定め、優先順位を決め、基準を定め、それを維持する者である」とされています。

また、アメリカのカーネギーメロン大学教授のケリーは、フォロワー（部下）

がリーダーを支える力を**フォロワーシップ**と定義し、リーダーシップに影響を与えるものであるとするフォロワーシップ理論を提唱しました。ケリーは、リーダーには、フォロワーの**自律性**を引き出し、フォロワーが**能動的**に動けるようにする役割があるとしました。

2 リーダーシップ理論

組織やチームの目標達成のためのリーダーシップを研究する理論をリーダーシップ理論といいます。リーダーシップ理論の研究は歴史が古く、リーダーに必要とされる資質を身体的・精神的資質の面などから研究した**特性理論**（資質論）、リーダーの効果的な行動アプローチを研究した**行動理論**、状況や環境に応じてリーダーのスタイルや行動を変えるべきであるとする**コンティンジェンシー理論**の順に研究が展開されてきました。

このうち、日本の社会心理学者である三隅二不二（みすみじゅうじ）が提唱した行動理論に**PM理論**があります。リーダーシップに必要な能力を、

❶ 集団目標を**達成**させる機能（Performance Function：P機能）

❷ 集団を**維持**しまとめていく機能（Maintenance Function：M機能）

に大別し、その機能の高低で集団の生産性の傾向を理論化したものです。

■三隅二不二のPM理論

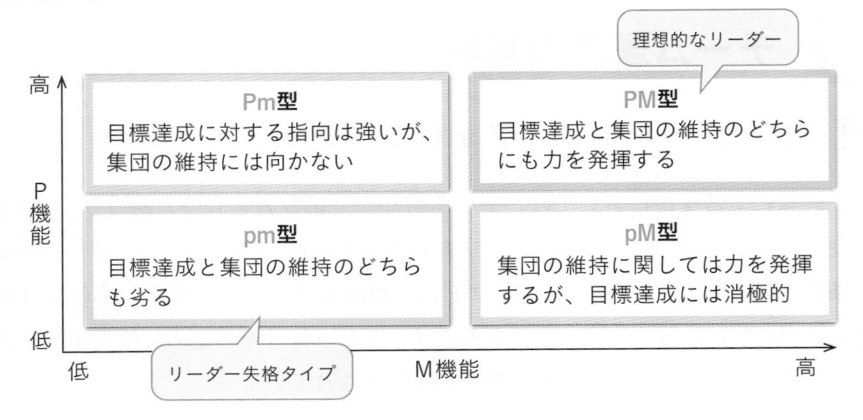

3 PDCAサイクル

チームの運営においては、業務課題の発見と解決の過程が重要となります。そのための理論・方法の代表的なものとして**PDCAサイクル**があります。PDCAサイクルとは、

❶ P（Plan：計画を立てる）
❷ D（Do：実行する）
❸ C（Check：評価する）
❹ A（Act：改善する）

の４つの各工程で得られた知見を次の計画の立案に用いて、それを循環的に繰り返していくことです。

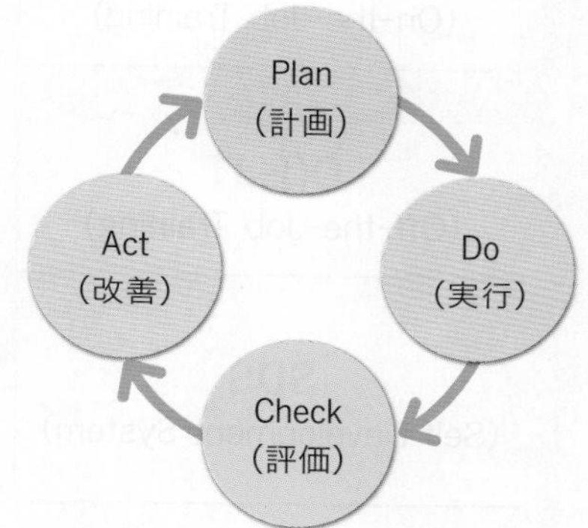

ひとこと

PDCAサイクルは、アメリカの統計学者デミングが提唱した手法で、デミングサイクルとも呼ばれます。さまざまな業種での業務改善に利用することができます。

重要度B 人材の育成と管理

1 職場研修

職務上必要な能力を習得する研修を、職場研修といいます。職場研修は、福祉サービス提供組織や介護サービスの現場でも行われるもので、以下の種類があります。

●ここがポイント

職場研修の種類

OJT (On-the-Job Training)	職場内で、具体的な仕事を通じて、仕事に必要な知識・技術・技能・態度などを指導教育するもの。エルダー制度の呼称
Off-JT (Off-the-Job Training)	職場を離れて、業務の遂行の過程外で行われる研修のこと
SDS (Self Development System)	職場内外での職員の自主的な自己啓発活動を職場として認知し、時間面・経済面での援助や施設の提供などを行うもの。自己啓発援助制度の略

例題

Q D介護福祉職は、利用者に対して行っている移乗の介護がうまくできず、技術向上を目的としたOJTを希望している。D介護福祉職に対して行うOJTとして、外部研修の受講を提案する。
〔第35回－問６〕

A × 外部研修の受講を提案するのは、Off-JTに該当する。

2 スーパービジョン

スーパービジョンとは、熟練した援助者（スーパーバイザー）から、経験が少なく未熟な援助者（スーパーバイジー）に対し、３つの機能（管理的機能、教育的機能、支持的機能）を提供する過程をいいます。

◆スーパービジョンの意義と目的

スーパービジョンの目的は、**スーパーバイジー**に対する支持的な関わりや教育・訓練などを行うことで、クライエントに対するより良い援助を提供することにあります。スーパーバイザーはスーパーバイジーの成長に責任を負っています。また、スーパービジョンが行われることで、仕事に対する満足度を高め、**バーンアウト（燃え尽き**症候群） →詳細はp.491参照 や離職を軽減させる効果もあります。

スーパービジョンの3つの機能は、次のようになります。

■スーパービジョンの3つの機能

管理的機能	●職場や組織の業務に関する**管理**的な機能 ●**人員配置**や**職場環境の整備**、**組織改革**も含まれる ●職場の上司としての働きと類似する
教育的機能	●実践に必要な知識や技術を教育し、**専門職**として成長させる機能 ●「スーパーバイザーの援助場面に同席させる」「事例を一緒に振り返る」などにより、専門職としての成長を促す
支持的機能	●スーパーバイジーを心理的、情緒的に支える機能 ●受容、共感、傾聴など支持的に関わることで、スーパーバイジーが抱えるさまざまな**葛藤**や**ストレス**などを軽減させる ●**自己覚知**を促すことで、**バーンアウト**を防ぐ機能も期待できる

◆スーパービジョンの形態

スーパービジョンには、次の5つの形態があります。

■スーパービジョンの5つの形態

個人 **スーパービジョン**	スーパーバイザーとスーパーバイジーが1対1で行うもので、最も基本的な形態 ●長所　**個別**的で丁寧な関わりが可能。短時間で双方の信頼関係が構築されやすい ●短所　一定の時間を要するため日常的な実施が難しい

グループ・スーパービジョン	1人のスーパーバイザーが複数のスーパーバイジーに対して行うもの ●長所　相互作用を通して、共感や気づきを得ることができる。議論や検討によって、学習効果の高まりが期待できる ●短所　グループで話し合えない個別的なことは取り上げられない。メンバー間の関係性に影響されやすい。信頼関係を築くのに時間がかかる
ピア・スーパービジョン	ピア（仲間）や同僚同士で実施するもの。スーパーバイザーが不在の場合など、代替的に行う ●長所　仲間・同僚同士のため、比較的すぐに実施することができる ●短所　スーパーバイザーとスーパーバイジーの2つの役割を担うことになるので、お互いの成長を目的としているという意識づけが難しい
セルフ・スーパービジョン	自分自身で行うもの。直面した困難な援助事例などについて、自らが客観的に振り返る ●長所　他者との時間設定や場所の調整が不要 ●短所　自らがスーパーバイザー、スーパーバイジー両方の役割を担うため、高度なスキルが必要
ライブ・スーパービジョン	実際の援助を目の前で展開する（ライブで実施している）ことを通して行われるもの ●長所　リアルな援助場面から学びを得ることができるため、教育的機能が高まる ●短所　クライエントに対する支援と同時並行でスーパービジョンを実施するため、高度なスキルが必要

3 コンサルテーション

スーパービジョンが援助者同士による機能であることに対し、援助を展開するうえで特定の領域に関する知識や技術が必要になった際に、他職種から助言や指導を受けることを**コンサルテーション**といいます。

コンサルテーションは他職種によるものであるため、「管理的機能」は有しません。また、助言を行う者を**コンサルタント**、助言を求める援助者を**コンサルティ**といい、両者の関係は対等です。

CHAPTER

3

社会の理解

CHAPTER 3
SECTION 1

社会と生活のしくみ

このSECTIONのポイント

◆**生活の概念** …「生活」の意味と構成要素、生活のとらえ方をおさえましょう

◆**家族の概念** … 家族の定義、分類と機能についておさえましょう

◆**地域社会と社会構造の変容** … コミュニティに関する用語の概念や機能、少子高齢化の現状についておさえましょう

重要度B 生活の概念

1 「生活」の意味と構成要素

「生活」という言葉の意味を改めて考えてみると、そこには、生きて活動していること、人としての生き方、くらしのあり方など、さまざまな意味が含まれています。

「生活」とは、更衣（着替え）・移動・食事・入浴・排泄（はいせつ）・家事・睡眠などの、**日常的な活動**に限定されるものではありません。生きていくなかで経験する、家族や友人との関係、働き方、結婚・出産・育児など、あらゆる要素を含むものといえます。

2 「生活」の特徴と「生活」が営まれる場所

人がどのような「生活」を送っていくことになるのかは、その人の価値観や生活歴、健康状態や経済状況などの**個人**的要因と、人間関係や社会情勢などの**環境**的要因によっても左右されます。

人は、日々のくらしや他者との関わりを通じて「生活」を営み、自分だけの**生**

活時間※を過ごしていくことになります。

そのため、「生活」を営む場所である**生活空間**もまた、単に自分の家の中だけを指すのではなく、**地域**や**社会**といった大きな範囲からとらえる必要があります。

※生活時間とは？

食事や睡眠の時間、仕事の時間、自由時間などに分類され、年齢・性別・生活習慣などによって、それぞれの時間が１日のなかで占める割合は異なってくる。

ひとこと

生活空間や生活圏は、幼児期から老年期に至るまでの**ライフステージによっても変化していく**ことを、併せて理解しておきましょう。

3 生活のとらえ方

生活のとらえ方には、家族周期、ライフサイクル、ライフステージ、ライフコース、ライフイベント、コーホート、生活構造などがあります。

■生活のとらえ方

家族周期	夫婦の**結婚**から夫婦の一方、ないしは双方の**死亡**までの一連の推移。**ラウントリー**は、労働者家庭への調査から、家族周期と貧困の間に関係があることを明らかにした
ライフサイクル	人間の誕生から死に至るまでの各段階の**推移**、また、各段階で固有の**発達課題**を達成していく過程。生活周期や人生周期とも呼ばれる
ライフステージ	人間の一生における乳幼児期・児童期・青年期・成人期・高齢期などのそれぞれの段階。家族の場合には新婚期・育児期・教育期・子独立期・老夫婦期などに分けられる。単に年齢によって規定されるだけではなく、心理学的、社会学的、経済学的な現象を伴うところに特徴がある

ライフコース	個人が一生の間に経験した出来事の道筋のこと。1970年代のアメリカでは個人が多様な生活を送るようになり、ライフサイクルというとらえ方が合わなくなってきたので、家族研究の新しい分析概念として登場した。長寿化、家族の多様化が進む今日では、家族生活をライフコースの視点からとらえるアプローチ法が有効だと考えられている
ライフイベント	進学、就職、結婚、転職、引っ越しなど、個人や家族の人生上の節目となる出来事を指す。これらの機会は、個人の人生のパターンを形づくる変わり目となり、多くの場合、大きなエネルギーが必要となる
コーホート	人生の節目となるできごとを**同時期**に体験した人々の集合を示す概念。調査や分析、研究対象の概念としても用いられる
生活構造	家計の収支構造、生活の時間的パターン、生活空間の範囲など、生活に関するさまざまな**規則性**を表す概念

重要度B 家族の概念

1 家族形態

社会は、「家族」という基礎的な集団によって形づくられています。

家族は夫婦、子、親などの**親族**※で構成され、さまざまな形態があります。

まず、生まれ育った家族と、新しく形成した家族の２つに分ける考え方があります。

出生と生殖の違いによる「家族」の分類

□ **定位家族（出生家族）**
自分が子どもとして生まれ、育てられた家族。

□ **創設家族（生殖家族）**
自分の意思で配偶者を選び、新しく形成した家族。

※親族とは？
❶６親等内の血族、❷配偶者、❸３親等内の姻族のこと（「民法」第725条）。

また、次のように、家族構成員によって**核**家族や**拡大**家族に分類する考え方もあります。

●ここがポイント

家族構成員の違いによる「家族」の分類

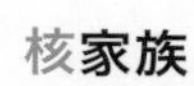

核家族

「夫婦のみ」または「夫婦と未婚の子」「ひとり親と未婚の子」で構成される家族形態。家族の基礎的な単位

CHECK! ❷

拡大家族

親子関係にある、複数の核家族が同居する家族

CHECK! ❶ 核家族や拡大家族の提唱者

「核家族」や「拡大家族」という考え方は、アメリカの人類学者マードックによって提唱された。

CHECK! ❷ 核家族世帯の動向

「夫婦のみ」「ひとり親と未婚の子」世帯は増加傾向、「夫婦と未婚の子」世帯は減少傾向にある。

核家族が、拡大家族を構成することはない。

〔第24回−問５〕

×　拡大家族は、親子関係にある**複数の核家族**によって構成される。

2 家族と世帯の違い

「世帯」は、住居と生計を共有する人々の集団を指します。世帯は、

- 住民票の編成
- 「生活保護法」に基づく保護の要否
- 「国勢調査」などの統計調査

の指標となる単位で、行政によって利用されることが多くあります。

家族との違いは、共同生活を送る相手が親族に限られず、幅広い意味での同居人も含まれるということです。

ひとこと

「世帯」は住居を共有していることが前提になるので、**単身赴任**(ふにん)や**進学**などによって別々の場所にくらしている「家族」は、世帯員には含まれません。

3 家族の機能

家族には、経済的な協働、生殖、子どもの養育、介護などの機能があり、「家庭」という生活の場を共有しています。構成員である個人に対する役割としての家族の機能は、次の４つに分類することができます。

■家族の機能

生命維持機能	個人の生存に関わる食欲や性欲の充足、安全を求める機能
生活維持機能	衣食住などの生活水準を維持しようとする機能
パーソナリティ機能	●安定化機能…家族だけが共有するくつろぎの機能 ●形成機能…子育てにより子どもを社会化する機能
ケア機能	介護が必要な構成員を家族で支える機能

例題

Q 衣食住などの生活水準を維持しようとする機能は、生命維持機能である。 〔第31回-問５〕

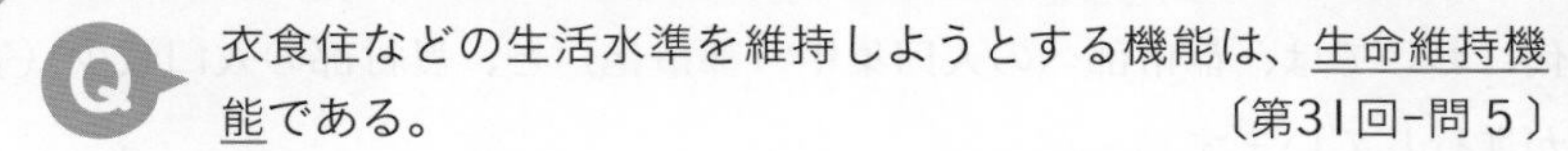

A  × 生命維持機能は、個人の生存に関わる食欲や性欲の充足、安全を求める機能。記述は、生活維持機能。

重要度 B
地域社会と社会構造の変容

1 限界集落の増加とコミュニティの喪失

◆コミュニティとアソシエーション

「地域社会」とは、特定の場所で生活する人々によって構成される社会のことをいいます。地域社会では、コミュニティ（共同体）意識が形成され、連帯感をもって助け合うことが望まれています。

アメリカの社会学者マッキーバーは、コミュニティとアソシエーションという２つの概念について、次のようにとらえています。

コミュニティとアソシエーションの違い

□ **コミュニティ**
一定の地域に住み、共属感情をもつ人々の集団や組織のこと。共同体や地域社会そのものを指す言葉でもある。

□ **アソシエーション**
共通の目的や関心をもつ人々が、意図的・計画的につくる集団や組織のこと。家族・学校・企業などを指す。

◆都市化と過疎化

現代においては、都市部への人口集中（都市化）と、農村部の人口減少（過疎化）が進行しています。

また、農村部では過疎化の進行により、限界集落※の増加も問題視されています。都市部においても、郊外に住居を構える人が多く、中心部の住民は高齢化が進んでいることから、空洞化という現象がみられるようになっています。

こうしたことから、コミュニティは、都市部・農村部のいずれにおいても失われつつあります。

※限界集落とは？
65歳以上の人口比率が、住民の50％を超えた集落のこと。農村部を中心として、都市部の集合住宅でも一部みられる。

2 少子高齢化の進行とその背景

コミュニティが失われている要因のひとつに、少子高齢化があります。日本では、合計特殊出生率※の低下による少子化と、高齢化率※の上昇による高齢化が併行して進行しています。

※合計特殊出生率／高齢化率とは？
合計特殊出生率とは、１人の女性が一生の間に産む子どもの数を示したもの。
高齢化率とは、全人口に占める老年人口の割合のこと。

◆少子化の現状

合計特殊出生率は、1971（昭和46）～1974（昭和49）年の**第２次ベビーブーム**の時期に2.1台で推移してからは、基本的に**低下**傾向が続いており、2022（令和４）年は**1.26**になっています（厚生労働省「人口動態統計」より）。

■出生数と合計特殊出生率の年次推移

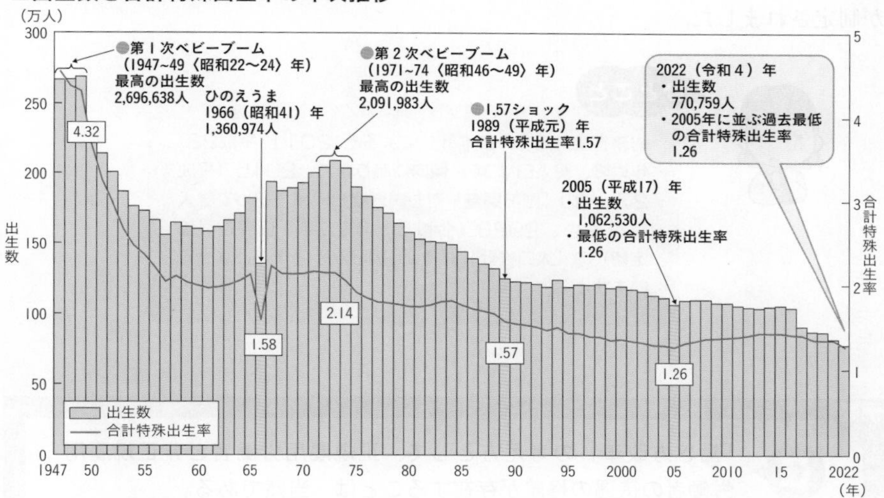

◆高齢化の現状

人口は、年齢階級によって、「**年少**人口（０～14歳）」「**生産年齢**人口（15～64歳）」「**老年**人口（65歳以上）」という３つの区分に分けられます。

日本では、1997（平成９）年に老年人口が年少人口を上回り、以降もその差が広がって、**高齢化率**の上昇が続いています。

高齢化率は、2023（令和５）年９月15日現在、**29.1**％に達しています（総務省統計局「人口推計」より）。

◆少子高齢化の背景と対策

少子高齢化が進んできた背景には、女性の社会進出による晩婚化・未婚化、非正規雇用労働者の増加による若者のワーキングプアなど、結婚観や雇用環境の変化が挙げられます。そのため、人口の年齢構成割合が変わるなか、仕事と生活の調和の実現に取り組むため、2007（平成19）年「仕事と生活の調和（**ワーク・ライフ・バランス**）憲章」が策定されました（2010〈平成22〉年改定）。

さらに、多様な働き方を選択できる社会、長時間労働の是正、雇用形態に関わらない公正な待遇確保などの実現を目的として、2018（平成30）年６月、「働き方改革を推進するための関係法律の整備に関する法律」（**働き方改革関連法**）が制定されました。

ひとこと

総務省統計局「人口推計」によると、2011（平成23）年以降、総人口は**減少傾向**にあります。2015（平成27）年の「国勢調査」でも調査開始以来、初めて総人口が**減少**。2023（令和５）年10月１日現在（確定値）の「人口推計」で１億2435万２千人となっています。

例題

「働き方改革」の考え方として、正規雇用労働者と非正規雇用労働者の待遇の格差が存在することは、当然である。

〔第32回－問６〕

「働き方改革」は、雇用形態に関わらない**公正な待遇確保**などの実現を目的としたものである。

3 地域社会における活動・事業の広がり

地域社会では、コミュニティの再生や活性化をめざして、さまざまな活動や事業が進められています。

◆コミュニティビジネス

まちづくりや子育て、介護といった地域の課題を、**地域住民**が主体となって、**ビジネス**の手法によって解決する取り組みのことです。

◆社会福祉法人

社会福祉法人は、「社会福祉法※」に基づいて創設された、社会福祉事業を行うことを目的とする非営利の法人です。

社会福祉法人は、社会福祉事業の主たる担い手としてふさわしい事業を確実、効果的かつ適正に行うため、自主的にその**経営基盤**の強化を図るとともに、提供する福祉サービスの**質の向上**および事業経営の**透明性**の確保（財務諸表の公表など）を図らなければなりません。なお、社会福祉法人は、社会福祉事業に支障がない場合において、**公益**事業および**収益**事業を行うことができます。

社会福祉法人を設立するには、所轄庁（原則として主たる事務所がある都道府県の知事）の認可を受け、設立の登記をすることが必要です。認可申請には、定款を定め、社会福祉事業を行うための資産を備え、法人運営のための役員（**理事**および**監事**）や**評議員会**を設置する必要があります。

※「社会福祉法」とは？

社会福祉を目的とする事業の、全分野における**共通的基本事項**を定めた法律。
法律の総則として、福祉サービスの基本的理念、地域福祉の推進、福祉サービスの提供の原則、国および地方公共団体の責務（福祉サービスの提供体制の確保など）が挙げられている。

◆NPO法人

「NPO」とは、**非営利組織**のことを指します。営利を目的とせず、社会貢献活動に携わる**民間**の団体です。

NPO法人（**特定非営利活動法人**）とは、「**特定非営利活動促進法**※」に基づいて設置される、不特定かつ多数の者の利益のために活動する法人です。

※特定非営利活動促進法とは？

1998（平成10）年に制定された、ボランティア活動や市民活動の促進を目的とした法律。1995（平成７）年に発生した阪神・淡路大震災をきっかけに、ボランティア団体の法人化の必要性が高まったことを受けて制定された。

NPO法人の活動分野は、次の**20**分野に限られます。NPO法人の半数以上が「保健、医療又は福祉の増進を図る活動」を行っています。

■NPO法人の20の活動分野（2023〈令和５〉年９月30日現在）

活動の種類	法人数
❶保健、医療又は福祉の増進を図る活動	29,637
❷社会教育の推進を図る活動	25,201
❸まちづくりの推進を図る活動	22,817
❹観光の振興を図る活動	3,553
❺農山漁村又は中山間地域の振興を図る活動	3,055
❻学術、文化、芸術又はスポーツの振興を図る活動	18,530
❼環境の保全を図る活動	13,245
❽災害救援活動	4,378
❾地域安全活動	6,439
❿人権の擁護又は平和の活動の推進を図る活動	9,168
⓫国際協力の活動	9,285
⓬男女共同参画社会の形成の促進を図る活動	4,953
⓭子どもの健全育成を図る活動	25,117
⓮情報化社会の発展を図る活動	5,622
⓯科学技術の振興を図る活動	2,829
⓰経済活動の活性化を図る活動	9,028
⓱職業能力の開発又は雇用機会の拡充を支援する活動	13,082
⓲消費者の保護を図る活動	2,886
⓳前各号に掲げる活動を行う団体の運営又は活動に関する連絡、助言又は援助の活動	24,120
⓴前各号で掲げる活動に準ずる活動として都道府県又は指定都市の条例で定める活動	335

出典：内閣府NPOホームページ「特定非営利活動法人の活動分野について」
ただし、１つの法人が複数の分野の活動を行う場合があるため、重複して数えられている場合がある

NPO法人を設立するためには、申請書を所轄庁（原則として**都道府県知事**。ただし、1つの指定都市の区域内のみに事務所をおく場合は、**指定都市の長**）に提出し、設立の認証を受け、設立の登記をすることが必要です。

所轄庁は、申請が次に挙げる認証の要件に適合すると認めるときは、申請受理から**3**か月以内にNPO法人の設立を**認証**しなければなりません。

NPO法人の認証の要件

- ◆**特定非営利活動**を行うことを主たる目的とすること
- ◆**営利**を目的としないものであること（利益を社員で分配しないこと）
- ◆社員の資格の得喪に関して、**不当な条件**を付さないこと
- ◆役員のうち報酬を受ける者の数が、役員総数の**3分の1**以下であること
- ◆**宗教活動**や**政治活動**を主たる目的とするものでないこと
- ◆特定の**公職者**（候補者を含む）または**政党**を推薦、支持、反対することを目的とするものでないこと
- ◆**暴力団**でないこと、暴力団または暴力団の構成員などの統制の下にある団体でないこと
- ◆**10人**以上の社員を有するものであること

ひとこと

NPO法人は、自ら行う特定非営利活動にかかる事業に支障がない限り、その他の事業（**収益**事業など）を行うことができます。なお、**収益**活動を行って利益が生じた場合は、これを**特定非営利活動に関する**事業のために使用しなければなりません。

NPO法人のうち、一定の基準を満たし、所轄庁の認定を受けた法人を、認定NPO法人（**認定特定非営利活動法人**）といい、税制上の優遇措置を受けることができます。

「NPO」に対して、「NGO」は**非政府組織**のことを指します。貧困や環境などの国際問題に対して、**民間**の立場から支援を行う団体です。

特定非営利活動法人（NPO法人）は、社会福祉法に基づいて設置される。〔第36回−問８〕

NPO法は、特定非営利活動促進法に基づいて設置される。

◆社会福祉連携推進法人

2020（令和２）年の社会福祉法等の改正により、社会福祉事業に取り組む社会福祉法人やNPO法人等を社員として、相互の業務連携を推進する**社会福祉連携推進法人制度**が創設されました。社会福祉連携推進法人は、以下の社会福祉連携推進業務を行う一般社団法人を設立し、各種の基準に適合することで、所轄庁の認定を受けることができます。

■社会福祉連携推進業務

❶**地域福祉の推進**に係る取組を社員が共同して行うための支援
❷災害が発生した場合における社員が提供する**福祉サービスの利用者の安全**を社員が共同して確保するための支援
❸社員が経営する社会福祉事業の**経営方法に関する知識の共有**を図るための支援
❹資金の貸付けその他の社員が社会福祉事業に係る業務を行うのに必要な**資金を調達**するための支援として厚生労働省令で定めるもの
❺社員が経営する社会福祉事業の**従事者の確保**のための支援及びその**資質の向上**を図るための研修
❻社員が経営する社会福祉事業に必要な**設備または物資の供給**

◆ボランティア

「ボランティア」は、個人・団体を問わず実施されていて、社会福祉をはじめとした幅広い活動に携わっています。ボランティアの精神として前提となるのは、**自発性**と**自主性**です。

◆共同募金

「共同募金」は、赤い羽根共同募金とも呼ばれ、「**社会福祉法**」に規定されている第一種社会福祉事業のひとつです。社会福祉法人中央共同募金会を連合体とした、都道府県ごとの共同募金会によって実施されていて、区域内における**地域福祉**の推進を図ることを目的としています。

ひとこと

地域住民の意見を地方自治体の施策に反映させるため、「行政手続法」に基づき、**パブリックコメント**（**意見公募手続**）という制度が設けられています。
また、「地方自治法」に基づき、日本国民でなくても、**市町村**の区域内に住所のある住民には、市町村によるサービスを受ける権利があります。

◆CSRとCSV

CSR（Corporate Social Responsibility：**企業の社会的責任**）とは、企業が収益をあげるだけではなく、従業員や顧客の人権への配慮、環境への配慮、地域社会への貢献など、企業が果たすべき責任のことをいいます。CSV（Creating Shared Value：**共有価値の創造**）とは、CSRより一歩進んだ概念で、本業それ自体で利益と**社会的課題**の解決を両立させようという企業理念をいいます。

企業の社会的責任（Corporate Social Responsibility：CSR）による社会貢献は、商品を安い価格で販売するなどの経済活動によって行われる。〔第26回-問６〕

企業の社会的責任（CSR）による社会貢献とは、利潤の追求だけではなく、従業員や顧客の**人権**への配慮、**環境**への配慮、**地域社会**への貢献など社会に対し責任を果たし、共に発展していくための活動を指す。

CHAPTER 3
SECTION 2

地域共生社会の実現に向けた制度や施策

このSECTIONのポイント

◆地域福祉の発展 …「社会福祉法」における「地域福祉の推進」について覚えておきましょう

◆地域共生社会 … ソーシャル・インクルージョンと多文化共生社会をおさえましょう

◆地域包括ケア … 地域包括ケアシステムと重層的支援体制整備事業について理解しましょう

重要度 B

地域福祉の発展

1 地域福祉の理念

「地域福祉」とは、年齢や性別、国籍、障害の有無などにかかわらず、誰もが地域で安心して生活できるシステムづくりのことです。

日本で「地域福祉」という用語が登場し、概念が論議され始めたのは1970年代初頭です。代表的なものとして、岡村重夫の理論があります。岡村は、1970（昭和45）年に『地域福祉研究』、1974（昭和49）年に『地域福祉論』を著し、地域福祉の構成要素として、❶施設ではなく地域社会での具体的な援助活動としてのコミュニティ・ケア、❷コミュニティ・ケアを可能にするための前提条件としての一般的地域組織化活動（一般的コミュニティづくりの組織化活動）と福祉組織化活動（福祉コミュニティ※づくりを進めるための組織化活動）、❸予防的社会福祉の3要素を挙げ、地域福祉の本質は、社会関係の全体性を保持しつつ適切な支援を行うコミュニティ・ケアであり、コミュニティ・ケアの前提には住民主体の地域社会形成が不可欠である、としました。

※福祉コミュニティとは？
社会的に不利な立場に置かれている人に目を向け、その人々と同一であるという感情から結ばれる下位集団。

1990年代に入ると、分権化と住民の主体力や福祉力の両者の相互作用により、新たな公共概念を構築し、そこに地域福祉が成り立つものとする**右田紀久恵**（うだきくえ）による「**自治型地域福祉論**」が提唱されました。右田は地域福祉の目的は、住民の生活上の問題の解決と**予防**、地域住民の**生活**権保障と社会的**自己実現**であるとしています。

そして2000（平成12）年の「社会福祉事業法」の「社会福祉法」への改称・改正 →詳細はp.67参照 によって、「地域福祉」が法律の条文に初めて記載されることになります。第１条に法の目的として、次のように記されています。

社会福祉法の目的
この法律は、社会福祉を目的とする事業の全分野における共通的基本事項を定め、社会福祉を目的とする他の法律と相まつて、福祉サービスの利用者の**利益**の保護及び地域における社会福祉（以下「**地域福祉**」という）の推進を図るとともに、社会福祉事業の公明かつ適正な**実施**の確保及び社会福祉を目的とする事業の**健全**な発達を図り、もつて社会福祉の**増進**に資することを目的とする。

2 地域福祉の推進

上記の2000（平成12）年の「社会福祉法」への改正により、「地域福祉の推進」が初めて法定化されました。第４条で、次のように規定しています。

地域福祉の推進
地域住民、社会福祉を目的とする事業を経営する者及び社会福祉に関する活動を行う者は、**相互**に**協力**し、福祉サービスを必要とする地域住民が地域社会を構成する一員として**日常生活**を営み、社会、経済、文化その他あらゆる分野の活動に参加する機会が与えられるように、地域福祉の推進に努めなければならない。

さらに、同法第6条第2項では、国及び地方公共団体は、地域住民等が地域生活課題を把握し、支援関係機関との連携等によりその解決を図ることを促進する施策その他地域福祉の推進のために必要な各般の措置を講ずるよう努めなければならないと定めています。

◆社会福祉協議会

社会福祉協議会は、「社会福祉法」に基づき、各都道府県や市区町村に設置されている社会福祉法人です。社会福祉を目的とする事業の企画・実施などを通じて、地域福祉の推進を図っています。

社会福祉協議会の中央組織は全国社会福祉協議会で、福祉サービス利用者や社会福祉関係者の連絡・調整、活動支援などに携わっています。

重要度B 地域共生社会

1 地域共生社会の理念

厚生労働省によると、「地域共生社会」とは、社会構造の変化や人々の暮らしの変化を踏まえ、制度・分野ごとの『縦割り』や「支え手」「受け手」という関係を超えて、地域住民や地域の多様な主体が参画し、人と人、人と資源が世代や分野を超えつながることで、住民一人ひとりの暮らしと生きがい、地域をともに創っていく社会、とされています。

「地域共生社会」を実現するためには、「住民に身近な圏域」において、地域住民等が主体的に地域生活課題を把握し、解決を試みることができるような環境を整備し、当該圏域において関連する相談を包括的に受け止めることのできる相談支援体制を構築することが不可欠です。2008（平成20）年の「これからの地域福祉のあり方に関する研究会報告書」では、次ページの図のように重層的な圏域の設定をイメージしています。

2016（平成28）年に閣議決定された「ニッポン一億総活躍プラン」においても「地域共生社会の実現」が盛り込まれ、「我が事・丸ごとの地域づくり」の理念が強調されています。

■重層的な圏域設定のイメージ

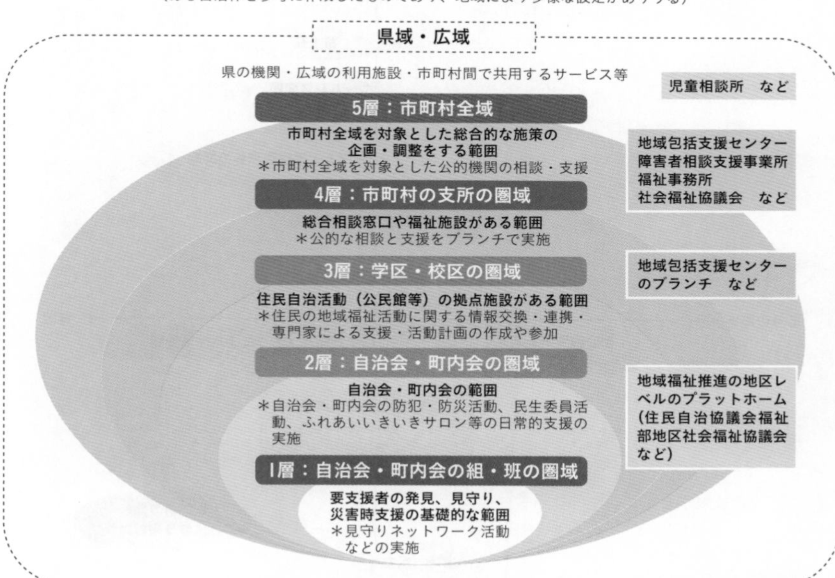

出典：厚生労働省「『これからの地域福祉のあり方に関する研究会』報告書」

2 ソーシャル・インクルージョン

ソーシャル・インクルージョン（社会的包摂）とは、すべての人々を孤独や孤立、排除や摩擦から援護し、健康で文化的な生活の実現につなげるよう、社会の構成員として包み、支え合うという考えを指します。2000（平成12）年に当時の厚生省社会・援護局から出された「『社会的な援護を要する人々に対する社会福祉のあり方に関する検討会』報告書」において、ソーシャル・インクルージョンの理念を推進することが提言されました。

地域社会では、一般にホームレスや障害のある人、犯罪歴のある人、外国籍の人などを排除しがちですが、ソーシャル・インクルージョンとは、それらの人々を孤独や孤立、排除から守り、社会の一員として包み支え合う社会を目指すものです。

■現代社会の社会福祉の諸問題

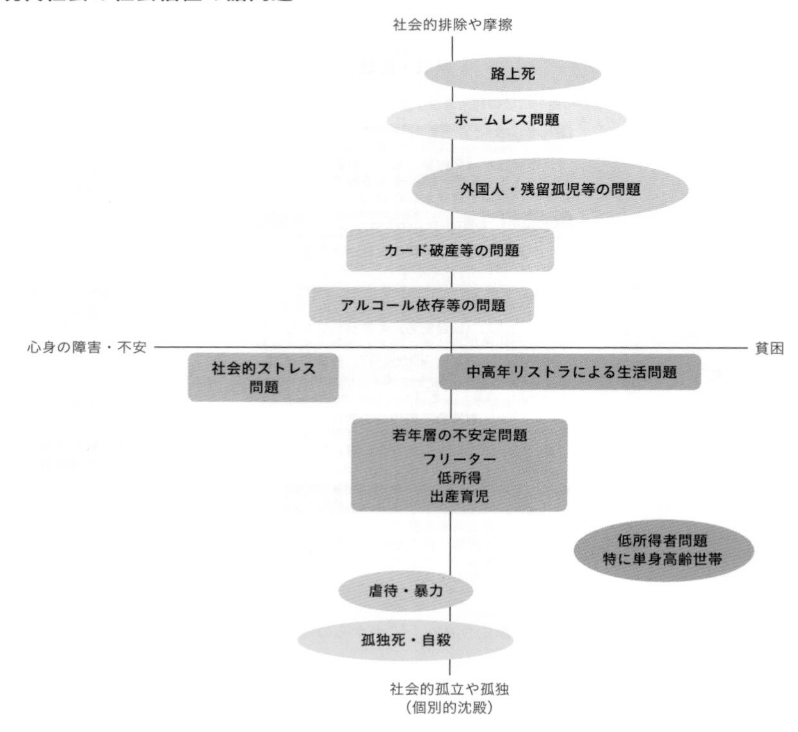

出典：社会保障審議会（2000）「『社会的な援護を要する人々に対する社会福祉のあり方に関する検討会』報告書」

3 多文化共生社会

2005（平成17）年６月、日系南米人等の外国人住民の増加を背景に、総務省に「多文化共生の推進に関する研究会」が設置され、翌2006（平成18）年３月に「多文化共生の推進に関する研究会報告書」が公表されました。そこでは、地域における多文化共生を「国籍や**民族**などの異なる人々が、互いの**文化的**ちがいを認め合い、**対等**な関係を築こうとしながら、地域社会の**構成員**として共に生きていくこと」と定義しています。そして、地方公共団体における「多文化共生の推進に係る指針・計画」の策定に資するため、「**地域における多文化共生推進プラン**」が策定されました。そこでは、多文化共生施策の推進体制の整備として、❶コミュニケーション支援、❷生活支援、❸多文化共生の地域づくりが掲げられました。

そして、2008（平成20）年から開始された、経済連携協定（EPA）に基づく外国人介護福祉士候補者の受入れなどもあり、日本国内に在留して働く外国人が急増していることから、2018（平成30）年12月、外国人材の受入れ・共生に関する関係閣僚会議において、外国人材の受入れ・共生のための**総合的対応策**が策定されました。以降、毎年度改訂が行われています。この総合的対応策には、外国人材の適正・円滑な受入れの促進に向けた取組とともに、外国人との共生社会の実現に向けた環境整備を推進すること等が盛り込まれています。

■外国人材の受入れ・共生のための総合的対応策の主な内容

円滑なコミュニケーションと社会参加のための日本語教育等の取組	● 外国人が生活のために必要な日本語等を習得できる環境の整備 ● 日本語教育の質の向上等
外国人に対する情報発信・外国人向けの相談体制の強化	● 外国人の目線に立った情報発信の強化 ● 外国人が抱える問題に寄り添った相談体制の強化

ライフステージ・ライフサイクルに応じた支援	●「乳幼児期」、「学齢期」を中心とした外国人に対する支援等 ●「青壮年期」初期を中心とした外国人に対する支援等 ●「青壮年期」を中心とした外国人に対する支援等 ❶留学生の就職等の支援 ❷就労場面における支援 ❸適正な労働環境等の確保 ●「高齢期」を中心とした外国人に対する支援等 ●ライフステージに共通する取組
外国人材の円滑かつ適正な受入れ	●特定技能外国人のマッチング支援策等 ●悪質な仲介事業者等の排除 ●海外における日本語教育基盤の充実等
共生社会の基盤整備に向けた取組	●共生社会の実現に向けた意識醸成 ●外国人の生活状況に係る実態把握のための政府統計の充実等 ●共生社会の基盤整備のための情報収集強化及び関係機関間の連携強化等 ●外国人も共生社会を支える担い手となるような仕組みづくり ●共生社会の基盤としての在留管理体制の構築 ❶在留管理基盤の強化 ❷留学生の在籍管理の徹底 ❸技能実習制度の更なる適正化 ❹不法滞在者等への対策強化

このように、外国人住民の増加·多国籍化、在留資格「特定技能」の創設、多様性·包摂性のある社会実現の動き、デジタル化の進展、気象災害の激甚化といった社会経済情勢の変化に対応することが必要となっていることから、「地域における多文化共生推進プラン」も2020（令和２）年に改訂されました。

■地域における多文化共生推進プラン

❶コミュニケーション支援	●行政・生活情報の多言語化（ICTを活用） ●相談体制の整備 ●日本語教育の推進 ●生活オリエンテーションの実施
❷生活支援	●教育機会の確保 ●適正な労働環境の確保 ●災害時の支援体制の整備 ●医療・保健サービスの提供 ●子ども・子育て及び福祉サービスの提供 ●住宅確保のための支援 ●感染症流行時における対応
❸意識啓発と社会参画支援	●多文化共生の意識啓発・醸成 ●外国人住民の社会参画支援
❹地域活性化の推進やグローバル化への対応	●外国人住民との連携・協働による地域活性化の推進・グローバル化への対応 ●留学生の地域における就職促進

多文化共生施策の推進体制の整備
●地方公共団体の体制整備　●地域における各主体との連携・協働

多文化共生の推進に係る指針・計画の策定

出典：総務省自治行政局国際室「「地域における多文化共生推進プラン」改訂の概要」より作成

重要度B 地域包括ケア

1 地域包括ケアシステム

「地域包括ケア」とは、「医療や介護が必要な状態になっても、可能な限り、住み慣れた地域でその有する能力に応じ自立した生活を続けることができるよう、医療・介護・予防・住まい・生活支援が包括的に確保される」という考え方です。その実現のための住民同士、専門職同士、住民と専門職といったネットワーキングによる連携のしくみのことを地域包括ケアシステムといいます。

地域包括ケアシステムという用語は、2005（平成17）年の介護保険法改正 →詳細はp.84参照 で、初めて使われました。ニーズに応じた住宅が提供されることを基本としたうえで、生活上の安全・安心・健康を確保するために、医療や介護のみならず、福祉サービスを含めた多様な生活支援サービスが日常生活の場（**日常生活圏域**）で適切に提供できるような地域での体制を指します。団塊の世代が75歳以上になる2025（令和７）年をめどに、制度づくりが進められています。

■地域包括ケアシステムのイメージ

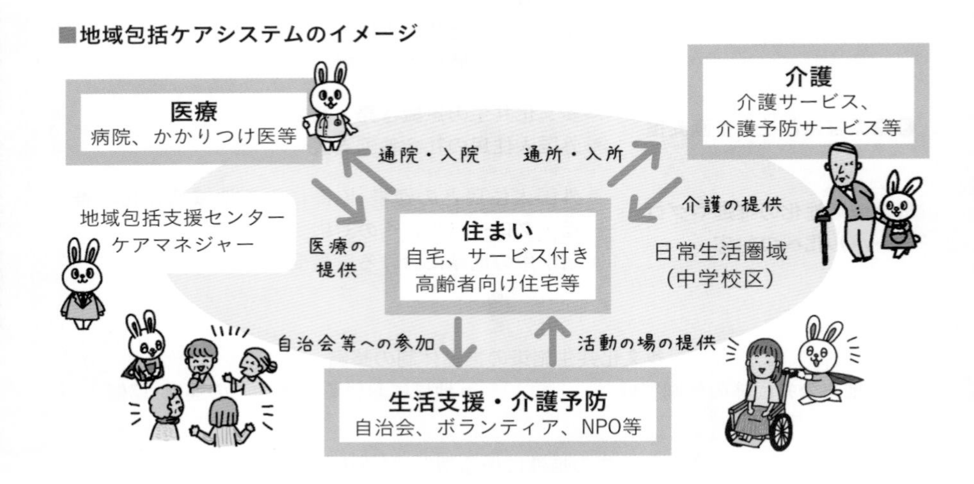

また、地域包括ケアシステムでは、**自助**、**互助**、**共助**、**公助**が地域の特性に合わせてそれぞれに役割を果たすことが求められています。

地域包括ケアシステムでの自助・互助・共助・公助

- 自助：自らの健康管理（**セルフケア**）。自ら**市場サービス**を購入するなど、自分のことは自分ですること
- 互助：**近隣**住民同士の支え合いのこと。費用負担が制度的に裏付けられていない自発的なもの
- 共助：社会保険のように**制度化**された相互扶助のこと
- 公助：自助・互助・共助では対応できない生活困窮等に**税による公の負担**で対応すること

◆地域包括支援センター

地域包括支援センターは、**2005（平成17）**年の「介護保険法」改正によって創設された、地域包括ケアシステムの中核となる機関です。

設置主体は**市町村**または**市町村**の委託を受けた法人で、人口２～３万人程度を目安に１つのセンターが設置されます。

地域包括支援センターには、職員配置基準があります。第１号被保険者（65歳以上の高齢者）3000～6000人ごとに、**社会福祉士**、**主任介護支援**専門員（主任ケアマネジャー）、**保健師**（またはこれらに準ずる者）を、常勤専従で各１名配置することになっています。

地域包括支援センターの主な業務は、**包括的**支援事業の実施です。

また、フォーマル・インフォーマル双方の職種や機関を連携させ、必要なサービスへとつなぐ、地域における横断的な**ネットワーク**の構築も担います。

→詳細はp.123・124参照

例題

Q 地域包括ケアシステムでの共助は、近隣住民同士の支え合いをいう。〔第32回-問５〕

A  ×　共助は、社会保険のように**制度化**された相互扶助のことをいう。近隣住民同士の支え合いは**互助**である。

2 重層的支援体制整備事業

2020（令和２）年の「社会福祉法」の改正により、地域生活課題の解決に資する包括的な支援体制を整備することを目的に、市町村が行うことができる事業として、**重層的支援体制整備事業**が創設されました。重層的支援体制整備事業とは、属性や世代を問わない相談支援として実施することにより、地域生活課題を抱える地域住民およびその世帯に対する支援体制ならびに地域住民等による地域福祉の推進のために必要な環境を**一体**的かつ**重層**的に整備する事業をいいます。市町村には、重層的支援体制整備事業を実施するときは、適切かつ効果的に実施するため、**重層的支援体制整備事業実施計画**を策定する努力義務も課されています。

■重層的支援体制整備事業

支援	内容
断らない相談支援	●本人・世帯の属性にかかわらず受け止める相談支援 ❶属性にかかわらず、地域の様々な相談を受け止め、自ら対応するまたは関係機関につなぐ機能 ❷世帯を取り巻く支援関係者全体を調整する機能 ❸継続的につながり続ける支援を中心的に担う機能 ※❷及び❸の機能を強化
参加支援	●本人・世帯の状態に合わせ、地域資源を活かしながら、就労支援、居住支援などを提供することで社会とのつながりを回復する支援 ●狭間のニーズに対応できるように既存の地域資源の活用方法を拡充する取組を中心に、既存の人的・物的資源の中で、本人・世帯の状態に合わせた多様な参加支援の提供を行う 例 生活困窮者の就労体験に経済的な困窮状態にない世帯のひきこもりの者を受け入れる
地域づくりに向けた支援	●地域社会からの孤立を防ぐとともに、地域における多世代の交流や多様な活躍の機会と役割を生み出す支援 ❶住民同士が出会い参加することのできる場や居場所の確保に向けた支援 ❷ケアし支え合う関係性を広げ、交流・参加・学びの機会を生み出すコーディネート機能

出典：厚生労働省　社会・援護局「全国厚生労働関係部局長会議資料」より作成

この事業を実施する市町村に対しては、関連事業にかかる補助について一体的に執行ができるよう、国・都道府県による**重層的支援体制整備事業交付金**が交付されます。

ひとこと

相談機関に来る人も、介護だけではなく、経済的困窮や引きこもりの子どもの就労問題、家族の障害など複合的な課題を抱えていることがあり、個別の制度では対応できないこともあります。制度の枠を超えて、一体的に支援を行うしくみを作ることが目的です。

CHAPTER 3
SECTION 3

社会保障の基本的な考え方と社会保障制度の変遷

このSECTIONのポイント

◆社会保障の機能と範囲 … ナショナル・ミニマムの概念、社会保障の範囲について覚えましょう

◆社会保障制度と社会福祉の変遷 … 福祉六法の確立、国民皆保険・皆年金体制の確立、社会福祉基礎構造改革など日本の社会保障制度の発達をおさえておきましょう

重要度A 社会保障の機能と範囲

1 社会保障の機能：セーフティーネット

「社会保障」とは、公的な支援を通じて、市民の生活や社会の安定を維持しようとする制度です。

社会保障の対象になるのは、貧困、疾病、失業、育児、介護など、**生活上の問題**を抱えた人たちです。社会保障は、自分自身の力で問題を解決することが難しくなった人たちを、社会全体で支えていく安全装置＝**セーフティーネット**としての機能を果たしています。

2 社会保障の機能：所得再分配

◆国家が「保障」する

社会保障の第一の目的は、所得の格差や拡大を防ぐための所得保障です。その基盤となる考え方として、**ナショナル・ミニマム**があります。

●ここがポイント

ナショナル・ミニマムとは

◆国家が国民に保障する、**最低限度の生活水準**を指す言葉 ✔CHECK!

◆20世紀のはじめ頃に、**イギリスのウェッブ夫妻**によって提唱された

✔CHECK! ナショナル・ミニマムに通じる憲法の規定

「日本国憲法」第25条（生存権）では、すべての国民が「健康で文化的な **最低限度** の生活を営む権利」をもつことを示し、そのための国の責務を規定している。

→詳細はp.3参照

◆所得保障の手法

国民の「最低限度の生活」を保障するために、国は**所得再分配**を行います。これは、国民から税金を徴収して、高所得者から低所得者への所得の移動を行うことで、貧困の拡大を防ぎ、所得格差の縮小を図るものです。所得再分配も、社会保障の重要な機能のひとつです。

ひとこと

社会保障の機能としては、セーフティネット、所得再分配のほかに、疾病や失業などの影響を軽減させる**リスク分散**や、年金の給付などによる支援を通じた**社会の安定**が挙げられます。

3 社会保障の範囲

わが国の社会保障制度の基本となる、社会保障制度審議会が1950（昭和25）年に出した「社会保障制度に関する勧告」（**50年勧告**）では、社会保障について次のように定義しています。

社会保障制度の定義

社会保障制度とは、**疾病**、**負傷**、**分娩**、**廃疾**、**死亡**、**老齢**、**失業**、**多子**その他困窮の原因に対し、**保険**的方法又は直接**公**の負担において**経済保障**の途を講じ、生活困窮に陥った者に対しては、**国家扶助**によって**最低限度の生活を保障**するとともに、**公衆衛生**及び**社会福祉**の向上を図り、もってすべての国民が**文化的社会**の成員たるに値する生活を営むことができるようにすることをいう

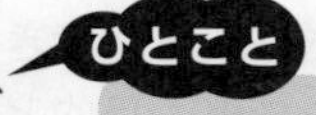

同じく「50年勧告」では、社会福祉について「社会福祉とは、**国家扶助**の適用を受けている者、**身体障害者**、**児童**その他援護育成を要する者が、**自立**してその能力を発揮できるように、必要な**生活**指導、**更生**補導その他の援護育成を行うことをいう」と定義しています。

社会保障制度審議会の「社会保障制度の総合調整に関する基本方策についての答申および社会保障制度の推進に関する勧告」（**62年勧告**）では、社会保障に関する施策を、所得の差により「**貧困**階層に対する施策」「**低所得**階層に対する施策」「**一般所得**階層に対する施策」の３つに区分し、社会福祉対策を「**低所得**階層に対する施策」として位置づけました。

その後、社会保障制度審議会は、「社会保障体制の再構築に関する勧告―安心して暮らせる21世紀の社会を目指して―」（**95年勧告**）において、「50年勧告」当時の社会保障の理念は最低限度の生活の保障であったが、現在は広く国民に健やかで安心できる生活を保障することが社会保障の基本的理念であるとしました。

●ここがポイント

社会保障の範囲

社会保険	◆被保険者の 保険料 を主要な財源として、受給権を保障し、一定基準の給付を行う制度 ◆ 年金 保険、医療 保険、雇用 保険、労働者災害補償 保険、介護 保険に分類される
公的扶助	◆生活に困窮する国民に対して、最低限度 の生活の保障と、自立 の助長を目的とする制度 ◆具体的には、生活保護制度 のことを指す
社会福祉	◆ 児童 福祉、障害者 福祉、老人 福祉など、生活上のハンディキャップを負っている人を支援するための制度 ◆児童手当などの 社会手当 を含む
公衆衛生及び医療	◆国民が健康な生活を送ることができるように、健康の維持・増進を図ることも目的とした制度 ◆ 予防接種 や 健康診断 などが含まれる

例題

日本の社会保障には、介護、子育てなどの家庭機能を支援する役割がある。〔第25回−問７〕

○ 日本の社会保障の範囲には、社会保険や社会福祉が含まれ、そのなかに介護や子育てへの支援が盛り込まれている。

重要度A 社会保障制度と社会福祉の変遷

1 「日本国憲法」の公布と「福祉六法体制」の確立

終戦間もない頃の日本は、被災者や戦災孤児、傷病者への支援などの**救貧対策**が急務ともいえる状況にありました。そうしたなかで1946（昭和21）年に公布された「**日本国憲法**」は、条文のなかに「**社会福祉**」や「**社会保障**」という言葉を位置づけ、国はその向上・増進に努めるものと規定しました。

社会保障制度の**法的根拠**を示した憲法の公布により、1940～1960年代にかけて、「**福祉三法**」の成立、「**福祉六法体制**」の確立が進められていきます。

●ここがポイント

「日本国憲法」の公布と「福祉六法体制」の確立まで

「日本国憲法」 1946（昭和21）年 公布 1947（昭和22）年 施行

国は**社会福祉**、**社会保障**、**公衆衛生**の向上・増進に努める義務があることを規定した（第25条第２項）

社会保障制度の法的根拠が示された

「福祉三法」の成立 1946（昭和21）～1950（昭和25）年 制定

戦後の福祉施策の中核となった法律。被災者、戦災孤児、傷病者の支援を目的に制定された

生活保護法	児童福祉法	身体障害者福祉法
1946（昭和21）年 制定（旧法） 1950（昭和25）年 全面改正	1947（昭和22）年 制定	1949（昭和24）年 制定

ただし救貧対策という側面が強かった

↓

「福祉六法体制」の確立　1960（昭和35）～1964（昭和39）年 制定

福祉三法の対象に含まれていなかった人たちへの支援が、法律として規定された

精神薄弱者福祉法※	老人福祉法	母子福祉法※
1960（昭和35）年 制定	1963（昭和38）年 制定	1964（昭和39）年 制定

福祉制度の基本的な枠組みが確立された

※「精神薄弱者福祉法」／「母子福祉法」とは？
「精神薄弱者福祉法」は、現在の「知的障害者福祉法」。
「母子福祉法」は、現在の「母子及び父子並びに寡婦福祉法」。

例題

1980年代の初めに社会福祉の基盤となる福祉六法体制が確立された。〔第27回−問８〕

福祉六法体制が確立したのは、1960年代である。

2 皆保険・皆年金体制の確立と施策の見直し

「福祉六法体制」の確立と前後して、医療保険と年金保険をすべての国民に提供する「**国民皆保険・国民皆年金**」体制が**1961**（**昭和36**）年に確立されました。

1970年代に入ってからも、社会保障制度の充実化が図られ、1973（昭和48）年は政府によって「**福祉元年**」と位置づけられました。

しかし、同じ年に起きた石油危機（オイルショック）の影響から、国内の成長がにぶり、社会保障制度による財政負担を見直していくことになります。

●ここがポイント

皆保険・皆年金体制の確立と施策の見直し

「国民皆保険・国民皆年金体制」の確立　1961（昭和36）年 確立

すべての国民が**医療保険**と**年金保険**に加入する体制が確立された

→ 疾病時の医療保障と高齢者の所得保障が実現

「福祉元年」の位置づけ　1973（昭和48）年

高度経済成長を背景として、社会保障制度の大幅な拡充をめざした

児童手当制度	老人医療費支給制度（医療費の無料化）
1972（昭和47）年 導入	1973（昭和48）年 導入

→ 社会保障関係費が大幅に増額された

社会保障制度の見直し　1973（昭和48）年〜

石油危機（オイルショック）の影響から、低成長時代に入り、社会保障制度による**財政負担**の軽減が図られた

「老人保健法※」制定による、老人医療費の無料化の廃止（一部負担の導入）
1982（昭和57）年 制定

→ サービスの削減、サービス受給要件の厳格化が行われた

ひとこと

1980年代の出来事としては、1981（昭和56）年の「**国際障害者年**」による**ノーマライゼーション**の理念の広がり、1985（昭和60）年の「**基礎年金制度**」**の創設**などもあります。

※「老人保健法」とは？

「老人保健法」では、1986（昭和61）年の改正により、「老人保健施設」が制度化された。また、2006（平成18）年には「高齢者の医療の確保に関する法律」（高齢者医療確保法）に改称、改正され、改正法の施行に基づき2008（平成20）年から「**後期高齢者医療制度**」（p.79参照）が導入されている。

例題

1980年代後半から国民年金制度の見直しが始められ、1990年代に入って基礎年金制度が創設された。〔第26回-問11〕

基礎年金制度が創設されたのは、**1985（昭和60）年**である。

3 介護サービスの基盤整備と社会福祉基礎構造改革

1980年代以降、急速な少子高齢化が進むなかで、介護を必要とする高齢者を社会全体で支えていく＝「介護の**社会化**」のためのしくみづくりが求められるようになりました。在宅福祉と施設福祉という両方の視点から、介護サービスの基盤を整えるための施策（**ゴールドプラン**）が進められていきます。

一方、社会福祉に関するニーズの拡大から、サービスの枠組みや理念を見直すための制度改革＝「**社会福祉基礎構造改革**」が実施されました。2000（平成12）年の「社会福祉事業法」から「**社会福祉法**」への改称、改正、**介護保険制度**のスタートなどは、一連の制度改革に伴い行われたものです。

●ここがポイント

介護サービスの基盤整備と社会福祉基礎構造改革

介護サービスの基盤整備　1989（平成元）年～

具体的な**数値目標**を示した施策の実施と、福祉関係法律の改正が行われた

ゴールドプラン
1989（平成元）年 策定

新ゴールドプラン
1994（平成６）年 策定

福祉関係八法改正
（「老人福祉法」などの改正により、在宅福祉サービスの推進を図る）
1990（平成２）年

ゴールドプラン21
1999（平成11）年 策定

→ 在宅福祉・施設福祉両方のサービス充実が図られた

社会福祉基礎構造改革　1990年代後半～2000年代前半

措置制度から、利用者がサービスを選ぶ
契約制度への転換が行われた →詳細はp.83参照

介護保険制度のスタート（「**介護保険法**」の施行）
2000（平成12）年 施行

「社会福祉事業法」から「**社会福祉法**」への改正
2000（平成12）年 改正

障害者福祉における「**支援費**（しえんひ）**制度**」の導入
2003（平成15）年 導入

→ サービスの質の向上、社会福祉事業の充実などもめざされた

CHAPTER 3
SECTION 4

日本の社会保障の財源と費用

このSECTIONのポイント

◆**社会保障の財源** … 社会保障の費用を支える財源について、金額や割合などを整理しましょう

◆**一般会計予算と社会保障関係費** … 社会保障関係予算の内訳などをおさえましょう

◆**社会保障給付費** … 総額、比率をおさえましょう

重要度C 社会保障の財源

社会保障の財源は、**保険料**と**税金**により賄われています。2021（令和３）年度の財源の総額（実績）は約**163.4**兆円で、その内訳は、被保険者と企業等が支払う**社会保険料**（46.2％）、国および地方公共団体が税で支払う**公費負担**（40.4％）、**他の収入**（13.3％）となっています。

■社会保障財源の項目別割合（2021〈令和３〉年度）

（単位：％）

社会保険料		公費負担		他の収入	
46.2		40.4		13.3	
被保険者拠出	事業主拠出	国庫負担	他の公費負担	資産収入など	その他
24.3	21.9	29.3	11.2	8.8	4.5

出典：国立社会保障・人口問題研究所「令和３（2021）年度　社会保障費用統計」より作成

社会保険料とは、労働者や法人等が**年金保険**や**医療保険**、**介護保険**などの社会保険制度に対して納める保険料のことです。税負担（公費負担）は、**所得税**や**法人税**、**消費税**として徴収され、日本に住む人全員が受ける公共サービスに使われるものです。

一般会計予算と社会保障関係費

重要度C

国の財政は、**一般会計**と**特別会計**から成り立っています。一般会計は、国の基本的な**歳入**（一会計年度内の収入の総計）・**歳出**（一会計年度内の支出の総計）の経理です。特別会計は、一般会計と区分して設けられた会計で、国の行政活動が拡大し複雑化して、事業の適切な経理が難しい場合などに、一般会計と区分して、特定の歳入と歳出を経理します。

2024（令和６）年度の一般会計予算は約112.6兆円ですが、歳入をみてみると、６割以上（約69.6兆円）が税収で賄われており、３割強（約35.4兆円）が、将来世代の負担となる借金（公債金）に依存しています。

■一般会計歳入の内訳

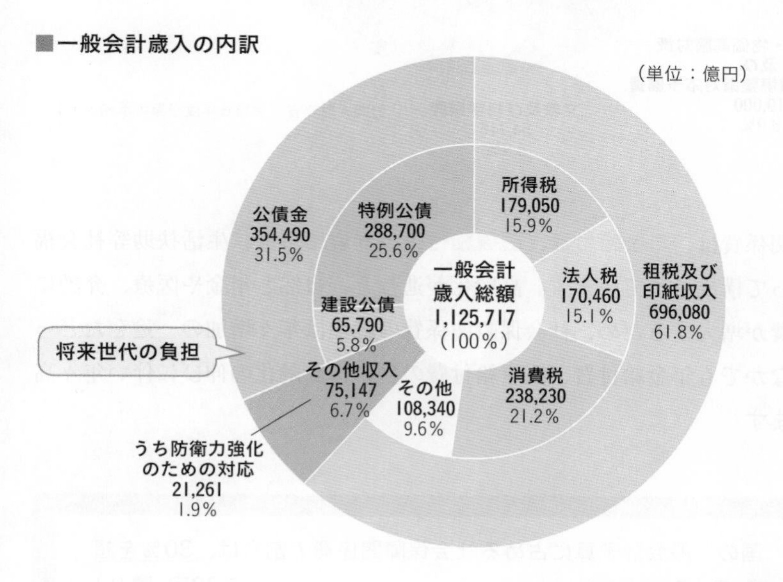

出典：財務省「令和６年度予算のポイント」

歳出をみてみると、最も多い歳出項目は**社会保障関係費**であり、社会福祉関係の費用もこれに含まれます。2024（令和６）年度予算の一般会計歳出についてみると、社会保障関係費の割合は**33.5%**を占めており、**国債費**（国債を返したり、利子を支払ったりするための経費）と**地方交付税交付金**（地方公共団体間の財政の偏りを調整するための経費）等との３項目で歳出全体の７割強を占めています。

■一般会計歳出の内訳
（単位：億円）

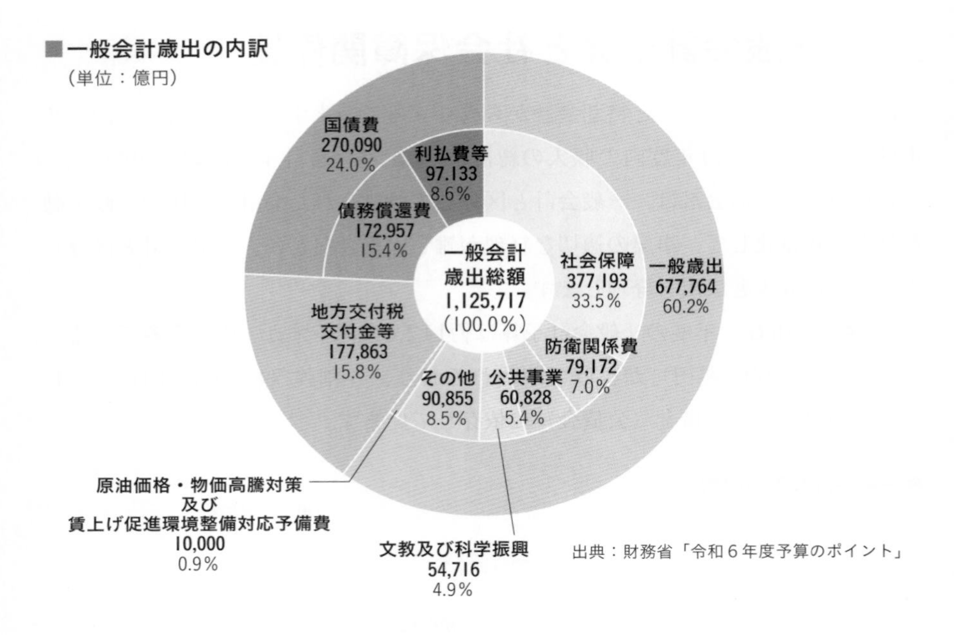

出典：財務省「令和６年度予算のポイント」

社会保障関係費は、年金給付費、医療給付費、介護給付費、生活扶助等社会福祉費等によって構成されています。高齢化が進むと、自然と年金や医療、介護に投入する経費が増大するため、社会保障関係費の総額は年々増加の一途をたどっています。なかでも年金給付費、医療給付費の割合は高齢化の伸びに伴い年々高くなっています。

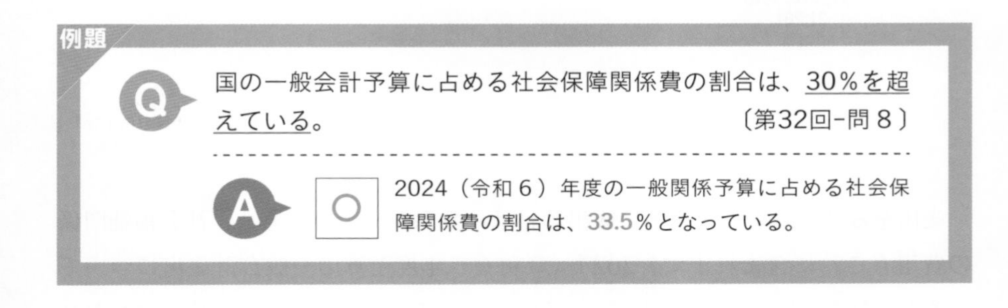
例題

Q 国の一般会計予算に占める社会保障関係費の割合は、30％を超えている。〔第32回-問８〕

A ○ 2024（令和６）年度の一般関係予算に占める社会保障関係費の割合は、33.5％となっている。

重要度 B 社会保障給付費

一般会計における社会保障関係費とは別に、**社会保障給付費**という指標があります。これは、１年間に国民に支払われる年金・医療等の社会保険、福祉関係のサービス給付の合計額のことで、その部門別の内訳は「年金」「医療」「福祉その他」となっています。

社会保障給付費の総額は、社会保障制度の整備や人口高齢化の進行等を反映して、一貫して増加し、2021（令和３）年度は**138.7**兆円となっています。そのうち「年金」が55.8兆円（40.2％）、「医療」が47.4兆円（34.2％）、「福祉その他」が35.5兆円（25.6％）となっています。

社会保障給付費を機能別にみると、「高齢」「遺族」「障害」「労働災害」「保健医療」「家族」「失業」「住宅」「生活保護その他」に分類されます。そのうち、「**高齢**」が42.3％と４割以上を占めて最も多く、次いで「保健医療」（33.1％）、「家族」（9.4％）、「遺族」（4.6％）、「障害」（3.8％）の順となっています。

また、社会保障給付費以外に、社会保障支出に係る統計である「**社会支出**」も公表されています。社会保障給付費に比べて計上する範囲が広いため、2021（令和３）年度は143兆円であり、政策分野別でみると「保健」（42.3％）、「高齢」（34.1％）、「家族」（9.5％）などとなっています。

例題

2021年度（令和３年度）の社会保障給付費のうち、年金関係の給付費は、全体の<u>40％を超えている</u>。〔第33回－問８・改〕

社会保障給付費の総額に占める割合は「**年金**」が最も大きく、2021年度（令和３年度）では、40.2％を占めている。

CHAPTER 3

SECTION 5

日本の社会保険制度の概要

このSECTIONのポイント

- ◆**社会保険と社会扶助** … 社会保険と社会扶助の概念と範囲についておさえましょう
- ◆**年金保険** … 年金の種類と被保険者、給付要件を覚えましょう
- ◆**医療保険** … 各医療保険の概要と高額療養費、後期高齢者医療制度についておさえましょう
- ◆**雇用・労働に関わる保険** … 失業等給付の種類と概要、労災保険の概要をおさえましょう

重要度C 社会保険と社会扶助

1 社会保険の概念と範囲

保険とは、将来起こるかもしれない事故（リスク）に対し、計算された事故発生の確率を基に**保険料**を加入者が公平に支払い、万一の事故に対して備える助け合いの制度です。私たちの生命や財産を事故による影響から守るための方法の1つです。

そのうち社会保険とは、保険方式を利用した社会保障制度で、運営主体者（**保険者**）が保険加入者（**被保険者**）から保険料を徴収し、給付対象となる事故（**保険事故**）に対して必要な保険給付を行うシステムです。日本の社会保障の中心は、この社会保険制度で、年金保険、医療保険、雇用保険、労災保険、介護保険の5種類があります。

■社会保険の種類

種類	給付対象・内容
年金保険	老齢、障害、死亡が給付対象。所得保障のための年金の支給を行う
医療保険	業務外の疾病、傷病等が給付対象。医療サービスの提供を行う
雇用保険	失業等が給付対象。所得保障のための手当の支給、再就職の促進などを行う
労働者災害補償保険	業務上の理由による疾病、傷病等が給付対象。医療サービスの提供、所得保障のための金銭給付などを行う
介護保険	要介護状態、要支援状態が給付対象。介護サービスの提供を行う

5つの社会保険制度の財源は、被保険者が支払う保険料、被用者保険（次ページ参照）の場合は事業主が負担する保険料や国庫負担、医療保険や介護保険はサービスの利用に応じた自己負担で構成されます。

2 社会扶助の概念と範囲

社会扶助は、社会保険制度とともに国民の生活や健康を最終的に保障する制度です。保険方式を利用しない社会保障制度で、おもに公費を財源として、低所得者や障害者等に対して、必要な支援を行うシステムです。

■社会扶助の種類

種類	給付対象・内容
生活保護	経済的に困窮したときの生活費の支給等
社会手当	児童手当制度、児童扶養手当制度など各手当制度の支給要件を満たす者に対する現金給付
児童福祉	18歳未満の児童や保護者の生活を支える援助への補助等
障害者福祉	18歳以上の障害者の生活を支える援助への補助等
障害者総合支援	0～65歳未満の障害者の生活を支える障害福祉サービス料金の補助等
老人福祉	高齢者の生活や介護を支える援助への補助等

例題

日本の社会保険制度の給付の形態は、現金給付に限られる。

〔第29回-問 7〕

× 現金給付の大部分は、保険事故の発生によって喪失した所得を補うための所得保障給付であり、医療や介護などは現物給付である。

重要度 B

年金保険

1 年金保険の概要

「年金保険」は、老齢・障害・死亡などを原因とした所得の減少や喪失(そうしつ)に対して、国が所得を保障するための給付を行う制度です。日本の年金制度は、全国民を対象とした基礎年金を1階部分とした、3階建ての構造になっています。

◆年金制度の1階部分

1階部分は全国民共通の基礎年金であり、国民年金と呼ばれています。政府(厚生労働省)が保険者となり、20歳以上60歳未満のすべての国民が被保険者となります（国民皆年金制度)。被保険者は、第1号被保険者から第3号被保険者に分類されます。20歳以上になれば学生も対象となり、外国籍の人も日本国内に住所があれば、被保険者になります。

◆年金制度の2階部分

2階部分は、基礎年金に上乗せして給付されるもので、厚生年金保険などがあります。

厚生年金保険は、政府（厚生労働省）が保険者となり、民間企業の会社員や、公務員などの被用者（使用者に雇用され、労働に従事する者）が被保険者となります。そのため、被用者保険とも呼ばれています。

なお、厚生年金保険には、2015（平成27）年10月から、共済年金（公務員や私立学校の教職員を対象とした年金保険）が統合されています。また、2016（平成28）年10月からは、一定の要件を満たした**短時間労働者**も厚生年金保険に加入することが可能になっています。

◆年金制度の３階部分

３階部分は、２階部分にさらに上乗せをして給付されるもので、企業によって支給される確定給付企業年金などがあります。

３階部分の年金保険のうち、**確定拠出**年金（**個人**型）は従来、第１号被保険者や企業年金のない会社員を対象としていましたが、制度改正により、2017（平成29）年１月から原則としてすべての被保険者が加入できるようになりました。

■年金制度の体系

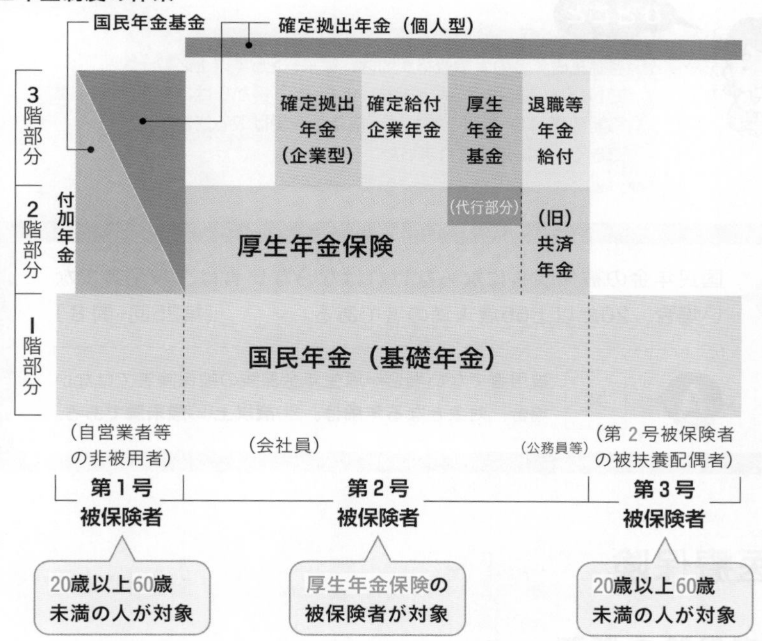

2 給付される年金の種類

基礎年金として給付される年金の種類には、すべての国民に支給される**老齢基**

礎年金をはじめ、障害基礎年金、遺族基礎年金などがあります。

■主な基礎年金の種類

名称	概要
老齢基礎年金	受給資格期間（保険料納付済〈免除〉期間等）が**10年以上**ある人が、**65歳**に達したときに支給される年金。納付状況によって年金額は異なる
障害基礎年金	障害の原因となった傷病の初診日に、国民年金の被保険者である人に支給される年金 →詳細はp.471参照
遺族基礎年金	被保険者が死亡した場合に、**被保険者の子ども**や、**子をもつ配偶者**に支給される年金

ひとこと

老齢基礎年金の受給資格期間は、従来、25年以上必要でしたが、2017（平成29）年８月１日からは、資格期間が 10 年以上あれば老齢年金を受け取ることができるように短縮されました。

例題

国民年金の被保険者にならなければならない者は、被用者でない場合、<u>20歳以上65歳未満の者</u>である。　〔第25回−問８〕

被用者でない場合＝厚生年金保険の被保険者ではない場合、対象となる年齢は、**20歳以上60歳未満**である。

重要度B　医療保険

1　医療保険の概要

「医療保険」は、治療や薬剤の処方に要した費用の一部を、年齢に応じて一定の割合で給付する制度です。医療保険には、健康保険、国民健康保険、共済組合、船員保険、後期高齢者医療制度があり、すべての国民がいずれかの保険に加入すること（国民皆保険制度）になっています。医療保険のうち、健康保険と国民健康保険は、保険者が次のようにそれぞれ２つに分けられています。

■健康保険と国民健康保険の保険者

分類	保険者	概要
健康保険	健康保険組合（組合健保）	組合管掌健康保険と呼ばれ、主に**大企業で働く人**（被用者）が被保険者になる
	全国健康保険協会（協会けんぽ）	全国健康保険協会管掌健康保険と呼ばれ、主に**中小企業で働く人**（被用者）が被保険者になる
国民健康保険	都道府県・市町村（特別区を含む）*	**市町村の区域内に住所をもつ人**が被保険者になる（被用者や、被用者に扶養されている人、生活保護の受給者などは除く）
	国民健康保険組合	医師や弁護士、理容・美容業など、**自営業者の職種別**に組合がある

＊国民健康保険の保険者は、2018（平成30）年度以降、都道府県が財政運営の責任主体になった。市町村は、資格管理、保険給付、保険料率の決定、賦課・徴収、保健事業等を引き続き行っている。

ひとこと

医療保険のなかで、被用者が被保険者となるのは、**健康保険**のほか、**共済組合**（公務員や私立学校の教職員を対象とした医療保険）、**船員保険**です。また、健康保険については、2016（平成28）年10月から、一定の要件を満たした**短時間労働者**の加入が可能になっています。

2 医療保険の自己負担割合と高額療養費

◆自己負担割合は年齢によって異なる

医療保険の主なサービスは、医療費の一部を給付することです。被保険者が医療費の何割を負担するのかは、年齢に応じて、次のように決められています。

■医療保険の自己負担割合

分類	自己負担割合
義務教育就学前	2割
義務教育就学後〜69歳	3割
70〜74歳	2割（現役並み所得者は3割）
75歳以上	1割（一定以上所得者は2割、現役並み所得者は3割）

◆高額療養費制度

高額療養費制度は、1か月に同一医療機関等に支払った医療費が高額になったときに、その負担が大きくなりすぎないように、医療費負担を軽減するしくみです。

限度額適用認定証※を保険証とあわせて医療機関等の窓口に提示すると、１か月（１日から月末まで）の窓口での支払いが自己負担限度額までとなります。また、後から申請して自己負担限度額を超えた額の支給を受けることもできます（償還払い）。

※限度額適用認定証とは？
加入している医療保険の保険者に事前の申請を行うと交付される。入院等で医療費が高額になりそうなときにあらかじめ申請、取得しておき、窓口で提示すると一時的な多額の現金の支払いを軽減できる。ただし、食事代や保険適用とならない費用（差額ベッド代など）は対象外。

◆さまざまな保険給付

被保険者が病気や負傷、出産を理由として働くことが難しい場合に、さまざまな保険給付が医療保険において実施されています。

■病気や負傷、出産時の保険給付

種類	概要
傷病手当金	健康保険などの被保険者を対象として、業務災害や通勤災害を原因としない病気や負傷のために療養し、労働することができずに賃金を受けていない場合に、その第４日目から支給される
出産育児一時金	健康保険・国民健康保険などの被保険者やその被扶養者が出産したとき、出産に要する経済的負担を軽減するため、一定の金額が支給される
出産手当金	健康保険などの被保険者が出産のため会社を休み、賃金を受けていない場合に、出産の日以前42日から、出産の翌日以後56日目までの間で、会社を休んだ期間を対象として支給される

3 後期高齢者医療制度

2006（平成18）年に「老人保健法」が「高齢者の医療の確保に関する法律」（高齢者医療確保法）に改称、改正され、2008（平成20）年の改正法施行とともにスタートしたのが、後期高齢者医療制度です。

都道府県ごとの後期高齢者医療広域連合が保険者となり、区域内に住所をもつ75歳以上の人（後期高齢者）が被保険者になります。また、被保険者には、一定の障害があると認定された65～74歳の人（前期高齢者）も含まれます。

Q 生活保護の受給者（停止中の者を除く）が、市町村国民健康保険の被保険者になることはない。〔第28回-問７〕

A ○ 市町村国民健康保険は、市町村の区域内に住所をもつ人が被保険者になるが、被用者、被用者に扶養されている人、生活保護の受給者などは、対象外になる。

雇用・労働に関わる保険

1 雇用保険の概要

「雇用保険」は、労働者が失業したときに、金銭の支給などを通じて、生活の安定や雇用の促進を図る制度です。

雇用保険による支援（**失業等給付**）は、求職者給付、就職促進給付、教育訓練給付、雇用継続給付に分類されています。

■雇用保険による失業等給付の種類

種類	概要
求職者給付	**基本手当**（離職時の賃金に応じて、失業手当として金銭を支給するもの）を中心として、**技能習得手当**、**傷病手当**などがある
就職促進給付	再就職の支援を目的として、**就業促進手当**、**移転費**（再就職による住所変更が必要な場合に、必要な費用を支給するもの）などがある
教育訓練給付	**資格取得**などに要した費用を支給するものを指す
雇用継続給付	**高年齢者**や**介護休業取得者**の雇用継続を支援するために、金銭（**高年齢**雇用継続基本給付金、**介護**休業給付金など）を支給するものを指す

なお、雇用保険の被保険者については、法改正に伴い、2017（平成29）年1月からは**65**歳以上の労働者も新規で加入できるようになっています。

ひとこと

従来、雇用継続給付のひとつとして、育児休業給付がありましたが、2020（令和２）年度から独立し、育児休業を取得した労働者の生活と雇用の安定を図るための給付と位置づけられました。

2 労働者災害補償保険の概要

「労働者災害補償保険」は、**業務**中または**通勤**途上の災害や事故を原因として、労働者が負傷したり、病気（業務上の**心理的負荷**による精神障害を含む）にかかったり、死亡した場合に、労働者や遺族の生活の安定を図るために、保険給付を行う制度です。「労災保険」とも呼ばれます。

独自の法律が適用される**公務員**を除き、パートやアルバイトを含むすべての労働者が加入します。業務災害を対象として**休業**補償給付などが、通勤災害を対象として**休業**給付などが支給されます。

保険者は**国**で、具体的な事務処理は厚生労働省の出先機関である各都道府県**労働局**が担当します。

労働者の負傷、疾病等に対する保険制度としては、労災保険のほかに健康保険があります。しかし、健康保険では、「労災保険から給付がある**業務災害**以外の事由による疾病、負傷、死亡等に関して保険給付を行う」と定められています。よって、労災保険の給付対象になる**業務上災害**については、健康保険による給付対象にはなりません。

ひとこと

雇用保険の保険料は **事業主** と **労働者** が折半、
労災保険の保険料は **事業主** が全額負担します。

例題

通勤途上の事故は、労働者災害補償保険制度の保険給付の対象外である。 〔第31回－問10〕

通勤途上の**事故**も労災保険の保険給付の対象となる。

CHAPTER 3
SECTION 6

介護保険制度創設の背景と制度の改正

このSECTIONのポイント

◆**制度創設の背景と制度の目的・特徴** …「介護の社会化」をめざして介護保険制度が創設されました

◆**介護保険制度の改正** … 各改正年のポイントは、しっかりとおさえておきましょう

重要度B 制度創設の背景と制度の目的・特徴

1 介護保険制度創設の背景

介護保険制度は、「介護保険法」（1997〈平成９〉年制定）が**2000**（平成**12**）年に施行されたことによって、スタートしました。

制度が創設された背景には、次のような社会的要因があります。

介護保険制度創設の背景

- 少子高齢化の進展による、**老年人口**（65歳以上の人口）の増加
- 平均寿命の延伸と、介護の**長期化**や**重度化**
- 家族の**介護力**の低下（女性の社会進出、家族の高齢化など）

こうした要因から、個々の家族の努力によってではなく、介護を必要とする高齢者を社会全体で支えていく＝「介護の**社会化**」のための新しいしくみが、求められるようになりました。そして、1989（平成元）年の「ゴールドプラン」→詳細はp.437参照 などを通じて、介護サービスの基盤が整えられていき、2000（平成12）年の介護保険制度スタートへと至りました。

2 介護保険制度の目的

「介護の社会化」という方向性を具体的に示したものとして、「介護保険法」の第1条（目的）には、次のような内容が示されています。

●ここがポイント

「介護保険法」の目的（概要）

要介護状態になり、介護、機能訓練、看護などを必要とする人が、尊厳を保持し、その有する能力に応じ自立した日常生活を営むことができるよう、

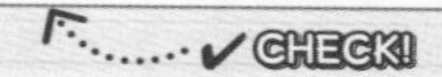

介護保険制度を設け、保険給付を

✔CHECK!

行い、国民の保健医療の向上と福祉の増進を図る

✔CHECK! 「国民の共同連帯の理念」に基づく介護保険制度

国民の共同と連帯によって、介護を必要とする高齢者を支える＝「介護の社会化」に通じる理念が示されている。

3 介護保険制度の特徴

◆利用者が「契約」するサービスへ

介護保険制度の第一の特徴は、利用者自身がサービスを選択して、事業者と契約するしくみにしたことです。それまでは、国や地方公共団体などの行政機関が主体となってサービス利用の決定を行う、「措置制度」が行われていました。それに対して、利用者主体のサービス提供と、事業者間の競争原理をはたらかせることを目的として、「契約制度」へと方針が転換されました。

◆サービスの「総合的な提供」と「効率化」

また、それまで別々に提供されていた保健・医療・福祉のサービスを、総合的に提供するしくみにしたことも特徴として挙げられます。介護保険を**社会保険**に含め、手続きも一元化させ、サービスの**効率化**や質の向上をめざしました。

例題

介護保険法第１条には、疾病、負傷若しくは死亡又は出産に関して保険給付を行うことが規定されている。

〔第30回－問10・改〕

×

介護が必要となった者等が尊厳を保持し、その有する能力に応じ自立した日常生活を営めるよう、保険給付を行うことが規定されている。記述は、**健康保険法**第１条に規定されている内容である。

重要度 B

介護保険制度の改正

介護保険制度は、５年をめどに見直しを図るものとして、2000（平成12）年からスタートしました。その方針に基づき、2005（平成17）年に大きく改正され、2011（平成23）年以降は３年ごとに、2014（平成26）年、2017（平成29）年、2020（令和２）年に改正されています（改正内容は、主として翌年４月施行）。

●ここがポイント

2005（平成17）年の改正

●改正の方向性

介護を必要とする高齢者の増加を受け、介護予防を重視したシステム＝**予防重視型システム**への転換が図られた

●主な改正内容

- ◆ **要支援１・２**の区分の創設 →p.101を参照
- ◆ **介護予防サービス（新予防給付）**の創設 →p.107を参照

◆ **地域密着型サービス** の創設 →p.116を参照

◆ **地域支援事業** の創設 →p.120を参照

◆ **地域包括支援センター** の創設 →p.57を参照

◆ 介護サービス情報の **公表制度** の創設

ひとこと

介護サービス情報の公表制度とは、利用者本人やその家族が介護サービスや事業所・施設を比較・検討してより良いサービスを選ぶための情報を都道府県が提供するものです。

●ここがポイント

2011（平成23）年の改正

●改正の方向性

住み慣れた地域で生活を続けることができるように、住まい・医療・介護・予防・生活支援を一体的に提供する **地域包括ケアシステム** の構築をめざした

●主な改正内容

◆ 地域密着型サービスに **定期巡回・随時対応型訪問介護看護** と **複合型サービス** を創設 →p.116・118を参照

◆ 地域支援事業に、**介護予防・日常生活支援総合事業** を創設

→p.121を参照

●ここがポイント

2014（平成26）年の改正

● 改正の方向性

「持続的な社会保障制度の確立」を目的とした法改正の一環として実施。

地域包括ケアシステム の構築を推進するため、地域における医療と介護の拠点づくり、連携が重視された

● 主な改正内容

◆ 地域支援事業を充実させるため、**地域ケア会議** の推進などを規定 →p.124を参照

◆ 前回の改正で創設された介護予防・日常生活支援総合事業を大幅見直し。予防給付の一部（ **訪問介護と通所介護** ）を地域支援事業に移行 →p.109・110を参照

◆ 特別養護老人ホーム＝指定介護老人福祉施設の新規入所要件を、原則として **要介護3以上** に変更 →p.114を参照

◆ 一定以上の所得がある第1号被保険者の自己負担割合を **2割** に引き上げ →p.99を参照

●ここがポイント

2017（平成29）年の改正

● 改正の方向性

地域包括ケアシステム の深化・推進を主要な目的とする

●主な改正内容

◆ 介護医療院 の創設 →p.114を参照

◆ 共生型サービス の創設 →p.155を参照

◆ 一部の自己負担割合を２割から 3割 に →p.99を参照

●ここがポイント

2020（令和２）年の改正

●改正の方向性

地域共生社会 の実現を図るため、各般の措置を講ずる

●主な改正内容

◆ 国と地方公共団体に 認知症施策 を総合的に推進する努力義務

◆ 市町村が地域支援事業を行うに当たっては、介護保険等関連 情報 その他必要な 情報 を活用し、適切かつ有効に実施するよう努めるなど データベース の活用を規定

◆ 介護保険事業計画 等の見直し

●ここがポイント

2023（令和５）年の改正

●改正の方向性

医療・介護の 連携機能 及び 提供体制 等の基盤強化が図られた

● 主な改正内容

◆ 被保険者、介護事業者その他の関係者が当該被保険者に係る介護情報等を共有・活用することを促進する事業を **地域支援事業** として位置づけ（施行は公布後 4 年以内の政令で定める日）

→詳細はp.124参照

◆ 地域包括支援センターの **総合相談支援業務** を居宅介護支援事業所へ委託が可能に

→詳細はp.123参照

◆ 介護予防支援の指定を **居宅介護支援事業所** もとることが可能に

◆ **看護小規模多機能型居宅介護** の内容を明確化

→詳細はp.118参照

◆ 介護サービス事業者の **経営情報** の収集およびデータベースの整備をし、収集した情報を **分析** ・整理したうえで、その結果を国民に公表する制度の創設

例題

Q 定期巡回・随時対応型訪問介護看護の創設は、2018年（平成30年）に施行された介護保険制度の改正内容である。

〔第31回−問11〕

A ×　定期巡回・随時対応型訪問介護看護の創設は、2012（平成24）年に施行された介護保険制度の改正内容。

介護保険制度の実施体制

このSECTIONのポイント

- ◆国の役割 … 国は、介護保険制度の枠組みづくりをします
- ◆市町村の役割 … 保険者である市町村の役割は重要です
- ◆都道府県の役割 … 都道府県には市町村を支援することが求められます
- ◆指定サービス事業者の役割 … 介護サービスを提供する指定サービス事業者の指定要件や責務について理解しましょう
- ◆国民健康保険団体連合会の役割 … 国保連が行う介護保険関連業務についておさえましょう

重要度B 国の役割

介護保険制度において国に求められているのは、制度の維持や運営に関わる、**基本的な枠組み**や**基本指針**を示すことです。

介護保険制度における、国の主な役割

- **制度の基本的な枠組みの設定**
  - → **要介護認定**等の基準づくり、支給限度基準額の設定、事業者や施設の基準づくり、第２号被保険者の負担率の設定など
- 財政的な支援：定率の国庫負担など
- 保険給付を円滑に実施するための**基本指針の策定**
  - → 都道府県介護保険事業支援計画、市町村介護保険事業計画の指針となる
- サービス事業者などへの指導、監督、助言

ひとこと

国および地方公共団体の責務として、地域包括ケアの構築、認知症の調査研究の推進も努力義務として定められています。

市町村の役割

市町村は、介護保険制度における**保険者**です。**被保険者**の把握や、**保険給付**などを通じて、制度の運営そのものを担います。

介護保険制度における、市町村の主な役割

- 被保険者の資格管理
  - 被保険者証の発行、**第1号被保険者**の保険料の設定（**市町村介護保険事業計画**に盛り込まれる介護サービスの見込量などに基づき基準額が決められる）、保険料の徴収など
- **市町村介護保険事業計画の策定**
  - 保険給付を円滑に実施するための計画。3年を1期として策定
- **サービス事業者の指定**：地域密着型サービス事業者など
- **地域支援事業**の実施
- 要介護認定等に関わる事務や、**介護認定審査会**の設置
- 保険給付に関する事務

例題

介護保険制度における保険者の役割として、要介護認定の基準の設定がある。　〔第29回-問10〕

要介護認定の基準の設定は、**国**の役割である。

重要度B 都道府県の役割

都道府県は、サービス提供体制の整備や、市町村が担い切れない部分を支援します。

介護保険制度における、都道府県の主な役割

- **サービス事業者の指定**
  → 居宅サービス、介護予防サービス、施設サービス事業者など
- 財政的な支援：財政安定化基金の設置や運営など
- **都道府県介護保険事業支援計画の策定**
  → 保険給付の円滑な実施を支援するための計画。3年を1期として策定
- 介護サービス情報の公表
- 介護支援専門員の試験や研修、登録に関する事務
- 要介護認定等に関わる介護保険審査会の設置と運営

ひとこと

2020（令和２）年の介護保険法の改正により、地域の実情に応じて、都道府県と市町村の連携した取組みがさらに進むよう、介護保険事業（支援）計画の記載事項に、介護人材の確保・資質の向上や、その業務の効率化・質の向上に関する事項が追加されました。

重要度C 指定サービス事業者の役割

介護保険制度における居宅サービスや施設サービスを提供する事業者のうち、介護保険の適用を受けるサービスを提供する事業者のことを**指定サービス**事業者といいます。**指定サービス**事業者になるには、手続き上、**都道府県知事**または**市町村長に申請**をし、**指定**を受ける必要があります。指定を受ける際には指定要件が満たされているかどうかが確認され、指定はサービスの種類ごと、事業所ごとに行われます。

■指定サービス事業者の指定、指定要件、役割など

	内容	
指定	**都道府県知事**指定 （**6年**ごとに更新）	**市町村長**指定 （**6年**ごとに更新）
事業者	指定居宅サービス事業者、指定介護予防サービス事業者、介護保険施設	指定地域密着型サービス事業者、指定地域密着型介護予防サービス事業者、指定居宅介護支援事業者、指定介護予防支援事業者
指定要件	**法人**であり、**人員基準**や**運営・設備基準**を満たすこと （指定の取消しを受けた事業者については、指定の取消しの日から起算して、5年を経過すれば指定を受けることができる）	
役割	介護保険法に基づく指定基準に沿って、在宅の要介護者・要支援者に対する居宅サービス、介護予防サービスを行うこと	
責務	●利用者の心身の状況などに応じて適切なサービスを提供するとともに、自らその提供するサービスの質の**評価**を行ったりして、常にサービスを受ける者の立場に立ってサービスを提供するように努めなければならない ●利用者から提示された被保険者証に、**介護認定審査会意見**が記載されている場合は、これに配慮してサービスの提供に努めなければならない ●市町村、他の居宅サービス事業者、保健医療サービスや福祉サービスを提供する者との**連携**に努めなければならない ●**事業の廃止**または**休止**の届出をした場合は、引き続きこれまでのサービスに相当するサービスの提供を希望する利用者に対し、必要なサービスなどが継続的に提供されるよう関係者との連絡調整その他の便宜の提供を行わなければならない	

国民健康保険団体連合会の役割

国民健康保険団体連合会（国保連）とは、国民健康保険の保険者である、**市町村**と**国民健康保険組合**が共同で設立している公法人です。各都道府県に1団体ずつ、設けられています。

国保連は、医療保険制度において、**国民健康保険**に関わる診療報酬の審査と支払いを担っています。一方、介護保険制度においては、次の業務を担っています。

介護保険制度における、国民健康保険団体連合会の主な役割

- **介護報酬**の審査・支払い（市町村からの委託）
- **介護予防・日常生活支援総合事業** →詳細はp.121参照 に要する費用の審査・支払い（市町村からの委託）
- 介護保険制度の苦情処理等
- **第三者行為求償事務**（第三者行為による保険給付に関し、市町村の委託を受けて行う第三者に対する**損害賠償金**の徴収・収納）
- 介護サービスの提供事業や**介護保険施設**の運営
- 介護保険事業の**円滑な運営**に資する事業

また、国保連が行う介護保険の苦情処理業務は、サービスについての利用者からの苦情を**受け付け**、事実関係の**調査**を行い、改善の必要が認められる場合はサービス提供事業者や施設に対して**指導・助言**を行うものです。

対象となるのは、事業基準違反にならない程度の苦情についてです。苦情の受け付けは、原則として**書面**で、必要に応じて**口頭**でもよいとされています。

ひとこと

国保連には、**介護給付費等審査委員会**が置かれています。介護給付費請求書、介護予防・日常生活支援総合事業費請求書の審査を行う機関です。

例題

介護保険審査会の設置は、介護保険制度における保険者の役割である。
〔第29回－問10〕

介護保険審査会の設置は、**都道府県**の役割。保険者である**市町村**は介護認定審査会を設置する。

CHAPTER 3
SECTION 8

介護保険の保険者と被保険者、財源と利用者負担

このSECTIONのポイント

◆介護保険の保険者と被保険者 … 保険者の概要と被保険者の種類と要件、資格の取得と喪失についておさえましょう

◆財源と利用者負担 … 介護保険の財源は公費と保険料が50%ずつで構成されます

重要度A 介護保険の保険者と被保険者

1 保険者と被保険者

◆保険者

介護保険の保険者は、地域住民にとって最も身近な自治体である**市町村**（特別区〈東京23区〉を含む）です。被保険者の数が少ない地域などでは、**市町村**の枠を超えて、広域連合や一部事務組合が保険者となることも認められています。

◆保険者に関する特例制度

介護保険制度では、特定の市町村に保険者としての負担が集中しないように、**住所地特例**という制度が設けられています。

これは、被保険者が自宅の住所とは異なる市町村にある施設に入所した場合、**入所前**の市町村が引き続き保険者となる制度です。

◆被保険者の種類

介護保険の被保険者は、**第１号**被保険者と**第２号**被保険者の２種類に分けられています。指定される年齢と要件を満たす人は、必ず被保険者になります。

また、日本国籍をもたないが長期にわたり日本に居住する在日外国人（**特別永**

住者）や3か月を超えて日本に在留する外国人（中長期在留者）も被保険者となります。逆に、日本国籍をもっていても、外国に長期滞在していて日本に住民票がない場合は、被保険者となりません。

■介護保険の被保険者

項目	第１号被保険者	第２号被保険者
対象者	市町村の区域内に住所を有する65歳以上の人	市町村の区域内に住所を有する40歳以上65歳未満の医療保険加入者
受給権者（保険給付の要件）	要介護状態や要支援状態にある人	要介護状態や要支援状態にあり、その原因である障害が特定疾病※による人
変更の届出	被保険者もしくは世帯主が行う	届出は原則として不要

第１号被保険者

65歳以上の人

第２号被保険者

40歳以上65歳未満の医療保険加入者

外国人

特別永住者、中長期在留者で左の資格要件を満たす者

※特定疾病とは？

❶末期のがん　❷関節リウマチ　❸筋萎縮性側索硬化症　❹後縦靭帯骨化症
❺骨折を伴う骨粗鬆症　❻初老期における認知症
❼進行性核上性麻痺・大脳皮質基底核変性症・パーキンソン病
❽脊髄小脳変性症　❾脊柱管狭窄症　❿早老症　⓫多系統萎縮症
⓬糖尿病性神経障害・糖尿病性腎症・糖尿病性網膜症　⓭脳血管疾患
⓮閉塞性動脈硬化症　⓯慢性閉塞性肺疾患
⓰両側の膝関節または股関節に著しい変形を伴う変形性関節症

例題

介護保険制度の第二号被保険者は、20歳以上65歳未満の医療保険加入者である。〔第32回-問９〕

介護保険の第２号被保険者の資格要件は、**40**歳以上**65**歳未満の**医療保険**加入者である。

2 被保険者資格の取得と喪失

介護保険の被保険者資格を取得、喪失する時期は、次表のとおりになります。被保険者資格に申請や手続きは不要で、自動的に資格を取得できます。これを**発生主義**とよびます。

■被保険者資格の取得と喪失

	資格の取得・喪失日
資格の取得	●第１号被保険者は**65歳**の誕生日の**前日** ●第２号被保険者は**40歳**の誕生日の**前日** ●40歳以上65歳未満の医療保険未加入者が、**医療保険**に加入したときや、その年齢の人が**市町村**に移転したとき ●住民である40歳以上65歳未満の医療保険加入者、65歳以上の者が**適用除外施設**を退所したとき
資格の喪失	●死亡した場合は、死亡日の**翌日**に喪失する ●市町村から引っ越した場合は、**翌日**に喪失する ●適用除外施設に入所した場合は、**翌日**に喪失する ●第２号被保険者が医療保険加入者でなくなった場合、**当日**に喪失する

例題

介護保険制度の第二号被保険者は、20歳以上65歳未満の医療保険加入者である。〔第32回-問９〕

市町村の区域内に住所を有する、**40**歳以上**65**歳未満の医療保険加入者が、第２号被保険者となる。

重要度B 財源と利用者負担

介護保険の財源は、公費と保険料からなり、それぞれ50%ずつ負担します。

■介護給付費の負担割合（2024〈令和６〉～2026〈令和８〉年度）

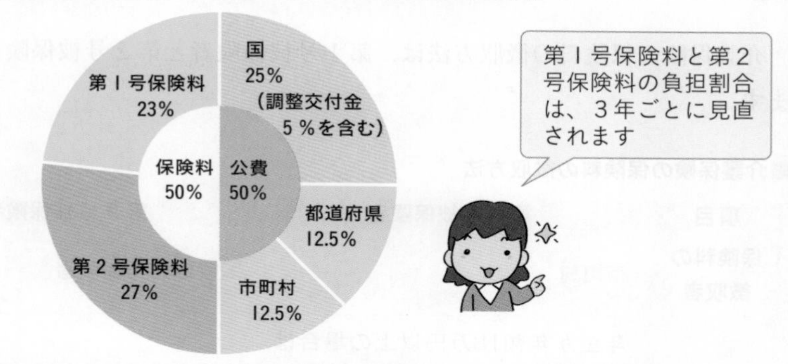

※施設等給付（介護保険施設、特定施設に関する給付費）については、国20%、都道府県17.5%、市町村12.5%

1 公費

国の負担は、定率の国庫負担金と調整交付金です。定率部分は、すべての市町村（保険者）に一律に交付されますが、調整交付金は、各市町村の後期高齢者の割合、第１号被保険者所得格差、災害時の保険料減免などの特殊事情を考慮して市町村ごとに調整されて交付されます。

都道府県と市町村の負担は定率です。また、保険者である市町村は、介護保険に関する事務に要する費用を全額負担します。

2 保険料

保険料は、第１号被保険者の保険料と第２号被保険者の保険料からなります。第１号被保険者と第２号被保険者の保険料負担割合は、１人当たりの平均保険料が同じ水準となるように被保険者の人口比率で決められ、３年ごとに見直されます（2024〈令和６〉～2026〈令和８〉年度は、第１号被保険者が23％、第２号被保険者が27％）。

3 保険料の徴収方法

介護保険の保険料の徴収方法は、第１号被保険者と第２号被保険者で異なります。

■介護保険の保険料の徴収方法

項目	第１号被保険者	第２号被保険者
保険料の徴収者	市町村	医療保険の保険者※
徴収方法	年金が年額18万円以上の場合は特別**徴収**（年金からの天引き）。それ以外の場合は普通**徴収**	医療保険料と合わせて徴収

※医療保険の保険者とは？
医療保険の保険者は、「健康保険」であれば健康保険組合と全国健康保険協会、「国民健康保険」であれば都道府県・市町村（特別区を含む）と国民健康保険組合になっている（p.77参照）。

ひとこと
第１号被保険者の保険料は、市町村によって異なり、**３年ごと**に見直しが図られています。所得に応じて、原則として**13段階**の保険料率が設定されています。

4 利用者負担

介護保険によって給付される費用は、原則として全額の９割です。

ただし、2014（平成26）年の「介護保険法」改正により、2015（平成27）年８月からは、一定以上の所得がある第１号被保険者に給付される費用は、８

割に（負担割合は２割に）、さらに2017（平成29）年の「介護保険法」改正により、2018（平成30）年８月からは、特に所得の高い２割負担者の負担割合が３割に引き上げられました。

■収入による利用者負担の割合

分類		負担割合
年金収入等	340万円以上＊1	３割
年金収入等	280万円以上＊2	２割
年金収入等	280万円未満	１割

＊１ ①合計所得金額（給与収入や事業収入等から給与所得控除や必要経費を控除した額）が220万円以上かつ②年金収入＋その他の合計所得金額340万円以上（世帯に２人以上の第１号被保険者がいる場合は463万円以上）。
＊２ ①合計所得金額160万円以上かつ②年金収入＋その他の合計所得金額280万円以上（世帯に２人以上の第１号被保険者がいる場合は346万円以上）。

厚生労働省の介護保険事業状況報告（令和４年３月月報）によると、３割負担の人は全体の3.6%、２割負担の人は全体の4.6%となっています。

ひとこと

介護保険の利用者負担については、低所得者等への対策を含めて、さまざまな軽減策がとられています（p.119参照）。

例題

介護保険制度の保険給付の財源構成は、公費、保険料、現役世代からの支援金である。〔第34回－問10〕

介護保険制度の保険給付の財源構成は、公費と保険料（第１号保険料、第２号保険料）である。

CHAPTER 3
SECTION 9

介護保険サービスの利用手続き

このSECTIONのポイント

◆介護保険サービスの利用手続き … 要介護・要支援認定の流れをおさえておきましょう

重要度A

介護保険サービスの利用手続き

1 被保険者証

被保険者証は、介護保険の被保険者であることの証明書です。

- **第1号被保険者**には**全員**
- **第2号被保険者**については**要介護・要支援認定を申請した人**と**交付申請をした人**

に対して交付されます。

要介護認定等を申請するときや、サービスを受給するときに提示します。

また、被保険者資格を喪失したときは、すみやかに市町村に被保険者証を返還しなければなりません。

2 要介護認定・要支援認定の概要

介護保険サービスを利用するためには、**市町村**から、要介護者や要支援者としての認定＝**要介護認定**や**要支援認定**を受ける必要があります。認定の対象者、状態の定義、認定の区分が、要介護・要支援それぞれについて定められています。

■要介護認定の概要

項目	認定の対象者・状態の定義・認定の区分
要介護認定の対象者	● **要介護状態**にある第１号被保険者 ● 特定疾病を原因として**要介護状態**になった第２号被保険者
要介護状態の定義	身体上または精神上の障害があるため、入浴、排泄（はいせつ）、食事などの日常生活における基本的な動作の全部または一部について、６か月にわたり継続して、常時介護を要すると見込まれる状態
要介護認定の区分	介護の必要度に応じて、**要介護**１～５のいずれかに認定

■要支援認定の概要

項目	認定の対象者・状態の定義・認定の区分
要支援認定の対象者	● **要支援状態**にある第１号被保険者 ● 特定疾病を原因として**要支援状態**になった第２号被保険者
要支援状態の定義	❶身体上もしくは精神上の障害があるために、入浴、排泄、食事などの日常生活における基本的な動作の全部もしくは一部について、６か月にわたり継続して、常時介護を要する状態の軽減もしくは悪化の防止に資する支援を要すると見込まれる状態 ❷身体上もしくは精神上の障害があるために、６か月にわたり継続して、日常生活を営むのに支障があると見込まれる状態
要支援認定の区分	支援の必要度に応じて、**要支援**１・２のいずれかに認定

3 要介護認定・要支援認定の流れ

要介護認定・要支援認定は、市町村への申請から始まり、認定調査 → 一次判定 → 二次判定を経て、認定結果が被保険者に通知されることになります。なお、申請処理期間は、原則30日以内ですが、特別の理由がある場合、市町村は申請日から30日以内に、その理由と処理見込期間を被保険者に通知したうえで、延期することができます。

●ここがポイント

要介護認定・要支援認定の流れ

申請

被保険者やその家族が、申請書に必要事項を記載し、介護保険被保険者証（交付を受けていない第２号被保険者の場合は、**医療保険**の被保険者証）を添えて市町村に提出。申請は、民生委員や地域包括支援センターなどに、代行してもらうことができる

認定調査

市町村の調査員が、被保険者の自宅を訪問。**基本調査**（身体機能や生活機能などの調査）や、**特記事項**（基本調査の内容を補足する調査）などの聞き取りを行う

一次判定

基本調査の内容を**コンピュータ**に入力し、判定する。介護の必要度が推計され、それに基づき要介護・要支援状態の区分がなされる

二次判定

市町村の付属機関である**介護認定審査会**が、一次判定の結果、主治医意見書、特記事項に基づき、判定する

認定と通知

二次判定の結果を受け、市町村が、**要介護Ⅰ～5**、**要支援Ⅰ・2**、**非該当**のうち、いずれかの認定を行い、被保険者に結果を**通知**する

こうしたプロセスを経て通知された認定結果に対して、被保険者が満足できない場合、都道府県の設置する**介護保険審査会**に、「不服申立て」を行うことができます。

ひとこと

被保険者が、認定した要介護・要支援状態に該当しなくなった場合などに、**認定を取り消す**ことができるのは 市町村 です。

4 認定の有効期間

認定の有効期間は、**新規**認定と**区分変更**認定※は、原則6か月、**更新**認定においては12か月が原則です。ただし、市町村が介護認定審査会の意見に基づき、とくに必要と認められる場合は、月を単位に設定可能な範囲で定めることができます。

■認定の有効期間

分類	原則有効期間	設定可能期間
新規認定	6か月	3～12か月
区分変更認定	6か月	3～12か月
更新認定	12か月	3～36か月 （要介護度・要支援度に変更がない場合は3～48か月）

更新認定は、原則、有効期間が満了する日の60日前から申請することができます。

※区分変更認定とは？

要介護認定の有効期間の間に、要介護状態が大きく変化したときは、要介護状態区分の変更の認定申請をすることができる。また、市町村は、被保険者の状態が変化し、介護の必要の程度が低下し、要介護状態区分の変更に該当すると認められる場合、認定の有効期間の満了前であっても職権で要介護状態区分の変更をすることができる。

ひとこと

要介護・要支援認定が決定された場合、その効力は **申請日** までさかのぼり、**申請日以降** 、認定までの間に受けた介護保険のサービスは保険給付の対象となります。不認定とされた場合は、サービス費用は **全額自己負担** となります。

5 サービス利用のためのケアマネジメント

要介護認定・要支援認定を受けたあとで、被保険者が実際にサービスを利用するためには、**ケアプラン**（サービスの内容により居宅サービス計画、介護予防サービス計画、施設サービス計画とも呼ばれる）を作成する必要があります。

ケアプランの作成も含めた、サービス提供のための一連のプロセスのことを、**ケアマネジメント**と呼びます。

→詳細はp.125参照

ひとこと

介護保険サービスが適切に提供されるように、サービスの利用契約にあたっては、**契約書**と**重要事項説明書**が用いられます。重要事項説明書を通じて、**利用者** と **家族** にサービス内容の説明を行い、同意を得ます。そのうえで、**利用者** と契約書を取り交わします。

例題

要介護認定の審査・判定は、市町村の委託を受けた医療機関が行う。〔第33回−問10〕

要介護認定の審査・判定は、市町村の付属機関である**介護認定審査会**が行う。

介護保険給付サービスの種類・内容

このSECTIONのポイント

◆**保険給付の種類と費用の支払・請求方法** … 保険給付の３つの種類と現物給付、償還払いのしくみをおさえましょう

◆**介護給付・予防給付の概要** … 介護保険サービスの分類をおさえましょう

◆**地域支援事業** … 各事業の概要を覚えましょう

◆**居宅サービス** … 居宅サービスの種類と内容をおさえましょう

◆**施設サービス** … 各施設サービスの概要をおさえましょう

◆**地域密着型サービス** … 対象者となる利用者とサービス内容をおさえましょう

◆**その他の保険給付** … 高額介護サービス費、高額医療合算介護サービス費、特定入所者介護サービス費の概要をおさえましょう

重要度A 保険給付の種類と費用の支払・請求方法

1 保険給付の種類

介護保険制度の保険給付には、**介護**給付、**予防**給付、**市町村**特別給付の３種類があります。それぞれ、どのような人をサービスの対象として、どのようなサービスが含まれているのかを、把握しておきましょう。

●ここがポイント

保険給付の３つの種類

介護給付	要介護者（要介護１～５に認定された人）を対象としたサービス。居宅サービス、居宅介護支援、施設サービス、地域密着型サービスなどが含まれる
予防給付	要支援者（要支援１・２に認定された人）を対象としたサービス。介護予防サービス、介護予防支援、地域密着型介護予防サービスなどが含まれる
市町村特別給付	要介護状態・要支援状態にある人を対象に、市町村が独自に行うサービス。居宅への配食サービス、移送サービスなどが含まれる

2 費用の支払・請求方法

介護保険制度の保険給付に必要とされる費用のうち、利用者が負担するのは、所得に応じて全額の１割～３割です。保険給付が行われたときに、利用者・サービス事業者・市町村の間で、費用の支払や請求がどのように行われているのか、そのしくみは、次の２種類に分けられます。

費用の支払・請求方法の違い

□ 現物給付	□ 償還払い
サービス事業者が、利用者にサービス（現物）を提供する。 →利用者に１割～３割、市町村に９割～７割の費用を請求する。	利用者が、サービスに要した費用全額をサービス事業者に支払う。 →市町村に、利用者負担を除く全額の９割～７割の費用を請求する。

介護保険制度の保険給付は、多くが現物給付になっています。償還払いとなることが決められているサービスは、**特定福祉用具販売**、**住宅改修**に要した費用や、**高額介護サービス費**などです。

介護給付・予防給付の概要

要介護者を対象とした「介護給付」、要支援者を対象とした「予防給付」は、サービスが提供される場によって、居宅サービス、施設サービス、地域密着型サービスなどに分類することができます。

	介護給付のサービス	予防給付のサービス
都道府県が指定・監督を行うサービス	**●居宅サービス** 【訪問サービス】 ❶訪問介護 ❷訪問入浴介護 ❸訪問看護 ❹訪問リハビリテーション ❺居宅療養管理指導 【通所サービス】 ❻通所介護 ❼通所リハビリテーション 【短期入所サービス】 ❽短期入所生活介護 ❾短期入所療養介護 ❿特定施設入居者生活介護 ⓫福祉用具貸与 ⓬特定福祉用具販売	**●介護予防サービス** 【訪問サービス】 ❶介護予防訪問入浴介護 ❷介護予防訪問看護 ❸介護予防訪問リハビリテーション ❹介護予防居宅療養管理指導 【通所サービス】 ❺介護予防通所リハビリテーション 【短期入所サービス】 ❻介護予防短期入所生活介護 ❼介護予防短期入所療養介護 ❽介護予防特定施設入居者生活介護 ❾介護予防福祉用具貸与 ❿特定介護予防福祉用具販売

	●施設サービス ❶介護老人福祉施設 ❷介護老人保健施設 ❸介護医療院 ※介護療養型医療施設（経過措置）	
市町村が指定・監督を行うサービス	●居宅介護支援	●介護予防支援
	●地域密着型サービス ❶定期巡回・随時対応型訪問介護看護 ❷夜間対応型訪問介護 ❸地域密着型通所介護 ❹認知症対応型通所介護 ❺小規模多機能型居宅介護 ❻認知症対応型共同生活介護 ❼地域密着型特定施設入居者生活介護 ❽地域密着型介護老人福祉施設入所者生活介護 ❾看護小規模多機能型居宅介護	●地域密着型介護予防サービス ❶介護予防認知症対応型通所介護 ❷介護予防小規模多機能型居宅介護 ❸介護予防認知症対応型共同生活介護
その他	●住宅改修	●介護予防住宅改修

例題

地域密着型サービスは、都道府県がサービス事業者の指定や指揮監督を行う。〔第25回-問９〕

介護給付の地域密着型サービス（予防給付の地域密着型介護予防サービス）は、市町村がサービス事業者の指定や監督を行う。

重要度 A

居宅サービス

「居宅サービス」とは、自宅など利用者が普段生活を送っている場所において提供されるサービスです。居宅サービスには、

- 自宅において行われる**訪問**サービス
- 自宅から施設に通う形で利用する**通所**サービス
- 限られた期間だけ施設に入所する**短期入所**サービス
- **福祉用具**の貸与・販売

などが含まれます。

1 訪問サービス

訪問サービスは、訪問介護員（ホームヘルパー）などが、利用者の自宅でサービスを提供するもので、このうち、訪問介護は**ホームヘルプサービス**とも呼ばれます。

■訪問サービスの内容

サービス名	サービス内容
訪問介護	要介護者の居宅で、入浴、排泄（はいせつ）、食事等の介護（**身体介護**）その他の日常生活上の世話を行う。調理・洗濯・掃除などの**生活援助**、**生活**等に関する相談・助言、**通院**等のための乗車または降車の介助を含む **介護予防訪問介護**は、2014（平成26）年の「介護保険法」改正により、地域支援事業へ移行しています。
訪問入浴介護 介護予防訪問入浴介護	要介護者・要支援者の居宅で、**浴槽**を提供して入浴の介護を行う
訪問看護 介護予防訪問看護	要介護者・要支援者の居宅で、**看護師**などが療養上の世話や必要な診療の補助を行う
訪問リハビリテーション 介護予防訪問リハビリテーション	要介護者・要支援者の居宅で、**理学療法士**、**作業療法士**などが、必要なリハビリテーションを行う
居宅療養管理指導 介護予防居宅療養管理指導	要介護者・要支援者の居宅で、医師、歯科医師、**薬剤師**、**管理栄養士**などが、療養上の管理や指導を行う

◆居宅介護支援・介護予防支援

上記のサービスのほかに、訪問系のサービスに分類されるものとして、居宅介護支援・介護予防支援があります。

これは、自宅で生活する要介護者・要支援者を対象に、**介護支援専門員（ケアマネジャー）**などが、居宅サービス計画・介護予防サービス計画を作成し、事業者との連絡や調整を行うものです。

2 通所サービス・短期入所サービス

通所サービスと短期入所サービスは、利用者の自宅ではなく、施設を利用して行われるものです。

◆通所サービス

通所サービスでは、利用者が日帰りで施設に通い、介護やリハビリテーションなどを受けます。通所サービスのうち、通所介護は**デイサービス**、通所リハビリテーションは**デイケア**とも呼ばれます。

■通所サービスの内容

サービス名	サービス内容
通所介護	要介護者を対象に、**老人デイサービスセンター**などで、入浴、排泄、食事等の介護その他の日常生活上の世話や、機能訓練を行う **介護予防通所介護**も、2014（平成26）年の「介護保険法」改正により、地域支援事業へ移行しています。
通所リハビリテーション 介護予防通所リハビリテーション	要介護者・要支援者を対象に、**介護老人保健施設**などで、**理学療法士**、**作業療法士**などが、必要なリハビリテーションを行う

◆短期入所サービス

短期入所サービスは**ショートステイ**とも呼ばれ、一定の期間、利用者を施設に入所させて、介護を行うものです。介護を担う家族が病気にかかったとき、冠婚葬祭のときなどに利用され、介護の負担を一時的にやわらげる効果があります。

■短期入所サービスの内容

サービス名	サービス内容
短期入所生活介護 介護予防短期入所生活介護	要介護者・要支援者を、**特別養護老人ホーム**や**老人短期入所施設**などに短期間入所させて、入浴、排泄、食事等の介護その他の日常生活上の世話や、機能訓練を行う
短期入所療養介護 介護予防短期入所療養介護	要介護者・要支援者を、**介護老人保健施設**などに短期間入所させて、看護、医学的管理のもとで介護・機能訓練その他必要な医療や、日常生活上の世話を行う

◆特定施設入居者生活介護・介護予防特定施設入居者生活介護

通所サービスや短期入所サービスのような、施設利用型のサービスとしては、このほかに特定施設入居者生活介護・介護予防特定施設入居者生活介護があります。特定施設とは、「老人福祉法」に規定されている、**有料老人ホーム**（サービス付き高齢者向け住宅 →詳細はp.174参照 で該当するものを含む）、**養護老人ホーム**、**軽費老人ホーム**（ケアハウス）を指します。

これらの施設に入居している要介護者・要支援者を対象に、入浴・排泄・食事等の介護その他の日常生活上の世話や、機能訓練、療養上の世話を行います。

ひとこと

介護保険制度における「居宅」とは、居住している自宅と同義ではありません。施設に入所せず、自宅での生活を中心に利用できるサービスは「居宅」サービス、さらに上記の有料老人ホーム、養護老人ホーム、軽費老人ホーム、サービス付き高齢者向け住宅も「居宅」とされます。

例題

通所介護（デイサービス）では、日常生活の自立を助けるために、専門職による理学療法や作業療法を行わなければならない。

〔第28回-問24〕

通所サービスのうち、理学療法や作業療法などのリハビリテーションが実施されるのは、通所リハビリテーション（デイケア）である。

3 福祉用具の貸与・販売

福祉用具は、利用者の自立支援や、介護をする家族の負担をやわらげることを目的として使用されます。移動・入浴・排泄などを補助する用具が中心で、貸与と販売に分類されます。主に衛生上、貸与による再利用が適切ではないものが、販売対象とされています。 →福祉用具の詳細についてはCH11・SEC11参照

■福祉用具貸与と特定福祉用具販売の内容

サービス名	サービス内容
福祉用具貸与 介護予防福祉用具貸与	居宅で生活する要介護者に、次の福祉用具を貸与する。要支援者と要介護1の者は原則として、手すりや歩行器などに限定されている 要介護者に貸与される福祉用具 ●車いす(普通型・介助用電動車いすを含む) ●車いす付属品 ●特殊寝台　●特殊寝台付属品 ●床ずれ防止用具 ●体位変換器　●手すり　●スロープ ●歩行器 ●歩行補助杖 ●認知症老人徘徊(はいかい)感知機器（外部との通信機能部分を除く） ●移動用リフト（つり具の部分を除く） ●自動排泄処理装置（交換可能部品を除く）

特定福祉用具販売 特定介護予防福祉用具販売	居宅で生活する要介護者・要支援者に、次の福祉用具を販売する 要介護者・要支援者に販売される福祉用具 ●腰掛便座（水洗ポータブルトイレを含む） ●自動排泄処理装置の交換可能部品 ●排泄予測支援機器 ●入浴補助用具 ●簡易浴槽 ●移動用リフトのつり具の部分

◆住宅改修・介護予防住宅改修

居宅サービスではありませんが、利用者のくらす住居の機能を強化するサービスとして、住宅改修・介護予防住宅改修があります。

サービス内容はバリアフリーを目的としたもので、住宅改修費が20万円を限度に支給されます。 →住宅改修費の支給対象についてはp.527参照

施設サービス

1 施設の種類とサービス内容

「施設サービス」は、自宅で生活を続けることが難しくなった要介護者が、施設に入所して、介護やリハビリテーションなどを受けるものです。これらの施設は、まとめて介護保険施設と呼ばれます。

■施設サービスの内容

施設名	サービス内容
介護老人福祉施設	サービス内容 ●「老人福祉法」の規定する特別養護老人ホーム※（入所定員30人以上）が、介護保険施設として都道府県知事の指定を受けたもの ●入浴、排泄、食事等の介護その他の日常生活上の世話、機能訓練、健康管理、療養上の世話を行う

介護老人保健施設	サービス内容 ● 看護、医学的管理のもとで介護・機能訓練その他必要な医療や、日常生活上の世話を行う ● 通所リハビリテーションや短期入所療養介護を実施する施設でもあり、居宅生活への復帰をめざす場としての機能をもつ 入所要件 要介護Ⅰ以上
介護医療院	サービス内容 ● 長期にわたり療養が必要である要介護者を対象に、療養上の管理、看護、医学的管理のもとでの介護・機能訓練その他必要な医療や、日常生活上の世話を行う ● 介護医療院は2017（平成29）年の「介護保険法」改正により、2018（平成30）年４月から創設 入所要件 要介護Ⅰ以上

※特別養護老人ホームとは？

「老人福祉法」の規定する老人福祉施設のひとつ。65歳以上の者で、身体上または精神上著しい障害があるために常時の介護を必要とし、居宅において適切な介護を受けることが困難な者を入所させる施設。

例題

介護医療院に入所できるのは、要介護３以上である。

〔第33回-問23〕

介護医療院の入所要件は、長期にわたり療養が必要である要介護Ⅰ以上の者である。

2 施設におけるユニットケアの促進

施設サービスでは、近年、利用者同士のコミュニケーションを深めることを目的として、ユニットケアが進められています。

ユニットケアでは、利用者10人程度で1つのグループをつくります。従来の多床型とは異なり、**個室**は人数分、リビングなどは**共有**する形にして、これを1ユニット（生活単位）とします（ユニット単位でおおむね10人以下を原則として15人を超えないものとする）。また、**担当職員**も一定の期間、固定して、継続性のあるサービス提供を重視することが求められます。

なじみのある人同士で関係が築かれ、家庭的な雰囲気のなかで生活を送れるようになることが、メリットとして挙げられています。

また、ユニットケアの個室は、家族や友人が**来訪・宿泊**して入居者と交流するのに適した個室であることから、できる限り気軽に**来訪・宿泊**することができるように配慮しなければいけないものとされています。

■多床型とユニット型

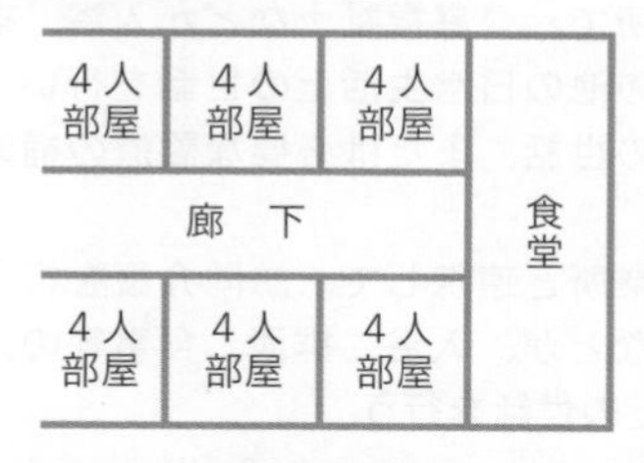

多床型

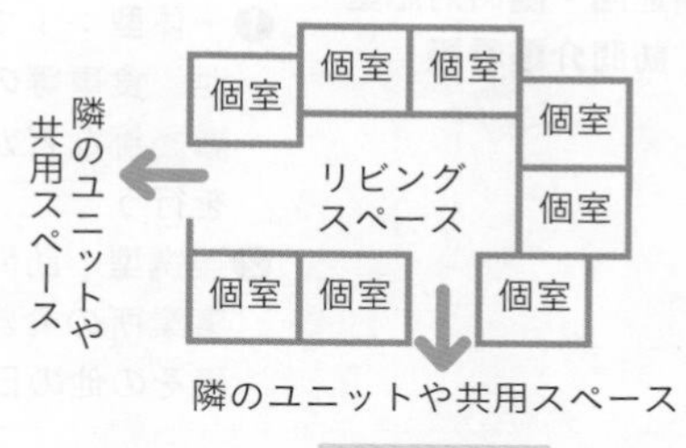

ユニット型

ひとこと

介護保険施設ではありませんが、在宅での生活が困難な60歳以上の低所得高齢者を対象とした施設として**都市型軽費老人ホーム**があります。首都圏の既成市街地などに設置され、定員は20人以下とされています。

地域密着型サービス

「地域密着型サービス」は、2005（平成17）年の「介護保険法」改正により創設されたものです。その後の法改正によって、新たに加えられたサービスもあります。

地域密着型サービスを利用できるのは、原則として、事業所のある市町村の住民（被保険者）に限られています。これは、住み慣れた地域での生活を支援することが、サービスの目的とされているからです。

■地域密着型サービスの内容

サービス名	サービス内容
定期巡回・随時対応型訪問介護看護	2011（平成23）年の「介護保険法」改正により創設 対象 居宅で生活する要介護者 サービス内容 定期的な巡回訪問や、随時の通報を受けて、次のどちらかのサービスが行われる。なお、一体型では、訪問看護サービスの利用の有無により、介護報酬が異なる ❶一体型：１つの事業所で、介護福祉士などが入浴、排泄、食事等の介護その他の日常生活上の世話を行い、看護師などが療養上の世話、または必要な診療の補助を行う ❷連携型：訪問看護事業所と連携して、訪問介護を行う事業所の介護福祉士などが、入浴、排泄、食事等の介護その他の日常生活上の世話を行う
夜間対応型訪問介護	対象 居宅で生活する要介護者 サービス内容 ●夜間（18時～翌８時）の定期的な巡回訪問や、随時の通報を受けて、入浴、排泄、食事等の介護その他の日常生活上の世話を行う ●必要に応じ随時訪問する「随時訪問サービス」、通報を受け訪問するか判断する「オペレーションセンターサービス」、定時に訪問する「定期巡回サービス」がある

地域密着型通所介護	**2014（平成26）年**の「介護保険法」改正により、**2016（平成28）年度**から創設 対象 居宅で生活する要介護者 サービス内容 **老人デイサービスセンター**などで、入浴、排泄、食事等の介護その他の日常生活上の世話、機能訓練を行う。定員18人以下の小規模な事業所が対象となっている
認知症対応型通所介護 **介護予防認知症対応型通所介護**	対象 認知症の要介護者・要支援者 サービス内容 **老人デイサービスセンター**などで、入浴、排泄、食事等の介護その他の日常生活上の世話、機能訓練を行う
小規模多機能型居宅介護 **介護予防小規模多機能型居宅介護**	対象 居宅で生活する要介護者・要支援者 サービス内容 心身の状況や環境に応じて、**居宅訪問**のほかに、事業所へ**通所**もしくは**短期間宿泊**させて、入浴、排泄、食事等の介護その他の日常生活上の世話、機能訓練を行う（サービスの基本となるのは**通所**）
認知症対応型共同生活介護 **介護予防認知症対応型共同生活介護**	対象 認知症の要介護者・要支援者（要支援１の人は利用できない） サービス内容 家庭的な環境と地域住民との交流のもと、共同生活を送る住居で**グループホーム**とも呼ばれる。定員は**5～9**人。入浴、排泄、食事等の介護その他の日常生活上の世話や、機能訓練を行う
地域密着型特定施設入居者生活介護	対象 地域密着型特定施設（定員**29**人以下の介護専用型特定施設＝**有料老人ホーム**など）に入居している要介護者 サービス内容 入浴、排泄、食事等の介護その他の日常生活上の世話や、機能訓練、療養上の世話を行う
地域密着型介護老人福祉施設入所者生活介護	対象 地域密着型介護老人福祉施設（定員**29**人以下の**特別養護老人ホーム**）に入所している要介護者。新規入所要件は原則として要介護**3**以上 サービス内容 入浴、排泄、食事等の介護その他の日常生活上の世話や、機能訓練、健康管理、療養上の世話を行う

看護小規模多機能型 居宅介護	**2011（平成23）年**の「介護保険法」改正により、複合型サービス※として創設。**2015（平成27）年度**から、看護小規模多機能型居宅介護に改称。2023（令和５）年の改正により、サービス内容が明確に 対象 居宅で生活する要介護者 サービス内容 居宅要介護者に対し、**訪問看護**及び**小規模多機能型居宅介護**を一体的に提供することにより、**居宅**またはサービスの拠点に**通わせ**、もしくは短期間**宿泊させ**、日常生活上の世話、機能訓練並びに療養上の世話または必要な診療の補助を行う

※複合型サービスとは？

訪問介護、訪問入浴介護、訪問看護、訪問リハビリテーション、居宅療養管理指導、通所介護、通所リハビリテーション、短期入所生活介護、短期入所療養介護、定期巡回・随時対応型訪問介護看護、夜間対応型訪問介護、認知症対応型通所介護、小規模多機能型居宅介護の中から２種類以上組み合わせて提供することが、特に効果的かつ効率的と考えられるサービスの総称。

ひとこと

地域密着型サービスは、地域とのつながりを重視するもの。そのため、小規模多機能型居宅介護や認知症対応型共同生活介護などの事業者には、利用者・地域住民・市町村職員などにサービス内容を公開する、**運営推進会議**の設置が義務づけられています。

例題

定期巡回・随時対応型訪問介護看護は、要支援者、要介護者のどちらも利用できる。〔第31回-問21〕

定期巡回・随時対応型訪問介護看護は、**要介護者のみ**を対象としたサービスである。

介護保険のサービス事業者や施設は、運営に関する基準において、**正当な理由なくサービスの提供を拒んではならない**ものと規定されています。

その他の保険給付

これまでに挙げてきたサービスのほかに、利用者の支払った費用が自己負担限度額を超えた場合に、所得額に応じて給付が行われるサービスがあります。

具体的には、介護給付の**高額介護**サービス費、**高額医療合算介護**サービス費、**特定入所者介護**サービス費などがあり、それぞれ同様のサービスが予防給付にも含まれています。

■その他の保険給付

分類	概要
高額介護サービス費・ 高額介護予防サービス費	介護サービス費が自己負担限度額を超えた場合に、**償還払い**によって、市町村から差額が給付される制度
高額医療合算介護サービス費・ 高額医療合算介護予防サービス費	介護サービス費と医療費の合計が自己負担限度額を超えた場合に、**償還払い**によって、市町村から差額が給付される制度（医療保険における**高額療養費**を差し引いても、限度額を超えていることが条件）
特定入所者介護サービス費・ 特定入所者介護予防サービス費 （補足給付）	**特定入所者**（市町村民税の非課税世帯や生活保護受給者など）が、**特定介護サービス**（施設サービスや短期入所サービスなど）を受けたときに、食事や居住に要した費用が自己負担限度額を超えた場合に、市町村から差額が給付される制度（ただし、現金・預貯金等が、一定の額を超えている人は対象外）。原則として**現物給付**とされている

CHAPTER 3

SECTION 11

地域支援事業

このSECTIONのポイント

- ◆**地域支援事業とは** … 2005年の介護保険法改正で創設された事業です
- ◆**介護予防・日常生活支援総合事業** … 介護予防・生活支援サービス事業と一般介護予防事業に分けられます
- ◆**包括的支援事業** … 各事業の内容を覚えましょう
- ◆**任意事業** … 介護給付等費用適正化事業、家族介護支援事業その他があります

重要度B

地域支援事業とは

地域支援事業は、**2005**（平成17）年の「介護保険法」改正によって創設された事業です。要介護状態等の予防や、要介護状態等になっても被保険者が地域で自立した生活を送ることができるように、**市町村**によって、各種事業が実施されています。

地域支援事業には、大きく分けて、**介護予防・日常生活支援総合事業**、**包括的支援事業**、**任意事業**の３事業があります。

地域支援事業の財源は、公費と保険料でまかなわれます。また、事業によって、財源構成が異なります。

■地域支援事業の財源構成

事業	財源構成
介護予防・ 日常生活支援総合事業	国25％、都道府県12.5％、市町村12.5％、 第１号被保険者保険料23％、第２号被保険者保険料27％
包括的支援事業 ／任意事業	国38.5％、都道府県19.25％、市町村19.25％、 第１号被保険者保険料23％

また、利用料が必要になるサービスもあります。利用料については各市町村が**条例**で定めることとされており、利用料の有無や金額は市町村ごとで異なります。

重要度A 介護予防・日常生活支援総合事業

介護予防・日常生活支援総合事業がめざすのは、ボランティアやNPOなど地域のさまざまな人々・機関が関わり、多様なサービスを充実させることで、高齢者の**社会参加**や、地域における**支え合い体制**づくりを推進していくことです。

事業の内容は**2014**（平成**26**）年の「介護保険法」改正によって見直され、大きく分けて、**介護予防・生活支援サービス**事業と**一般介護予防**事業に分類されています。

■介護予防・生活支援サービス事業

対象者 **要支援者**および**基本チェックリスト**※該当者

	サービス種別	サービス内容
訪問型サービス（第一号訪問事業）	訪問介護	訪問介護員による身体介護、生活援助
	訪問型サービスA（緩和した基準によるサービス）	生活援助等
	訪問型サービスB（住民主体による支援）	住民主体の自主活動として行う生活援助等
	訪問型サービスC（短期集中予防サービス）	**保健師**等による居宅での相談指導等
	訪問型サービスD（移動支援）	移送前後の生活支援
通所型サービス（第一号通所事業）	通所介護	●通所介護と同様のサービス ●生活機能の向上のための機能訓練
	通所型サービスA（緩和した基準によるサービス）	ミニデイサービス、運動・レクリエーション 等
	通所型サービスB（住民主体による支援）	体操、運動等の活動など、自主的な通いの場
	通所型サービスC（短期集中予防サービス）	生活機能を改善するための運動器の機能向上や栄養改善等のプログラム

その他の生活支援サービス（第一号生活支援事業）	―	●栄養改善を目的とした配食 ●住民ボランティアによる一人暮らし高齢者などへの見守りを提供 ●訪問型サービス、通所型サービスに準じる自立支援に資する生活支援（訪問型サービス・通所型サービスの一体的提供等）
介護予防ケアマネジメント（第一号介護予防支援事業）	ケアマネジメントA	介護予防支援と同様のケアマネジメント
	ケアマネジメントB	サービス担当者会議やモニタリングを省略したケアマネジメント
	ケアマネジメントC	基本的にサービス利用開始時のみ行うケアマネジメント

■一般介護予防事業

対象者 第１号**被保険者**およびその支援のための活動に関わる者

介護予防把握事業	収集した情報などの活用により、閉じこもりなど何らかの支援を要する者を把握し、介護予防活動へつなげる
介護予防普及啓発事業	介護予防**活動**の普及・啓発を行う
地域介護予防活動支援事業	住民**主体**の介護予防活動の育成・支援を行う
一般介護予防事業評価事業	介護保険事業**計画**に定める目標値の達成状況などを検証し、一般介護予防事業の評価を行う
地域リハビリテーション活動支援事業	介護予防の取組を機能強化するため、通所、訪問、地域ケア会議、住民主体の通いの場などへのリハビリテーション専門職などによる助言などを実施

※基本チェックリストとは？

介護予防・日常生活支援総合事業の利用対象となるかどうかをチェックする確認用リストのこと。生活機能や運動・口腔・認知の機能、うつ傾向の有無などを確認する25項目からなる。

第一号訪問事業（訪問型サービス）は、介護予防・日常生活支援総合事業に含まれる　〔第32回-問10〕

○　第一号訪問事業（訪問型サービス）は、地域支援事業の介護予防・日常生活支援総合事業に含まれる。

重要度 A

包括的支援事業

包括的支援事業は、**市町村の委託を受け**、**地域包括支援センター**が行います。ただし、2014（平成26）年の法改正で追加された**在宅医療・介護連携推進事業**、**生活支援体制整備事業**、**認知症総合支援事業**については、地域包括センター以外にも委託が可能、また、2023（令和５）年の法改正で、**総合相談支援業務**についても指定居宅介護支援事業者その他の厚生労働省令で定める者に委託することが可能とされました。なお、**地域ケア会議推進事業**は、法律上は包括的支援事業の位置づけではありませんが、「地域支援事業実施要綱」においては、包括的支援事業として事業を実施するとされています。

■包括的支援事業

第１号介護予防支援事業（要支援者以外）	サービスを利用するために**地域包括支援センター**が**ケアプラン**を作成（**指定居宅介護支援事業所**に委託可能）
総合相談支援業務	被保険者の**状況を把握**し、地域におけるサービスや機関の情報提供、連絡調整、介護を行う家族に対する支援（任意事業の家族介護支援事業を連携して支援）などを行う
権利擁護業務	被保険者に対する**虐待**防止と早期発見、その他消費者被害の防止や対応など被保険者の権利を擁護するための活動を行う
包括的・継続的ケアマネジメント支援業務	被保険者が地域で**自立**した生活を営むことができるように、**包括的**かつ**継続的**なサービスを提供できる地域の体制を構築する支援と、**介護支援専門員**へのサポートを行う
在宅医療・介護連携推進事業	地域の医療・介護関係者による会議、研修等により、**在宅医療**と**介護**の**一体的な提供**ができる体制づくりの推進を図る

生活支援体制整備事業	生活支援コーディネーター（地域支え合い推進員）、地域住民、ボランティア、NPOなど、多様な主体を活用した重層的な生活支援体制の構築の推進を図る
認知症総合支援事業	認知症の早期診断、早期対応、症状の悪化防止などを目的に、認知症あるいはその疑いのある被保険者に総合的な支援を行う。複数の専門職からなる認知症初期集中支援チームによる訪問支援、本人・家族の相談に応じ、地域の支援機関との連携等を支援する認知症地域支援推進員の設置などを進める
介護情報の収集・提供等に係る事業*	被保険者の保健医療の向上と福祉の増進を図るため、被保険者、介護サービス事業者その他の関係者が被保険者に係る情報を共有し、活用することを促進する事業
地域ケア会議※推進事業	個別ケースを検討する会議から地域課題の解決を検討する場まで一体的に取組み、地域を包括的に支援する

＊2023（令和５）年の改正で創設された事業。施行は公布後４年以内の政令で定める日

※地域ケア会議とは？

高齢者が地域で自立した日常生活を送ることができるように、支援体制の検討を行う場。医療・介護の専門職、民生委員、ボランティアなど、地域の関係者や関係機関によって構成される。具体的な機能としては、地域支援ネットワーク構築、地域課題の把握、地域づくり・資源開発などがある。

重要度B 任意事業

任意事業は、地域の実情に応じて、各市町村が独自に実施する事業です。

■任意事業

名称	内容
介護給付等費用適正化事業	提供されているサービスが必要不可欠なものかどうかの検証、適正な利用促進に関する広報・啓発など
家族介護支援事業	家族介護教室、認知症高齢者見守り事業、家族介護継続支援事業など
その他の事業	成年後見制度利用支援事業、福祉用具・住宅改修支援事業、地域自立生活支援事業など

CHAPTER 3
SECTION 12

介護保険制度におけるケアマネジメントと介護支援専門員の役割

このSECTIONのポイント

◆ケアマネジメントの流れ … ケアマネジメントの過程の一つひとつの概要を把握しましょう

◆介護支援専門員の役割 … 介護保険制度を担う介護支援専門員の役割について学びましょう

重要度A ケアマネジメントの流れ

介護保険サービスの提供にあたっては、利用者が適切なサービスを利用することができるように、コーディネートを行う必要があります。こうしたコーディネートと、実際のサービス提供のための一連の流れを、「ケアマネジメント」といいます。

介護保険制度では、主に**介護支援専門員**（ケアマネジャー）がケアマネジメントの実施を担います。以降では、次のようなケアマネジメントのプロセスに沿って、各段階の要点を取り上げていきます。

■ケアマネジメントのプロセス

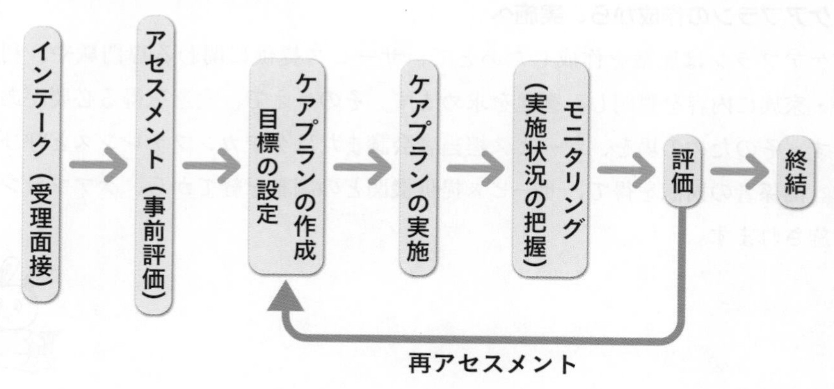

1 インテーク

インテークとは、利用者や家族との、最初の面接（**受理面接**）のことです。利用者や家族の現状を確認し、どのようなサービスを望んでいるのか、聞き取りを行います。利用可能なサービスに関する説明を経て、サービスの利用契約までを行う段階です。

2 アセスメント

アセスメントとは、利用者のニーズや生活課題を把握するための**事前評価**のことです。利用者や家族との面接を通じて、健康状態・生活環境・対人関係などについて、より詳細な調査を行います。

3 目標の設定とケアプランの作成・実施

◆目標の設定から、ケアプランの作成へ

目標は、アセスメントにより明確になったニーズや生活課題、**利用者**や**家族**の要望を踏まえて設定します。そして、目標を達成するための**ケアプラン**（サービスの内容により、**居宅**サービス計画、**介護予防**サービス計画、**施設**サービス計画とも呼ばれる）を作成します。

◆ケアプランの作成から、実施へ

ケアプランは**原案**を作成したあとで、サービス提供に関わる専門職や、利用者・家族に内容を**説明**し、**意見**を求めます。そのうえで、**同意**を得る必要があります。そのための場を、**サービス担当者**会議またはケアカンファレンスと呼びます。関係者の同意を得て、サービス提供機関との調整を経てから、ケアプランは**実施**されます。

ひとこと

居宅サービス計画は**居宅介護支援事業者の介護支援専門員**、介護予防サービス計画は**地域包括支援センターの職員**、施設サービス計画は**施設の介護支援専門員**が、主に作成します。ただし、**利用者や家族がケアプランを作成することも可能**です。

4 モニタリング

モニタリングとは、ケアプランに基づいてサービスが滞りなく実施されているか、利用者のニーズに変化があるかどうか実施状況を把握し、**点検**や**確認**を行うことです。

モニタリングでは、ケアプランの作成者が1か月に1回は利用者や家族のもとを訪れて、上記の内容について面接による聞き取りを行い、その結果を**記録**に残す必要があります。

5 評価と再アセスメント

モニタリングの結果などを踏まえて、ケアマネジメントの流れについて、評価を行います。

新たな**生活課題**が見つかったり、**ニーズ**の変化が見られたりした場合は、ケアプランを見直すための再アセスメントが行われます。

6 終結

終結を迎えてからも、今後のケアマネジメントに生かすために、一連の流れについて**振り返り**を行うことを忘れてはいけません。

例題

利用者や家族は、居宅サービス計画の立案・作成にかかわることができない。 〔第24回-問25〕

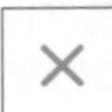

× 計画の立案・作成は、介護支援専門員による場合と、利用者や家族による場合がある。前者の場合でも、利用者や家族は、現状説明や意見を述べるなど、立案・作成に関わる。

重要度B 介護支援専門員の役割

介護支援専門員（ケアマネジャー）は、介護保険制度に関わる市町村や事業者との連絡・調整、ケアプランの作成やサービス担当者会議の進行などを担う専門職です。居宅介護支援事業所や介護保険施設 →詳細はp.113参照 などに配置義務があります。

介護支援専門員は国家資格ではなく、都道府県知事に対して資格の登録を行う、公的資格です。次のような実務経験をもつ人が、都道府県の実施する介護支援専門員実務研修受講試験に合格し、研修を修了することで、登録を受けることができます。

●ここがポイント

介護支援専門員実務研修受講試験の主な受験資格

◆看護師、理学療法士、社会福祉士、介護福祉士などの有資格者として、

5年以上 かつ 900日以上 の実務経験を経た人

◆指定された相談援助業務に、

5年以上 かつ 900日以上 従事した人

介護支援専門員の資格の更新

◆登録を受けてから、**5年ごとに** 更新する必要がある

◆更新時には、介護支援専門員としての能力の維持や向上を図るため、**更新研修** が設けられている

ひとこと

介護福祉士などの専門職のように、介護支援専門員にも、法律に基づく義務があります。
「介護保険法」において、**名義貸しの禁止**、**信用失墜行為の禁止**、**秘密保持義務**などが定められています。

◆主任介護支援専門員

主任介護支援専門員（主任ケアマネジャー）は、介護支援専門員の業務について十分な知識と経験をもつ人（**5**年以上の実務経験を経た人など）が、都道府県の行う研修を修了することで、登録を受けることができます。

地域包括支援センターでは、第１号被保険者3000～6000人ごとに、主任介護支援専門員を１名配置することが義務づけられています。主な役割は、**包括的・継続的ケアマネジメント**支援業務を担い、介護支援専門員への個別指導や助言などを行うことです。

ひとこと

居宅介護支援事業所における人材育成の取組を促進するため、2018（平成30）年度の介護報酬改定により、居宅介護支援事業所の **管理者** は主任介護支援専門員であることが要件とされました。

CHAPTER 3

SECTION 13

障害者福祉における法律や制度の変遷と障害者の定義

このSECTIONのポイント

◆**障害者福祉に関する制度の変遷** … 戦後から現代までの障害者福祉制度の変遷を理解しましょう

◆**障害者基本計画の変遷** … 計画の対象年度と概要をおさえましょう

◆**障害者の定義** … 各法における障害児・者の定義を覚えましょう

重要度B　障害者福祉に関する制度の変遷

日本における障害者福祉制度について、第二次世界大戦後の障害者福祉の成り立ちから現在までの発展の流れを理解しましょう。

1 障害者施策の歴史

◆身体障害者福祉

第二次世界大戦後、戦争での負傷を原因として身体障害のある人が急増しました。その対応として1949（昭和24）年に日本初の障害者福祉の法律である「**身体障害者福祉法**」が制定され、1950（昭和25）年に施行されました。この法律では、国に身体障害者更生援護施設の設置が義務づけられました。それまでは貧困対策の一環として行われてきた障害者施策が、貧困対策から分離されたといえます。

その後、1960（昭和35）年には、「身体障害者雇用促進法」（現「**障害者の雇用の促進等に関する法律**」）が制定され、障害者の雇用施策が法制化されました。

◆知的障害者福祉

1960（昭和35）年に「精神薄弱者福祉法」（現「**知的障害者福祉法**」）が制定されました。当時、知的障害児の対応は「児童福祉法」において行われていましたが、18歳以上になった知的障害児の対応が問題となり、独自の法制化が求められていました。「精神薄弱者福祉法」では、支援の在り方について主に施設入所を中心に規定されていました。これ以降、日本の障害者福祉は入所支援を中心に考えられるようになりました。

◆精神障害者福祉

精神障害者福祉の分野では、1950（昭和25）年に「精神病者監護法」と「精神病院法」を統合した「精神衛生法」（現「**精神保健及び精神障害者福祉に関する法律**」）が制定されました。同法では、精神病者に対する医療と保護を目的に、私宅監置の廃止、都道府県に対して**精神科病院**の設置の義務づけ、精神衛生鑑定医制度の新設などが定められました。

その後、1984（昭和59）年に発覚した宇都宮病院事件※を契機に、1987（昭和62）年、「精神衛生法」を「精神保健法」に改正、精神障害者の人権擁護や、社会復帰の促進に関する制度が整備されることになりました。

※宇都宮病院事件とは？
栃木県宇都宮市にある精神科病院で、病院職員による患者への日常的な暴行が虐待死により発覚した事件。精神障害者の人権問題が意識されるようになった。

◆基本法の制定

1970（昭和45）年に障害者施策の基本的法律として「心身障害者対策基本法」が制定されました。この法律において、「心身障害者の福祉に関する施策は、心身障害者の年齢並びに心身障害の種別及び程度に応じて、かつ、有機的連携の下に総合的に、策定され、及び実施されなければならない」と規定されました。

その後、同法を改正する形で、1993（平成５）年、「**障害者基本法**」が成立しました。「心身障害者対策基本法」では、その対象が**身体**障害者と**知的**障害者のみでしたが、この「障害者基本法」の改正によって、**精神**障害者も障害者であることが初めて位置づけられました。

2 障害者施策の発展

◆福祉関係八法から障害者自立支援法の制定まで

1990（平成２）年に福祉関係八法の改正 →詳細はp.67参照 が行われ、障害者福祉の分野では、在宅福祉サービスの整備が進められることとなりました。また、各種福祉サービスについて、市町村に措置権限を移行する方向性が出されるなど、市町村が中心となって福祉施策が行われるようになりました。

そして、2000（平成12）年には社会福祉基礎構造改革が行われ、障害者施策も見直されてきています。

■障害者施策の変遷（1993〈平成５〉〜2005〈平成17〉年）

年	出来事
1993（平成５）年	「障害者対策に関する新長期計画」（第１次障害者基本計画）策定
1995（平成７）年	●「障害者プラン〜ノーマライゼーション７か年戦略〜」を発表 ●「精神保健法」の改正法として、「精神保健及び精神障害者福祉に関する法律」（精神保健福祉法）が成立 →障害者保健福祉手帳制度や社会復帰の促進及び自立援助と社会経済活動参加のための充実が図られた
1999（平成11）年	**「精神保健福祉法」**が再度改正され、グループホーム、ホームヘルプ、ショートステイの在宅サービス**が制度化**
2002（平成14）年	●2003（平成15）〜2012（平成24）年度の10年間を期間とする「障害者基本計画（第２次）」が策定され、「重点施策実施５か年**計画**」（前期・後期）として、実施されることとなった →**具体的な数値目標**を設定したことが特徴
2003（平成15）年	●「心神喪失等の状態で重大な他害行為を行った者の医療及び観察等に関する法律」（医療観察法）制定 ●支援費**制度**施行 →措置制度から利用制度に転換することを目的としていた。制度の対象は身体**障害者**、知的**障害者・児**

2004（平成16）年	●「**障害者基本法**」の改正で**障害者の差別の禁止**が新たに規定される →「何人も、障害者に対して、障害を理由として、差別することその他の権利利益を侵害する行為をしてはならない」 ●「発達障害者**支援法**」制定
2005（平成17）年	●「障害者自立支援法」（現「**障害者総合支援法**」）制定 →障害種別ごとでのサービスの格差や地域格差、財源問題などに対応するものであった

◆障害者権利条約の採択から現在まで

2006（平成18）年には、国連で「**障害者の権利に関する条約**」（**障害者権利条約**）が採択され、障害者の権利に関する取組が国際的に求められるようになりました。日本では2007（平成19）年にこの条約に署名※をしていますが、国内法がまだこの条約の内容に適していなかったため、この時点では批准※することができませんでした。

2009（平成21）年、内閣に「障がい者制度改革推進本部」が立ち上げられました。その後、まずは障害者施策の基本法である「障害者基本法」を2011（平成23）年に改正、条約の社会モデルの考え方を踏まえて**障害の定義**を見直し、**社会的障壁** →詳細はp.141参照 という概念を法的に明確にし、障害者の**差別**の禁止などを盛り込みました。

2011（平成23）年には、「障害者虐待の防止、障害者の養護者に対する支援等に関する法律」（**障害者虐待防止法**）が制定され、障害者の虐待防止に対して**国と自治体**の責務が定められました。

2012（平成24）年には、「障害者自立支援法」に代わり「障害者の日常生活及び社会生活を総合的に支援するための法律」（**障害者総合支援法**）が制定（翌年施行）され、順次、制度の見直し、新しい障害福祉サービスの創設がなされています。

また、2013（平成25）年には、「障害者基本法」の基本的な理念を具体的に実施するため、「障害を理由とする差別の解消の推進に関する法律」（**障害者差別解消法**）が制定されました。このような国内法の整理を経て、「障害者の権利に関する条約」を2014（平成26）年に批准することになりました。

2016（平成28）年には、「**障害者総合支援法**」の改正があり、その大部分は2018（平成30）年に施行されています。

※署名／批准とは？
署名とは、国家が条約に拘束される意思を表明することをいう。
批准とは、署名を行った後、国会の承認、天皇による認証を通して条約を締結する手続きのこと。

重要度B 障害者基本計画の変遷

「障害者基本法」は、障害者の自立と社会参加を支援するための、**基本原則**を定めた法律です。

同法に基づき、政府（国）は、支援のための施策を総合的・計画的に推進することを目的とした、**障害者基本計画**を策定します。なお、障害者基本計画の策定にあたって、調査審議を行い、意見を述べる機関として、内閣府に**障害者政策委員会**が設置されています。この計画をもとに、都道府県と市町村においても、それぞれ都道府県障害者計画と市町村障害者計画が策定されます。

障害者基本計画は、５年から10年おきに見直されます。

■障害者基本計画の変遷

計画の名称	対象年度	概要
障害者対策に関する新長期計画	1993（平成５）～2002（平成14）年度	1996（平成８）年度からは、重点施策実施計画として、「**障害者プラン～ノーマライゼーション７か年戦略～**」がスタートした
新障害者基本計画	2003（平成15）～2012（平成24）年度	**「重点施策実施５か年計画」（新障害者プラン）**を、前期と後期に分けて策定。 旧計画から**リハビリテーション**と**ノーマライゼーション**の基本理念を引き継ぎ、**共生社会**の実現をめざした

障害者基本計画（第３次）	2013（平成25）～2017（平成29）年度	共生社会の実現に向け、障害者の自己実現を支援し、社会参加を制約する障壁の除去をめざした
障害者基本計画（第４次）	2018（平成30）～2022（令和４）年度	共生社会の実現に向け、障害者が、自らの決定に基づき社会のあらゆる活動に参加し、その能力を最大限発揮して自己実現できるよう支援することを基本理念とした
障害者基本計画（第５次）	2023（令和５）～2027（令和９）年度	障害者施策の基本的な方向として、❶差別の解消、権利擁護の推進及び虐待の防止、❷安全・安心な生活環境の整備、❸情報アクセシビリティの向上及び意思疎通支援の充実、❹防災、防犯等の推進、❺行政等における配慮の充実、❻保健・医療の推進、❼自立した生活の支援・意思決定支援の推進、❽教育の振興、❾雇用・就業、経済的自立の支援、❿文化芸術活動・スポーツ等の振興、⓫国際社会での協力・連携の推進の11分野を掲げた

重要度B 障害者の定義

「障害者基本法」や「障害者の日常生活及び社会生活を総合的に支援するための法律」（障害者総合支援法）に基づき、次に挙げる障害のある人が、障害者として定義されています。

障害の種類

●身体障害　●知的障害　●精神障害　●発達障害　●難病

障害者の具体的な定義については、障害別の法律などに定められています。なお、基本的には、18歳以上の場合は「障害者」で、18歳未満の場合は「障害児」とされています。

■障害者福祉関連法における障害者等の定義

法律名等	呼称等	定義
障害者基本法	障害者	身体障害、知的障害、精神障害（発達障害を含む）その他の心身の機能の障害がある者であって、障害および社会的障壁により継続的に日常生活または社会生活に相当な制限を受ける状態にある者
障害者総合支援法	障害者	→詳細はp.141参照
身体障害者福祉法	身体障害者	別表に掲げる身体上の障害※がある18歳以上の者で、都道府県知事から身体障害者手帳の交付を受けた者
−	知的障害者	法律（知的障害者福祉法）には定義がない。「知的障害児（者）基礎調査」における、知的障害の定義が参照されやすい。「知的機能の障害が、発達期（おおむね18歳まで）にあらわれ、日常生活に支障が生じているため、何らかの特別の援助を必要とする状態にあるもの」
精神保健福祉法	精神障害者	統合失調症、精神作用物質による急性中毒またはその依存症、知的障害その他の精神疾患を有する者
発達障害者支援法	発達障害者	発達障害がある者で、発達障害および社会的障壁により日常生活または社会生活に制限を受ける者（18歳未満は「発達障害児」）
障害者虐待防止法/障害者差別解消法	障害者	障害者基本法と同義

※別表に掲げる身体上の障害とは？

❶視覚障害、❷聴覚または平衡（へいこう）機能の障害、❸音声機能、言語機能または咀嚼（そしゃく）機能の障害、❹肢体（したい）不自由、❺心臓、腎臓（じんぞう）または呼吸器の機能の障害その他政令で定める障害（膀胱（ぼうこう）または直腸の機能の障害、小腸の機能の障害、ヒト免疫（めんえき）不全ウイルスによる免疫の機能の障害、肝臓の機能の障害）のこと。

CHAPTER 3
SECTION 14

障害者総合支援制度

このSECTIONのポイント

- ◆「障害者総合支援法」の概要 … 法制定の背景や目的、内容、法改正の流れなどを理解しましょう
- ◆自立支援給付 … 各サービスの名称と内容を覚えましょう
- ◆地域生活支援事業 … 主な事業の概要を把握しましょう
- ◆サービス利用までの流れ … 障害支援区分の認定からサービス利用までの流れを把握しましょう
- ◆組織・団体の役割 … 国・都道府県・市町村の役割を理解しましょう
- ◆障害児を対象としたサービス … 各サービスの名称と内容、対象となる児童を覚えましょう
- ◆共生型サービス … 共生型サービスについて理解しましょう

重要度B 「障害者総合支援法」の概要

1 支援費制度の導入

◆利用者主体のサービスを提供

2000（平成12）年を境とした、一連の制度改革＝社会福祉基礎構造改革は、行政機関がサービス利用を決定する**措置**制度から、利用者が主体となってサービスを選ぶ**契約**制度への転換を促しました。

◆支援費制度の導入とその課題

この方針に沿って、障害者福祉においても、障害者自身が事業者にサービス利用を申し込む**支援費**（しえんひ）制度が、2003（平成15）年に導入されました。しかし、支援費制度に対しては、実施する自治体や障害種別によってサービスの格差が大きい、財源確保が難しい、といった課題が指摘されるようになりました。

2 「障害者自立支援法」の制定

◆障害種別を問わないサービスの提供がスタート

支援費制度で指摘された課題を解決するために、2005（平成17）年に制定されたのが、「**障害者自立支援法**」です。

「障害者自立支援法」の最大の特徴は、身体障害・知的障害・精神障害という種別を問わず、提供するサービスを**一元**化したことです。

また、利用者負担を**応能**負担から**応益**負担※とすることで、所得にかかわらず定率１割の負担が強いられることになりました。

◆利用者負担をめぐる制度改革

利用者負担の変更は、財源の確保をめざすための施策でもありましたが、定率であることが問題視され、さらなる制度改革が求められるようになりました。

制度改革の前段階として2010（平成22）年の法改正により、利用者負担は**応能**負担へ戻り、**発達**障害もサービスの対象に含むといった見直しが図られました。

※応能負担／応益負担とは？

「応能負担」とは、利用者が**所得**に応じた料金を負担すること。

「応益負担」とは、利用者の**所得**にかかわらず、**サービスの内容**に応じた料金を負担すること。

3 「障害者総合支援法」への改正

2012（平成24）年に「障害者自立支援法」の改正法として成立したのが、「障害者の日常生活及び社会生活を総合的に支援するための法律」（**障害者総合支援法**）です。施行は**2013**（平成**25**）年４月と**2014**（平成**26**）年４月の２段階に分けられ、サービスの対象に**難病患者**等を含むなどの変更がなされました。

「障害者総合支援法」の施行内容

□ 2013（平成25）年に施行

- 基本理念の創設
- 法の定める障害者の範囲に難病患者等を追加
- 地域生活支援事業に新たな事業内容を追加

□ 2014（平成26）年に施行

- 障害程度区分を障害支援区分に変更
- 重度訪問介護や地域移行支援の対象を拡大
- 共同生活介護を、共同生活援助に一元化

◆2016（平成28）年の改正

障害者が自らの望む地域生活を営むことができるように支援のさらなる充実や高齢障害者による介護保険サービスの円滑な利用を促進するため、2016（平成28）年に改正法が成立しています（施行は2018〈平成30〉年４月１日）。

主な改正内容は、就労定着支援、自立生活援助の創設、重度訪問介護の訪問先の拡大などです。

例題

「障害者総合支援法」の居宅介護を利用したときの利用者負担は、<u>利用したサービスの種類や量に応じて負担</u>する。

〔第35回-問14〕

障害者総合支援法に基づくサービスを利用したときは、利用者の負担能力に応じて負担する（応能負担）。

4 「障害者総合支援法」の目的と基本理念

●ここがポイント

「障害者総合支援法」の目的（第１条要約）

❶障害者や障害児が、基本的人権を享有する **個人としての尊厳** にふさわしい日常生活・社会生活を営むことができるように、必要な給付や支援を総合的に行う

❷ **障害の有無** にかかわらず、国民が相互に人格と個性を尊重し、安心してくらすことのできる **地域社会の実現** に寄与する

「障害者総合支援法」の基本理念（第１条の２要約）

❶すべての国民が、障害の有無によって分けへだてられることなく、相互に人格と個性を尊重し合いながら **共生する社会** を実現する

❷すべての障害者と障害児が、可能な限り身近な場所において、必要な日常生活・社会生活を営むための支援を受けられることによって、 **社会参加の機会** が確保され、 **社会的障壁※の除去** に資することを旨（むね）に、支援を **総合的かつ計画的に** 行わなければならない

※社会的障壁とは？

障害者や障害児が日常生活・社会生活を送るうえで、その妨(さまた)げとなるような制度や慣行、観念などのこと。

5 「障害者総合支援法」における障害者の範囲

障害者福祉に関する制度の変遷のなかで、法律における障害者の範囲は拡大されていきました。「障害者総合支援法」では、次のように定められています。

「障害者総合支援法」における障害者の範囲（第４条）

- 「身体障害者福祉法」第４条に規定する身体障害者
  → 別表に掲げる身体上の障害 →p.136を参照 がある**18歳以上の者**で、都道府県知事から**身体障害者手帳**の交付を受けた者のこと
- 「知的障害者福祉法」にいう知的障害者のうち**18歳以上の者**
- 「精神保健及び精神障害者福祉に関する法律」第５条に規定する精神障害者のうち**18歳以上の者**
- 「発達障害者支援法」第２条第２項に規定する発達障害者のうち**18歳以上の者**
- 治療方法が確立していない疾病等で、政令で定めるものによる障害の程度が、厚生労働大臣の定める程度の者で、**18歳以上の者**
  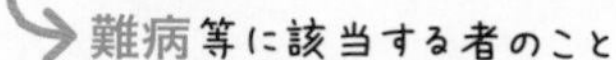
  → **難病**等に該当する者のこと

ひとこと

18歳未満の障害児を対象とした施設・事業系のサービスについては、2012（平成24）年より「**児童福祉法**」へ移行しています（p.154参照）。

6 サービスの体系

「障害者総合支援法」のサービスは、大きく**自立支援給付**と**地域生活支援事業**に

分けられます。実施主体は、自立支援医療の一部を除き、原則として市町村です。

■障害者総合支援法のサービス体系

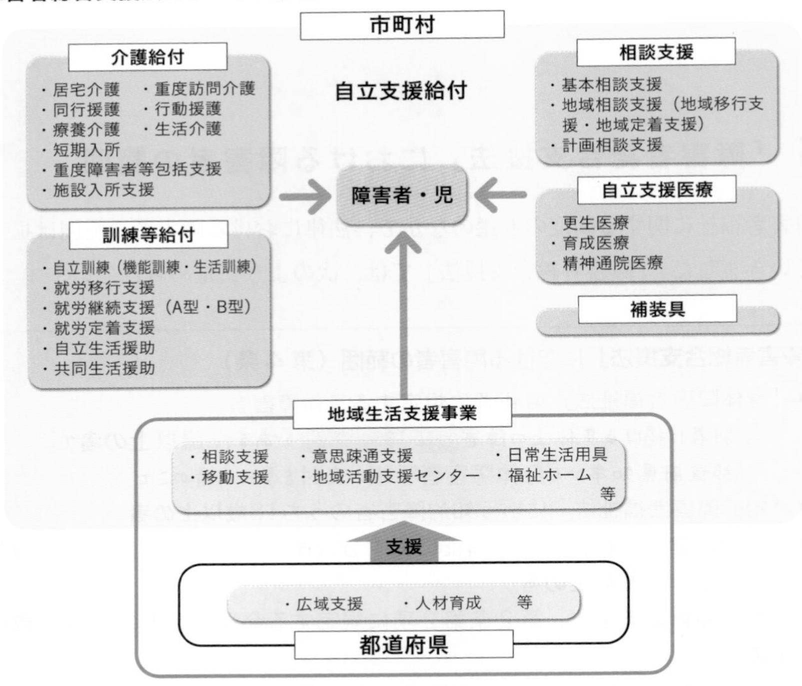

重要度A　自立支援給付

自立支援給付は、個別の障害者を対象としたサービスで、市町村により行われます。介護給付、訓練等給付、自立支援医療、補装具、相談支援などがあります。

1　介護給付

「介護給付」は、介護による支援を必要としている人に提供されるサービスです。次の表に挙げる９種類のサービスが設けられています。

■介護給付におけるサービス

サービス名	サービス内容と主な対象者
居宅介護（ホームヘルプ）	居宅において、入浴・排泄・食事の介護などを行う。障害支援区分 1 以上が対象（身体介護を伴う通院**等介助**は障害支援区分 2 以上などの条件が加わる）
重度訪問介護	常時の介護を必要とする、**重度の**肢体**不自由者**・知的**障害者**・精神**障害者**を対象にして、居宅において、入浴・排泄・食事などの介護や、外出時における移動**支援**などを行う（2018〈平成30〉年 4 月 1 日より、日常的に重度訪問介護を利用している最重度の障害者を対象に、医療機関への入院時も一定の支援が可能）。障害支援区分 4 以上が対象で、二肢以上の麻痺があることなどの条件を満たす人が対象
同行援護	視覚**障害**によって、移動に著しい困難を有する者を対象として、外出時に同行し、移動に必要な情報の提供や移動の援護などを行う。アセスメント票の基準を満たす者が対象（障害支援区分の認定を必要としない）
行動援護	知的**障害**や精神**障害**によって、行動上著しい困難を有し、常時の介護を必要とする者を対象として、行動時の危険**回避**のために必要な援護、外出時における移動**支援**などを行う。障害支援区分 3 以上が対象で、所定の条件を満たす人が対象
重度障害者等包括支援	常時の介護を必要とする障害者で、介護**の必要性が著しく高い者**に、居宅介護などの障害福祉サービスを包括**的**に提供する。障害支援区分 6 で意思疎通に困難があり、所定の条件を満たす人が対象
短期入所（ショートステイ）	居宅で介護を行う者の疾病などにより、障害者支援施設などへ短**期間**入所する障害者を対象として、入浴・排泄・食事の介護などを行う。障害支援区分 1 以上が対象
療養介護	医療を要する障害者で、常時の介護を必要とする者に、主として昼間に、病院などで行われる機能訓練、療養上の管理、看護、医学的管理の下における介護や日常生活上の世話を行う。気管切開を伴う人工呼吸器による呼吸管理を行っているALS患者で障害支援区分が 6 の人や、筋ジストロフィー患者や重症心身障害者で障害支援区分 5 以上の人などが対象

生活介護	常時の介護を必要とする障害者を対象として、主として**昼間**に、障害者支援施設などで行われる入浴・排泄・食事などの介護、**創作的活動**や**生産活動**の機会を提供する。障害支援区分**3**以上が対象（障害者支援施設の入所者は区分**4**以上）。50歳以上は区分**2**以上（同入所者は区分**3**以上）
施設入所支援	施設に入所する障害者を対象として、主として**夜間**に、入浴・排泄・食事などの介護を行う。生活介護を受けている人で障害支援区分**4**以上（50歳以上は区分**3**以上）が対象

例題

同行援護は、危険を回避できない知的障害者が利用する。

〔第36回-問14〕

同行援護は**介護給付**のひとつで、**視覚障害**によって、移動に著しい困難を有する者を対象としたサービスである。

2 訓練等給付

「訓練等給付」は、自立や就労などを目的とした、**訓練**による支援を必要としている人に提供されるサービスです。次の表に挙げる6種類のサービスが設けられています。

■訓練等給付におけるサービス

サービス名	サービス内容
自立訓練	障害者が**自立**した日常生活や社会生活を営むことができるように、身体機能や生活能力の向上のために必要な訓練を行う。**機能訓練**（身体障害者が対象。利用期間は原則**1**年**6**か月）と**生活訓練**（知的障害者と精神障害者が対象。利用期間は原則**2**年）に分類される

就労移行支援	企業などへの就労を希望し、通常の事業所に雇用されることが可能と見込まれる障害者に、生産**活動**などの機会を提供して、就労に必要な知識・能力の向上のための訓練を行う。利用期間は原則 **2 年**
就労継続支援	通常の事業所への雇用が困難な障害者を対象に、就労や生産**活動**などの機会を提供して、知識・能力の向上のための訓練を行う。**A型**（雇用**型**）と**B型**（非雇用**型**）がある
就労定着支援	就労移行支援等の利用を経て**一般就労**へ移行した障害者等を対象に、就業に伴う生活面の課題に対応できるよう、事業所・家族との**連絡調整等**の支援を行う。利用期間は最大 3 年
自立生活援助	施設入所支援や共同生活援助を利用していた者等を対象に、定期的な巡回**訪問**や随時の対応により、円滑な地域生活に向けた**相談・助言**等を行う。利用期間は原則 1 年
共同生活援助（グループホーム）	主として夜間に、共同生活を営む住居で、相談や入浴・排泄・食事の介護、一人暮らし等を希望する人への支援や退居後の相談等を行う

（注）2022（令和４）年12月に成立した改正法の公布から３年以内の政令で定める日より、新しい訓練等給付として「就労選択支援」が追加される。

ひとこと

訓練等給付のみの利用については障害支援区分認定（p.149参照）の必要はありません。また、自立訓練、就労移行支援、就労継続支援A型には、障害者本人の希望を尊重し、より適切なサービス利用を図る観点から、暫定支給決定の仕組みがあります。

3 自立支援医療

「自立支援医療」は、障害者が自立した日常生活や社会生活を営めるように、医療費の自己負担額を軽減するサービスです。

更生医療、育成医療、精神通院医療の３種類について、認定を受けた人に、自立支援医療費が支給されます。

自立支援医療は、種類別に、市町村と都道府県（指定都市を含む）のいずれかが支給の認定を行うことが決められています。

自立支援医療　種類別の実施主体

- **更生医療**（18歳以上の身体障害者が対象）
  → 実施主体：市町村
- **育成医療**（18歳未満の身体障害児が対象）
  → 実施主体：市町村
- **精神通院医療**（統合失調症などの疾患を有する人が対象）
  → 実施主体：都道府県

4 補装具

「補装具」は、障害者の身体機能を補うものとして、長期間にわたって継続して使用するものとされています。購入や修理のための費用が、補装具費として支給されます。

→補装具の種類についてはp.597参照

5 相談支援

「相談支援」には、基本相談支援、地域相談支援（地域移行支援と地域定着支援に分類）、計画相談支援（サービス利用支援と継続サービス利用支援に分類）があります。相談支援は、都道府県や市町村の指定を受けた相談支援事業者によって実施され、事業者によって業務の範囲が異なります。

■相談支援事業者の指定と役割

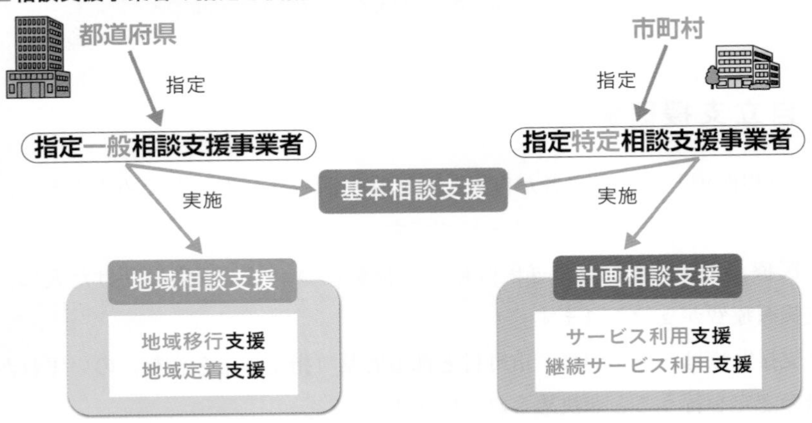

◆ **「基本相談支援」**

障害者や保護者などの相談に応じ、情報提供・助言や、市町村や事業者との連絡調整を行います。具体的な支援の出発点となるものです。

◆ **「地域相談支援」**

地域への移行と、地域への定着を促すための支援が行われます。

「地域相談支援」の２つの支援

□ **地域移行支援**
障害者支援施設や精神科病院などを退所・退院する人が、スムーズに地域での生活に移行できるように、情報提供、支援計画の作成、住居の確保などを行う。

□ **地域定着支援**
居宅に単身で生活している障害者と、常時の連絡体制を確保し、障害の特性によって起こる緊急事態に対して、必要な支援などを行う。

◆ **「計画相談支援」**

サービスの利用に向けた調整と、サービスの利用が始まってからの調整という２つの支援が行われます。

「計画相談支援」の２つの支援

□ **サービス利用支援**
利用者の状態や環境などを踏まえてサービス等利用計画案を作成し、サービスの支給が決定してから、事業者との連絡調整や利用計画の作成を行う。

□ **継続サービス利用支援**
支給されたサービスの利用状況を検証し、利用者の状態や環境などを踏まえて、サービス等利用計画の見直し、事業者との連絡調整などを行う。

重要度B 地域生活支援事業

「地域生活支援事業」は、市町村と都道府県が、地域の実情に応じ、事業形態を柔軟に設定して実施することができる事業です。

事業の中心的な担い手は、市町村です。都道府県は、市町村の行う事業に対して、専門性の高い相談支援や意思疎通支援、広域的な支援などを行います。

■市町村が実施する、主な地域生活支援事業

事業の名称	概要
相談支援	●障害者や保護者などの相談に応じ、情報提供や、虐待防止、権利擁護のための支援を行う ●相談支援専門員や事業者などによる協議会を設置し、地域のネットワーク構築、支援体制に関する課題についての情報共有などを図る（設置は努力義務） ●地域の中核的機関として、基幹相談支援センターを設置し、相談体制の強化を図る（設置は努力義務）
意思疎通支援	聴覚・言語・音声・視覚機能の障害のため、意思疎通を図ることが難しい人に手話通訳者や要約筆記者などを派遣する
日常生活用具の給付・貸与	重度の障害がある人に、自立生活支援用具などの日常生活用具を給付・貸与する →詳細はp.597参照
移動支援	屋外での移動が困難な障害者を対象として、外出のための支援を行う
地域活動支援センター機能強化事業	障害者に創作的活動や生産活動の機会を提供して、社会との交流や自立への支援を行う

サービス利用までの流れ

ここでは代表的な例として、介護給付の支給に至るまでの流れを取り上げます。

1 障害支援区分とは

「障害者総合支援法」による介護給付を利用するには、介護保険制度の要介護認定・要支援認定のように、障害支援区分の認定を受ける必要があります。

障害支援区分

障害の多様な特性や、心身の状態に応じて必要とされる、標準的な支援の度合を総合的に示す区分。**区分 1〜6**があり、**数字が大きくなるほど支援の度合いが高まる。**

2 障害支援区分の認定とサービス利用までの流れ

●ここがポイント

障害支援区分の認定までの流れ

申請
障害者やその家族などが、市町村にサービス利用のための **申請** を行う

アセスメント
市町村の調査員や相談支援事業者などが、「移動や動作等」「身の回りの世話や日常生活等」「意思疎通等」などの **80項目**について調査する

一次判定
アセスメントの内容を **コンピュータ** に入力し、判定する

二次判定
市町村の設置する **市町村審査会** が、一次判定の結果、医師の意見書などに基づき、判定する。障害者本人や家族の意見を聞くこともできる

認定と通知
二次判定の結果を受け、市町村が、**障害支援区分1〜6**、**非該当** のうち、いずれかの認定を行い、結果を **通知** する

障害支援区分が認定されたあとは、実際のサービス利用に向けたプロセスが始まります。

●ここがポイント

サービス利用までの流れ

サービス等利用計画案**の作成**	利用者は、**指定特定相談支援事業者**に計画案の作成を依頼し、市町村に提出する

支給**決定**	提出された計画案などを踏まえ、**市町村**によってサービス支給の決定がなされる

サービス担当者会議**の開催**	支給決定を受けて、**指定特定相談支援事業者**が担当者会議を開催する

サービス等利用計画**の作成**	サービス事業者との調整を経て、実際に利用する計画を作成して、サービス利用を開始する

ひとこと

訓練等給付の場合は、障害支援区分の認定が行われないため、アセスメントのあとから、サービス等利用計画案の作成が始まることになります。

「障害者総合支援法」の介護給付を利用するときに、利用者が最初に市町村に行う手続きは、サービス等利用計画の作成である。〔第35回－問13〕

× 介護給付を利用するときに、利用者が最初に市町村に行う手続きは、支給申請である。

組織・団体の役割

「障害者総合支援法」に基づくサービスを実施していくために、国・都道府県・市町村などにどのような役割が求められているのか、取り上げていきます。

1 国の役割

国に求められているのは、サービスや事業の実施に向けた**基本指針**を示すことです（厚生労働大臣告示）。

「障害者総合支援法」における、国の主な役割
- サービス提供体制の整備と、自立支援給付等を円滑に実施するための**基本指針の策定**（都道府県障害福祉計画、市町村障害福祉計画の指針となる）
- 都道府県や市町村に対する、必要な助言や情報の提供

2 都道府県の役割

都道府県に求められているのは、さまざまな点から市町村をバックアップすることです。

「障害者総合支援法」における、都道府県の主な役割

- **都道府県障害福祉計画の策定**（障害福祉サービスの提供体制の確保に関する目標、必要とされるサービス量の見込みなどを定めた計画。３年を１期として策定）
- 市町村に対する必要な助言や情報の提供。市町村との連携による、自立支援医療費の支給と、地域生活支援事業の総合的な実施
- **障害福祉サービス事業者などの指定**

ひとこと

都道府県によって指定された**指定障害福祉サービス事業者**は、６年**ごと**に指定の更新が必要です。その責務として、提供する**サービスの質の評価**を行い、**サービスの質の向上に努める**ものとされています。

3 市町村の役割

市町村は、サービスの給付など制度の運営そのものを担います。

「障害者総合支援法」における、市町村の主な役割

- **市町村障害福祉計画の策定**（障害福祉サービスの提供体制の確保に関する目標、必要とされるサービス量の見込みなどを定めた計画。３年を１期として策定）
- 自立支援給付と地域生活支援事業の、総合的かつ計画的な実施
- 障害者への情報提供、相談、調査、指導の実施
- **障害支援区分の認定に関わる事務**

4 指定障害福祉サービス事業者等の役割

指定障害福祉サービス事業者や指定障害者支援施設設置者の役割として、利用している障害者等が自立した生活が送れるよう、意思決定に対する支援など、障

害者の立場に立った支援が求められます。

なお、これら事業者の主な役割は次ページのとおりです。

ひとこと

事業者はそれぞれの役割を**市町村**や**公共職業安定所**などの各種機関と連携して行うことが求められています。

指定障害福祉サービス事業者や指定障害者支援施設設置者の役割

- 提供拒否の禁止
- 運営規程を定める
- **個別支援計画**の作成
- 利用者の相談に応じる
- **苦情解決**に努める
- 障害福祉サービス等情報の報告
- 身体拘束の禁止
- 知り得た秘密の保持
- 就労に向けた支援
- 業務管理体制の整備
- 障害者**虐待**の防止

5 国民健康保険団体連合会の役割

国民健康保険団体連合会 →p.92も参照 は、障害者福祉においては、市町村等からの委託があった場合、介護給付費、訓練等給付費などについての**支払い**業務を行います。従来は委託できるのはあくまでも点検・支払い業務のみでしたが、2018（平成30）年度より請求内容の**審査**についても委託できるようになっています。

市町村が委託できる給付費一覧

- 介護給付費
- 特定障害者特別給付費
- 計画相談支援給付費
- 障害児相談支援給付費
- 訓練等給付費
- 地域相談支援給付費
- 障害児通所給付費

障害児を対象としたサービス

18歳未満の障害児を対象とした施設・事業系のサービスは「児童福祉法」に基づき実施され、障害児通所支援と障害児入所支援に大きく分けられます。

■「児童福祉法」に基づく障害児通所支援と障害児入所支援

分類	サービス名	サービス内容
障害児通所支援	児童発達支援	障害児に、児童発達支援センターなどで、**日常生活における基本的な動作の指導**、知識・技能の付与、集団生活への適応訓練を行う
	放課後等デイサービス	幼稚園**と**大学**を除く学校**に就学する障害児に、放課後や休日、児童発達支援センターなどで、生活能力向上のための訓練や、社会との交流への支援を行う
	居宅訪問型児童発達支援	障害児通所支援を利用するために外出することが著しく困難な重度障害児に対して、居宅を訪問して、児童発達支援を行う
	保育所等訪問支援	保育所、幼稚園、小学校に通う障害児、乳児院、児童養護施設に入所している障害児に、その施設で、障害児以外の児童との集団生活**に適応するための専門的な支援**を行う
障害児入所支援	福祉型障害児入所施設	障害児入所施設や指定発達支援医療機関に入所・入院する障害児に、**保護**、日常生活**の指導**、知識・技能**の付与**を行う
	医療型障害児入所施設	上記の障害児のうち、知的**障害**や肢体不自由のある児童、重度の知的**障害**と肢体不自由が重複している児童に対して、保護、日常生活の指導、知識・技能の付与、治療を行う

ひとこと

肢体不自由児を対象とした医療型児童発達支援については、2024（令和６）年度より、全ての障害児を対象とする児童発達支援に一元化されました。

重要度C 共生型サービス

2017（平成29）年の介護保険法の改正により、介護保険制度、障害福祉制度（障害者総合支援法、児童福祉法）に共生型サービスが創設されました（2018〈平成30〉年 4 月よりサービス開始）。これは、障害福祉サービス事業所等であれば介護保険事業所の指定も受けやすくする特例で、逆の場合も同じです。障害福祉制度における指定を受けた事業所であれば基本的に介護保険制度での指定が受けられるよう、通常よりも緩和された「共生型サービスの基準」が設けられ、その基準に照らして指定が行われます。

■共生型サービスの対象となるサービス

介護保険サービス	障害福祉サービス
訪問介護	居宅介護 重度訪問介護
通所介護 地域密着型通所介護	生活介護* 自立訓練（機能訓練・生活訓練） 児童発達支援* 放課後等デイサービス*
短期入所生活介護 介護予防短期入所生活介護	短期入所

*主として重症心身障害者等を通わせる事業所を除く

ひとこと

共生型サービスが創設されたことにより、障害者が65歳以上になっても、同じ事業所で介護保険のサービスが利用しやすくなりました。

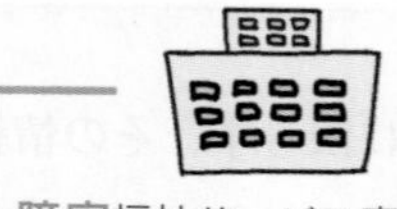

障害福祉サービス事業所等 ⟷ 介護保険事業所

CHAPTER 3

SECTION 15

個人の権利を守る制度

このSECTIONのポイント

◆**個人情報の保護に関する制度** … 個人情報の定義と取り扱いについて理解しましょう

◆**成年後見制度** … 法定後見制度と任意後見制度、成年後見制度利用支援事業の概要を覚えましょう

◆**クーリング・オフ制度** … 消費者の利益を保護するための制度です

◆**虐待防止に関する制度** … 高齢者虐待防止法と障害者虐待防止法の概要をおさえましょう

◆**DV 防止法** … DV 防止法の概要についておさえておきましょう

重要度 B

個人情報の保護に関する制度

個人情報の保護については、2003（平成15）年に制定された「個人情報の保護に関する法律」（**個人情報保護法**）が個人情報の適正な取り扱いについて定めています。同法の定義する「個人情報」とは、次のようなものです。

「個人情報保護法」における「個人情報」の定義（概要）

生存する個人に関する情報で、その情報に含まれる氏名、生年月日などの記述により、**特定の個人を識別できるもの**、または個人識別符号が含まれるもの。

この定義に基づいて、**文書・映像・音声**などの形式に限らず、その情報が誰のものであるのか識別できるものは、個人情報として保護の対象になります。

また、個人情報を管理する個人情報取扱事業者※には、**本人**の同意を得ずに、利用目的の達成に必要な範囲を超えて個人情報を取り扱うことが、原則として禁じられています。

この原則の例外となるのは、虐待(ぎゃくたい)の疑いがあるときなど、人の生命や身体、財産の保護のために必要な場合などに限られます。

※個人情報取扱事業者とは？
個人情報データベース（個人に関する情報などが集まったもので、検索可能なもの）等を事業の用に供している者（ただし、国や地方公共団体などは除く）。

「**個人識別符号**」とは、

- 特定の個人の身体的特徴を、コンピュータによる処理のために変換した符号（例：顔、声紋、**指紋**、歩行の際の姿勢など）
- サービスの利用や商品を購入するとき、または個人に発行されるカードなどの書類に記載される、対象者ごとに異なる符号（例：**マイナンバー**、**基礎年金**番号、旅券番号、運転免許証番号など）

をいいます。また、本人の人種、信条、社会的身分、病歴、犯罪の経歴などによる不当な差別や偏見が生じないように、特に配慮すべき個人情報が、**要配慮個人情報**としています。ここには、**身体**障害、**知的**障害、**精神**障害、**発達**障害などの心身の機能の障害が含まれます。

そのほか、ほかの情報と照合しない限り特定の個人を識別することができないように個人情報を加工したものを**仮名加工情報**、特定の個人を識別できないように個人情報を加工し、当該個人情報を復元できないようにしたものを**匿名(とくめい)加工情報**としています。

Q マイナンバーなどの個人識別符号は、個人情報ではない。
〔第35回−問15〕

A × マイナンバーなどに記載される、対象者ごとに異なる符号は、**個人識別符号**として個人情報に含まれる。

成年後見制度

「成年後見制度」は、認知症高齢者、知的障害者、精神障害者などで、判断能力が不十分な人の権利を保護するための制度です。法定後見制度と任意後見制度の2つに分類されます。

1 法定後見制度

法定後見制度では、選任された保護者が、対象者に代わって財産管理（不動産や家賃の管理を含む）や身上監護（施設の入所といった福祉サービスの契約などを行うこと）に携わります。

法定後見制度には、後見、保佐、補助の3類型があります。

■法定後見制度の3類型

類型	対象者と審判への同意	保護する人と監督する人	成年後見人等の代理権の範囲
後見	判断能力が欠けているのが通常の状態の人。 本人の同意は不要	成年後見人 成年後見監督人	財産管理に関する法律行為の全般的な代理権
保佐	判断能力が著しく不十分な人。 本人の同意は不要	保佐人 保佐監督人	特定の法律行為についての代理権（申立てによる）
補助	判断能力が不十分な人。 本人の同意が必要	補助人 補助監督人	同上

例題

成年後見制度は、「後見」と「保佐」の2類型で構成される。
〔第25回−問15〕

成年後見制度には、法定後見制度と任意後見制度があり、このうち前者は、「後見」「保佐」「補助」の3類型で構成されている。

◆手続きの流れ

制度を利用するためには、家庭裁判所に対して、後見開始の申立てを行い、審判を受ける必要があります。申立てができるのは、次のような人たちです。

法定後見制度における、後見開始の主な申立て人

●対象者本人　●配偶者　●4親等内の親族　●未成年後見人
●市町村長　●検察官

申立てを受けて、裁判所は本人の判断能力を判定、後見人等を選任します。専門家などが必要な場合、複数選任も可能です。後見人等の監督は家庭裁判所が行いますが、必要に応じて、監督人等を選任します。

ひとこと

市町村長が法定後見審判の申立てをすることができるのは、65歳以上の者の福祉を図るため、特に必要と認めるときです。

◆後見人等

後見人等には、親族後見人と親族以外の第三者後見人があり、近年は第三者後見人として、司法書士、弁護士、社会福祉士などの専門職が選任されることが増えています。また、社会福祉協議会・福祉関係の法人・社会福祉法人のほか、成年後見人等の事務を行うことを目的として設立されるNPO法人等も後見人に選任されることができます。最高裁判所事務総局家庭局「成年後見関係事件の概況(一令和５年１月～12月一)」によれば、親族が成年後見人等に選任された割合は、全体の約18.1％（前年は約19.1％)、親族以外の第三者が成年後見人等に選任されたものは、全体の約81.9％（前年は約80.9％）であり、親族が成年後見人等に選任されたものを上回っています。

■成年後見人等と本人との関係別件数

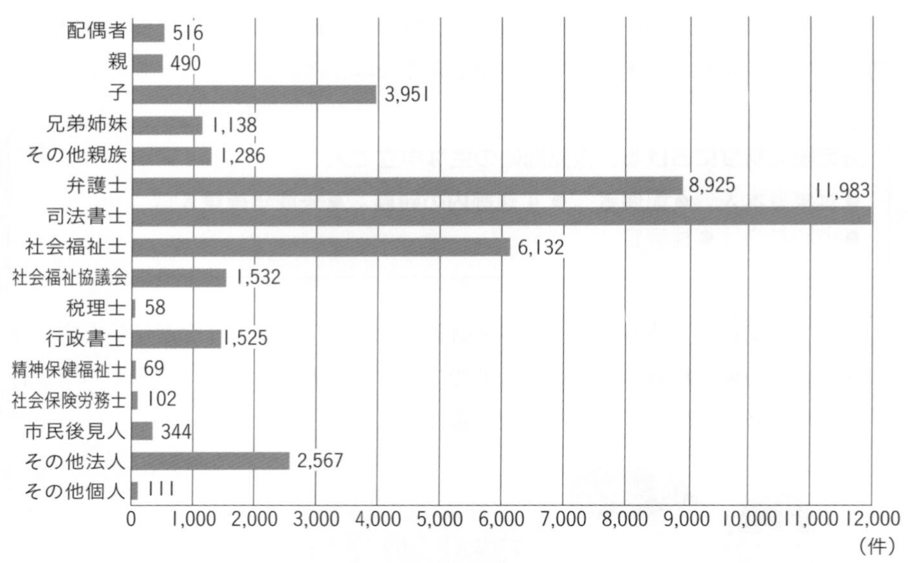

出典：最高裁判所事務総局家庭局「成年後見関係事件の概況―令和５年１月～12月―」より作成

今後さらに成年後見制度の利用者の増加が見込まれることから、専門職以外の**市民後見人**の養成と供給の必要性が挙げられています。このため、市町村は、後見、保佐、補助の業務を適正に行うことができる人材の育成・活用を図るため、**研修**の実施、業務を適正に行うことができる者の家庭裁判所への**推薦**その他の必要な措置を講ずるよう努めなければならないとされています。

ひとこと

「成年後見関係事件の概況－令和５年１月～12月－」によれば、後見、保佐、補助のうち、最も申立て件数が多いのは **後見** となっています。

例題

「成年後見関係事件の概況－令和５年１月～12月－」（最高裁判所事務総局家庭局）における、成年後見人等として活動している人が最も多い職種は、行政書士である。

〔第34回-問14・改〕

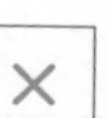

成年後見人等として活動している人が最も多い職種は、司法書士である。

2 任意後見制度

任意後見制度は、対象者本人が、判断能力の低下する前に任意後見人を選び、契約を結ぶ制度です。委任契約により、当事者間で合意した特定の法律行為についての代理権に基づき、支援が行われます。契約は公正証書で行います。

家庭裁判所に任意後見監督人の選任を申し立て、監督人が選任されることで、任意後見が開始されます。監督人選任の申立てができるのは、本人、配偶者、４親等内の親族、任意後見受任者となります。

裁判所は任意後見監督人から定期的な報告を受け、任意後見人に不正があった場合は、監督人の請求を受けて任意後見人を解任することができます。本人が死亡、または任意後見人が死亡・破産をした場合、任意後見契約は終了します。

例題

任意後見制度では、候補者の中から家庭裁判所が成年後見人を選任する。

〔第32回-問15〕

任意後見制度では、対象者本人が、判断能力の低下する前に任意後見人を選任し、契約を結ぶ。

3 成年後見制度利用支援事業

成年後見制度の利用にあたっては、申立て費用、後見人等の報酬などの費用がかかりますが、これは**本人**の負担となります。その費用負担が困難な人に対して、費用を助成する**成年後見制度利用支援事業**があります。介護保険の**地域支援**事業、障害者総合支援法の**地域生活支援**事業のひとつとして、実施されています。

地域生活支援事業では**必須**事業となりますが、介護保険の地域支援事業では**任意**事業とされています。実施市町村は増加傾向で、おおむね 8 割程度の市町村が実施していますが、対象者や助成の範囲は市町村によってさまざまです。

なお、成年後見制度をより広く社会に知らしめるために、2016（平成28）年４月に「成年後見制度の利用の促進に関する法律」（**成年後見制度利用促進法**）が制定され、同年５月に施行されました。同法では、制度の基本理念、国や地方公共団体の責務、利用促進に関する施策へ協力する**国民**の努力義務などが定められています。

重要度B クーリング・オフ制度

「クーリング・オフ制度」は、契約書の受領後、一定の期間内であれば、その**契約**を取り消すことができるという制度です。クーリング・オフの適用が可能かどうかは、**消費生活センター**に相談します。なお、クーリング・オフの適用が妥当と考えられるような状況でも、利用者が多額の買い物などをするようになった背景は、**直接確認**する姿勢が大切です。

■クーリング・オフ制度の対象となる取引類型

取引類型	取引内容	クーリング・オフ期間※	備考
訪問販売	事業者が自宅などを訪問して販売を行う契約	8日間	キャッチセールス等により店舗で取引を行う場合も含む

通信販売	メディアで広告し電話などで契約	規定なし	店舗購入と同様、自主的・積極的な取引とみなされる
電話勧誘販売	電話で勧誘し契約	**8日間**	電話勧誘後に郵便等で申し込む場合も含む
連鎖販売取引	販売組織を連鎖的に拡大する取引の契約	**20日間**	**マルチ商法**、ネットワーク商法等
特定継続的役務提供	長期・継続的で高額な取引を行う契約	**8日間**	エステティックサロン、美容医療契約、語学教室など指定の7業種が対象
業務提供誘引販売取引	仕事の提供と引換えに商品購入を契約	**20日間**	―
訪問購入	事業者が自宅などを訪問して購入を行う契約	**8日間**	―

※クーリング・オフ期間とは？

法定の契約書面が交付された日（＝１日目）からクーリング・オフの意思を発信するまでの期間のこと。契約書面が未交付の場合には、指定消耗品（健康食品、化粧品等）であれば開封・使用済みでもクーリング・オフが可能。

ひとこと

店舗での購入、**通信販売による購入**は、原則として制度の対象となっていません。一方で、リフォーム工事の契約では、売買の手段が訪問販売などであれば、**工事完了後でも制度の対象**になります。

虐待防止に関する制度

ここでは、「高齢者虐待の防止、高齢者の養護者に対する支援等に関する法律」（**高齢者虐待防止法**）と、「障害者虐待の防止、障害者の養護者に対する支援等に関する法律」（**障害者虐待防止法**）について、その概要を取り上げます。

→虐待の傾向についてはp.455参照

1 「高齢者虐待防止法」

◆高齢者虐待防止法の概要

「高齢者虐待防止法」は、65歳以上の高齢者に対する、養護者と養介護施設従事者等による虐待を、高齢者虐待と定義しています。養護者とは、高齢者を現に養護する者であって養介護施設従事者等以外のもの、養介護施設従事者等とは、老人福祉法と介護保険法に規定する養介護施設または養介護事業の業務に従事する職員です。

虐待の種類は、身体的虐待、ネグレクト、心理的虐待、性的虐待、経済的虐待という5つの行為に分類されます。 →詳細はp.454参照

◆高齢者虐待発見時の対応

「高齢者虐待防止法」では、虐待を受けた高齢者を保護するための措置について定めています。代表的なものが、通報義務です。

家庭における虐待への対応の流れは次のようになります。通報に代えて本人が市町村へ届け出ることも可能です。

■高齢者虐待発見時の対応

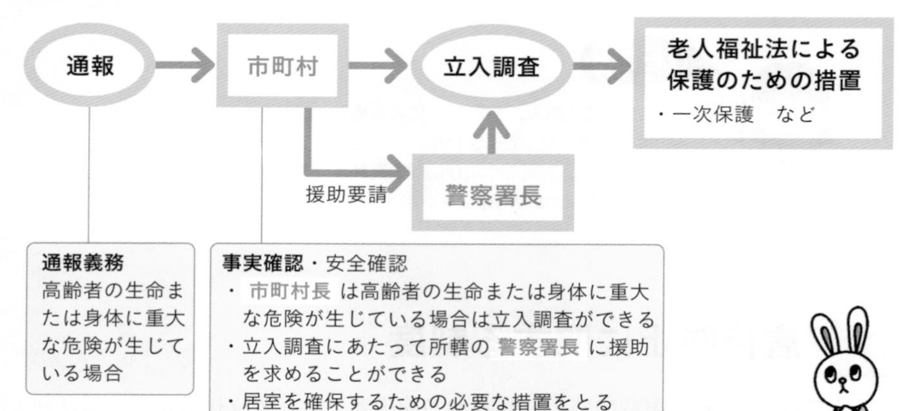

施設などでの虐待への対応は、

❶施設内で虐待を受けた高齢者を発見した場合の施設等職員の通報義務（生

命または身体に重大な危険が生じている場合に限らない）

❷通報を受けた市町村は都道府県に報告

❸通報・報告を受けた市町村長または都道府県知事は、老人福祉法または介護保険法による監督権限を行使する

となります。

高齢者虐待防止法において、養介護施設、病院、保健所その他高齢者の福祉に業務上関係のある団体および養介護施設従事者等、医師、保健師、弁護士その他高齢者の福祉に職務上関係のある者は、高齢者虐待を発見しやすい立場にあることを自覚し、高齢者虐待の早期発見に努めなければならないことが規定されており、介護福祉士にもその役割が期待されています。

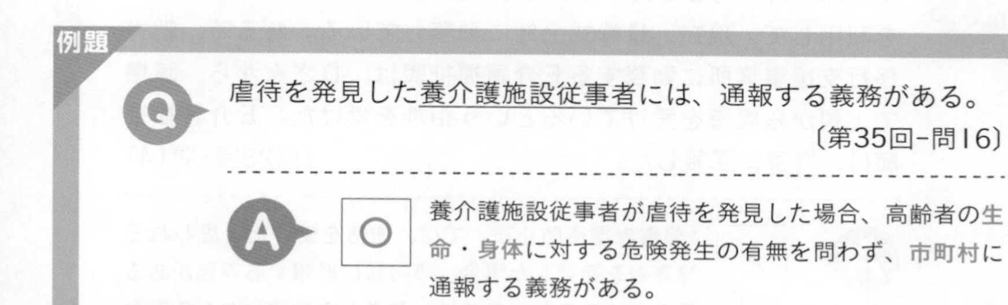

例題

Q 虐待を発見した養介護施設従事者には、通報する義務がある。
〔第35回－問16〕

A ○ 養介護施設従事者が虐待を発見した場合、高齢者の生命・身体に対する危険発生の有無を問わず、市町村に通報する義務がある。

2 「障害者虐待防止法」

「障害者虐待防止法」では、障害者に対する、養護者、障害者福祉施設従事者等、使用者（事業主など）による虐待を、障害者虐待と定義しています。虐待の種類は、「高齢者虐待防止法」と同じく、身体的虐待、ネグレクト、心理的虐待、性的虐待、経済的虐待の５つです。

ひとこと

同様に虐待防止を規定した「児童虐待防止法」に規定する「児童虐待」には 経済的虐待 はありません。

「障害者虐待防止法」にも**通報義務**が定められていて、虐待を受けたと思われる障害者を発見した人は、速やかに**市町村**に通報しなければいけません（使用者による虐待を発見した場合は、**市町村**または**都道府県**に通報する義務がある。通報・届出を受けた市町村は都道府県に通知し、それを受けた都道府県は、都道府県**労働局**に報告する義務がある）。

また、学校長や保育所長、医療機関の管理者には、理解を深めるための研修の実施、相談体制の整備など、虐待を防止するために必要な措置をとることが課せられています。

例題

Q 知的障害のあるDさん（40歳、男性）は、就労移行支援事業所を利用して、現在、U株式会社に勤務している。ある時、就労移行支援事業所に勤務するE介護福祉職は、Dさんから、職場で上司から虐待を受けているという相談を受けた。E介護福祉職は、警察に通報した。〔第28回-問14〕

A × 「障害者虐待防止法」では、虐待を受けたと思われる障害者を発見した場合、**市町村**に通報する義務がある。そのためこのケースでは、Dさんの勤務先がある**市町村**に通報するのが適切である。

重要度 B
DV防止法

1 DV防止法の概要

「配偶者からの暴力の防止及び被害者の保護等に関する法律」（DV防止法）は、配偶者からの暴力に係る**通報**、**相談**、**保護**、**自立支援**などの体制を整備することにより、配偶者からの暴力の防止及び被害者の保護を図ることを目的に、2001（平成13）年に制定されました（制定時の名称は「配偶者からの暴力の防止及び被害者の保護に関する法律」）。

「DV防止法」では、被害者の保護のため、保護命令の発令や配偶者暴力相談支援センターの設置などを規定しています。

●ここがポイント

保護命令の発令

◆配偶者からの**身体に対する** 暴力 または**生命等に対する** 脅迫 を受けた被害者が、配偶者からの更なる身体に対する暴力により、その生命または身体に重大な危害を受けるおそれが大きい場合に、裁判所 は 被害者 からの申立てにより、加害者に対し、保護命令 を発令することができる

❶被害者への接近禁止命令（1年間）

❷被害者と同居する子への接近禁止命令（1年間）

❸被害者の親族等への接近禁止命令（1年間）

❹電話等禁止命令（1年間）
→面会要求、無言電話、メール、名誉を害することを告げるなどの行為の禁止

❺被害者と共に生活の本拠としている住居からの退去命令（原則2か月）

ひとこと

保護命令に違反すると、2年以下の懲役または200万円以下の罰金に処せられます。

なお、「DV防止法」で使用される用語について、それぞれの意味をより明らかにするための定義づけがされています。

■DV防止法における用語の定義

	定義
配偶者からの暴力	配偶者からの身体**に対する暴力**またはこれに準ずる心身**に有害な影響を及ぼす言動**
被害者	配偶者からの暴力を受けた者
配偶者	婚姻の届出をしていないが事実上婚姻関係と同様の事情にある者や元配偶者を含む
離婚	事実上婚姻関係にあった者が、事実上離婚したと同様の事情に入る場合を含む

2 配偶者暴力相談支援センター

配偶者暴力相談支援センターは、「DV防止法」に基づき、配偶者からの暴力防止や被害者の保護のために次の業務を行います。

配偶者暴力相談支援センターの業務

- ◆相談・相談機関の紹介
- ◆カウンセリング
- ◆被害者および同伴者の緊急時における安全の確保および一時保護
- ◆被害者の自立生活促進のための情報提供その他の援助
- ◆被害者を居住させ保護する施設の利用についての情報提供その他の援助
- ◆保護命令制度の利用についての情報提供その他の援助

（注）各センターにおいて実施される事業は異なる

都道府県に設置義務、**市町村**に設置の努力義務があり、都道府県では、女性相談支援センターなどが配偶者暴力相談支援センターの機能を果たしています。

CHAPTER 3
SECTION 16
地域生活を支援する制度

このSECTIONのポイント

- ◆バリアフリー法 … 法制定の変遷、概要などをおさえましょう
- ◆日常生活自立支援事業 … 成年後見制度との違いを把握しましょう
- ◆高齢者住まい法 … 法の概要、サービス付き高齢者向け住宅の登録制度などについて理解しましょう
- ◆福祉避難所 … 避難行動要支援者について覚えましょう

重要度 C
バリアフリー法

1 バリアフリー法の制定

「高齢者、障害者等の移動等の円滑化の促進に関する法律」(バリアフリー法)は、1994(平成6)年に制定された「高齢者、身体障害者等が円滑に利用できる特定建築物の建築の促進に関する法律」(ハートビル法)と、2000(平成12)年に制定された「高齢者、身体障害者等の公共交通機関を利用した移動の円滑化の促進に関する法律」(交通バリアフリー法)を統合・拡充させて、2006(平成18)年に制定されました。

●ここがポイント

バリアフリー法制定の流れ

ハートビル法		交通バリアフリー法
建築物のバリアフリー化を促進するための法律	＋	公共交通機関の旅客施設や車両、道路などのバリアフリー化を促進するための法律

バリアフリー法

建築物、旅客施設、車両、道路、**路外駐車場**、**都市公園**のバリアフリー化を促進するための法律

◆**特定建築物**（生活関連施設のうち、多くの人が利用する建築物）
→ 移動等円滑化基準（バリアフリー基準）に適合させる**努力義務**

◆**特別特定建築物**（病院、百貨店、官公署などの不特定多数の者または主として高齢者や障害者などが利用する建築物）
→ 移動等円滑化基準（バリアフリー基準）に適合させる**義務**

ひとこと

バリアフリー法の制定で、高齢者や障害者などの輸送を目的とした、車いすや寝台のまま乗降できる用具を備えた車両（福祉タクシー）が、新たに同法における「車両等」に位置づけられました。

2 バリアフリー法の概要

「バリアフリー法」は、高齢者、障害者などの移動上および施設の利用上の**利便**性および**安全**性の向上の促進を図り、**公共の福祉**の増進に資することを目的としています。この法律の対象者は高齢者と身体障害のある人のみならず、知的障害、精神障害、発達障害などの障害のある人全てです。また、2018（平成30）年 5 月に改正法が成立したことにより基本理念が明記され、国が高齢者、障害者等の関係者で構成する会議を設置し、定期的に移動等円滑化の進展の状況を把握し、評価する努力義務などが盛り込まれました。

さらに、2020（令和 2 ）年の改正法では、公共交通事業者など施設設置管理者におけるソフト対策の取組強化、国民に向けた広報啓発の取組推進、バリアフリー基準適合義務の対象拡大などが図られました。

■バリアフリー法の概要

基本理念	この法律に基づく措置は、「共生社会の実現」「社会的障壁の除去」に資することを旨として行われなければならない
基本方針	主務大臣は、移動等円滑化を総合**的かつ**計画**的**に推進するため、移動等円滑化の促進に関する基本方針を定める
国の責務	●高齢者、障害者等、地方公共団体、施設設置管理者などの関係者と協力して、移動等円滑化の促進のために検討し、関係行政機関およびこれらの者で構成する会議を開き**定期的な評価**を行い、必要な措置を講ずるよう努めなければならない ●教育活動、広報活動などを通じて、移動等円滑化の促進に関する国民の理解を深めるとともに、高齢者、障害者等が**公共交通機関**を利用する際に必要な支援その他の移動等円滑化の実施に関する国民の協力を求めるよう努めなければならない
地方公共団体の責務	国の施策に準じて、移動等円滑化を促進するために必要な措置を講ずるよう努めなければならない
国民の責務	高齢者、障害者などの自立した日常生活および社会生活を確保することの重要性について理解を深めるとともに、これらの者が**公共交通機関**を利用する際に、必要な支援をし、円滑な移動および施設の利用を確保するために必要な協力をするよう努めなければならない
施設設置管理者等の責務	施設設置管理者その他の高齢者、障害者等が日常生活または社会生活において利用する施設を設置し、または管理する者は、移動等円滑化のために必要な措置を講ずるよう努めなければならない

重要度A　日常生活自立支援事業

「日常生活自立支援事業」もまた、成年後見制度と同じように、認知症高齢者、知的障害者、精神障害者などで、判断能力が不十分な人の支援を行うための制度です。ただし、成年後見制度と異なり、契約内容を理解する能力をもっている人が対象になります。

成年後見制度との違いを把握するために、制度の実施主体、関わる職員、サービスの範囲について理解しておきましょう。

■日常生活自立支援事業の実施主体やサービスの範囲

項目	概要
実施主体	都道府県**社会福祉協議会**と指定都市**社会福祉協議会**。一部の事業は市町村**社会福祉協議会**などに委託できる
関わる職員	●専門員…利用者との相談や契約、支援計画の作成を担う ●生活支援員…支援計画に基づき実際のサービス提供を担う
サービスの範囲	日常的な生活援助の範囲に限られる。 具体的には、福祉サービス利用手続き**の代行**、日常の金銭管理、書類**等の預かり**など

例題

Q 日常生活自立支援事業には、初期相談、利用援助契約などを行う「専門員」が配置される。〔第25回-問15〕

A ○ 利用者との相談・契約を担うのは専門員、実際のサービス提供を担うのは生活支援員である。

重要度 C

高齢者住まい法

1 高齢者住まい法の概要

「高齢者の居住の安定確保に関する法律」（高齢者住まい法）は、次にあげる措置を講ずることなどにより、高齢者の居住の安定の確保を図り、福祉の増進に役立てることを目的に、2001（平成13）年に制定されました。

高齢者住まい法の措置

- 高齢者が日常生活を営むために必要な福祉サービスの提供を受けることができる、良好な居住環境を備えた高齢者向けの賃貸住宅などの**登録制度**の設置
- 良好な居住環境を備えた高齢者向けの賃貸住宅の**供給促進**
- 高齢者に適した良好な居住環境が確保され、高齢者が安定的に居住することができる賃貸住宅について**終身建物賃貸借制度**の設置

◆基本方針と高齢者居住安定確保計画

国土交通大臣と**厚生労働**大臣は、高齢者に対する賃貸住宅および老人ホームの供給の**目標**の設定や供給の**促進**に関する基本的な事項、高齢者居宅生活支援体制の**確保**に関する基本的な事項などを含む**基本方針**を定めなければなりません。

また、都道府県および市町村は、基本方針に基づき、高齢者の居住の安定の確保に関する計画（**高齢者居住安定確保計画**）を定めることができます（義務規定ではありません）。

2 サービス付き高齢者向け住宅の登録制度

サービス付き高齢者向け住宅は、介護・医療と連携し、高齢者の安心を支えるサービスを提供するバリアフリー構造の住宅であり、事業者の申請に基づき、**都道府県知事**、**政令指定都市・中核市の長**が登録を行います。

◆有料老人ホームとサービス付き高齢者向け住宅

有料老人ホームは、サービス付き高齢者向け住宅として登録することができます。また、登録されたものは、「老人福祉法」に基づく事業内容の届出、届出内容の変更、事業の廃止、休止の**届出**が不要となります。

一般的な有料老人ホームとサービス付き高齢者向け住宅の最も大きな違いは、契約形態にあります。

■有料老人ホームとサービス付き高齢者向け住宅の比較

	有料老人ホーム（高齢者向けの居住施設）		サービス付き高齢者向け住宅（高齢者向けの賃貸住宅）	
	介護付	住宅型	施設系	住宅型
特徴	介護サービス	生活支援サービス	居間・食堂・台所・浴室などは共同	各部屋に浴室・トイレ・台所などを設置
サービス	食事・介護・家事・健康管理のいずれか		必須 状況把握（安否確認）・生活相談 ※日中はケアの専門家が常駐 ※事業者によっては介護・医療・生活支援サービスを提供している	
規模・構造	施設ごとに異なる		●床面積は原則25m²以上（ただし、居間・食堂・台所その他の住宅の部分が高齢者が共同して利用するため十分な面積を有する場合は18㎡以上） ●台所、トイレ、洗面、浴室設備などの設置 ●バリアフリー構造	
介護保険サービス	「特定施設入居者介護」の利用	施設・住宅に併設された事業者や外部事業者による「居宅サービス」が利用可能		
契約	主に利用権方式		主に賃貸借形式	
	●事業者は入居者に対し契約前に書面を交付して必要な説明を行わなければならない ●契約は書面による契約を締結する ●保全措置を講じる			

ひとこと

2015（平成27）年以降、サービス付き高齢者向け住宅のうち、有料老人ホームに該当するものは、全て**住所地特例**が適用されています。

3 終身建物賃貸借制度

終身建物賃貸借制度は、バリアフリー化された賃貸住宅に、高齢者が死亡するまで終身にわたり安心して居住することができる仕組みとして「高齢者住まい法」に基づいて設けられた制度です。

この制度では、都道府県知事、政令指定都市・中核市の長が認可した住宅において、借家人が生きている限り居住することができ、死亡時に契約が終了する、借家人本人「一代限り」の借家契約を結ぶことができます。

入居対象となるのは、❶60歳以上、❷入居者本人が単身であるか、同居者が配偶者（配偶者は60歳未満でも可）もしくは60歳以上の親族という２つの要件を満たした人です。

ひとこと

このほか、高齢者向けの公的賃貸住宅として、1987（昭和62）年に制度化された「シルバーハウジングプロジェクト」により供給されるシルバーハウジングがあります。居住している高齢者に対しては、生活援助員による日常生活支援サービスが提供されます。

重要度C 福祉避難所

福祉避難所とは、特に配慮が必要な要配慮者の滞在が想定される避難所のことで、「災害対策基本法」が規定する避難所の指定基準の１つです。同法が定義する要配慮者とは、「災害時において、高齢者、障害者、乳幼児その他の特に配慮を要する者」です。「その他特に配慮を要する者」としては、妊産婦、傷病者、内部障害者、難病患者等が想定されています。また、要配慮者のうち、災害時などに自力で避難することが困難で、円滑・迅速な避難のために特に支援を要する者を、避難行動要支援者といいます。

ひとこと

市町村長には、避難行動要支援者の名簿作成が義務づけられています。また、市町村長は、避難行動要支援者ごとに、個別避難計画を作成するよう努めなければなりません。

2021（令和３）年に改定された「福祉避難所の確保・運営ガイドライン」では、「指定福祉避難所として利用可能な施設としては、**社会福祉施設**等のように現況において要配慮者の避難が可能な施設のほか、一般の避難所のように、現況では指定福祉避難所としての機能を有していない場合であっても、機能を**整備**することを前提に利用可能な場合を含むものとする」としています。

また、福祉避難所の受入れ対象者には、災害対策基本法における**要配慮者**が想定され、同ガイドラインでは、「**高齢者**、**障害者**、**妊産婦**、**乳幼児**、**医療的ケア**を必要とする者、病弱者等避難所での生活に支障をきたすため、避難所生活において何らかの特別な配慮を必要とする者、及びその家族」としています。

ひとこと

同ガイドラインでは、介護老人福祉施設の入所者は、「当該施設で適切に対応されるべきであるため、原則として福祉避難所の受入対象者とはしていない」とされています。

なお、一般避難所においては、災害**派遣福祉チーム**が災害時要配慮者の福祉支援を行います。

例題

災害時の福祉避難所は、介護保険法に基づいて指定される避難所である。〔第36回-問16〕

福祉避難所は、**災害対策基本**法に基づいて指定される避難所である。

CHAPTER 3

SECTION 17

保健医療に関する制度

このSECTIONのポイント

◆**生活習慣病の予防と健康づくりの施策** … 健康日本21の概要や、保健所、市町村保健センターの役割などをおさえましょう

◆**介護と関連領域との連携に必要な法規** … 病院と診療所の定義や、精神保健福祉法に基づく入院形態について理解しましょう

重要度 C

生活習慣病の予防と健康づくりの施策

1 「健康日本21」の実施

「生活習慣病」は、食生活の乱れ、過剰な飲酒・喫煙、運動習慣の不足などによって起こる疾患の総称です。主な疾患としては、がん、脳血管疾患、高血圧、2型糖尿病などが挙げられます。

生活習慣病の増加を抑えるために、**二次**予防（疾患の早期発見）や**三次**予防（疾患の治療と回復）以上に、健康増進と疾患の発症そのものを予防する**一次予防**が重視されるようになりました。

この方針のもとに、厚生労働省によって2000（平成12）年度から推進されている施策が、「21世紀における国民健康づくり運動」（**健康日本21**）です。

「健康日本21」は、2012（平成24）年度までが第１次期間で、第２次期間が、2013（平成25）年度から2023（令和５）年度まで、2024（令和６）年度からは、第３次が実施されています（2035〈令和17〉年度までが実施期間）。第３次期間の基本的な方向として掲げられているのは、次のような点です。

「健康日本21」（第３次）の基本的な方向

❶ 健康寿命の延伸と健康格差の縮小
❷ 個人の行動と健康状態の改善（生活習慣の改善、生活習慣病の発症予防・重症化予防、生活機能の維持・向上）
❸ 社会環境の質の向上（社会とのつながり・こころの健康の維持および向上、自然に健康になれる環境づくり、誰もがアクセスできる健康増進のための基盤の整備）
❹ ライフコースアプローチを踏まえた健康づくり

◆健康寿命の延伸のために

「健康寿命」とは、健康上の問題で日常生活が制限されることなく過ごせる期間を指します。健康寿命を延ばすために、介護予防などによるロコモティブシンドローム（運動器症候群）対策や骨粗鬆症健診受診率の向上による骨粗鬆症対策が重要視されています。

2 特定健康診査と特定保健指導

生活習慣病に関わる健康診査と保健指導が、「高齢者の医療の確保に関する法律」（高齢者医療確保法）に基づき実施されています。40歳以上75歳未満の医療保険加入者を対象にしたもので、特定健康診査と特定保健指導と呼ばれています。

制度の特徴を、それぞれ簡単におさえておきましょう。

生活習慣病に関わる健康診査と保健指導

□特定健康診査
メタボリックシンドローム（内臓脂肪症候群）に着目した健康診査。身体計測、血圧測定、検尿、血液検査などが行われる。

□特定保健指導
特定健康診査の結果を受け、「生活習慣病のリスクは高いが、予防効果の期待できる人」を対象に行われる。

Q 特定健康診査の対象は75歳以上の者である　〔第30回-問14〕

A ×　特定健康診査の対象は40歳以上75歳未満の医療保険加入者である。

3 地域保健対策の推進

疾患の予防や早期発見のためにも、地域における保健対策を推進していくこともまた、重要な視点といえます。

地域住民の健康の保持・増進を目的とした法律には、「**地域保健法**」があります。この法律に基づき設置されている地域保健の拠点として、**保健所**と**市町村保健センター**について理解しておきましょう。

■「地域保健法」に基づく保健所と市町村保健センターの概要

分類	設置者	主な業務内容
保健所	都道府県、指定都市、中核市、特別区など	地域保健対策の中心となる機関。**食品衛生**、**環境衛生**、**医事・薬事**、**感染症**などの分野について、施策の企画から実施者の指導、検査・相談、患者発生の報告等、**結核**の定期外健康診断、**予防**接種などを行う
市町村保健センター	市町村（設置は**任意**）	地域保健対策を通じて、住民に直接関わる機関。**健康相談**、**保健指導**、**健康診査**などを実施する

4 感染症や難病への対策

感染症については、「感染症の予防及び感染症の患者に対する医療に関する法律」（**感染症法**）に基づき、１類感染症から５類感染症などに分類されています。

「感染症法」の対象となる、主な感染症

- **1類感染症**…エボラ出血熱など
- **2類感染症**…結核など
- **3類感染症**…コレラ、腸管出血性大腸菌感染症など
- **4類感染症**…**A型肝炎**、E型肝炎など
- **5類感染症**…**インフルエンザ**、**ウイルス性肝炎**、後天性免疫（めんえき）不全症候群、麻疹（ましん）、メチシリン耐性黄色ブドウ球菌感染症など

一方、難病については、2014（平成26）年に「難病の患者に対する医療等に関する法律」（**難病法**）が新たに制定され、2015（平成27）年1月に施行されています。

→詳細はp.393参照

重要度B 介護と関連領域との連携に必要な法規

1 「医療法」に基づく医療提供施設

「医療法」は、医療提供施設や医療提供体制、医療法人の設立など、医療全体の基準を示した法律です。同法に基づく、病院と診療所の違いについて、まずは理解しておきましょう。

医療提供施設の分類

□ 病院	□ 診療所
医師または歯科医師が医療を行う場所で、**20床以上**の病床をもつもの。	医師または歯科医師が医療を行う場所で、病床をもたないか、**19床以下**の病床をもつもの。

病院のうち、一定の機能をもつ病院は、**地域医療支援**病院や**特定機能**病院として承認を受けることができます。

一定の機能をもつ病院の分類

□ **地域医療支援病院**
地域における医療の確保のために、必要な支援を行う病院。原則として**200床以上**の病床をもち、**都道府県知事**により承認される。

□ **特定機能病院**
高度医療の提供や技術の開発・評価、研修などを行う病院。**400床以上**の病床をもち、**厚生労働大臣**により承認される。

例題

診療所は、29人以下の入院施設がなくてはならない。

〔第28回-問15〕

入院施設をもたないか、**19**人以下の患者を入院させるための施設をもつものを、診療所と規定している。

2 「精神保健福祉法」に基づく入院形態

「精神保健及び精神障害者福祉に関する法律」（精神保健福祉法）は、精神障害者の**医療**と**保護**、**社会復帰**の促進などを目的とした法律です。同法では、精神障害者の状態に応じて、本人の同意や都道府県知事の措置などにより、入院による医療や保護が行われる場合があります。

■ **「精神保健福祉法」に基づく、精神障害者の入院形態**

入院形態	概要
任意入院	本人の**同意**に基づく入院。精神保健指定医※の診察により、必要があれば、**72時間**（特定医師※による診察の場合は**12時間**）を限度に入院を継続できる

措置入院	2名以上の精神保健指定医の診察により、自傷他害のおそれがあると認められた場合に、都道府県知事の措置で行われる入院。本人や家族等の同意を必要としない
緊急措置入院	急速を要し、措置**入院**の手続きがとれない場合に、1名の精神保健指定医の診察を経て、都道府県知事の措置で行われる入院。**72時間**を限度としている
医療保護入院	精神保健指定医の診察を経て、入院が必要とされた場合に、本人の同意がなく、家族等が同意・不同意の意思表示を行わない場合でも、市町村長の同意により行われる入院
応急入院	急速を要するが、家族等の同意を得ることができない場合に、精神保健指定医の診察を経て、**72時間**(特定医師による診察の場合は**12時間**)を限度に行われる入院

※精神保健指定医/特定医師とは?

精神保健指定医とは、「精神保健福祉法」第18条に規定され、一定以上の精神科の経験と研修を受けた者で、行動制限に係る判断を行うことができる医師。
特定医師とは、医籍登録後4年以上経過し、かつ、精神科臨床経験が2年以上ある医師。

Bさん(22歳、男性)は、19歳の時に統合失調症を発症し、精神保健指定医の診察の結果、入院の必要があると診断された。Bさん自身からは入院の同意が得られず、父親の同意で精神科病院に入院した。Bさんが19歳で精神科病院に入院したときの入院形態は、<u>任意入院</u>である。〔第32回-問120〕

任意入院は、本人の同意に基づく入院である。

CHAPTER 3
SECTION 18

貧困と生活困窮に関する制度

このSECTIONのポイント

◆「生活保護法」の目的と基本原理・基本原則 … 4つの基本原理と基本原則を覚えましょう

◆扶助と給付方法 … 8つの扶助の内容と給付方法を覚えましょう

◆「生活困窮者自立支援法」の概要 … 対象者や事業の実施主体、事業内容を把握しましょう

重要度B 「生活保護法」の目的と基本原理・基本原則

生活保護制度について規定する「生活保護法」は、「日本国憲法」第25条の生存権 →詳細はp.3参照 に基づいて、困窮するすべての国民を対象にした、最低限度の生活の保障と自立の助長を目的に掲げています。

「生活保護法」に基づく保護の実施にあたって、次のような4つの基本原理と、4つの基本原則が示されています。

●ここがポイント

生活保護の4つの基本原理

国家責任の原理	国 が生活に困窮するすべての国民に対し、困窮の程度に応じ、必要な保護を行う
無差別平等の原理	すべての国民が、法律の定める要件を満たす限り、保護を 無差別 平等に受けられる

最低生活保障の原理	法律で保障される 最低限度 の生活は、健康 で 文化的 な生活水準を維持できるものでなければならない
保護の補足性の原理	生活に困窮する者は、資産・能力 などを最低限度の生活の維持のために活用することがまず求められ、保護はその補足として行われる

生活保護の４つの基本原則

申請保護の原則	保護は、要保護者、その扶養義務者、同居の親族の 申請 に基づき開始する（要保護者が急迫した状況にあるときは 申請 がなくても必要な保護を行える）
基準及び程度の原則	保護は、厚生労働大臣の定める 基準 により測定した需要をもとにして、金銭・物品で満たすことのできない不足分を補う 程度 で行う
必要即応の原則	保護は、要保護者の年齢別、性別、健康状態など、個人・世帯の実際の 必要 の相違を考慮して、有効かつ適切に行う
世帯単位の原則	保護は、世帯 を単位として要否・程度を定める（難しい場合は、個人 を単位として定められる）

例題

生活保護法における補足性の原理とは、資産・能力等を活用した上で保護を行うことである。〔第32回-問16〕

保護を受ける者は、資産・能力その他あらゆるものを、その最低限度の生活の維持のために活用することがまず求められる。

扶助と給付方法

生活保護制度における扶助は、８種類に分けられています。

給付方法は原則として、扶助の種類により、金銭を支給する方法（**金銭給付**）と、物品の支給や医療・介護サービスの提供などを行う方法（**現物給付**）のいずれかに決められています。

■生活保護制度における扶助の種類と給付方法

種類	扶助の内容	給付方法
生活扶助	食費、被服費、光熱水費など、**日常生活**に必要な費用の扶助	**金銭**給付
教育扶助	給食費、通学交通費など、**義務教育**に必要な費用の扶助	**金銭**給付
住宅扶助	家賃、住宅の**修理**・**維持**に必要な費用の扶助	**金銭**給付
医療扶助	**診察**や投薬、**入院**や手術などに必要な扶助	**現物**給付
介護扶助	「**介護保険法**」に基づくサービスの提供に必要な扶助	**現物**給付
出産扶助	**分娩**（ぶんべん）やその後の処置に必要な費用の扶助	**金銭**給付
生業扶助	**就労**のための技能修得に必要な費用の扶助	**金銭**給付
葬祭扶助	遺体の運搬、火葬・埋葬、**葬祭**に必要な費用の扶助	**金銭**給付

ひとこと

種類別扶助人員では、**生活**扶助が最も多く、次いで**住宅**扶助となっています。

Q 生活保護制度において、医療扶助は、金銭給付が原則である。
〔第24回-問16〕

A  医療扶助は、原則として**現物給付**である。

生活困窮者自立支援法

1 法の概要

「生活困窮者自立支援法」は、生活保護受給者や、生活困窮に至るリスクの高い人々が増加してきたという社会的背景を踏まえ、生活保護に至る前の段階で、早期の自立支援を行う新たなセーフティーネットとして、2013（平成25）年に制定、2015（平成27）年に施行された法律です。

■セーフティーネットの種類

第1のセーフティーネット	社会保険制度・労働保険制度（年金・医療・雇用・労災・介護）
第2のセーフティーネット	『生活困窮者自立支援法』 **求職者支援制度**※
第3のセーフティーネット	『生活保護法』

※求職者支援制度とは？

特定求職者（雇用保険の**失業等給付を受給できない求職者**で、**職業訓練**等を行う必要があると認める者）に対し、職業訓練の実施、給付金の支給その他の就職に関する支援を行うことを目的とする制度。

その目的は、生活困窮者※に対する自立支援策を強化して、自立促進を図ることとされています。

※生活困窮者とは？

就労の状況、心身の状況、地域社会との関係性その他の事情により、現に経済的に困窮し、最低限度の生活を維持することができなくなるおそれのある者。

ひとこと

生活困窮者自立支援法は、2018（平成30）年に改正され、「生活困窮者」の定義に、上記下線部が追加されました。

2 支援の内容

生活困窮者自立支援法に基づく事業は、必須事業と実施が努力義務とされている事業、任意事業に分類されます。都道府県、市、福祉事務所を設置する町村が実施主体となり、社会福祉協議会、社会福祉法人、NPO法人などへの委託も可能とされています（**住居確保給付金**は除く）。福祉事務所未設置町村は、生活困窮者及び生活困窮者の家族等からの相談に応じ、必要な情報の提供や助言、都道府県との連絡調整、生活困窮者自立相談支援事業の利用の勧奨等を行う事業を行うことができるとされています。

◆自立相談支援事業（必須事業）

自立相談支援事業は、生活困窮者自立支援制度の理念を実現するための中核的な事業です。生活困窮者からの相談を受け、抱えている課題を評価・分析し、**ニーズ**を把握したうえで、**自立支援計画**を作成し、関係機関と連携して、自立に向けた支援を行います。自立相談支援機関には、主任相談支援員、相談員、就労支援員※が配置されることが基本となっています。

※主任相談支援員／相談員／就労支援員とは？

- 主任相談支援員：相談支援業務のマネジメントや社会資源の開拓等の地域への働きかけを行う者
- 相談員：支援プランの作成など、相談支援全般を行う者
- 就労支援員：就労支援に関する知識、技術を有する者

◆住居確保給付金（必須事業）

離職により住居を失った、または失うおそれが高い生活困窮者に対して、安定した住居の確保と就労自立を図るため、一定期間（原則**3**か月間。就職活動を誠実に行っている場合は**3**か月延長可能〈最長**9**か月まで〉）で**家賃**相当額の住居確保給付金を支給します。

◆就労準備支援事業（努力義務）

就労準備支援事業は、一般就労に従事する準備としての**基礎能力**の形成を、計

画的かつ一貫して支援する事業です。**6か月～1年**程度、プログラムに沿った支援や就労の機会の提供を行います。

◆家計改善支援事業（努力義務）

生活困窮者に対し、収入や支出などの状況を適切に把握し、家計改善の意欲を高めるよう支援するほか、生活に必要な資金の貸付けのあっせんを行います。

◆一時生活支援事業（任意事業）

一時生活支援事業は、**住居**をもたない生活困窮者に対して、一定期間（原則として**3**か月以内）、宿泊場所や衣食の提供などを行う事業です。

ひとこと

一時生活支援事業は、ホームレス緊急一時宿泊事業（シェルター事業）から移行したものです。

◆子どもの学習・生活支援事業（任意事業）

子どもの学習・生活支援事業は、**生活保護受給世帯**を含む生活困窮世帯における子ども等の生活習慣・育成環境の改善に関する助言（学校・家庭以外の居場所づくりや小学生等の家庭に対する巡回支援の強化等）や、教育及び就労（**進路選択等**）に関する相談に対する情報提供、助言、関係機関との連絡調整などを行う事業です。

例題

Q 生活困窮者自立支援法は、最終的な、「第３のセーフティーネット」と位置づけられている。〔第35回－問18〕

A × 生活困窮者自立支援法は、「第**2**のセーフティーネット」と位置づけられている。「第３のセーフティーネット」と位置づけられているのは、**生活保護法**である。

CHAPTER

4

こころとからだのしくみ

CHAPTER 4

SECTION 1

こころのしくみの理解

このSECTIONのポイント

- ◆健康の概念 … WHO憲章による健康の定義を覚えておきましょう
- ◆人間の欲求の基本的理解 … マズローの欲求階層説を理解しましょう
- ◆こころのしくみの基礎 … 思考や感情などのしくみの基礎を学んで人間理解を深めましょう

重要度B 健康の概念

「健康」という概念を初めて定義づけたのは、世界保健機関（WHO）です。WHOは、その創立にあたって、1946年に世界保健機関憲章（**WHO憲章**）を掲げ、国際保健会議により採択されました（1948年発効）。WHO憲章は、その前文で次のように健康を定義しています。

●ここがポイント

WHO憲章による健康の定義

健康とは、**完全な** 肉体**的**、精神**的** **及び** 社会的福祉（ウェルビーイング） の状態であり、単に**疾病または病弱の存在しないこと**ではない。

病気でなければイコール健康という考えを否定したこの定義は、その後の健康観に大きな影響を与えました。

人間の欲求の基本的理解

1 マズローの欲求階層説

人間は、「こうしたい」という自分のなかの感情＝**欲求**を満たすために行動します。行動の背景にある感情をとらえることで、その人が何を望み、何を欲しているのかを探ることができます。

アメリカの心理学者マズローは、こうした人間の欲求を５段階の階層で示し、**下位**の欲求が満たされることで、**次の段階**の欲求に移行していくものとしました。

●ここがポイント

マズローによる欲求の５段階

第１段階：生理的欲求	人間の生命の維持に関わる、本能的な欲求
第２段階：安全の欲求	住居や健康など、安全の維持を求める欲求
第３段階：所属・愛情の欲求	家族や社会などの集団に所属し、愛されたいという欲求
第４段階：承認・自尊の欲求	他者から認められ、尊敬されたいという欲求
第５段階：自己実現の欲求	自分の可能性を最大限に生かし、あるべき姿になりたいという欲求。平和の追求なども含む

2 欲求の分類

マズローの示した5段階の欲求は、基本的欲求と社会的欲求、欠乏欲求と成長欲求に分類できます。

◆「基本的欲求」と「社会的欲求」

「基本的欲求」は、人が生きていくために欠くことのできない欲求のことです。このなかには、生理的欲求と安全の欲求が含まれます。

「社会的欲求」は、他者に認めてもらいたい、受け入れてもらいたいといった欲求のことで、他者との関わりのなかで生じていきます。ここには、所属・愛情の欲求、承認・自尊の欲求、自己実現の欲求が含まれます。

◆「欠乏欲求」と「成長欲求」

「欠乏欲求」は、外部からのはたらきかけによって満たされるもので、生理的欲求から承認・自尊の欲求までを含みます。これらの欲求が満たされることで、「成長欲求」である自己実現の欲求がみられるようになります。

■欲求の5段階と、その分類

例題

Q 他者からの賞賛は、マズローの欲求階層説の所属・愛情欲求に相当するものである。〔第32回-問97〕

A ✕ 他者からの賞賛は、マズローの欲求階層説の**承認・自尊の欲求**に相当する。

重要度A

こころのしくみの基礎

1 学習・記憶・思考のしくみ

◆学習・記憶・思考の流れ

学習・記憶・思考を、ひと続きのものとして考えてみましょう。例えば人は、何かを学び（**学習**）、学んだことを覚え（**記憶**）、覚えたことに基づき考え（**思考**）、行動します。特に子どもの頃は、学習や記憶を通じて身のまわりの出来事に対する理解が深まり、徐々に論理的思考によって物事を考えることができるようになります。

◆記憶のプロセス

記憶のしくみについてより詳しく取り上げてみましょう。記憶とは、過去の出来事を保存して、必要に応じて取り出すことと言い換えることができます。このような記憶のしくみは、次の３つのプロセスで成り立っています。

■記憶のプロセス

●情報を覚える

保持
●情報を保存する

想起
●情報を取り出す

◆記憶の分類

記憶は、記憶できる時間の量や長さによって、感覚記憶、短期記憶、長期記憶に分類されます。

このうち、長期記憶については、ほぼ無限大の量の情報を保持することができます。長期記憶は、その性質によってさらに、手続き記憶、意味記憶、エピソード記憶などに分類されます。

→詳細はp.276参照

●ここがポイント

「長期記憶」の性質による分類

手続き記憶	繰り返し練習したりすることで習得した、技術や技能についての記憶。例えば自転車の乗り方などが含まれていて、高齢になっても保持されていることが多い
意味記憶	学習や作業によって得られる、一般的な知識に関する記憶。かけ算による九九を覚えることなどが含まれる
エピソード記憶	個人的な体験や出来事に関する記憶。加齢によって、その機能が最も低下しやすい

ひとこと

短期記憶は一時的に、側頭葉の奥深くにある海馬（かいば）という器官に保存されます。その後、長期記憶として大脳新皮質に保存されます。

2 感情のしくみ

人は、物事に対して何かを感じたときに、喜び、怒り、悲しみ、おそれ、驚きといった感情を示します。

こうした感情は必ずしも、その人の思っているとおりに、表に出てくるとは限りません。実際に思っていること、感じていることを隠して、**正反対**の反応を示していることも考えられます。

大切なのは、その人の**表情**や**しぐさ**を観察することで、感情を読み取っていくことです。そして、感情の変化の背景に何があるのかを考えていきます。

3 意欲・動機づけのしくみ

自発的に何かに取り組もうという意欲を引き出す方法は、**内部**からの刺激と、**外部**からの刺激の２つに分かれます。利用者の意欲を高めるために、どのような形で動機づけを行っていくのかを考えることが、大切といえます。

「内部」と「外部」からの動機づけ

□ **内発的動機づけ**
興味や好奇心をかき立てることで、意欲を高める方法。

□ **外発的動機づけ**
賞罰や報酬などによって、意欲を高める方法。

4 適応と適応機制

「適応」とは、**欲求**が満たされ、自分自身の状態やまわりの環境に**調和**することができた状態をいいます。適応することで、活動範囲を広げることも可能になります。

一方で、状況に適応することが難しい場合には、緊張感や不安感からの解放を目的とした**適応機制**がはたらきます。

→詳細はp.368参照

CHAPTER 4

SECTION 2

からだのしくみの理解

このSECTIONのポイント

- ◆生命を維持するしくみ … バイタルサインの基準値と測定方法を覚えましょう
- ◆人体部位の名称 … 人体の各部位の名称を図を見て覚えましょう
- ◆各器官 … 脳や心臓、肺、眼や耳や消化器系の構造と機能を覚えましょう
- ◆骨格系と筋肉 … 骨と筋肉の名称や機能等についておさえましょう

重要度B 生命を維持するしくみ

1 ホメオスタシス（恒常性）

人間のからだには、生命を維持するために、外部環境の変化に対して、内部環境を安定した状態に維持しようとする性質があります。これを、「**ホメオスタシス**」（恒常性）といいます。ホメオスタシスをつかさどっているのは、脳の**視床下部**（ししょうかぶ）です。自律神経やホルモンを通じ、からだの機能の調整を行っています。

ひとこと

欲求の階層で取り上げた**生理的欲求**は、生命の維持に関わる本能的な欲求です。それは、恒常性を維持しようとする欲求でもあり、そのため生理的欲求は、**ホメオスタシスのはたらきによって維持されている**といえます。

2 バイタルサイン

バイタルサインとは、一般的に、**体温・脈拍・呼吸・血圧**を指します。これらの数値は、健康状態を把握するための目安であり、体調や環境の変化などによって変動します。見方を変えれば、**ホメオスタシス**になんらかの異常が現れているかどうかを測るものともいえます。

バイタルサインの基準値と測定方法

- **体温**…一般的な成人の体温は、**36～37℃**。主に**腋窩**（**脇の下**）で測り、体温計は**前下方**から**後上方**に向かって差し込む
- **脈拍**…一般的な成人の脈拍数（心拍数）は、１分間に**60～80回**。主に**手首の橈骨動脈**で測り、測定部位に**利き手**の人差し指・中指・薬指をそろえて**軽く**置くようにする
- **呼吸**…一般的な成人の呼吸数は、１分間に**15～20回**。主に**胸部の動きの視診**、聴診器の使用によって測る
- **血圧**…一般的な成人の正常血圧は、**収縮期が120mmHg未満**、**拡張期が80mmHg未満**。主に**電子血圧計**を使用して測り、マンシェット（腕帯）を巻く腕は**心臓の高さ**に合わせる

→高血圧の診断基準についてはp.294参照

体温や脈拍数は、食事・運動・入浴、**ストレス**などを原因として上昇・増加します。逆に、**睡眠**時などには低下・減少します。

呼吸数は暑いと**増加**して、寒いと**減少**します。血圧は、塩分に含まれる**ナトリウム**などによって上昇することがあります。

心拍数が減少する要因として、精神的緊張が挙げられる。

〔第26回-問99〕

精神的緊張を感じると、**交感神経**が優位にはたらき脈拍数（心拍数）は**増加**する。一方、睡眠時などには**副交感神経**が優位にはたらき脈拍数は**減少**する。

重要度 B 人体部位の名称

からだのしくみの基礎を学ぶために、まずは、人体の各部位の名称を覚えておきましょう。

人体は、頭部・頸部(けいぶ)・**体幹**・**体肢**(たいし)に大きく分けられます。

このうち、体幹は、胸部・腹部・背部・臀部(でんぶ)（殿部）からなります。ここには、心臓や肺、消化管といった内臓が含まれています。なお、胸部と腹部は、横隔膜を境にして分けられます。

一方、体肢は、腕（**上肢**(じょうし)）と脚（**下肢**(かし)）を指すもので、上肢と下肢をまとめて**四肢**(しし)と呼びます。

■人体部位の名称

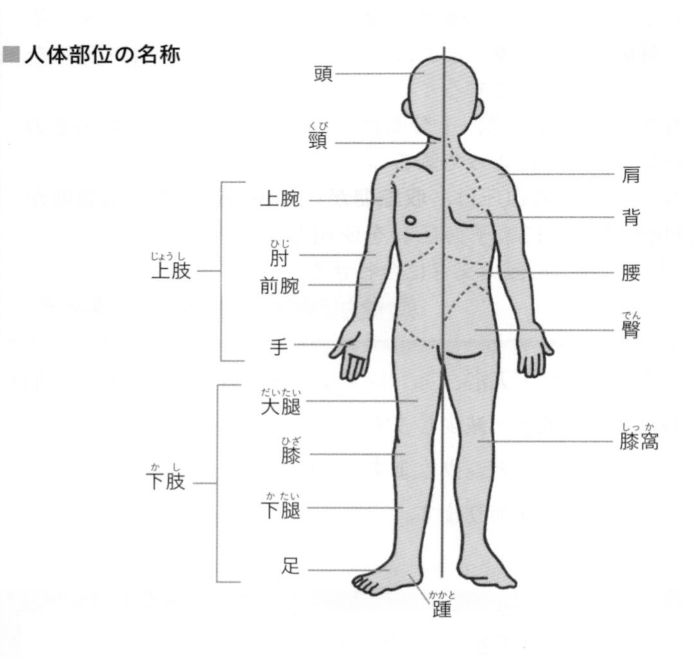

重要度 B 神経系

神経系は、**中枢**神経系と**末梢**(まっしょう)神経系に大きく分けられ、末梢神経系は次のように細かく分類することができます。

■神経系の分類

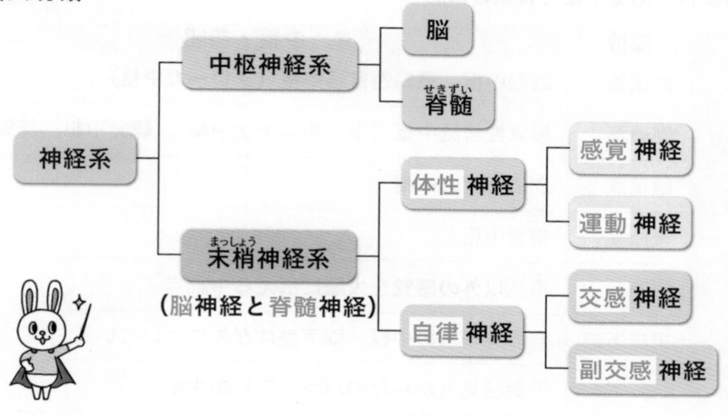

1 中枢神経系（脳と脊髄）の機能

脳は、大脳・間脳・小脳・脳幹に分けられます。脳の各部位には、それぞれなんらかの機能の**中枢**があります。

■脳の各部位と脊髄

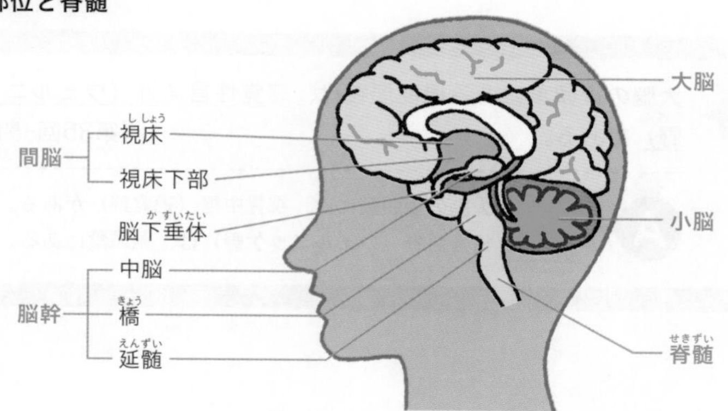

この図で示された部位と、次ページの表を照らし合わせながら、各部位の機能を押さえていきましょう。

■脳の各部位にある中枢と脊髄の機能

分類	部位	中枢・機能
大脳	前頭葉	運動中枢、運動性言語中枢（ブローカ中枢）
	側頭葉	感覚性言語中枢（ウェルニッケ中枢）、聴覚中枢、味覚中枢
	頭頂葉	皮膚感覚の中枢
	後頭葉	視覚中枢
間脳	視床	嗅覚以外の感覚を大脳に伝える中継点
	視床下部	自律神経系の中枢。脳下垂体が先についている
小脳		平衡感覚（からだのバランス）の中枢
脳幹	中脳	間脳と小脳の連絡通路。姿勢保持や眼球運動の中枢がある
	橋	顔や目の動きをつかさどる
	延髄	呼吸運動や血管収縮などに関わる中枢がある
脊髄		脊椎骨を通じて脊髄神経を全身にめぐらせ、運動や感覚情報の伝達路としての機能を果たす。頸髄・胸髄・腰髄・仙髄・尾髄に分けられる

例題

大脳の後頭葉にある機能局在は、感覚性言語野（ウェルニッケ野）である。〔第35回-問20〕

大脳の後頭葉には、視覚中枢（視覚野）がある。感覚性言語野（ウェルニッケ野）は、側頭葉にある。

2 末梢神経系（体性神経と自律神経）の機能

末梢神経系には、解剖学的な分類（脳から出る脳神経と脊髄から出る脊髄神経）と、機能的な分類（体性神経と自律神経）があります。

◆体性神経の機能

頭部や頸部、体幹や四肢の**感覚**神経・**運動**神経としての機能を担っています。

◆自律神経の機能

交感神経と**副交感**神経があり、からだの各器官のはたらきを調節する機能を担っています。この２つの神経は対照的な機能をもち、相互にバランスを取りながら活動しています。

■交感神経と副交感神経の機能

分類	交感神経がはたらいた場合	副交感神経がはたらいた場合
眼	瞳孔が**開く**	瞳孔が**小さくなる**
呼吸	気管支が広がり、呼吸が**速くなる**	気管支がせばまり、呼吸が**ゆっくりになる**
心臓	心拍数が**増加する**	心拍数が**減少する**
血圧・血糖値	血圧・血糖値が**上昇する**	血圧・血糖値が**低下する**
消化管	消化運動が**抑制される**	消化運動が**促進される**

例題

心拍数減少は、交感神経の作用に該当する。〔第36回−問20〕

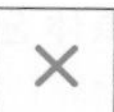

心拍数減少は、**副交感**神経の作用に該当する。交感神経が作用すると、心拍数は**増加**する。

重要度 C

体液

体液とは、体内に存在する全ての液体（体重の約**60%**を占める）の総称で、**細胞内液**と**細胞外液**に分けられます。

●ここがポイント

細胞内液と細胞外液

細胞内液	人間の体を構成する細胞の中にある液体。体重の 40 %を占める
細胞外液	細胞の外側にある液体。血液中の水分（血漿（けっしょう））と、リンパ管の中の リンパ液 、及び血管と細胞の間にある 組織間液（間質液）を指す。細胞外液は体重の 20 %を占める

細胞外液の中の血液は、人の体重の８%を占めます。血液の成分は、血球（固形成分）約45%と血漿（けっしょう）（液体成分）約55%によって構成されています。血球には、赤血球・白血球・血小板の３種類があります。

■血球と血漿のはたらき

分類	成分ごとのはたらき
赤血球	ヘモグロビンのはたらきによって、肺から酸素を各組織に供給し、組織中の二酸化炭素を肺へ運搬する役割を担う
白血球	**顆粒（かりゅう）球**(好中球・好塩基球・好酸球)・**単球・リンパ球**に分類される ●**顆粒球と単球**…食作用（細菌を細胞内に取り込んで破壊する作用）がある ●**リンパ球**…免疫（めんえき）（体内に入った病原体を排除する機能）に関わる
血小板	血液**凝固**に関わり、血栓（けっせん）をつくることで止血を促進する
血漿	成分の約90％が水分で、たんぱく質や無機塩類などの物質や老廃物も含む。これらの物質の運搬、ホメオスタシス維持などに関わる

循環器系

1 心臓の構造

心臓には、血液を全身に送り出す、ポンプとしての機能があります。その機能の中心となっているのは、2つの心房（**右心房**・**左心房**）、2つの心室（**右心室**・**左心室**）、4つの弁（**三尖弁**（さんせんべん）・**僧帽弁**（そうぼうべん）・**肺動脈弁**・**大動脈弁**）です。

■心臓の構造

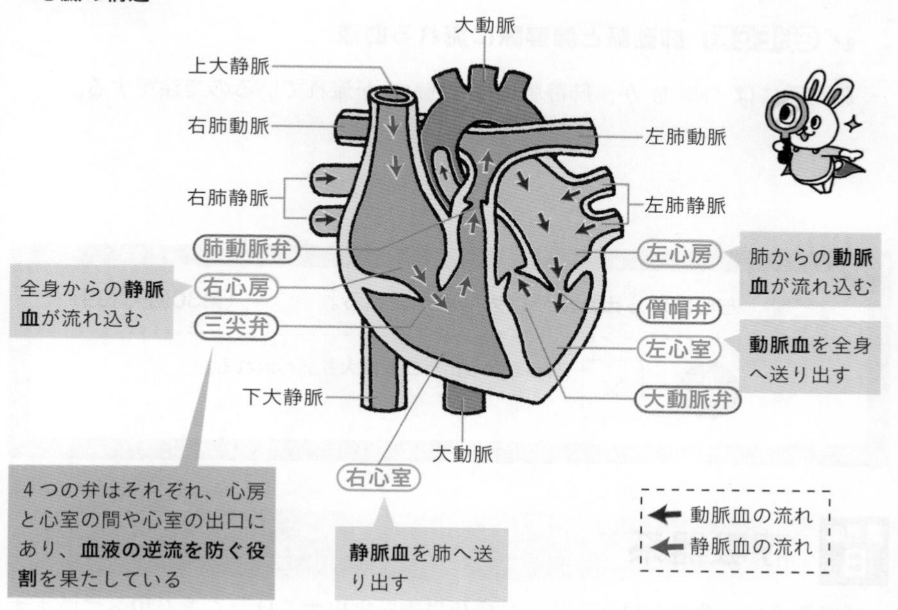

2 血液の循環

血液の循環には、2つの流れがあります。右心室に始まる血液の循環は**肺循環**と呼ばれ、左心室に始まる血液の循環は**体循環**と呼ばれます。それぞれ、次のような経路をたどって血液が流れています。

ここがポイント

肺循環と体循環の流れ

肺循環の流れ

血液は、右心室 → 肺動脈 → 肺 → 肺静脈 → 左心房の順に流れる

体循環の流れ

血液は、左心室 → 大動脈 → 組織の毛細血管 → 大静脈 → 右心房の順に流れる

✔CHECK! 肺動脈と肺静脈に流れる血液

肺動脈には **静脈血** が、肺静脈には **動脈血** が流れているので注意する。

例題

左心室から出た血液は大静脈へ流れる。 〔第30回-問99〕

左心室から出た血液は**大動脈**へ流れる。

重要度B 呼吸器系

呼吸器系は、酸素を取り入れ、二酸化炭素を排出するはたらきを担っています。気道（鼻腔（びくう）、咽頭（いんとう）・喉頭（こうとう）、気管・気管支までを含む器官）と、ガス交換を行う肺によって構成され、鼻腔から喉頭までを上気道、気管・気管支を下気道に分類することもあります。

■呼吸器系の構造

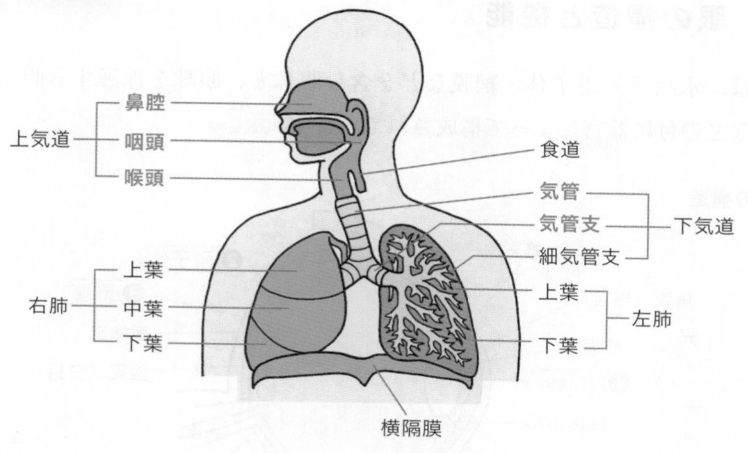

■呼吸器系の各器官の特徴・機能

器官の名称	特徴・機能
鼻腔	鼻の穴から咽頭に至るまでの空間を指す
咽頭・喉頭	「のど」にあたる部位。鼻腔から咽頭・喉頭を通じて、気管に至る。咽頭は口腔（こうくう）ともつながっていて、喉頭には声帯がある
気管・気管支	喉頭からつながり、左右に枝分かれするまでの部位を気管と呼ぶ。枝分かれしたあとの気管支のうち、**右のほうが太く短い**ため、誤嚥（ごえん）した異物が入り込みやすい
肺	肺は左右一対になっていて、**右肺は3葉**、**左肺は2葉**に分かれている。肺のなかでは、気管支がさらに細かく分岐して細気管支となって、その先に肺胞があり、ここでガス交換が行われている

重要度 B　感覚器系

感覚器系には、視覚・聴覚・嗅覚（きゅうかく）・味覚・触覚に関わる器官（眼（め）・耳・鼻・舌・皮膚）があります。

1 眼の構造と機能

眼は、水晶体・硝子体・網膜などを含む眼球と、眼球を保護する眼瞼（まぶた）などの付属器官によって構成されています。

■眼の構造

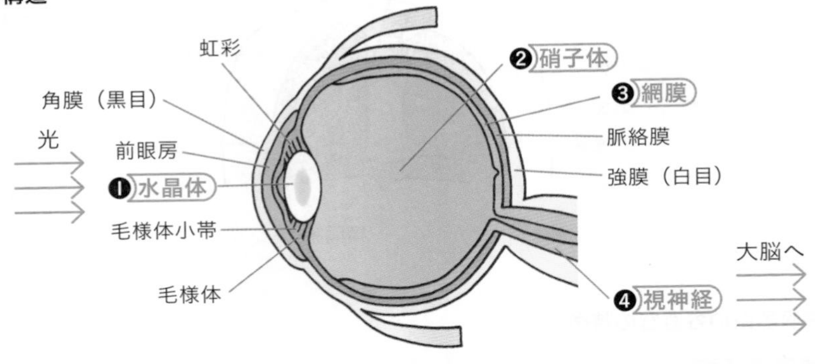

外部からの**光**は、
→水晶体や硝子体などを通って
→視細胞のある網膜に像をつくり
→網膜が色の識別や明暗をとらえ
→視神経を通じてその情報を**大脳**に送り
光が認識されます。

2 耳の構造と機能

耳の各器官は、主に外耳（耳介・外耳道）、中耳（鼓膜・鼓室・耳小骨）、内耳（蝸牛・前庭・三半規管）に分類されます。耳は、聴覚としての機能のほかに、からだの平衡感覚を保つための機能※も併せもっています。

※からだの平衡感覚を保つための機能とは？
耳のなかで平衡感覚と関わっているのは、前庭と半規管。前庭はからだの傾き、半規管はからだの回転を感じる役割を果たしている。

■耳の構造

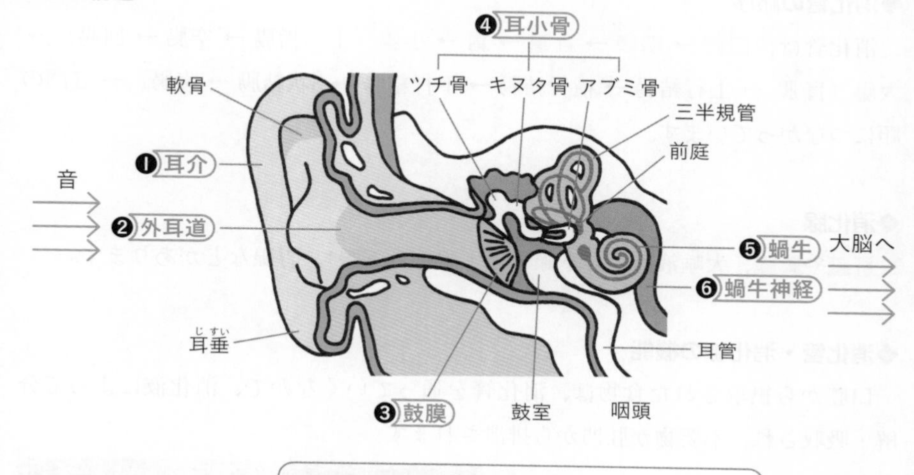

耳介に集められた音は、
→外耳道を通って鼓膜を振動させ
→振動は耳小骨によって増幅され蝸牛に伝わり
→蝸牛への刺激が蝸牛神経を通じて大脳に伝わり
音を聞き取ることができます。

3 嗅覚・味覚・触覚に関わる器官

においを感じ取る嗅細胞（きゅうさいぼう）は、鼻腔（びくう）上部の**嗅上皮**（きゅうじょうひ）のなかにあります。においを感じ取ると、嗅神経を通じて大脳にその刺激が伝えられます。

また、味を感じ取るのは、舌にある**味蕾**（みらい）です。味を感じ取ると、顔面神経や舌咽（ぜついん）神経を通じて大脳にその刺激が伝えられます。

なお、皮膚によって感じ取れる感覚には、触覚のほかに、**痛覚**や**温度**感覚、圧覚、振動覚などがあります。

重要度B 消化器系

消化器系は、ひとつなぎの**消化管**、消化液を分泌する**消化腺**（しょうかせん）、そのほかの付属器官によって構成されています。

◆消化管の順序

消化管は、口腔→咽頭→食道→胃→小腸（十二指腸→空腸→回腸）→大腸（盲腸→上行結腸→横行結腸→下行結腸→S状結腸→直腸）→肛門の順につながっています。

◆消化腺

肝臓や膵臓、大唾液腺（耳下腺・顎下腺・舌下腺）、胃腺などがあります。

◆消化管・消化腺の機能

口腔から摂取された食物は、消化管を通っていくなかで、消化液によって分解・吸収され、不要物が肛門から排泄されます。

→「便の生成と排便のしくみ」についてはp.242参照

■消化器系の全体像

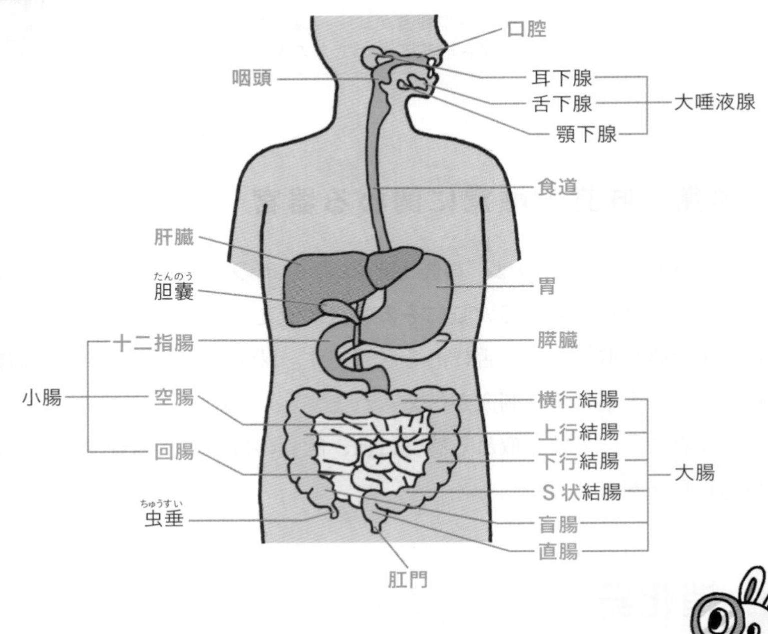

■主な消化管・消化腺の機能

名称	機能
胃	消化の第一段階を担う。強酸性の胃液を分泌して、主にたんぱく質を分解する
小腸	● 栄養分の分解・吸収の大半を担う ● 十二指腸には、肝臓から胆汁が、膵臓から膵液が分泌され、たんぱく質や脂質などを分解する ● 空腸の腸腺からは腸液が分泌され、同様の分解が進む。空腸では栄養分の吸収が行われる
大腸	結腸が大部分を占め、主に、小腸で吸収されなかった水分を吸収して、便を生成する
肝臓	人体のなかで最も大きな臓器。栄養分の貯蔵や物質の代謝、胆汁の生成、有毒物質の解毒作用など、さまざまな機能をもつ
膵臓	外分泌部からは、十二指腸へ膵液を分泌する。内分泌部（ランゲルハンス島）からは、インスリンなどのホルモンを血液中に分泌する

泌尿器系

泌尿器系は、尿の生成に関わる器官＝腎臓と、排尿に関わる器官＝尿路（尿管・膀胱・尿道）によって構成されています。

◆腎臓の機能

腎臓は左右１対の臓器で、血液中の老廃物や水分を濾過して、原尿を生成します。尿細管・集合管を経て水分の吸収された原尿が尿になります。

◆尿路の機能

尿は、腎臓から尿管を通って膀胱に集められます。一定量がたまると尿意が感じられ、大脳の指示により尿道を通じて排尿が行われます。 →詳細はp.240参照

内分泌系

内分泌系では、全身に分布している内分泌腺を通じて、**ホルモン**を分泌します。ホルモンには、からだを正常な状態に保つ作用があることから、内分泌系は**ホメオスタシス**（恒常性）の維持に関わっているといえます。

ホルモンは、脳下垂体、甲状腺、膵臓のランゲルハンス島、副腎髄質、副腎皮質、性腺などの器官から分泌されます。

■各器官の主なホルモンとその作用

器官の名称	ホルモンの種類	ホルモンの作用
脳下垂体前葉	成長ホルモン	骨や筋肉、内臓の成長**促進**
	甲状腺刺激ホルモン 副腎皮質刺激ホルモン	甲状腺**ホルモン**や副腎皮質**ホルモン**の分泌促進
脳下垂体後葉	バソプレシン （抗利尿ホルモン）	腎臓の尿細管における水分**の再吸収**を促進
	オキシトシン	子宮筋の収縮促進
甲状腺	甲状腺ホルモン	糖質やたんぱく質、脂質などの代謝促進、成長（発育）促進
膵臓（ランゲルハンス島）	インスリン	血糖値の降下
	グルカゴン	血糖値の上昇
副腎髄質	アドレナリン ノルアドレナリン	**血圧の**上昇など、交感神経のはたらきを促進
副腎皮質	コルチゾール	糖質の代謝促進
	アルドステロン	腎臓の尿細管におけるナトリウムの再吸収を促進
性腺（精巣）	テストステロン	第二次性徴の促進
性腺（卵巣）	エストロゲン	第二次性徴の促進

生殖器系

◆男性生殖器の器官と機能

陰茎、陰嚢、尿道、精巣、精巣上体、精嚢、前立腺などで形成されています。

男性生殖器において、精子は**精巣**でつくられ、**精巣上体**で貯蔵されます。精嚢から分泌される精嚢液、前立腺から分泌される前立腺液は、**精子**の運動を活性化する機能をもっています。

◆女性生殖器の器官と機能

外陰部、膣、卵巣、卵管、子宮などで形成されています。

女性生殖器において、卵子は**卵巣**でつくられます。卵巣から排出された卵子が、卵管のなかで精子と受精すると、**受精卵**になって**子宮**へと運ばれます。

骨格系と筋肉

1 骨格系

骨格は、206個の骨によって構成されています。骨の表面は骨膜でおおわれ、骨の中心部には**骨髄**（血液の成分である血球をつくる器官）がつまっています。

骨格の機能

- 骨髄による**造血**機能
- からだを**支持**する（支える）機能
- 臓器や組織を**保護**する機能
- カルシウムなどの無機質を**貯蔵**する機能

ひとこと

骨は、骨質と骨髄で構成されます。骨質は、無機質（**カルシウム**、**リン**など）と**たんぱく質**が主成分です。

■全身の骨格

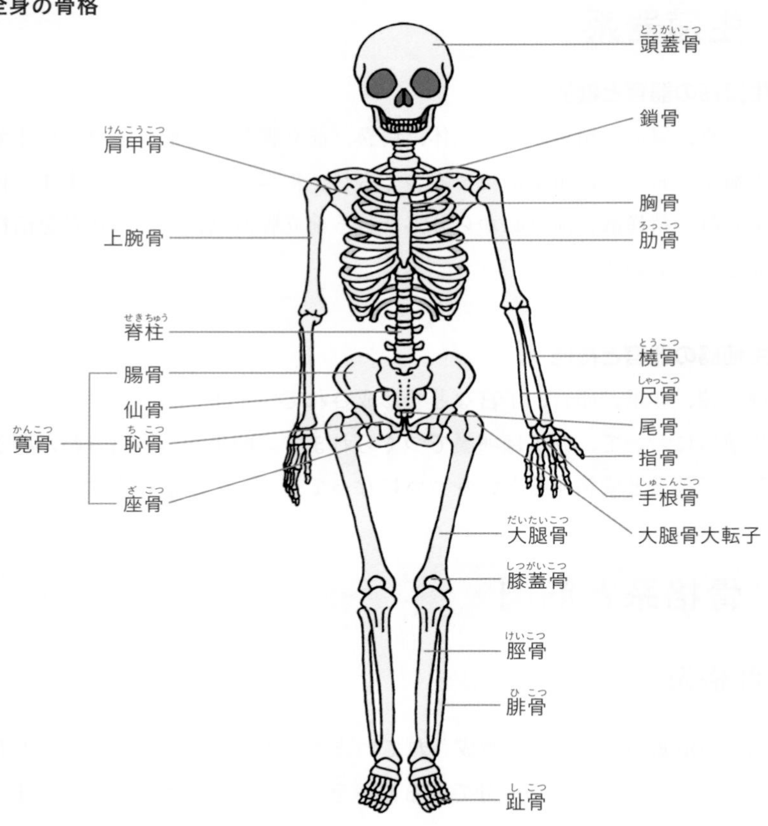

2 筋肉

筋肉には、**骨格筋**、**心筋**、**内臓筋**の３種類があります。この３種類の筋肉は、その特徴によって、随意筋と不随意筋※のいずれか、また、横紋筋と平滑筋※のいずれかに分類されます。

※随意筋と不随意筋／横紋筋と平滑筋とは？

随意筋…**自分の意思**で動かすことのできる筋肉のこと。
不随意筋…**自分の意思**で動かすことのできない筋肉のこと。
横紋筋…筋線維に**横縞模様**がみられる筋肉のこと。
平滑筋…筋線維に**横縞模様**がみられない筋肉のこと。

■筋肉の種類と機能

名称	性質・特徴による分類	筋肉の機能
骨格筋	随意筋であり横紋筋	姿勢の保持や、手足を動かすなどの運動に関わる
心筋	不随意筋であり横紋筋	心臓の収縮に関わる
内臓筋	不随意筋であり平滑筋	消化管や血管などの壁になっている筋肉。内臓器官の形成に関わる

■全身の主要な筋肉

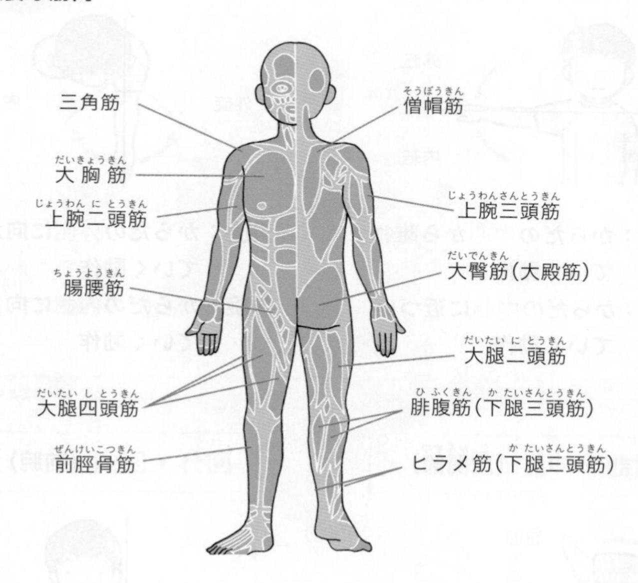

なお、重力に抵抗して立位姿勢を維持するための筋肉を**抗重力筋**と呼び、前脛骨筋、大腿四頭筋、腸腰筋、大臀筋（大殿筋）、下腿三頭筋、大腿二頭筋などが含まれます。

3 関節と関節運動

「関節」とは、骨と骨の連結部分のことをいいます。関節のはたらきによって、人は自分のからだを思うとおりに動かすことができます。

関節はそれぞれ、動かす向きなどによって、関節運動に名称がつけられています。これらの関節運動は、筋肉と相互に関わり合っていて、関節運動ごとに**主動作筋**（主としてはたらく筋肉）があります。

ここがポイント

主な関節運動とその例

外転・内転（肩関節）

外転：からだの中心から離れていく動作
内転：からだの中心に近づいていく動作

外旋・内旋（肩関節）

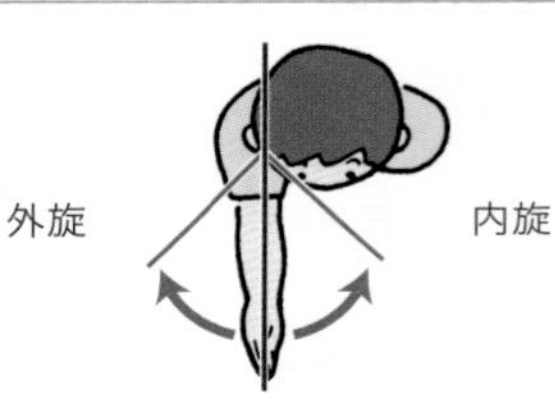

外旋：からだの外側に向かっていく動作
内旋：からだの内側に向かっていく動作

屈曲・伸展（股関節（こかんせつ））

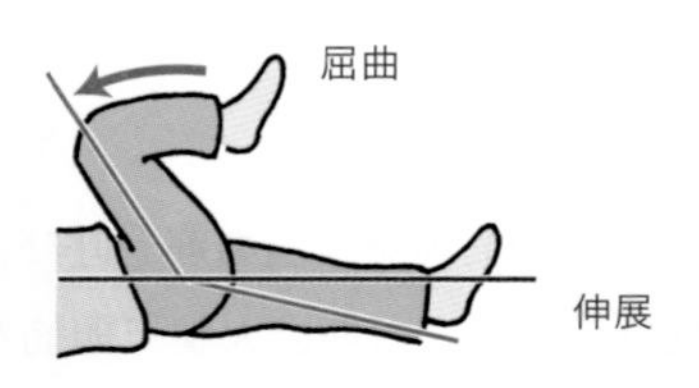

屈曲：からだの中心に向かって曲げる動作
伸展：からだの中心から離れて伸びていく動作

回外・回内（前腕）

回外：からだの外側に向かってひねる動作
回内：からだの内側に向かってひねる動作

ひとこと

関節には、それぞれ可能な運動範囲があり、これを関節可動域と呼びます。

主な関節運動とその主動作筋

関節動作	主動作筋
肩関節の外転・内転	●外転に関わるのは、三角筋中部と棘上筋の収縮 ●内転に関わるのは、大胸筋胸腹部などの収縮
股関節の屈曲・伸展	●屈曲に関わるのは、腸腰筋の収縮 ●伸展に関わるのは、大臀筋（大殿筋）の収縮
膝関節の屈曲・伸展	●屈曲に関わるのは、大腿二頭筋の収縮 ●伸展に関わるのは、大腿四頭筋の収縮
肘関節の屈曲・伸展	●屈曲に関わるのは、上腕二頭筋の収縮 ●伸展に関わるのは、上腕三頭筋の収縮
手関節の屈曲・伸展	●屈曲に関わるのは、橈側手根屈筋などの収縮 ●伸展に関わるのは、橈側手根伸筋などの収縮
足関節の屈曲・伸展	●屈曲に関わるのは、下腿三頭筋の収縮 ●伸展に関わるのは、前脛骨筋の収縮

例題

Q 立位姿勢を維持するための筋肉（抗重力筋）として、上腕二頭筋が含まれる。〔第35回-問21〕

A ×　上腕二頭筋は、上腕の前面にある筋肉で、肘関節の屈曲に関わっている。

CHAPTER 4

SECTION 3

移動に関連したこころとからだのしくみ

このSECTIONのポイント

- ◆移動という行為の生理的意味 … 移動動作が筋力の低下を予防します
- ◆姿勢・体位の保持、歩行のしくみ … 基本を確認しましょう
- ◆筋力・骨の強化のしくみ … 適度な運動、カルシウムの摂取などが大切です
- ◆機能の低下・障害が移動に及ぼす影響 … 高齢者に多い骨折や歩行障害の種類、廃用症候群の概要をおさえましょう

重要度C 移動という行為の生理的意味

移動は、単にある場所からある場所へと移ることに限らず、姿勢を変える、起き上がるといった体位変換も、そのなかに含まれています。また、**ADL**（日常生活動作）や**IADL**（手段的日常生活動作）→詳細はp.8参照とも密接に関わる行為です。

移動することは、活動範囲や生活圏を広げるために大切なものですが、移動という動作を行うことで、筋力低下の防止にもつながります。また、体位を変えることは**褥瘡**（じょくそう）の予防につながり、歩くことは**血流**の改善をもたらします。

こうした点からも、移動が可能かどうかは、生活全般に関わる重要な視点といえます。

重要度C 姿勢・体位の保持、歩行のしくみ

1 姿勢・体位の保持のしくみ

人が移動をするときは、必ず**重心**も移動して、バランスをとっています。そし

て、重心を通る重心線が**支持基底面**※の中心にあれば、姿勢が安定します。

人の姿勢や体位には、臥位（**仰臥位**・**側臥位**など）、座位（**半座位**〈**ファーラー位**〉・**端座位**など）、立位があります →詳細はp.532・533参照 。立位に近づくほど重心が高くなり、支持基底面積もせまくなるため、安定感が悪くなります。

ひとこと

関節が動かなくなった場合に、ADLに最も支障が少ない姿勢を **良肢位** といいます。

※支持基底面とは？

からだを支えるために、床と接している部分のこと。その部分の面積は、**支持基底面積**と呼ばれる（p.532参照）。

2 歩行のしくみ

歩行という動作は、立位を保ちながら、足を交互に踏み出していくものです。歩行の場合、重心は、右足を上げれば左側に、左足を上げれば右側に動いていきます。このように歩行は、**重心**と**支持基底面**の移動を繰り返していく、複雑な動作といえます。

重要度C 筋力・骨の強化のしくみ

長期にわたって寝たきりの状態が続くと、**骨量**や**筋肉量**が減少し、**骨密度**が低下します。そのため、**適度な運動**などの**負荷**を与えることで筋肉を強化して、骨をつくる**骨芽細胞**を刺激する必要があります。

まずは、寝たきりの状態からの離床をめざして、**運動**を行います。筋肉が動くことで骨も刺激され、**血流**の改善や、**基礎代謝**の上昇にもつながります。

骨の強化のためには、**カルシウム**を摂取するようにします。そのためには、カルシウムの吸収を妨げる**飲酒**は控えることが大切です。また、日光に当たることで、カルシウムの吸収を促進する**ビタミンD**をつくり出すようにします。

機能の低下・障害が移動に及ぼす影響

移動に影響を及ぼす機能の低下・障害には、転倒による骨折、さまざまな疾患を原因とした歩行の障害などがあります。移動が困難になることで引き起こされる廃用症候群についても、併せて取り上げていきます。

1 転倒による骨折

高齢者は、骨量の減少や骨密度の低下によって、骨がもろくなり、骨折をしやすくなります。高齢者の骨折は転倒によって引き起こされやすく、転倒を原因とした骨折の多い部位には、次のような箇所があります。

■転倒を原因とした、高齢者に多い骨折の部位

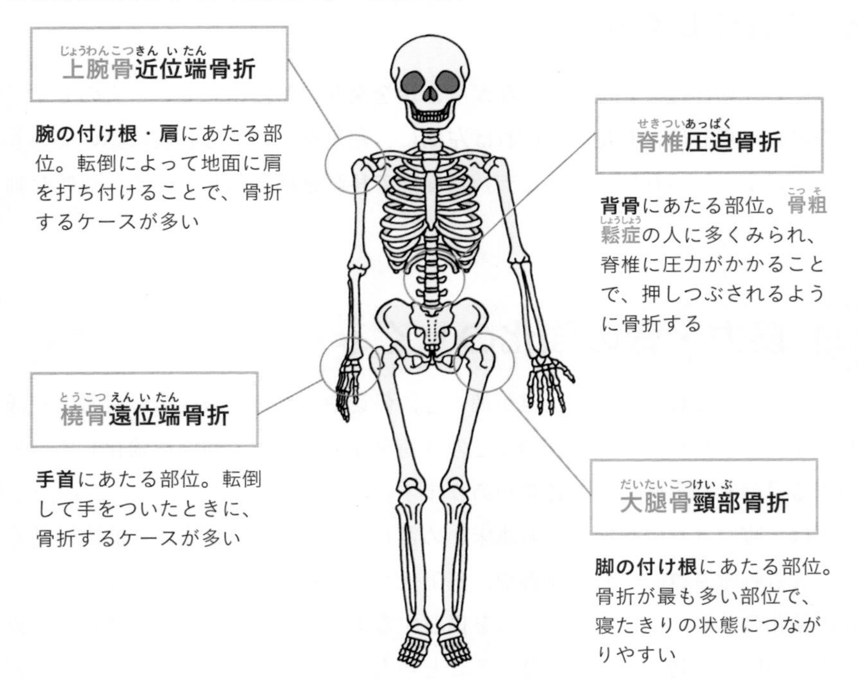

2 さまざまな疾患でみられる歩行の障害

歩行の障害には、特定の疾患を原因として引き起こされるものがあります。どの疾患でどのような歩行の障害がみられるのかを把握して、移動の際の見守りや介助に注意を払っておくことが求められます。

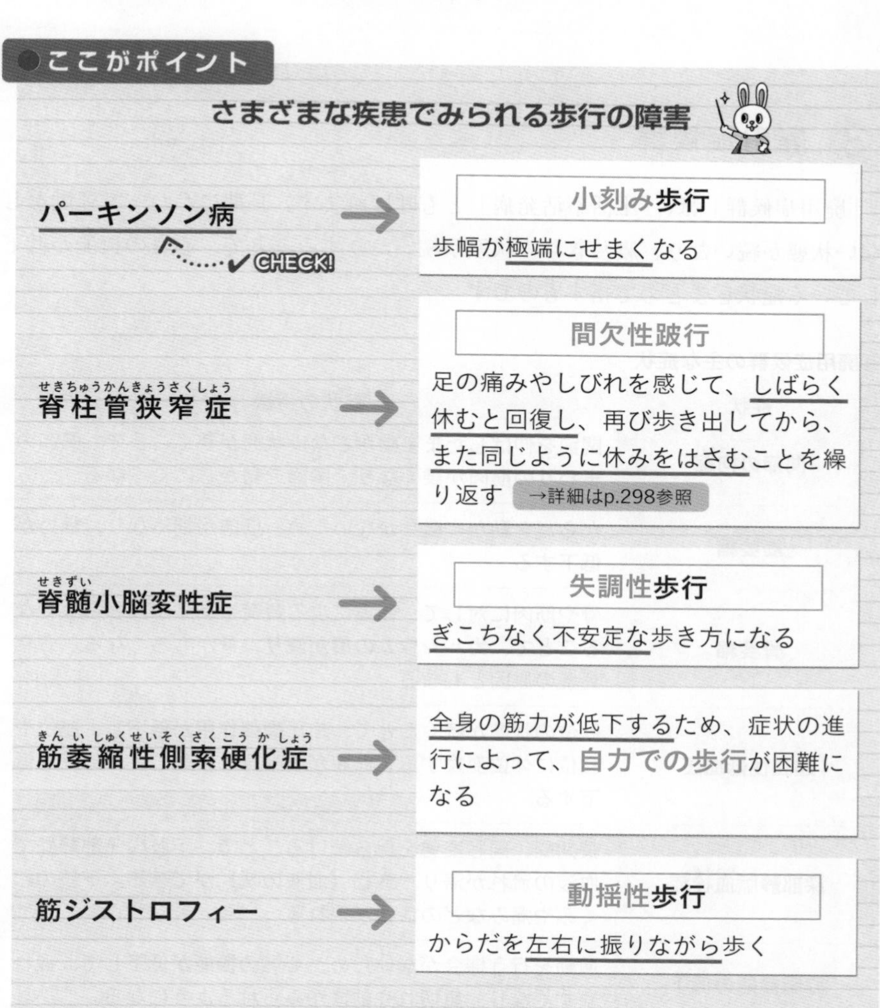

✔CHECK! パーキンソン病による歩行の障害

小刻み歩行のほかにも、すくみ足（歩き始めの一歩目が踏み出せない）、突進現象（前のめりになって止まれなくなる）といった症状がみられる。

→詳細はp.289参照

3 廃用症候群

「廃用症候群」は、「生活不活発病」とも呼ばれます。長期にわたって運動をしない状態が続いたり、寝たきりの状態が続いたりすることで、心身の機能が低下していく症状をまとめて指すものです。

■廃用症候群の主な症状

症状	症状の特徴
関節の拘縮（こうしゅく）	関節を伸ばしたまま動かさない状態が続くことで、関節のまわりの筋肉が**硬くなり**、関節を動かしにくくなる
筋萎縮	からだを動かす機会がないため、筋肉が細くなり、**筋力が低下**する
骨萎縮	骨や筋肉に対して、体重による負荷や刺激が加わらなくなることで、**カルシウムの量が減り**、骨がもろくなる。骨粗鬆症の原因ともなる
起立性低血圧	臥位（がい）の状態が続くことで、**血圧調整作用が低下**し、座位や立位に体位変換すると血液が下半身に移動して、**血圧が低下**する
深部静脈血栓（けっせん）症	長期間、同じ姿勢を保ち続けることで、下肢（かし）の深部静脈で血液の流れが滞り、血栓（血液の塊）ができる。下肢のむくみや痛みなどの症状が現れる
心肺機能の低下	運動を行う機会がないため、**心臓の機能が低下**して、疲れやすくなり、**息切れ**や**動悸（どうき）**がみられるようになる

精神機能の低下	寝たきりで何もすることができない状態が続くことで、思考力や意欲が低下し、**うつ**などの症状が現れる
褥瘡	からだの一部が長期間にわたって圧迫されることで、**血液**の流れが途絶え、皮膚が赤みをおび、やがてただれた状態になる
肺炎	食物を飲み込む＝嚥下する機能が低下して、**誤嚥性肺炎**などを引き起こしやすくなる

◆廃用症候群の予防・対策

廃用症候群を予防するためには、定期的な**運動**や**体位**変換が重要になります。

例えば、ベッドから離れることが難しい状態の利用者でも、ボールなどを使った簡単な**レクリエーション**なら、ベッド上でも取り組むことができます。

起立性低血圧がみられる場合は、ベッド上で**座位**を保持する機会を設けることで、からだを起こしたときの**血圧**の低下を予防することができるようになります。また、深部静脈血栓症の予防には**早期**の離床が効果的です。

過度な介助を行うのではなく、利用者が可能な限り自分自身で体を動かす機会をもてるように、さまざまな工夫を凝らしていくことが大切です。

例題

廃用症候群で起こる可能性があるものとして、うつ状態がある。
〔第35回-問22〕

寝たきりで何もすることができない状態が続くことで、**思考力**や**意欲**が低下し、うつなどの症状が現れる可能性がある。

CHAPTER 4
SECTION 4

身じたくに関連したこころとからだのしくみ

このSECTIONのポイント

- ◆身じたくの意味 … 健康維持、生活リズムの調整のためにも身じたくは大切です
- ◆口腔の構造と機能 … 加齢による口腔機能の低下をおさえましょう
- ◆爪の構造と機能 … 加齢による爪の変化の特徴をおさえましょう
- ◆毛髪の構造と機能 … 毛髪には、頭皮を保護し、保湿する機能があります

重要度C 身じたくの意味

身じたくを整えることは、**健康**を維持するためにも、**生活のリズム**をつくるためにも重要なことです。身じたくを通じてその人の個性が発揮され、なんらかの活動を始めたり、他者とコミュニケーションを図ったりする**意欲**も促されていきます。

身じたくを利用者の自己表現の一部としてとらえ、その機能を維持していくための支援が求められているといえます。

重要度B 口腔の構造と機能

1 口腔とは

口の中＝口腔（こうくう）は、**食事**、**会話**（発声）、**呼吸**などを行うために必要な器官です。

口腔は、**歯**、**舌**、**唾液腺**（だえきせん）といった器官によって構成されています。食事のときには、歯で食べ物をかみ砕き、舌で**味蕾**（みらい）を通じて味を感じ取り、唾液腺から分泌される唾液によって食べ物の消化を行っています。

2 唾液と唾液腺

唾液腺は、**大唾液腺**（耳下腺・顎下腺・舌下腺からなる）と**小唾液腺**（口唇腺・頬腺・口蓋腺・臼歯腺・舌腺からなる）に分類され、ここから唾液が分泌されます。

唾液は1日に**1〜1.5ℓ**程度分泌され、その約99％が**水分**です。唾液にはアミラーゼ（プチアリン）という**消化酵素**が含まれていて、でんぷんを麦芽糖に分解する機能があります。唾液の分泌中枢は、脳幹の一部である**延髄**にあります。

3 加齢による口腔の機能の低下と対応

口腔の機能は、加齢によって低下していきます。

◆「味蕾の減少」による影響

味蕾の減少によって**味覚**が低下すると、**濃い味付け**を好むようになります。そのため、栄養バランスがかたよらないように注意する必要があります。

◆「唾液分泌量の減少」による影響

口腔内は唾液による**自浄**作用、**殺菌**作用が働いていますが、加齢に伴い、唾液分泌量が減少します。そして、**自浄**作用が低下し、食物残渣（食べ物のかす）が口腔内に残りやすくなり、**口臭**が発生しやすくなります。**口臭**を除去するためには、口腔ケアの適切な実施が必要です。

→口腔ケアの詳細はp.542参照

◆「歯の欠損」「咀嚼力・舌の動き・嚥下機能の低下」による影響

歯の欠損や咀嚼力の低下は、食物をかみ砕く力の低下を意味します。これらと唾液分泌量の減少が合わさって、食物を飲み込みやすくする**食塊**をつくることが難しくなります。

さらに、舌の動きが低下することで、食塊をのど（**咽頭**）に送り込むことも困難になります。

そして、嚥下機能の低下は、食塊を飲み込む力の低下を意味するので、**誤嚥**を引き起こしやすくなります。

このように、口腔の機能の低下は、食べることそのものに大きな影響を及ぼします。そのため、摂食から嚥下までの５段階→詳細はp.231参照、利用者の状態に応じた食事の介助→詳細はp.550参照についても、併せて押さえておくことが大切です。

ひとこと

栄養不足やストレスなどを原因とする**口内炎**は、食事や歯みがきのときに**強い痛み**を伴います。そのため、**口腔内の清潔を妨げる要因**になります。患部を刺激しないようにケアをすることが大切です。

重要度C　爪の構造と機能

1　爪とは

爪は、皮膚の一部が角化（角質化）したもので、主にケラチンという**たんぱく質**によってつくられています。正常な爪は薄い**ピンク**色をしていて、成人の場合、１日に0.1㎜程度のびます。

◆爪の機能

爪は、**指先**を保護し、**触覚**としての機能を果たしています。

2　加齢による爪の変化と対応

爪は、加齢に応じてのびるのが遅くなり、**肥厚**したり（盛り上がったり）、**巻き爪**になったり（爪の先端が内側に巻き込まれたり）します。さらに、爪自体が硬くなって、割れやすくなります。

爪は適度な長さに切ることで、**爪白癬**（はくせん）などの感染症を防止するようにします。また、色の変化などから疾患の有無を確かめることも大切です。

→爪の手入れの詳細はp.541参照

ひとこと

中高年の女性に多い **鉄欠乏性貧血** では、鉄分の不足が原因で、爪がへこんでスプーンのように先が反りかえる、**さじ状爪** という症状もみられます。

例題

Q 成人の爪は、1日に<u>1mm</u>程度伸びる。〔第36回-問23〕

A × 成人の場合、爪は1日に**0.1**mm程度伸びる。

重要度C 毛髪の構造と機能

1 毛髪とは

毛髪は、皮膚の一部が角化（角質化）したもので、**たんぱく質**によってできています。皮膚の真皮(しんぴ)から生えていて、成人の場合、1日に0.3〜0.45㎜のびます。

◆毛髪の機能

毛髪には、頭皮を**保護**し、**保湿**する機能があります。頭皮を守るために分泌されるのが皮脂(ひし)ですが、汗や脂(あぶら)によって頭皮が汚れることで、**かゆみ**やにおいを発するようにもなります。入浴が難しい状態の利用者にも、定期的に洗髪を行うことで、症状の予防を図ります。

→洗髪の詳細はp.562参照

2 加齢による毛髪の変化と対応

加齢による毛髪の変化としては、**白髪**の増加や**薄毛**などがあります。抜け毛が増加した場合は、利用者が**ストレス**を感じていないかを、確かめるようにします。

CHAPTER 4
SECTION 5

食事に関連したこころとからだのしくみ

このSECTIONのポイント

- ◆食事の意味 … 食事は楽しみを感じることのできる行為です
- ◆からだをつくる栄養素 … 五大栄養素の種類と作用を覚えましょう
- ◆食べるしくみ（摂食から嚥下までの５段階）… 各段階の内容をおさえましょう
- ◆機能の低下・障害が食事に及ぼす影響 … 慢性腎不全や糖尿病など、食事制限や栄養管理が必要な疾患とその内容をおさえましょう

重要度C 食事の意味

食事では、栄養素の摂取を通じて生命の維持を図ることが、大きな目的となります。そのため食事は、人にとって基本的な欲求を満たすためのものでもありますが、一方では、楽しみを感じることのできる行為でもあります。

楽しくおいしく食べることは、食事の自立を促進させ、バランスのとれた栄養素の摂取につながっていくといえます。

重要度B からだをつくる栄養素

1 五大栄養素と三大栄養素

栄養素には、次のように五大栄養素と三大栄養素という分類があります。

■五大栄養素と三大栄養素

五大栄養素

三大栄養素 ❶炭水化物（糖質） ❷脂質 ❸たんぱく質

❹無機質（ミネラル） ❺ビタミン

2 三大栄養素の主な作用

三大栄養素は、五大栄養素のなかでもエネルギー源となるもので、それぞれ主な作用と多く含まれる食品は、次の表のとおりです。

■三大栄養素の主な作用

栄養素	主な作用	多く含む食品
炭水化物（糖質）	脳やからだを動かすエネルギー源になり、脂質の代謝にも関わる	穀物、砂糖、いも類
脂質	細胞膜やホルモンの構成成分であり、からだを動かすエネルギー源になる。栄養素のなかで１gあたりのエネルギー発生量が最も多い	肉、バター、マーガリン
たんぱく質	アミノ酸によって構成され、細胞質の主成分となり、筋肉や臓器などのからだの組織をつくる	肉、魚、大豆製品、卵

ひとこと

炭水化物には、消化酵素によって消化されず、エネルギー源にならない 食物繊維 も含まれています。糖質の吸収を遅らせることによる**肥満の予防**、腸管からの**コレステロール吸収の阻害**などの作用があります。ひじきなどの**海藻類**、きくらげや干ししいたけなどの**きのこ類**、ごぼうなどの**根菜類**に多く含まれています。

3 無機質（ミネラル）の種類と主な作用

無機質（ミネラル）には、からだの組織をつくる（骨などの生成）、からだの機能を調整する（細胞外液・細胞内液の浸透圧調節）といった作用があります。

■無機質（ミネラル）の種類と主な作用

分類	主な作用	主な欠乏症	多く含む食品
カルシウム	骨などの生成、血液凝固の促進	骨粗鬆症（こつそしょうしょう）	牛乳・乳製品、小魚、海藻類
鉄	酸素を運ぶヘモグロビンの生成	鉄欠乏性貧血	海藻類、レバー、大豆
ナトリウム	細胞外液の浸透圧調節	食欲不振	食塩、みそ、しょうゆ
カリウム	細胞内液の浸透圧調節	筋力の低下、不整脈	果物、野菜、いも類

4 ビタミンの種類と主な作用

ビタミンには、糖質や脂質の代謝、カルシウムの吸収促進など、からだの機能を調整する作用があります。ビタミンの種類は、大きく分けると、脂溶性ビタミンと水溶性ビタミンに分類されます。

◆脂溶性ビタミンの特徴と種類

脂溶性ビタミンは、油脂（ゆし）に溶けやすく、加熱などの調理に適しています。ビタミンA、ビタミンD、ビタミンE、ビタミンKなどの種類があります。

■脂溶性ビタミンの種類と主な作用

分類	主な作用	主な欠乏症	多く含む食品
ビタミンA	視力の維持	夜盲症（やもうしょう）（暗い場所での視力が低下する症状）	レバー、卵黄、緑黄色野菜

ビタミンD	カルシウムの吸収促進	くる病（小児時に起こる骨の軟化）、骨軟化症	魚、きのこ類、肝油
ビタミンE	脂質の酸化防止、生殖機能の維持	不妊症、溶血性貧血、動脈硬化	胚芽、大豆、緑黄色野菜
ビタミンK	血液の凝固	血液凝固の遅延	納豆、緑黄色野菜

◆水溶性ビタミンの特徴と種類

水溶性ビタミンは、水に溶けやすく、調理方法によっては成分が失われることもあります。ビタミンB_1、ビタミンB_2、ビタミンCなどの種類があり、それぞれ主な作用と欠乏症、多く含まれる食品は、次の表のとおりです。

■水溶性ビタミンの種類と主な作用

分類	主な作用	主な欠乏症	多く含む食品
ビタミンB_1	糖質の代謝	脚気、多発性神経炎	豚肉、豆類、胚芽
ビタミンB_2	脂質の代謝	口内炎、皮膚炎	卵黄、レバー、緑黄色野菜
ビタミンC	コラーゲンの合成	壊血病	緑黄色野菜、果物、いも類

ひとこと

五大栄養素をその作用から分類すると、**からだの組織をつくる**のは**脂質**と**たんぱく質**と**無機質（ミネラル）**、**からだの機能を調整する**のは**無機質（ミネラル）**と**ビタミン**です。

5　1日に必要な水分量

バランスのとれた栄養素の摂取と併せて、適切な量の水分を摂取する必要があります。1日に必要な水分量は、成人で約**2500mℓ**とされています。摂取する水分の量と、排泄される水分の量の内訳は、次のとおりです。

1日に摂取・排泄される水分量の内訳

□ 摂取する水分量	
●口から摂取する飲料水	1200mℓ
●食物に含まれる水分	1000mℓ
●栄養素の代謝	300mℓ

□ 排泄される水分量	
●尿としての排泄	1500mℓ
●便としての排泄	100mℓ
●不感蒸泄(吐息や皮膚の表面からの水分の蒸発)	900mℓ

ひとこと

不感蒸泄のうち、皮膚の表面から排泄される水分は、約 500 ～ 600 mℓ程度とされています。

◆ **1日の必要エネルギー量の算出方法**

基礎代謝量（生命活動の維持に必要な最低限のエネルギー量）×**活動係数**×**ストレス係数**によって算出することができます。**活動係数**と**ストレス係数**の数値は、利用者の状態に合わせたものを選んで計算するようにします。

例題

脂質は、ホルモンの原料となる。 〔第26回-問103〕

○ 脂質は、**細胞膜**や**ホルモン**の構成成分であり、からだを動かすエネルギー源となる。

重要度B 食べるしくみ（摂食から嚥下までの5段階）

食物を口に入れて（摂食）、かみ砕き（咀嚼）、飲み込む（嚥下）までの過程は、❶**先行**期→❷**準備**期→❸**口腔**期→❹**咽頭**期→❺**食道**期という５つの段階に分類することができます。

ここがポイント

摂食から嚥下までの５段階

❶先行期

目で見たり、においをかいだりすることで、食べてよいものかどうかを **認知** し、口まで運ぶ段階。唾液分泌が増加する

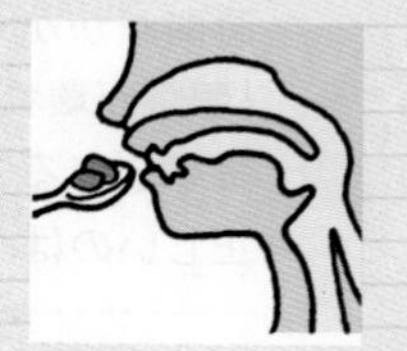

❷準備期

食物を口腔内に入れて、かみくだきながら唾液(だえき)と混ぜ合わせて、飲み込みやすい **食塊** をつくる段階

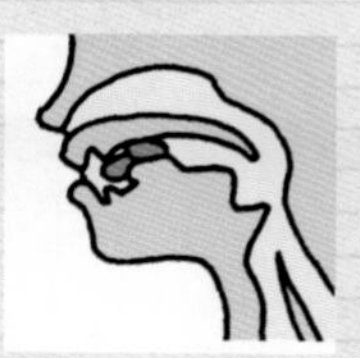

❸口腔期

舌の運動によって、食塊をのど（ **咽頭** ）に送り込む段階

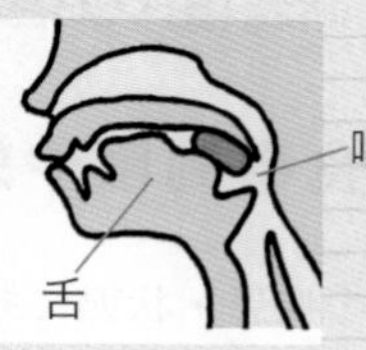

❹咽頭期

食塊を、咽頭から **食道** へ送り込む段階。食塊が鼻腔に入るのを防ぐため、**軟口蓋** が鼻腔をふさぐ。また、食塊が気管に入ること（誤嚥）を防ぐため、**喉頭蓋** が気管をふさぐ

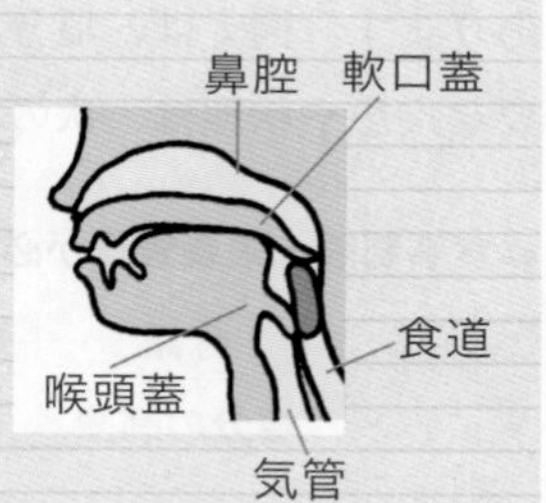

❺食道期

食塊を、食道から **胃** へ送り込む段階。軟口蓋と喉頭蓋が開き、食塊は食道の **反射** 運動と **蠕動** 運動によって、**胃** に送られる

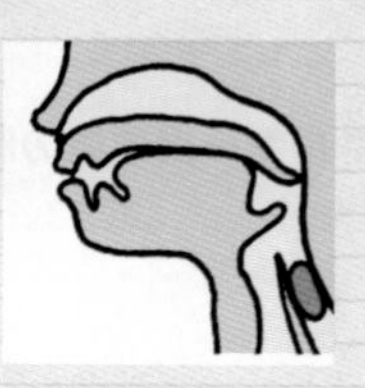

例題

Q　Fさん（80歳、女性）は、普段の食事は自立している。日常生活では眼鏡がないと不自由である。ある日、いつもより食事に時間がかかっていた。介護福祉職が確認したところ、Fさんは、「眼鏡が壊れて使えなくなってしまった」と答えた。
食事をとるプロセスで、Fさんが最も影響を受ける段階として正しいのは、準備期である。　〔第33回-問102〕

Fさんは、眼鏡がないと日常生活が不自由になることから、食事をとるプロセスでは、食物を視覚や嗅覚により認知する先行期が最も影響を受ける段階といえる。

重要度B

機能の低下・障害が食事に及ぼす影響

1 食事制限や栄養管理が必要な疾患・状態

特定の疾患・状態にある利用者には、食事制限や栄養管理が必要になる場合があります。例えば、塩分、たんぱく質、カリウム、エネルギー摂取量に制限が必要な疾患や状態は、次のとおりです。

■食事制限・栄養管理が必要な疾患・状態

分類	対象となる疾患・状態
塩分の制限	高血圧、慢性腎不全、虚血性心疾患など
たんぱく質、カリウムの制限	血液透析が必要な人（慢性腎不全、糖尿病性腎症、尿毒症など）。高血圧の場合は摂取を勧める
エネルギー摂取量の制限	糖尿病、脂質異常症（高コレステロール血症など）、肥満など。食物繊維の摂取を勧める

ひとこと

視覚障害や**片麻痺**（かたまひ）、**嚥下障害**（えんげ）など、利用者の状態・状況に応じた食事の支援については、CHAPTER11のSECTION 5で学習します。また、**脱水予防のための支援**についても、併せておさえておきましょう。

2 経管栄養

口からの食物の摂取が難しい人、栄養摂取が不十分な人には、口以外の場所から栄養補給を行う「**経管栄養**」が実施されます。介護福祉職の実施できる経管栄養には、**胃瘻**（いろう）、**腸瘻**（ちょうろう）、**経鼻経管栄養**があります。

→詳細はp.425参照

例題

Q 脂質異常症は、食事のたんぱく質制限が必要な疾患である。

〔第27回-問102〕

A × 脂質異常症で必要な食事制限は、**エネルギー摂取量**の制限である。

CHAPTER 4
SECTION 6

入浴・清潔保持に関連したこころとからだのしくみ

このSECTIONのポイント

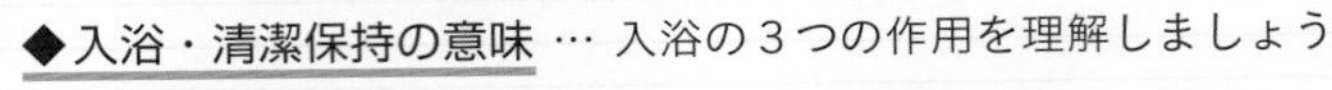

◆**入浴・清潔保持の意味** … 入浴の３つの作用を理解しましょう

◆**皮膚の機能と汚れ、発汗のしくみ** … 皮膚の機能と汗腺の種類などをおさえましょう

◆**機能の低下・障害が入浴・清潔保持に及ぼす影響** … 皮膚の状態に合わせた清潔保持の方法をおさえましょう

重要度B　入浴・清潔保持の意味

入浴や清潔保持の第一の目的は、からだを清潔な状態に保つことです。

循環機能にはたらきかけることで、加齢によって機能の低下している皮膚の新陳代謝や、発汗作用を促進します。皮膚の清潔を維持し、疲労の回復やリラックス効果などを生み出すことで、心身の機能の全般的な活性化をめざします。

こうした効果を生み出すものとして、入浴には、**温熱**作用、**静水圧**作用、**浮力**作用という３つの作用があります。

●ここがポイント

入浴の３つの作用

温熱作用	温かい湯につかることで、毛細血管が拡張して、血行が促進される。また、老廃物が除去され、皮膚が清潔な状態に保たれる
静水圧作用	からだにかかる水の圧力により、血液やリンパ液の循環が促進され、下肢（かし）のむくみなどが軽減する

浮力作用	お湯に入ることで体重が軽くなり、骨や関節、筋肉への負担がやわらぐ

◆湯温による効果の違い

42℃以上の高温のお湯に入った場合は、交感神経のはたらきが促進されます。筋肉の収縮、心拍数の増加、血圧の上昇や、腸や腎臓のはたらきの抑制といった効果があります。

一方、38～41℃程度の中温のお湯に入った場合は、副交感神経のはたらきが促進されます。高温のお湯のときとは逆の効果がもたらされ、循環機能への負担も軽くなります。

→交感神経・副交感神経の機能はp.201参照

例題

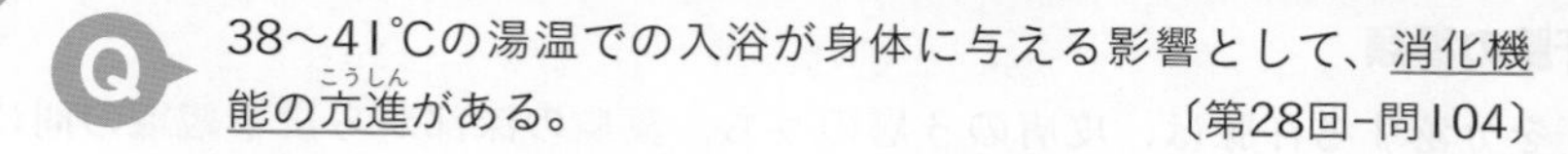

Q 38～41℃の湯温での入浴が身体に与える影響として、消化機能の亢進がある。〔第28回-問104〕

A ○ 38～41℃程度の中温の湯では、副交感神経が優位にはたらき、消化機能や消化運動は促進される。

重要度B 皮膚の機能と汚れ、発汗のしくみ

1 皮膚の機能と汚れのしくみ

◆皮膚の「構造」と「機能」

皮膚は表皮・真皮・皮下組織の3層によって構成され、付属器官として毛髪、皮脂腺、汗腺などがあります。皮脂腺からは皮脂が、汗腺からは汗が分泌されます。また、皮膚の表面には無数の常在菌がいて、皮脂膜という弱酸性の膜によっておおわれています。

皮膚の機能

- 触覚などの**感覚機能**としてはたらく
- 汗の分泌や血管の収縮などによって、**体温を調節**する
- 汗の分泌を通じて、**老廃物を排泄**する
- 細菌の感染や、外部からの刺激に対する**防御機能**をもつ
- 紫外線を吸収して、**ビタミンDを産生**する

◆皮膚の汚れの「原因」と「影響」

皮膚の汚れは垢と呼ばれるもので、古くなった角質細胞や皮脂、汗などに、ほこりやごみが付着することでつくられます。垢がたまると、細菌の繁殖がさかんになり、皮膚が刺激されることで、かゆみが起こります。

2 発汗のしくみ

◆汗腺の種類

汗を分泌する汗腺は、皮膚の3層のうち、真皮の深部から皮下組織の間に、その分泌部があります。汗腺は、次の2種類に分けられます。

汗腺の種類

□ エクリン腺
口唇や瞼を除く全身に分布し、手のひらなどに多い。大部分が水分のためにおいはない。発汗による体温**調節機能**をもつ。

□ アポクリン腺
腋窩（脇の下）をはじめ、乳輪、外陰部などに集中している。たんぱく質や脂質、糖質などを含み、体臭の原因になる。

◆汗の分泌と体温調節

汗は、運動、気温の上昇、精神的な緊張、刺激物を食べたときなどに、分泌されます。例えば運動や気温の上昇に対しては、体温を調節する目的で発汗されます。体温調節中枢は視床下部にあり、その周辺の血液の温度が上昇することで、交感神経が刺激され、皮膚から熱の放散と発汗が行われます。汗が蒸発することで、それ以上、体温が上昇することを防いでいます。

例題

皮膚の表面は弱アルカリ性に保たれている。〔第29回-問104〕

皮膚の表面は、皮脂膜という膜におおわれることによって、弱酸性に保たれている。

重要度B 機能の低下・障害が入浴・清潔保持に及ぼす影響

1 皮膚の状態に合わせた清潔保持の方法

皮膚の機能は加齢によって低下し、乾燥して傷つきやすくなっていきます。そのため、かゆみ、かぶれ、感染症、褥瘡など、皮膚に関わる疾患が多くみられるようになります。皮膚の状態に合わせた清潔保持の方法は、次のとおりです。

■皮膚の状態に合わせた清潔保持の方法

分類	清潔保持の方法
白癬	カビの一種である真菌を原因とする感染症 対応法 湿潤環境で繁殖しやすいので、入浴・運動後に患部を乾燥させるようにする
疥癬	ヒゼンダニを原因とする感染症。激しいかゆみが特徴 対応法 硫黄入り入浴剤が有効だが、皮膚の乾燥が強い場合は、乾燥を促進させてしまうので避ける
老人性掻痒症	体内の水分量や皮脂の減少によって、かゆみを生じる疾患 対応法 皮膚を刺激しないように、ぬるめのお湯にして、石鹸の使い過ぎに注意し、硬い素材のタオルや衣服の使用は避ける
かぶれ	おむつの使用などが、かぶれの原因になる 対応法 かぶれた部分がぬれた場合は、こすらず、押さえるように拭く
帯状疱疹	水痘（水ぼうそう）・帯状疱疹ウイルスの活性化により、ぴりぴりとした痛みや帯状の赤い発疹と水疱が現れる疾患 対応法 患部の血行を促進して痛みをやわらげるため、ぬるめのお湯でシャワー浴を行う

褥瘡	からだの一部が長期にわたって圧迫されることで、血液の流れが途絶え、皮膚が赤みをおび、やがてただれた状態になる疾患 対応法 軽度の場合は、こすらずに洗い流す。重度の場合は、防水フィルムでおおって入浴する

ひとこと

感染を起こしていない皮膚の創傷治癒においては、水分が多く湿った状態＝湿潤（しつじゅん）状態を適度に保つことで、皮膚の乾燥を防ぎ、組織の修復へとつなげていくのが適切です。

2 入浴に配慮すべき状態

入浴は、循環機能に与える影響が大きく、利用者の状態によっては大きな負担となる場合があります。空腹時や、血圧の上昇している食事の直後（食後1時間以内）は、入浴を避けるようにします。また、発熱のあるときも同様です。

→利用者の状態に応じた入浴の介助はp.559以降を参照

例題

Q Gさんは、脳梗塞の後遺症で左上下肢に麻痺があり、車いすで生活している。訪問介護員（ホームヘルパー）がGさんの入浴介護のために訪問したところ、仙骨部の皮膚が赤くなっていることに気付いた。皮膚にびらんは認められない。痛みも特に感じないという。
Gさんの入浴の介護の注意点として、入浴は中止する。

〔第25回-問105〕

仙骨部が赤くなっていることから、Gさんは**軽度の**褥瘡を発症しているものと考えられる。血液の循環を促進するために、入浴は中止せず、患部をこすらずに洗い流すのが適切である。

CHAPTER 4
SECTION 7

排泄に関連したこころとからだのしくみ

このSECTIONのポイント

- ◆**排泄の意味** … 排泄が正常になされなくなると、生理的な機能に異常をきたすおそれもあります
- ◆**排尿のしくみと排尿障害** … 尿失禁の種類と原因等をおさえましょう
- ◆**排便のしくみと排便障害** … 便秘の種類と原因等をおさえましょう

重要度C 排泄の意味

「排泄（はいせつ）」は、体内の不要物を体外に排出する行為であり、生きていくためには欠かせない行為です。

排泄が正常になされなくなると、不快感といった感情にとどまらず、生理的な機能に異常をきたすおそれもあります。排尿障害や排便障害の特徴を理解して、その背景にどのような原因があるのかを、的確に理解することが大切です。

重要度B 排尿のしくみと排尿障害

1 尿量の基準値と異常値

1日や1回の尿量には、基準値が示されています。

成人の場合、尿は、1日に**1000～2000mℓ**排出されます。1回の尿量は**200～300mℓ**で、1日の排尿回数は**5～7**回です。

こうした尿量が基準値から外れている場合、排出される尿量によって、**無尿**、**乏尿（ぼうにょう）**、**多尿**などに分類されます。

尿量が基準値から外れている場合の分類

- **無尿**…尿量が１日に**50〜100mℓ以下**になった状態。原因は、**ネフローゼ症候群**、**急性腎（じん）不全**など。
- **乏尿**…尿量が１日に**400mℓ以下**になった状態。原因は、**ネフローゼ症候群**、**急性腎不全**など。
- **多尿**…尿量が１日に**3000mℓ以上**になった状態。原因は**糖尿病**など。

2 尿の生成と排尿のしくみ

尿は、次のような流れで生成され、排尿に至ります。

❶食物や水分を摂取する。

❷老廃物や余分な栄養素が、血液によって**腎臓（じんぞう）**に運ばれる。

❸腎臓の**糸球体（しきゅうたい）**で、血液が濾過（ろか）される。たんぱく質以外の血漿（けっしょう）成分が、**原尿**になる。

❹**尿細管**で、ぶどう糖、アミノ酸などが再吸収される。

❺**集合管**で、水分がさらに吸収されて**尿**になり、尿管を通って膀胱（ぼうこう）へ運ばれ、貯蔵される。

❻尿意を感じると、大脳からの指示により、**尿道括約筋**がゆるみ、**排尿筋**が収縮して膀胱が縮み、尿道から**排尿**がなされる。

3 排尿障害

代表的な排尿障害として、ここでは、「尿失禁」について詳しく取り上げます。

「尿失禁」は、からだの機能の低下などによって、**排尿**のコントロールが難しくなり、尿をもらしてしまう状態をいいます。尿失禁には、主に、**切迫性**尿失禁、**腹圧性**尿失禁、**溢流（いつりゅう）性**尿失禁、**機能性**尿失禁、**反射性**尿失禁の５種類があります。

ここがポイント

尿失禁の種類

切迫性尿失禁	尿をためる機能に障害があり、強い **尿意** を感じてから、トイレまで我慢できずにもらしてしまう。脳血管疾患、膀胱炎、前立腺肥大症、尿路感染症などで多くみられる
腹圧性尿失禁	くしゃみや咳などで腹圧がかかることにより、尿がもれてしまう。**骨盤底筋群** の機能低下が原因となり、**女性** に多くみられる
溢流性尿失禁	高度の前立腺肥大症や前立腺がんなどから、尿道が狭窄・閉塞し、排尿困難によって膀胱に **残尿** があることで、あふれるようにもれてしまう
機能性尿失禁	**認知症** によってトイレの場所や便器の使用方法が分からない、または下肢の筋力低下など **運動機能** の低下によって、トイレまで間に合わずにもれてしまう
反射性尿失禁	脊髄損傷などを原因とした神経障害により、膀胱に一定量の尿がたまっても **尿意** を感じられず、反射的にもれてしまう

例題

Q 尿意を感じて我慢できずに失禁してしまう排尿障害は、溢流性尿失禁である。
〔第28回-問106〕

A × 尿をためる機能に障害があり、尿意を感じてからトイレまで我慢できずに失禁してしまうのは、切迫性尿失禁である。

重要度 B

排便のしくみと排便障害

1 排便量の基準値と色による異常

成人の場合、便は、１回に100～250g、１日に１～３回排出されます。色は通常、黄褐色で、色の変化によって異常を見分けることができます。

便の色による異常の原因

- 黒色…**タール便**とも呼ばれる。原因は、胃や十二指腸などの**上部消化管**からの出血。
- 鮮紅（せんこう）色…原因は、大腸などの**下部消化管**からの出血。
- 灰白（かいはく）色…原因は、**胆汁**（たんじゅう）の分泌不足や、**閉塞性黄疸**（へいそくせいおうだん）。

2 便の生成と排便のしくみ

便は、次のような流れで生成され、排便に至ります。

❶食物を摂取する。

❷胃で、食物が消化される。

❸小腸で、水分や栄養素が吸収される。

❹大腸で、食物のかすや腸内の細菌などが混ざり、便が生成される。一定量になると、直腸へ運ばれ、貯蔵される。

❺直腸に便が来ると、不随意筋である内肛門括約筋が緩む。そして大脳の指示により、外肛門括約筋を意識的に弛緩させることで直腸の蠕動（ぜんどう）運動が起こり、排便がなされる。

3 排便障害

代表的な排便障害として、ここでは、「便秘」について詳しく取り上げます。

「便秘」は、大腸での便の通過が遅れ、水分を失った便がとどまることで、排泄が難しくなっている状態をいいます。

便秘には、器質性便秘と機能性便秘があります。機能性便秘はさらに、弛緩性便秘、痙攣(けいれん)性便秘、直腸性便秘に分類されます。

●ここがポイント

便秘の種類

器質性便秘	がんによる 大腸 の異常などを原因として、排便が難しくなる。「便が細い」「 血便 が出る」といった特徴がある
弛緩性便秘	運動不足や食物繊維の摂取不足などで、大腸の緊張度が 弱 まり、蠕動(ぜんどう)運動が 低下する ことで、便がとどまるようになる。 高齢者 や 女性 に多くみられ、太くて硬い便が出る
痙攣性便秘	大腸の緊張度が 高 まり、強く収縮することで、排便が妨(さまた)げられる。過敏性腸症候群による ストレス などが原因になりころころとして硬い便が出る
直腸性便秘	直腸に便がたまっていても、 便意 が起こらない＝排便反射の低下により起きる。 便意 があっても排便を我慢してしまうことなどが原因で、「便が硬い」「排便時に痛みがある」といった特徴がある

そのほかの便秘の原因としては、麻薬性鎮痛剤や抗うつ薬などによる副作用も挙げられます。

例題

Q 弛緩性便秘の原因のひとつは、排便を我慢する習慣である。

〔第32回-問105〕

A × 排便を我慢する習慣が原因となるのは、直腸性便秘である。弛緩性便秘は、食物繊維の摂取不足などが原因となる。

CHAPTER 4
SECTION 8

睡眠に関連したこころとからだのしくみ

このSECTIONのポイント

- ◆睡眠の意味 … 睡眠は、こころとからだに休息をもたらし、生活のリズムを保つために欠かせないものです
- ◆睡眠に関連したこころとからだのしくみ … レム睡眠とノンレム睡眠の周期を理解しましょう
- ◆機能の低下・障害が睡眠に及ぼす影響 … 不眠症の種類と主な睡眠障害の特徴をおさえましょう

重要度C 睡眠の意味

「睡眠」は、心身の休息や疲労の回復、生活のリズムを維持するために欠かせないものです。

睡眠が不足すると、疲労の蓄積や思考力の低下などに限らず、食欲不振や便秘、倦怠(けんたい)感など、さまざまな身体症状が引き起こされるようになります。睡眠のリズムを保ち、適切な睡眠時間を確保することは、生き生きとした生活を送るためにも大切なことです。

重要度B 睡眠に関連したこころとからだのしくみ

1 概日リズム（サーカディアンリズム）

人のからだのなかには、約24時間周期で活動と休息を図るための**「体内時計」**が存在します。体内時計としての機能を果たしているのは、間脳にある**視床下部(ししょうかぶ)の視交叉上核(しこうさじょうかく)**です。体内時計によって保たれる約24時間周期のリズムのことを**概日(がいじつ)リズム（サーカディアンリズム）**と呼び、睡眠と覚醒は概日リズムをもとに引き起こされます。

◆睡眠に関わるホルモン

睡眠を促進するホルモン＝**メラトニン**は、網膜を通じた光の刺激が視交叉上核に届き、さらに視床の上部にある松果体（しょうかたい）に伝わることで分泌が調節されます。光の刺激が強い昼間には分泌が**抑制**され、夜間には**促進**されるという特徴があります。

そのため、概日リズムの回復には、起床後に**日光**を浴びることで、**メラトニン**の分泌を調節するのが適切といえます。また、**トリプトファン**という必須アミノ酸は、セロトニンを経て**メラトニン**に変化していくため、**朝食**時に摂取することが勧められています。一方、夜間にテレビやパソコンなどの過度の照明を浴びることは、**メラトニン**の分泌を抑制してしまうため、避けるようにします。

2 睡眠のリズム：レム睡眠とノンレム睡眠

睡眠では、浅い眠りから深い眠りへと至る過程を、１つの周期としています。１つの周期は約**90**分で、そのなかには、浅い眠りの**レム**睡眠と、深い眠りの**ノンレム**睡眠が含まれています。入眠直後は**ノンレム睡眠**から始まり、その後**レム睡眠**となり、再び**ノンレム睡眠**となります。一晩にこれが４～５回繰り返され、睡眠の質には、**長さ**よりも**深さ**が関係しています。なお、加齢に伴い**レム**睡眠の時間は減少し、**ノンレム**睡眠のなかでもより深い段階の睡眠の割合が減少していくようになります。

睡眠のリズム

□ **レム睡眠**	□ **ノンレム睡眠**
からだが深く眠っている睡眠。脳は活動しているが、からだは休息している。眠りは**浅い**。	脳が深く眠っている睡眠。副交感神経が優位にはたらいている。眠りは**深い**。

ひとこと

睡眠に関連して、覚醒状態を維持するために機能する物質として、**ヒスタミン**があります。ヒスタミンに対して抗ヒスタミン薬には、眠気をもたらす作用があります。

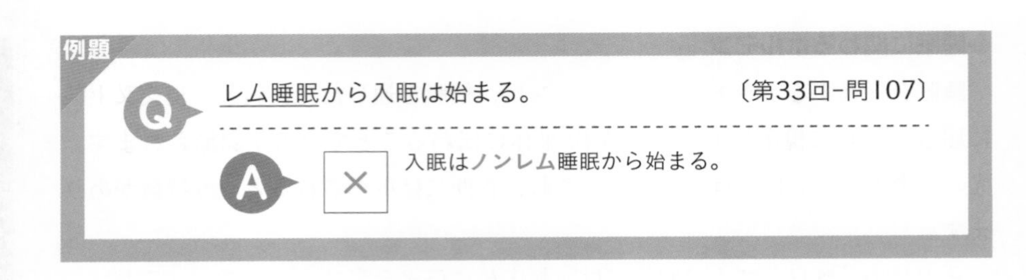

例題

Q レム睡眠から入眠は始まる。〔第33回-問107〕

A × 入眠はノンレム睡眠から始まる。

機能の低下・障害が睡眠に及ぼす影響

ここでは、まず不眠症にどのような種類があるのかを理解し、その次に高齢者の不眠の特徴について取り上げます。そして、不眠症のほかにどのような睡眠障害があるのか、その概要を解説していきます。

1 不眠症

不眠は、加齢、病気によるからだの痛み、ストレス、こころの病気（うつなど)、生活環境（音がうるさい、光が入り過ぎるなど）を原因として起こります。また、就寝前の**カフェイン**の摂取や飲酒なども、不眠を引き起こします。

●ここがポイント

不眠症の種類

入眠障害	熟眠障害
寝つきが悪く、なかなか眠れない	「深く眠れた」という感覚が得られない

中途覚醒	早朝覚醒
眠りが浅く、目が覚めやすい	早朝に目が覚め、そのまま眠れなくなる

2 高齢者の不眠の特徴

高齢者は、加齢とともに全般的に眠りが浅くなり、**中途覚醒**や**早朝覚醒**を引き起こしやすくなります。

これは、日中の活動量が減少することで、からだの必要とする睡眠時間が短くなるためです。深く眠れなくなることで、夜間に起きていて、日中眠くなるというケースも多くなります。

3 さまざまな睡眠障害

不眠症のほかにも、なんらかの原因で眠りが妨（さまた）げられたり、睡眠中に異常な行動をとってしまうなど、さまざまな**睡眠障害**が現れることがあります。

■さまざまな睡眠障害

種類	特徴
睡眠時無呼吸症候群	睡眠中に10秒以上呼吸が止まる**無呼吸**の状態が、一定の回数に上るもの。満足に睡眠をとることができず、日中に眠気が起きる。**肥満**による脂肪の増加や、扁桃肥大などが原因となる
レストレスレッグス症候群（むずむず脚症候群）	脚がほてり、かきむしりたくなるような不快感や**むずむず**とした感覚が起こり、眠りが妨げられる。**中途覚醒**の原因となる。下肢を動かすと症状が軽快する
周期性四肢（しし）運動障害	睡眠中に、手足に痙攣（けいれん）などが起こることで、睡眠が中断される。**中途覚醒**の原因となる
レム睡眠行動障害	**夢のなかの行動**に応じて、睡眠中にもかかわらず、大声を上げたり、手足を激しく動かしたりしてしまう
概日リズム睡眠障害	概日リズムに乱れが生じることで、夕方に強い眠気を感じて**就寝**し、深夜に**覚醒**してしまう
時差症候群	４～５時間の時差がある地域へ高速で移動すると、**体内時計**と外界の**明暗周期**とのズレが生じるいわゆる時差ぼけのこと。概日リズム睡眠障害のひとつ

CHAPTER 4

SECTION 9

人生の最終段階のケアに関連したこころとからだのしくみ

このSECTIONのポイント

◆「死」のとらえ方 … 脳死の定義や死の三徴候などをみていきます

◆「死」に対するこころの理解 … キューブラー・ロスによる「死」の受容の５段階の内容を理解しましょう

◆終末期から危篤状態、死後のからだの理解 … 危篤時に至るまでのからだの変化と死後の身体的変化をおさえましょう

重要度C 「死」のとらえ方

「死」とはどのような状態を指すものなのかを考えるとき、「生物学的な死」「法律的な死」「臨床的な死」という３つの視点があります。

◆生物学的な死

「生物学的な死」とは、すべての生理的機能が停止して、回復不可能な状態にあることをいいます。

◆法律的な死

医学の進歩により、脳の機能が消失しても、人工呼吸器などによって心肺機能を維持することが可能になりました。この状態を「法律的な死」（**脳死**）と呼び、**脳死**について定めた法律としては、「臓器の移植に関する法律」（臓器移植法）があります。

「臓器移植法」第６条第２項において、「脳幹を含む全脳の機能が不可逆的に停止するに至ったと判定された」人は、臓器移植が可能な脳死した人とされています。この定義は、あくまでも「臓器移植法」のなかでの定義ですが、「死」についてのとらえ方が多様化していることを表しているものともいえます。

◆臨床的な死

「臨床的な死」とは、心臓・肺・脳の機能が不可逆的に停止した状態をいい、具体的には、次のような死の**三徴候**が挙げられています。

死の三徴候

❶ 心臓の機能の停止 → **心停止**
❷ 肺の機能の停止 → **自発呼吸の停止**
❸ 脳の機能の停止 → **瞳孔(どうこう)散大**

◆リビングウィル・事前指示書と尊厳死

「死」に対する考え方は、人それぞれです。終末期の利用者が、どのような形で死を迎えたいと考えているか、延命処置を望んでいるのかどうかなどは、意思疎通(そつう)が困難になったときに備えて**書面**で残しておくことが大切です。

こうした生前の意思表示を**リビングウィル**や**事前指示書**と呼び、延命治療などを行わずに、自然な状態のままで死を迎えることを**尊厳死**と呼びます。

重要度 B 「死」に対するこころの理解

◆「死」の受容に至るまでのプロセス

「死」に対する恐怖は、誰もが等しくもっているものです。

アメリカの精神科医**キューブラー・ロス**は、死期を迎えた人が、自分の「死」を受容するまでにたどる過程を、**5**段階で理論化しました。

この5つの段階は、必ずしも順番どおりに現れるものではなく、異なる段階の状態が同時に現れることもあります。

●ここがポイント

キューブラー・ロスによる「死」の受容の５段階

第１段階： 否認	自分が死期を迎えたことへのショックから、現実を否定しようとする。自己防衛の段階
第２段階： 怒り	「どうして私が…」という怒りや、うらみの感情を抱くようになる
第３段階： 取引	よい行いをすれば、「死」という運命から逃れられると考えるようになる
第４段階： 抑うつ	「死」から逃れることはできないことを悟り、激しい喪失感（そうしつ）にとらわれるようになる
第５段階： 受容	現実を受け入れ、「死」を迎えるそのときまで、静かに過ごそうと考えるようになる

◆家族にとっての「死」の受容

「死」という現実を受け入れるまでには、利用者だけでなく、家族もまた受容の過程をたどることになります。家族に対するケアは、利用者の**生前**だけでなく、**死後**においても大切になります。「死」に対する悲しみや怒りのほか、食欲がおとろえたり、亡くなった人の面影を探したりすることもあります。

ひとこと

利用者の「死」を原因とした、家族のさまざまな行動を**否定せず**、その訴えに**耳を傾け**、**受け入れていく**姿勢が、介護福祉職には求められています。

例題

Fさん（72歳、男性）は数か月前から食欲不振があり、体重も減少した。市内の総合病院を受診したところ、末期の胃がんと診断され、緩和医療を受けることを勧められた。
Fさんの今の心情を、キューブラー・ロスの提唱した心理過程の第Ⅰ段階に当てはめた表現として、「診断は何かの間違いで、とても信じられない」が適切である。〔第27回-問108〕

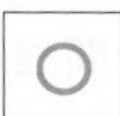

○ 自分が死期を迎えたことへのショックから、現実を否定しようとする第Ⅰ段階：否認の状態を表している。

重要度C 終末期から危篤状態、死後のからだの理解

終末期を迎え、危篤状態に至るまでのからだには、さまざまな変化が現れるようになります。なお、終末期にある利用者の状態に急変がみられた場合は、かかりつけ医をはじめとした医療職に、速やかに連絡を取るようにします。

■危篤状態に至るまでのからだの変化

分類	変化の特徴
血圧や循環器系	血圧が低下し、心拍数が減少する。チアノーゼ（酸素の欠乏により皮膚や粘膜が青紫色になる状態）の出現
呼吸器系	「ヒューヒュー」といった死前喘鳴(しぜんぜんめい)が現れる。呼吸のリズムが不規則になり、肩呼吸、下顎(かがく)呼吸、チェーンストークス呼吸（弱い呼吸と強い呼吸、さらに弱い呼吸と無呼吸状態を繰り返すもの）、死期喘鳴（喉からゴロゴロする音が聞かれる）などが現れる

代謝機能	体温が低下して、脱水傾向が強まり、皮膚が乾燥する
消化器系	食事や水分の摂取量が減り、体重も減少する
泌尿器系	尿量が減少する
意識状態	傾眠**状態**（うとうとした状態）が多くなる

このような状態を経て、死を迎えたあとのからだには、次のような変化がみられるようになります。

死後の身体的な変化

- 体温が徐々に低下して、周囲の温度と同じになる
- 角膜が混濁（こんだく）する（黒目にあたる部分が濁（にご）る）
- 死斑（しはん）※が、死後20〜30分で始まり、9〜12時間で全身に及ぶ
- 死後硬直※が、死後2〜3時間で始まり、12時間程度で全身に及ぶ。硬直は、30〜40時間で解け始める
- 自己融解（臓器の溶解）と腐敗（体内の細菌による内臓の分解）が始まる

※死斑／死後硬直とは？

死斑とは、血液がからだの低いほうに集まり、皮膚が赤紫色から暗褐色に変わること。
死後硬直とは、筋肉が硬化して、関節が動かなくなること。

例題

終末期において、死亡直前にみられる身体の変化に、尿量の減少がある。〔第26回−問107〕

死を目前にした人は、からだのさまざまな機能が低下して、尿量もまた減少する。

CHAPTER

5

発達と老化の理解

CHAPTER 5
SECTION 1

人間の成長と発達

このSECTIONのポイント

- ◆発達の定義と発達理論 … 各発達理論の概要と提唱者を覚えましょう
- ◆身体の成長・発達 … 人の標準的な成長・発達をおさえておきましょう
- ◆発達段階と発達課題 … ピアジェ、フロイト、ハヴィガースト、エリクソンの理論を整理しましょう
- ◆発達のために必要な要素 … アタッチメントや臨界期などをおさえましょう
- ◆乳幼児期の発達 … 物事ができるようになる時期を整理します

重要度C 発達の定義と発達理論

人間は、時間の経過とともに、身体的にも精神的にも変化を重ねていく生き物です。こうした変化を**成長**や**発達**と呼ぶとき、２つの言葉には、次のような違いがあります。

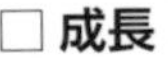

□ 成長	□ 発達
身長や体重など、からだの**量的な変化。**	言葉、思考力、運動機能など、からだとこころの**質的な変化。**

人間の発達を方向づけるものとして、**遺伝**的要因と**環境**的要因が挙げられ、２つの要因をどのようにとらえるかは、発達理論とその提唱者によって、次の表のように異なっています。

■発達理論とその提唱者

発達理論	提唱者	理論の概要
生得説（成熟優位説）	ゲゼル	発達の中心は**遺伝的要因**で、環境的要因が影響を与えるのは、**成熟**を迎えたあと
経験説（学習優位説）	ワトソン	経験や学習などの**環境的要因**が、発達を左右する
輻輳（ふくそう）説	シュテルン	遺伝的要因と環境的要因が**独立**した状態で、それぞれ発達に足し算的に影響を与えている
相互作用説（環境閾値（いきち）説）	ジェンセン	**環境的要因**の影響が、一定値（閾値）に達することで、**遺伝的な要素**が現れる

ひとこと

成熟優位説では、学習を成立させるために必要な**レディネス**（心身の発達の準備状態）を重視します。

例題

ゲゼルは、「相互作用説」を唱えた。 〔第22回-問41〕

ゲゼルは、生得説（**成熟優位説**）を唱えた。相互作用説を唱えたのは、**ジェンセン**である。

重要度B 身体の成長・発達

人は、出生後は、身体面、精神面共に成長を続け、20歳代半ばで成熟するといわれています。それ以降、加齢とともに老化し、やがて死を迎えます。

1 成長・発達

人体の**発生**は、卵子と精子が**受精**して生じた受精卵よりはじまり、それが細胞分裂を繰り返していくことで成長、発達していきます。

◆発生

発生には、受精卵が成体に達し、さらに死に至るまでの形態的変化である**個体**発生と、それぞれの生物種が成立し、根絶するまでの形態的変化である**系統**発生があります。

◆受精から出生まで

身体の主要な器官は、受精後おおよそ**8**週間（妊娠10週）までにほぼ形成され、通常**38**週（妊娠40週）で出産となります。

人の出生時の体重は約**3000**g、身長は約**50**cmです。

◆原始反射

出生時には、手に触れたものを握ろうとする**把握**反射、口に触れたものに吸いつこうとする**吸啜**（きゅうてつ）反射などの、**原始反射**と呼ばれる動作が認められます。原始反射は、生後４～５か月頃までに消失します。

◆身体の発達

身体は、**中軸**部から**末梢**部（肩→腕→手首→指先）への方向と、頭部から尾部（目→首→胸→腰→足指）への方向に発達していきます。

生後３～４か月頃には体重が出生時の**2**倍以上になります。３歳後半から４歳頃には身長が出生時の２倍になり、学童期から青年期になると、顕著に伸びていきます。この学童期からの成長には**成長ホルモン**が関与しています。

ひとこと

１歳半頃には頭蓋骨の**大泉門**（だいせんもん）が自然に閉鎖し、２～３歳頃には**乳歯**が**20本**生えそろいます。

◆言語の発達

生後３か月頃にはあやすと笑うようになります。生後６か月頃には喃語※を、12か月頃には有意語（意味のある単語）を話すようになり、１歳半～２歳頃には文（２語文）を話すようになります。

※喃語とは？
子音や母音からなる２つ以上の音節の発声で、バーブー、ダァダァなど意味をもたない言葉のこと。

◆運動機能の発達

１歳頃までに大まかな**運動機能**が発達し、**学童期**頃には複雑な運動ができるようになります。

→乳幼児期の発達についての詳細はp.266参照

標準的な発育をしている子どもの体重が、出生時の約２倍になる時期は、生後９か月である。　〔第35回－問33〕

体重が、出生時の約２倍になる時期は、生後**３～４**か月頃である。

2　各器官の発育パターン

アメリカの医学者・人類学者である**スキャモン**は、人の誕生から成熟期までの標準的な成長・発達を、**一般型（全身型）**、**リンパ型**、**神経型**、**生殖型**の４つのパターンに分類し、発達・発育曲線で示しました。

■スキャモンの発達・発育曲線

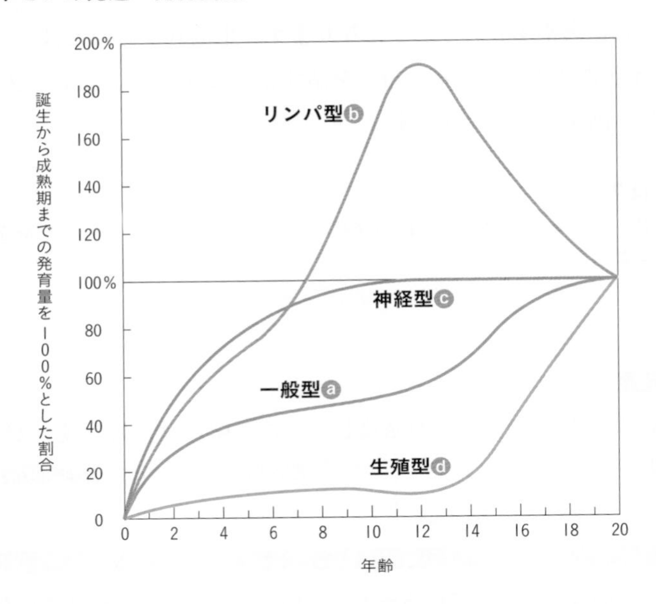

一般型（全身型）（上グラフⓐ）は、身長、体重のほか、肝臓や腎臓などの臓器の発育を示します。体の各部や臓器などは、乳幼児期に急速に発達し、その後、緩やかになり、思春期に再び急激に発達します。

リンパ型（ⓑ）は、免疫力を向上させるリンパ系組織の発達を示します。出生から12歳前後まで急激に発達し、成人のレベルを超えますが、その後、徐々に下降して成人のレベルまで戻ります。

神経型（ⓒ）は、神経系の発育を示します。脳は出生直後から急激に発達し、重量は出生時はおおよそ300gですが、4～6歳で成人の脳重量（1300～1400g）のおおよそ90%、1200g程度にまで成長します。10歳前後には成人と同程度になります。

生殖型（ⓓ）は、男児の陰茎、精巣、女児の卵巣、子宮などの発育を示します。思春期の12～14歳頃を過ぎると急激に発達します。

スキャモンの発達曲線では、リンパ系の組織は、20歳ごろから急速に発達すると示されている。〔第36回-問31〕

リンパ系の組織（リンパ型）は、出生から12歳前後まで急激に発達し、成人のレベルを超え、その後、徐々に下降して成人のレベルまで戻る。

重要度B 発達段階と発達課題

人間の発達の特徴を、年齢区分により段階的に表したものを、発達段階と呼びます。発達段階の理論は、さまざまな学者によって提唱されています。そのなかには、段階ごとに取り組むべき課題（発達課題）を示した理論もあります。

1 ピアジェの発達段階

心理学者のピアジェは、子どもの発達を、認知・思考という観点から、４つの段階に分類しました。

■ピアジェの発達段階

発達段階	年齢区分	発達の特徴
感覚運動期	０歳から ２歳頃まで	なんらかの動作をすることで、刺激と感覚器官が結びつき、対象を理解する ● **対象の永続性の獲得**（６～８か月頃） 目の前からそれまで見えていた物や人がなくなっても、この世から消え去ったわけではないことを理解できるようになる →「いないいないばあ」をすると喜ぶ
前操作期	２歳から ７歳頃まで	模倣などの象徴的思考と、見た目により判断をする直感的思考が特徴

具体的操作期	7歳から 11歳頃まで	具体的な形のあるものを、見た目で判断せずに、**論理的思考**で考えることができる
形式的操作期	11歳以降	具体的なものだけでなく、**抽象的な概念**についても、論理的思考で考えることができるようになる

ひとこと

ピアジェの発達段階では、どの段階で**象徴的思考**や**直感的思考**、**論理的思考**が可能になるのかをおさえておきましょう。

例題

A君は、積み木を飛行機に見立ててB君と遊んでいた。大人がA君とB君の目の前で、おやつのジュースを一人150mℓずつになるように計った。しかし、同じ大きさのコップがなかったので、それぞれ形の違うコップに入れて与えた。A君にジュースを入れたコップを渡したところ、A君は、「B君の方が量が多い」と言って泣き出した。
ピアジェによるA君の認知発達段階として、適切なのは前操作期である。〔第27回-問69〕

A君とB君のコップの形が異なることから、見た目には自分のジュースの量が少ないと感じて、A君は泣き出してしまった。これは、見た目によって判断をする**直感的思考**によるものと考えられる。

2 フロイトの発達段階

精神分析学者のフロイトは、**リビドー**（性的欲求）が身体のどの部分に向かって現れ、どのように充足されるかによって、5つの段階に分類しました。

■フロイトの発達段階

発達段階	年齢区分	発達の特徴
口唇期	0歳から 1歳頃まで	授乳や食事により、口唇でリビドーを満たす。基本的な信頼関係が獲得される 例 十分な授乳により、周囲への信頼を育む
肛門期	1歳から 3歳頃まで	排泄や、排泄のコントロールにより、肛門でリビドーを満たす。自律性が獲得される 例 排泄のしつけがあまりされていなければ、自律に問題を抱えやすい
男根期	3歳から 6歳頃まで	生殖器への関心や接触により、リビドーを満たす。異性の親への性的関心が現れる 例 この時期に「男の子だから○○すべき」としつけられるとそれに従った、男らしさを基準に行動するようになる
潜在期	6歳から 12歳頃まで	技能や知識を習得し、能力を発揮することで満足感が得られ、性的欲求は潜在的なものになる。学校生活を通じて社会性が獲得される 例 この時期にそうした抑制がなされないと、青年期でリビドーを自律するのが難しくなる
性器期 (思春期)	13歳以降	成人に至るまでは思春期とも呼ばれ、性的関心が再び高まる。やがて異性を尊重し、信頼し合う関係を築けるようになる 例 リビドーの発達の段階を経て成長すると、精神的に自立し、異性とのつきあいも自然にできるようになる

ひとこと

フロイトの発達段階では、**自律性**や**社会性**がどの段階でどのように獲得されるのかを、特によく理解しておきましょう。

3 ハヴィガーストの発達段階

教育学者のハヴィガーストは、**発達課題**の理論を初めて提唱しました。発達段階を6つの区分に分類し、段階ごとに達成すべき課題を示しています。

■ハヴィガーストの発達段階

発達段階	主な発達課題
乳幼児期 （早期児童期）	●歩行を習得する ●話すことを習得する ●排泄のコントロールを習得する ●善悪の区別を学び、良心を発達させる
児童期 （中期児童期）	●普通の遊びに必要な身体的技能を習得する ●読み、書き、計算の基礎的技能を習得する ●日常生活に必要な概念を発達させる ●人格の独立性を達成する（自立的な人間形成）
青年期	●同年代の男女と、新しい成熟した関係を結ぶ ●両親やほかの大人たちから情緒面で自立する ●経済的独立に関する自信を確立する ●社会的に責任ある行動をとりたいと思い、それを実行する
壮年期	●配偶者を選択する ●子どもを育てる ●就職をする ●市民としての責任を引き受ける
中年期	●大人としての市民的、社会的責任を果たす ●一定の経済的生活水準を確立し、維持する ●自分と自分の配偶者を、ひとりの人間として結びつける ●中年期の生理的変化を理解し、それに適応する
老年期	●肉体的な強さと健康の衰退に適応する ●退職と収入の減少に適応する ●配偶者の死に適応する ●同年代の人たちとの明るく親密な関係を確立する

ひとこと

ハヴィガーストの発達段階では、まず、**老年期の発達課題**をしっかりとおさえましょう。そして、**各段階で求められる能力や役割は何か**という視点から、解答できるようにしておきましょう。

例題

ハヴィガーストの示した児童期（中期児童期）の発達課題として、善悪の区別の習得がある。〔第25回-問69〕

善悪の区別の習得は、乳幼児期（早期児童期）の発達課題である。

4 エリクソンの発達段階

精神分析学者のエリクソンは、人間の生涯にわたる**自我**の発達に着目して、８つの段階に分類しました。段階ごとに発達課題を設け、課題に対する**心理社会的危機**を乗り越えることで**心理特性**を獲得し、次の段階に移行するものとしています（発達課題が獲得できない場合に**心理社会的危機**が訪れる、という考え方もあります）。

■エリクソンの発達段階

発達段階	年齢区分	発達課題と心理社会的危機	発達の特徴
乳児期	0歳から 1歳頃まで	基本的信頼 × 不信	自分自身や社会への信頼感を得る。 獲得される心理特性：希望
幼児期前期	1歳から 3歳頃まで	自律性 × 恥・疑惑	自分のからだやこころをコントロールできるようになる。 獲得される心理特性：意志力
幼児期後期	3歳から 6歳頃まで	積極性（自発性） × 罪悪感	自発的に行動し、自制心もめばえてくる。 獲得される心理特性：目的
児童期	6歳から 12歳頃まで	勤勉性 × 劣等感	社会への関心が高まり、仲間との間に集団関係を形成する。 獲得される心理特性：有能感

青年期	12歳から 20歳頃まで	同一性 × 同一性拡散	自分が何者であるのか、アイデンティティが確立される。 獲得される心理特性：忠誠心
成年期初期	20歳から 30歳頃まで	親密性 × 孤立	まわりの人と、親密な関係を築いていく。 獲得される心理特性：愛
成年期中期	30歳から 65歳頃まで	生殖性 × 停滞	子育てや後輩の指導などを通じて、次世代を育成する。 獲得される心理特性：世話
成年期後期 (老年期)	65歳以降	自我の統合 × 絶望	自分の人生を肯定的に受け入れ、円熟期に入る。 獲得される心理特性：英知

ひとこと

エリクソンの発達段階でも、**成年期後期（老年期）の内容**をしっかりとおさえておきます。
そのほかの段階は、**発達課題**と**獲得される心理特性**を絡めて、覚えておくようにしましょう。

例題

エリクソンの発達段階説において、青年期の発達課題は、自発性の獲得である。 〔第29回-問69〕

青年期の発達課題は、同一性の獲得である。自発性の獲得は、幼児期後期の発達課題である。

重要度C 発達のために必要な要素

子どもの健やかな発達のために必要な要素として、次のようなものが挙げられます。

◆アタッチメント

乳幼児期の発達初期に形成され始める、母親など特定の人との間に築かれる情緒的な絆、愛情といった特別な関係のことを**アタッチメント**（**愛着**）といいます。アタッチメント理論（愛着理論）を提唱した**ボウルビィ**は、生後２～３年の時期が重要であり、この間に養育者からの適切な愛情が不足すると発達に何らかの問題が生じるとしました。また、エインズワースらは、愛着の質を測定する実験方法として**ストレンジ・シチュエーション**法を開発しました。結果は、一般的にはＡ群（**回避型**）、Ｂ群（**安定型**）、Ｃ群（**アンビバレント**型）に分類され、Ａ群とＣ群を合わせて不安定群と呼び、虐待との関係性が指摘されています。

◆臨界期

発達には機能を獲得するために適した時期があります。これを**臨界期**といいます。臨界期を過ぎると、機能の獲得に時間がかかったり、獲得が難しくなったりします。臨界期の例としては、次のようなものがあります。

臨界期の例

- ハイイロガンなどの鳥類のヒナが、孵化（ふか）直後に出会った動くものに対して親だと思いこんで追いかける現象 → **インプリンティング**（刻印づけ）
- 11～12歳と思われるアヴェロンの野生児は、イタール医師によって献身的に教育された結果、基本的生活習慣は獲得できたが、言語能力は十分に獲得できなかった → 言語能力においても臨界期が示唆（しさ）された

◆発達の最近接領域

ヴィゴツキーは、子どもの知的発達には、自分で問題解決できる領域と、他者からの援助がないと解決できない領域があると考えました。この２つの差を発達の**最近接領域**といいます。彼は、教育において、この最近接領域にこそアプローチして援助し有効に活用すべきだとしました。

乳幼児期の発達

乳幼児は、次のような発達過程をたどります。

■乳幼児の発達過程

	運動面	情緒面・社会性	言語面
1か月	腹ばいで頭をあげる（パラシュート反射）、手のひらを指でなでると握る（把握反射）などの原始反射の出現（6か月頃から消失）	快・不快の感情がみられる 自発的に微笑む表情を浮かべる（新生児微笑）	音に反応する
2か月			「あー」「うー」など意味のない発声（クーイング）がみられはじめる
3か月	首がすわる	あやすと笑う（社会的微笑） 母親を覚える（特定の人に働きかける）	
5か月	寝返りをする 離乳食がはじまる	声の方を見る	
6か月		鏡に映った自分の顔や、名前に反応する	意味のない音節（喃語（なんご））を発するようになる（4～6か月頃）
7か月	コップから飲みものを飲む 支えがなくてもお座りができる 支えられて立つ	親しみと怒った顔がわかる 声からその人の感情がわかる	
8か月	ハイハイする	人見知り（2～3歳まで続くこともある）	
9か月	つかまり立ちができる	共同注意（子どもが親などの他人と同じものを見る行動） 親のまねをしはじめる	
10か月	つたい歩きができる	興味があるものを指さす	

図は標準的な発達過程を示していますが、発達には個人差があります。

11か月	なぐり描きをする		
12か月	ひとり歩きができる 物を指でつまむ	簡単な言われたことをやる 社会的参照※がみられる	1語文（ママ・パパなど意味のある言葉〈初語（しょご）〉）を話す
1歳半	階段登りができる ストローを使って飲む スプーンを使う	嫉妬する ごっこ遊びをする	急激に語彙（ごい）を学習するスピードが上がる語彙爆発が起きる
2歳	走ったり、ボールを蹴ったりできる	第一反抗期により、周りと協調できるようになる 自己抑制が発達する（2～4歳）	2語文を話す（2つの言葉をつなげて話す） 「これ何？」のような質問が多くなる（第一質問期）
2歳半	1人で排泄ができる		自分の名前が言える
3歳	はさみや箸を使うことができる	友達と協力して遊ぶ	「どうして？」のような質問が多くなる（第二質問期）
3歳半	自分で衣服の脱ぎ着ができる		
4歳		集団遊びの決まりごとを守れるようになる	
5歳	スキップができる		

※社会的参照とは？

子どもが新奇な対象に出会ったときに、大人の表情を手掛かりにして自分の行動を決める現象。

例題

1歳ごろに喃語（なんご）を発するようになる。〔第34回-問70〕

×　喃語とは、「アーアー」というような意味のない発声をいい、生後**4～6か月**頃にみられるようになる。

CHAPTER 5
SECTION 2

老年期の基礎的理解

このSECTIONのポイント

◆老年期の定義 … 各法律や制度における「高齢者」の定義、規定を整理しておきましょう

◆老年期の発達課題 … 老年期を迎えた人は、どのように「老い」を自覚し、成熟を迎えていくのかを理解しましょう

重要度B 老年期の定義

老年期は、人が老化を迎え始めたときから、始まるといえます。老年期は高齢期と言い換えることができ、WHO（世界保健機関）の定義する高齢者は、65歳以上とされています。

この定義に沿って、次の表のように、日本の高齢者福祉に関する法律においても、おおむね65歳以上の人を「高齢者」として、施策の対象としています。

■高齢者福祉の法律における、「高齢者」に関する規定

法律名	高齢者に関する規定
介護保険法	●第１号被保険者：65歳以上 ●第２号被保険者：40歳以上65歳未満
老人福祉法	原則として65歳以上が施策の対象 （軽費老人ホームの利用は60歳以上）
高齢者の医療の確保に関する法律 （高齢者医療確保法）	●前期高齢者：65歳以上75歳未満 ●後期高齢者：75歳以上
国民年金法	65歳以上の人に、老齢基礎年金を支給
厚生年金保険法	65歳以上の人に、老齢厚生年金を支給

高齢者虐待の防止、高齢者の養護者に対する支援等に関する法律（高齢者虐待防止法）	65歳以上の人を「高齢者」と定義
高年齢者等の雇用の安定等に関する法律（高年齢者雇用安定法）	事業主が定める定年年齢を60歳以上と規定。定年を65歳未満と定める事業主に、次のいずれかの措置の実施を義務づけ ❶65歳までの定年の引き上げ ❷継続雇用制度の導入（雇用している高年齢者の希望により65歳まで継続雇用） ❸定年の廃止
道路交通法	● 普通自動車対応免許を有する70歳以上の人に、高齢運転者標識の表示を義務づけ（努力義務） ● 運転免許の更新を受ける75歳以上の人に、認知機能検査を義務づけ

例題

高齢者の医療の確保に関する法律では、後期高齢者を65歳以上としている。〔第32回–問70〕

高齢者の医療の確保に関する法律では、65歳以上75歳未満を前期高齢者、75歳以上を後期高齢者としている。

重要度B　老年期の発達課題

ハヴィガーストは老年期の発達課題として、「肉体的な強さと**健康**の衰退への適応」「退職と**収入**の減少への適応」「**配偶者**の死への適応」などを挙げています。

円熟した老年期を迎えるためには、心身の機能の低下、仕事や家族の喪失などを乗り越え、自分の人生を**肯定的**に受け入れていくことが重要になってきます。

1 老性自覚

「老性自覚」とは、「老い」を自覚することです。老性自覚が現れる時期には個人差があり、その要因には、次のような**内的**要因と**外的**要因があります。

老性自覚をもたらす要因

□ **内的要因**
体力の低下、記憶力の低下、病気のかかりやすさ、など。

□ **外的要因**
退職、子どもの成長、配偶者や友人の死、など。

「老い」を自覚したあとの生き方も、人それぞれです。その後の人生に対して**否定的**になる人も、**肯定的**になる人もいます。まずは、その人が老年期をどのように迎えているのかを理解することが大切といえます。

2 喪失体験

人は、年を重ねることによって、さまざまなものを失っていきます。

例えばそれは、病気にかからない**健康**なからだの喪失であったり、**確実な収入**の喪失であったり、社会の一員として職務を果たす、子どもを育てるといった**役割**の喪失であったりします。

こうした喪失体験によって、生きがいが失われると、その後の人生の質の低下にまでつながってしまうおそれがあります。特に親しい人との死別を経験したときには、その直後に**十分に悲しむ**ことが悲嘆を乗り越えるために大切になります。

3 老化への適応と、老年期の発達

老いることは、必ずしも、失うことばかりを意味するものではありません。高齢者は、さまざまな知識と経験を積み重ねて、今に至っています。老化に**適応**し、**有意義**な人生を送ろうとすることが、老年期の発達につながっていきます。

老年期における望ましい発達のあり方を示した、**サクセスフル**・エイジングとプロダクティブ・エイジングという２つの考え方を理解しておきましょう。

●ここがポイント

老年期の発達と成熟に関わる２つの考え方

サクセスフル・エイジング	老年期を迎えた人が、幸福な人生を過ごせているかどうかを、本人の主観的な視点からとらえようとする考え方
プロダクティブ・エイジング	老年期に差しかかっても、自立して生産的な活動に関わるべきとする考え方。生産的な活動とは、ボランティアや家事などの「支払い」を求めない無償労働を中心とする

✔CHECK!

✔CHECK! プロダクティブ・エイジングの提唱者

プロダクティブ・エイジングを最初に提唱したのは、アメリカの老年学者 **バトラー** 。自身が提唱した、高齢を理由にして、偏見をもったり差別したりする **エイジズム** に対して、この考え方を示した。

ひとこと

このほか、WHOが「第２回高齢者問題世界会議」（2002年）で初めて提唱した、**アクティブエイジング**（加齢を受容して、活動的に生きようとすること）という考え方もあります。

例題

エイジズムとは、高齢になっても生産的な活動を行うことである。
〔第36回−問34〕

記述は、プロダクティブエイジング。エイジズムは、高齢を理由にして、偏見をもったり差別したりすること。

CHAPTER 5
SECTION 3

老化に伴うこころとからだの変化

このSECTIONのポイント

- ◆**生理的老化と病的老化** … それぞれの定義と、生理的老化に関する学説を覚えましょう
- ◆**老化に伴う身体的機能の変化** … 老化に伴う器官・部位別の変化の特徴をおさえましょう
- ◆**老化に伴う知的・認知機能の変化** … 流動性知能と結晶性知能、記憶の分類などを覚えましょう
- ◆**老化に伴う精神的機能の変化** … ライチャードによる人格の変化の5類型を覚えましょう

重要度B 生理的老化と病的老化

成熟期以降に起こる生理機能の変化を「老化」といいます。老化は「**生理的老化**」と「**病的老化**」に分けられます。

生理的老化と病的老化

□ **生理的老化**

- **20～30**歳頃から徐々に生じ、すべての人に起こる不可逆的な変化
- 特徴として、**普遍性**（誰にでも起こる）、**内在性**（老化の原因が個体自身の中に存在している）、**進行性**（老化は逆戻りできない）、**有害性**（生物にとって好ましくない）の４つが挙げられる

□ **病的老化**

- すべての人に必ず起こるとはいえない変化
- さまざまな疾患や外的環境によって寿命が短縮する。疾患が治ることによって回復する可能性があり、生理的老化と異なり**可逆的**

生理的老化には、次のような学説があります。

■生理的老化の学説

学説名	内容
エラー破局説	細胞内のDNAが損傷することで老化が生じると考える
消耗説	加齢による臓器や器官の萎縮や縮小に対して、それを補う再生機能が低下することで老化が生じると考える
フリーラジカル説	活性酸素による細胞の損傷で老化が生じると考える
機能衰退説	加齢によって臓器や器官が機能低下することで老化が生じると考える
老化プログラム説	人の**細胞分裂**の回数があらかじめ決まっていることで老化が生じると考える

例題

消耗説では、活性酸素による細胞の損傷で老化が生じると考える。

〔第30回-問69〕

消耗説は、加齢による臓器や器官の萎縮や縮小に対して、それを補う**再生機能**が低下することで老化が生じるとする説。記述は、**フリーラジカル説**である。

重要度B 老化に伴う身体的機能の変化

老化は、身体的機能にさまざまな影響を及ぼします。

免疫機能(めんえき)が低下するため、感染症にかかりやすく、病気からの回復にも時間を要するようになります。

また、環境の変化に対する**適応力**も低下することで、暑さや寒さに対して、からだが正常に作用せず、体調を崩しやすくなります。

■老化に伴う器官・部位別の変化

からだの器官・部位	変化の特徴
循環器系の変化	●酸素運搬能力の低下（ヘモグロビン量の減少） ●脈拍の乱れ、血圧の上昇 ●動脈**硬化**になりやすく、負荷に対応するため心臓の筋肉が肥大（心肥大）する
呼吸器系の変化	●肺活量の低下や残気量の増加による息切れ ●誤嚥の増加
消化器系の変化	●唾液の分泌量の減少 ●消化液の分泌量の減少と、腸の蠕動運動低下による便秘の増加
泌尿器系の変化	●尿の濃縮力の低下 ●夜間の頻尿（排尿回数の増加）
関節や骨の変化	●関節液の減少、関節**可動域**の縮小 ●骨量や筋肉量の減少、骨**密度**の低下 ●筋肉量の減少は、上肢よりも下肢のほうに顕著に現れる
皮膚の変化	●体内の水分量や皮脂（皮膚表面のあぶら）が減少し、皮膚の表面が乾燥**化**しやすい

ひとこと

筋肉量の維持には、五大栄養素のひとつであり、からだの組織をつくる たんぱく質 （p.227参照）の摂取が有効です。

例題

老化に伴う身体の変化の特徴として、皮膚の表面が湿潤化する。

〔第30回-問71〕

老化により、体内の水分量や皮脂が減少することで、皮膚表面は乾燥**化**しやすくなる。

老化に伴う知的・認知機能の変化

老化によって変化していくのは、身体的機能だけではありません。知能、記憶、感覚機能といった、知的・認知機能の変化にも特徴があります。

1 知能の変化

知能は、記憶力・理解力・判断力などをもとに、物事を考え、問題を解決するために用いられる、総合的な能力です。生まれもった能力と関わる流動性知能と、日々の学習や経験などと関わる結晶性知能に分けられます。

2つの知能の特徴と老化による変化

□ **流動性知能**
新しいことを学ぶ、新しい場面に適応するために活用される能力。記憶力や計算力など、生まれもった能力に左右されるため、**老化によって低下しやすい。**

□ **結晶性知能**
教育や学習、人生経験の積み重ねによって、成長していく能力。理解力や判断力などが含まれ、**老化による影響が少なく、長期にわたって維持される。**

ひとこと

流動性知能のピークは 30歳代 、結晶性知能のピークは 60歳代 といわれています。積み重ねてきた知識や経験は、老化による影響を受けにくいということが、ピークを迎える年齢層からも伝わってきます。

例題

Q 老化に伴う知的機能の変化として、経験や学習で得られた結晶性知能は低下しやすい。〔第29回-問72〕

A × 人生経験の積み重ねによって成長していく結晶性知能は、老化による影響が少ない。

2 記憶の変化

記憶は、記銘（きめい）（情報を覚える）→保持（情報を保存する）→想起（情報を取り出す）という3つのプロセスで成り立っています。 →詳細はp.193参照

一方で記憶は、記憶できる時間の量や長さによって、感覚記憶、短期記憶、長期記憶の3つに分類されます。

●ここがポイント

記憶できる時間の量や長さによる「記憶の分類」

感覚記憶	目や耳など、感覚器でとらえた情報を瞬間的に記憶する（1～2秒程度）。注意を向けたものが、短期記憶に移行する
短期記憶	感覚記憶のうち、注目した情報を一時的に記憶する（数十秒程度）。繰り返し再生することで、長期記憶に移行する
長期記憶	短期記憶のうち、繰り返し再生された情報を記憶する。ほぼ無限大の量が、半永久的に記憶される

✔CHECK!

✔CHECK! 長期記憶の分類

手続き記憶（技術や技能についての記憶）、意味記憶（学習や作業により得られる知識の記憶）、エピソード記憶（個人的な体験や出来事に関する記憶）などに分類される。このうち、エピソード記憶が老化によって低下しやすい。

ひとこと

その場その場で覚えた一時的な記憶を、すぐに思い出せなくなった場合は、**短期記憶の障害**による可能性が高いです。

例題

エピソード記憶は、加齢の影響を受けにくい。

〔第35回－問35〕

個人的な体験や出来事に関する記憶である**エピソード**記憶は、加齢により低下する。

3 感覚機能の変化

感覚機能とは、視覚、聴覚、嗅覚（きゅうかく）、味覚、触覚（より大きなとらえ方として「皮膚感覚」がある）の五感を指します。触覚の低下などには個人差がありますが、一般的には、次のような変化がみられます。

■老化に伴う感覚機能の変化

感覚機能	変化の特徴
視覚	近方**視力**が低下し、老眼になる。また、視野がせまくなり、色や明るさにより識別する能力が低下する
聴覚	高**音域**の音が聞き取りにくくなる。また、音を識別する力が低下する
嗅覚	においを感じ取りにくくなる
味覚	味（特に塩味）に対する感受性が低下する
触覚（皮膚感覚）	熱さ・冷たさ、痛みなどの感覚が低下する

老化に伴う精神的機能の変化

老年期に差しかかった高齢者は、「老い」を自覚し、さまざまな喪失(そうしつ)体験を経験していくことになります。また、身体的機能の低下によって活動量が減り、意欲の低下がみられる場合もあります。こうした要素と関わる精神的機能の変化として、老年期の精神疾患と、人格の変化について取り上げていきます。

1 老年期の精神疾患

老年期の精神疾患として代表的なものは、老年期うつ病です。

若い人と比べて、抑うつ気分は軽いですが、不眠やめまい、頭痛、食欲の低下、便秘などの身体症状の訴えが強く現れることが特徴です。そのため、仮面うつ病とも呼ばれています。

症状は、朝方から午前中にかけて悪化するなど、１日のなかでも変動があります。状態に応じて、適度に休息を促し、見守っていく姿勢が大切です。

ひとこと

老年期うつ病は、記憶障害や見当識障害などの症状を示し、認知症と間違われることもあるため、**仮性認知症**とも呼ばれます。

2 老年期における人格の変化

例えば、退職という喪失体験に直面したあとで、どのようにして自分自身の状態や状況に適応していくのかは、重要な視点です（適応が難しい場合に自己防衛反応として生じる適応機制については、p.368参照）。

ライチャードは、定年退職後の男性高齢者が、どのような人格の変化を迎えるのかを５類型に分類しました。

この５類型は、次の表のように、退職後の状況に適応していくことができるタイプと、適応していくことができないタイプにも、分けることができます。

■ライチャードによる人格の変化の５類型

分類	類型	特徴
状況に適応	円熟型	現実を受け入れ、積極的に社会活動に参加していくことができる
	安楽いす型	社会活動に対しては消極的で、依存心も強いが、穏やかに日々を過ごすことができる
	装甲型（自己防衛型）	老化への不安を押しとどめるために、社会活動を続け、若さを誇示して自己防衛を図る
状況に不適応	憤慨型（外罰型）	老化を受け入れず、過去の失敗について他人**を責める**ことで、自分を守ろうとする
	自責型（内罰型）	過去の失敗について自分自身**を責め**、抑うつ状態になる

例題

Bさん（82歳、男性）は、大企業の営業部長を務めていたが、退職した後も会社のことをいつも気にしている。足が少し不自由なので長男が同居を勧めているが、世話になりたくないと拒否している。Bさんは、自分の庭で野菜を作っている。地域との交流はほとんどない。
ライチャードの老年期における人格の５類型のうち、Bさんに相当するのは、憤慨（外罰）型である。　〔第25回-問71〕

老化への不安を押しとどめるために、退職しても会社のことを気にし、長男との同居も拒否して自分の庭で野菜を作ることで若さを誇示する装甲型（自己防衛型）である。

ひとこと

年を重ねることで、自分にとって満足感や充足感を抱けるような活動を選び、新たな関係よりも親しい人との関係を重視するような傾向があることを**社会情動的選択理論**と呼びます。

高齢者の症状、疾患の特徴

このSECTIONのポイント

◆**高齢者に現れるさまざまな症状** … 高齢者によくみられる症状の原因を整理しましょう

◆**高齢者の疾患の特徴** … 若年者とは異なる高齢者の疾患の現れ方の特徴をおさえましょう

◆**老年症候群** … 老年症候群に含まれる各症状を覚えましょう

◆**データにみる高齢者の疾患の傾向** … 最新の統計数値をみておきましょう

高齢者に現れるさまざまな症状

高齢者がからだの不調を訴えた場合、その背景には、さまざまな疾患があることが予測されます。

■高齢者に現れるさまざまな症状と、主な原因

症状	主な原因
痛み	●**頭痛** → **くも膜下出血**、脳腫瘍(しゅよう) ●**胸痛** → 虚血性心疾患（**狭心症**、**心筋梗塞**(こうそく)） ●**腹痛** → **腸閉塞**(へいそく)、胃潰瘍(かいよう)、大腸がん ●**関節や骨** → 骨折、変形性関節症、関節リウマチ
かゆみ	●**発疹**(はっしん)**がない** → **老人性掻痒**(そうよう)**症**、糖尿病、慢性腎(じん)不全 ●**発疹がある** → 皮膚炎、疥癬(かいせん)、かぶれ
むくみ（浮腫(ふしゅ)）	●**顔のむくみ** → **慢性腎不全**などの腎疾患、**甲状腺**(こうじょうせん)**機能低下症** ●**手足のむくみ** → 静脈の**血栓**(けっせん)（血液の塊） ●**全身のむくみ** → ネフローゼ症候群
しびれ	●**手足のしびれ** → **末梢**(まっしょう)**神経障害**、後縦靭帯骨化症(こうじゅうじんたいこっかしょう) ●**半身のしびれ** → **脳梗塞**、脳内出血

めまい	●**持続的な場合** → 動脈硬化による多発性脳梗塞 ●**立ちくらみなどの場合** → **低血圧、脱水** ●**耳鳴りや回転感を伴う場合** → メニエール病 ●**耳鳴りを伴わない回転感** → **良性発作性頭位めまい症**
下痢（げり）・便秘	●**急性の下痢** → ウイルス性の感染症 ●**慢性の下痢** → **過敏性腸症候群**（ストレスによる） ●**便秘** → 腸のはたらきの低下、廃用症候群、大腸がん
咳（せき）・痰（たん）	●**慢性の咳** → **慢性気管支炎、肺気腫** ●**痰を伴わない咳** → 降圧剤 ●**咳や血痰** → 肺結核

重要度A 高齢者の疾患の特徴

高齢者の疾患の現れ方には、**若年者**とは異なる特徴があります。この疾患なら必ずこの症状が現れる、という保証がなく（症状が**非定型的**）、症状の現れ方も**個人差**が大きいといえます。高齢者の健康状態を把握するためにも、まずはその特徴をしっかりとおさえておく必要があります。

●ここがポイント

高齢者の疾患の特徴

◆恒常性※を保てず、**全身状態**が悪化しやすい

◆複数の疾患を併発し、**合併症**も起こりやすい

◆疾患の基本的な症状が現れにくく、**非定型的**である

◆症状の現れ方や程度に、 個人差 が大きい

◆入院や入所による 住環境の変化 が影響を与える

◆うつなどの 精神症状 や神経症状を伴いやすい

◆ 慢性化 しやすく、治療に時間を要する

◆慢性化による廃用症候群が、 ADLやQOL の低下をまねく

◆肝臓・腎臓（じんぞう）の機能低下により、薬剤の代謝は低下し、薬物排泄（はいせつ）量も減少する。その結果、複数の薬物が相互に影響を与え合い、有害な 副作用 を引き起こしやすくなる

※恒常性とは？
外部環境の変化に対して、内部環境を安定した状態に維持しようとする性質のこと。ホメオスタシスとも呼ばれる（p.196参照）。

例題

高齢者が複数の慢性疾患を持つことは、まれである。
〔第31回-問74〕

× 高齢者は、複数の疾患を併発し、合併症も起こりやすく、慢性化しやすい。

重要度 B

老年症候群

老年症候群とは、加齢による**心身**機能の低下によって引き起こされるさまざまな症状・病態をいいます。原因が多様ではっきりせず、治療よりも**予防**と適切な**対応**が重要となります。

老年症候群として扱われるおもな症状・病態

●フレイル、サルコペニア ●意識障害、せん妄 ●抑うつ
●認知機能障害 ●低栄養、食欲不振 ●脱水 ●起立性低血圧
●めまい、ふらつき ●視聴覚障害 ●廃用症候群 ●尿失禁
●手足のしびれ ●誤嚥、嚥下障害 ●転倒、転落 ●便秘
●貧血 ●骨折 ●骨粗鬆症 ●低体温

1 フレイル

高齢になって、筋力や活動が低下している状態を**フレイル**といいます。健康と病気の中間の段階で、進行すると寝たきりや廃用症候群になるおそれがあります。

❶**体重**減少、❷**歩行速度**低下、❸**握力**低下、❹**疲れやすい**、❺**身体活動**レベルの低下、のうち 3 項目以上あればフレイル、1～2項目であれば**プレフレイル**とみなされます。

フレイルは、適切な介入・支援があれば、健常に近い状態への改善や進行を遅らせることができる可能性があるため、適度な運動、適切な食事、社会活動への参加を通じて、フレイルに陥らないことが重要です。

2 サルコペニア

加齢に伴う骨格筋量の減少を**サルコペニア**（加齢性筋肉減少症）といいます。近年では、筋量の減少に加えて、筋力や身体機能の低下を含めた概念でとらえられ、この場合、フレイルの一部とも考えられます。

データにみる高齢者の疾患の傾向

高齢者に、特にどのような疾患が多くみられるのか、介護が必要になった主な原因と、65歳以上の高齢者の死因からみてみましょう。

●ここがポイント

介護が必要になった主な原因

要支援者の場合
第１位：関節疾患
第２位：高齢による衰弱
第３位：骨折・転倒

要介護者の場合
第１位：認知症
第２位：脳血管疾患
第３位：骨折・転倒

総数

第１位：認知症　第２位：脳血管疾患　第３位：骨折・転倒

65歳以上の高齢者の死因

第１位：悪性新生物　第２位：心疾患　第３位：老衰
第４位：脳血管疾患　第５位：肺炎　第６位：誤嚥性肺炎

ひとこと

介護が必要になった主な原因は「2022（令和４）年国民生活基礎調査」、65歳以上の高齢者の死因は「令和４年（2022）人口動態統計（確定数）の概況」によるものです。

高齢者に多い疾患（神経系、循環器系、呼吸器系）

このSECTIONのポイント

◆**神経系の疾患** … 脳血管疾患、パーキンソン病の症状の特徴をおさえましょう

◆**循環器系の疾患** … 不整脈、心不全、虚血性心疾患、高血圧についてみていきます

◆**呼吸器系の疾患** … 肺炎、慢性閉塞性肺疾患、気管支喘息の症状の特徴をおさえましょう

重要度A　神経系の疾患

脳を含めた神経系は、人間の思考や行動をつかさどる重要な器官です。神経系の疾患は、老化による脳血管の異常などによって引き起こされます。

1　脳血管疾患

脳血管疾患は、「脳血管障害」や「脳卒中」とほぼ同じ意味をもち、脳血管の異常による病気を、まとめて指すものです。高血圧や動脈硬化などを原因とし、**生活習慣病**のひとつにも含まれています。

脳血管疾患は大きく、

- 脳の血管が**破れる**疾患（**脳出血**）
- 脳の血管が**詰まる**疾患（**脳梗塞**（こうそく））

に分類されます。そして、脳出血は**脳内出血**と**くも膜下**出血に、脳梗塞は**脳血栓**（けっせん）と**脳塞栓**（そくせん）に、さらに分けられます。

■脳血管疾患の分類

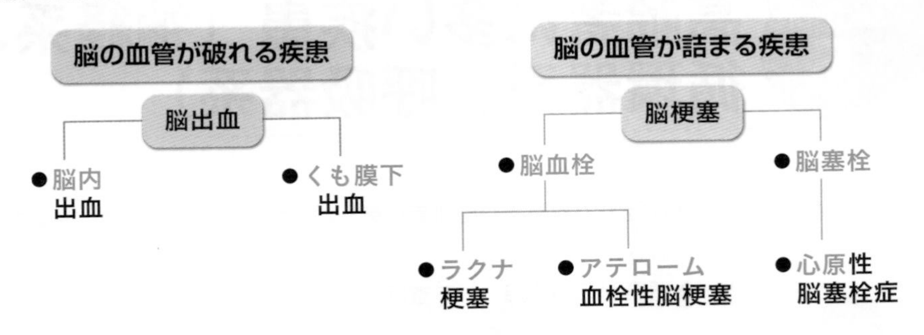

◆**脳出血（脳内出血・くも膜下出血）の特徴**

「脳出血」は、脳の血管がなんらかの原因で破れ、出血することでさまざまな症状を引き起こすものです。出血の部位によって、脳内出血とくも膜下出血に分類されます。

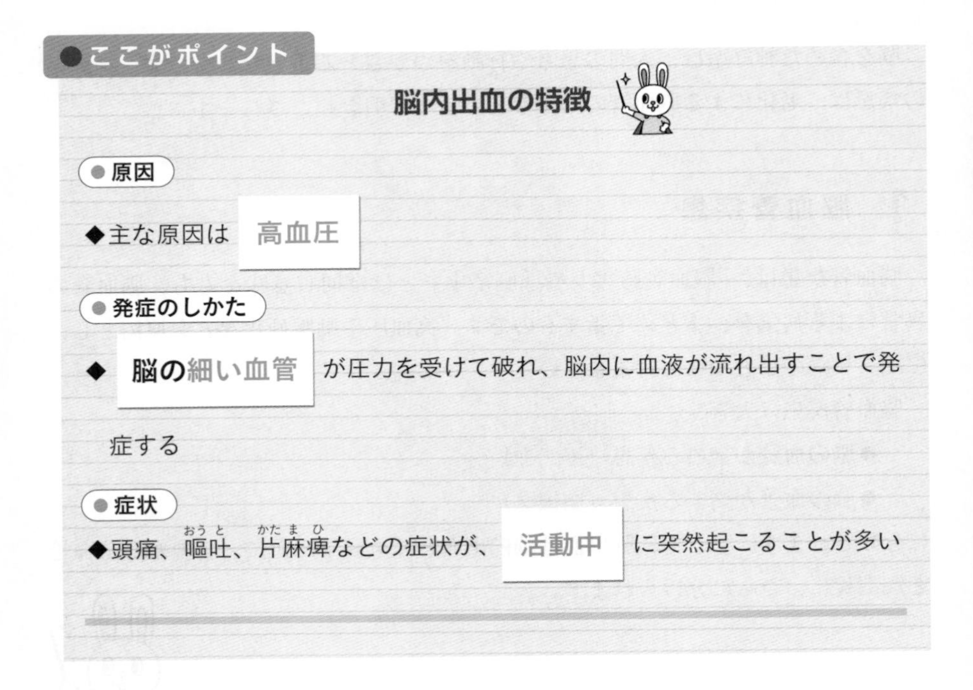

くも膜下出血の特徴

● 原因

◆主な原因は **脳動脈瘤**（りゅう）**（脳動脈にできた「こぶ」）** の破裂

● 発症のしかた

◆ **くも膜と軟膜の間の血管** が破れ、出血することで発症する

● 症状

◆ **激しい頭痛** 、嘔吐、意識障害などが起こる

◆脳梗塞（脳血栓・脳塞栓）の特徴

「脳梗塞」は、**動脈硬化**によってせまくなった血管に、**血栓**（血液の塊）が詰まることで、脳細胞に必要な酸素や栄養素が運ばれず、異常をきたすものです。血栓が脳でつくられたものか、脳以外の血管でつくられたものかによって、脳血栓と脳塞栓に分類されます。

●ここがポイント

脳血栓の特徴

● 発症のしかた

◆ **脳でつくられた** 血栓によって発症する

● 脳血栓の種類

◆ **ラクナ梗塞** （脳の深部の細い動脈で発症）と
アテローム血栓性脳梗塞 （太い動脈で発症）がある

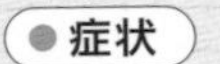

● 症状

◆片麻痺、感覚障害、言語障害などが **段階的** に現れる

脳塞栓の特徴

● 発症のしかた

◆ **心臓** など、 **脳以外の血管** でつくられた血栓が、脳に運ばれてくることで発症する

● 脳塞栓の種類

◆不整脈を原因とした血栓の場合、 **心原性脳塞栓症** と呼ばれる

● 症状

◆片麻痺、感覚障害、言語障害などが **突然** 現れて、症状も悪化しやすい

例題

脳梗塞の症状として、激しい頭痛が特徴的である。

〔第23回-問59〕

激しい頭痛は、くも膜下出血の主症状である。脳梗塞（脳血栓や脳塞栓）では、片麻痺などの症状が現れる。

2 パーキンソン病

パーキンソン病は、中脳（姿勢保持の中枢）の黒質に異常が起こり、神経伝達物質ドーパミンの産生量が減少することで、発症します。50～60歳代の中高年の人に多くみられ、認知症を合併することも少なくありません。
パーキンソン病には、特徴的な4つの主症状があります。

■パーキンソン病の4つの主症状

症状	特徴
❶筋固縮	筋肉が固くこわばり、スムーズに動かせなくなる
❷安静時振戦	じっとしている状態のときに、手足がふるえる
❸無動・寡動	動作に時間がかかり、ゆっくりとしか動けなくなる。表情の変化がとぼしくなる仮面様顔貌という症状も現れる
❹姿勢反射障害	姿勢を変えようとしたときなどに、バランスを維持することが難しくなる →前のめりになって、止まれなくなる（突進現象）、歩幅が極端にせまくなる（小刻み歩行）、歩き始めの一歩目が踏み出せなくなる（すくみ足）、など

また、パーキンソン病の重症度を分類する指標として、ホーエン＆ヤールの重症度分類や、厚生労働省の示す生活機能障害度があります。

■パーキンソン病の重症度分類

ホーエン＆ヤールの重症度分類		生活機能障害度
ステージⅠ	一側性障害のみ。機能障害は軽微かなし	Ⅰ度：日常生活、通院にほとんど介助を必要としない
ステージⅡ	両側性障害。平衡機能障害はなし	
ステージⅢ	軽度から中等度の機能障害。姿勢反射障害、小刻み歩行やすくみ足がみられる。独立した生活が可能	Ⅱ度：日常生活、通院に部分的な介助を必要とする
ステージⅣ	高度の機能障害。歩行・起立は介助なしでかろうじて可能。1人での日常生活は困難	
ステージⅤ	介助がない限り、寝たきりまたは車いすの生活	Ⅲ度：日常生活に全面的な介助を必要とし、独力の歩行・起立が不可能

ひとこと

パーキンソン病では、重症度分類のステージにかかわらず**嚥下障害**がみられることがあります。また、**不顕性誤嚥**（誤嚥してもむせることがない）が多いため、注意が必要です。

例題

パーキンソン病は、筋肉の異常が原因である。〔第27回-問76〕

パーキンソン病は、中脳の**黒質**の異常によって神経伝達物質である**ドーパミン**の産生量が減少し、発症する。

重要度B 循環器系の疾患

心臓や血管などが含まれる循環器系は、生命活動に不可欠な器官です。循環器系の疾患は、老化による**脈拍の乱れ**、不健全な生活習慣を原因とした**動脈硬化**などによって引き起こされます。

1 不整脈

「不整脈」とは、老化やストレス、心臓の疾患を原因として、**脈拍**のリズムが不規則になった状態をいいます。

脈拍の乱れは大きく２つに分類され、脈が平常時よりも速くなる**頻脈**と、平常時よりも遅くなる**徐脈**があります。

■頻脈や徐脈を引き起こす疾患と原因・症状

分類	代表的な疾患と原因	症状
頻脈	頻脈が起こりやすい不整脈は、**心房細動**など。高血圧や虚血性心疾患などに合併して現れることが多い	**動悸**（どうき）**やめまい**、**胸部の圧迫感**といった症状が現れる
徐脈	徐脈が起こりやすい不整脈は、**洞不全症候群**など。**洞房結節**（どうぼうけっせつ）（心臓の収縮をつかさどるペースメーカー）の異常によって発症する	**めまいや失神**、**動作時の息切れ**といった症状が現れる

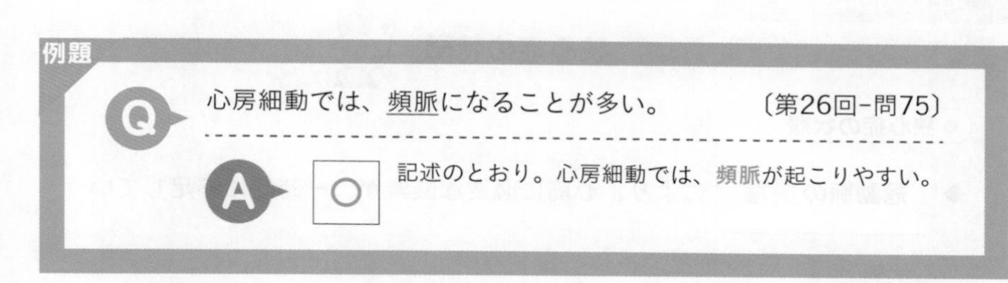

2 心不全

「心不全」とは、血液を循環させる心臓の機能が低下して、**十分な血液**が全身に送り出されなくなった状態をいいます。虚血性心疾患、高血圧などが原因となります。主な症状として、左心不全（左心室の機能低下による心不全）では**チアノーゼ**※や**息切れ**、呼吸困難、右心不全（右心室の機能低下による心不全）では**むくみ**（浮腫（ふしゅ））や食欲不振、**血尿**などが挙げられます。

※チアノーゼとは？
酸素の欠乏により、皮膚や粘膜が**青紫色**になる状態のこと。

ひとこと

心不全による呼吸困難時には、仰臥位ではなく起座位または半座位となることで呼吸困難が軽減されます。

3 虚血性心疾患

虚血性心疾患は、**動脈硬化**を原因として、心筋に酸素や栄養素を供給する冠動脈がせばまったり（**狭窄**）、つまったり（**閉塞**）することで、発症します。

冠動脈の狭窄によって引き起こされるものを**狭心症**、閉塞によって引き起こされるものを**心筋梗塞**といいます。痛みの現れ方などに違いがあり、それぞれの特徴をしっかりとおさえておく必要があります。

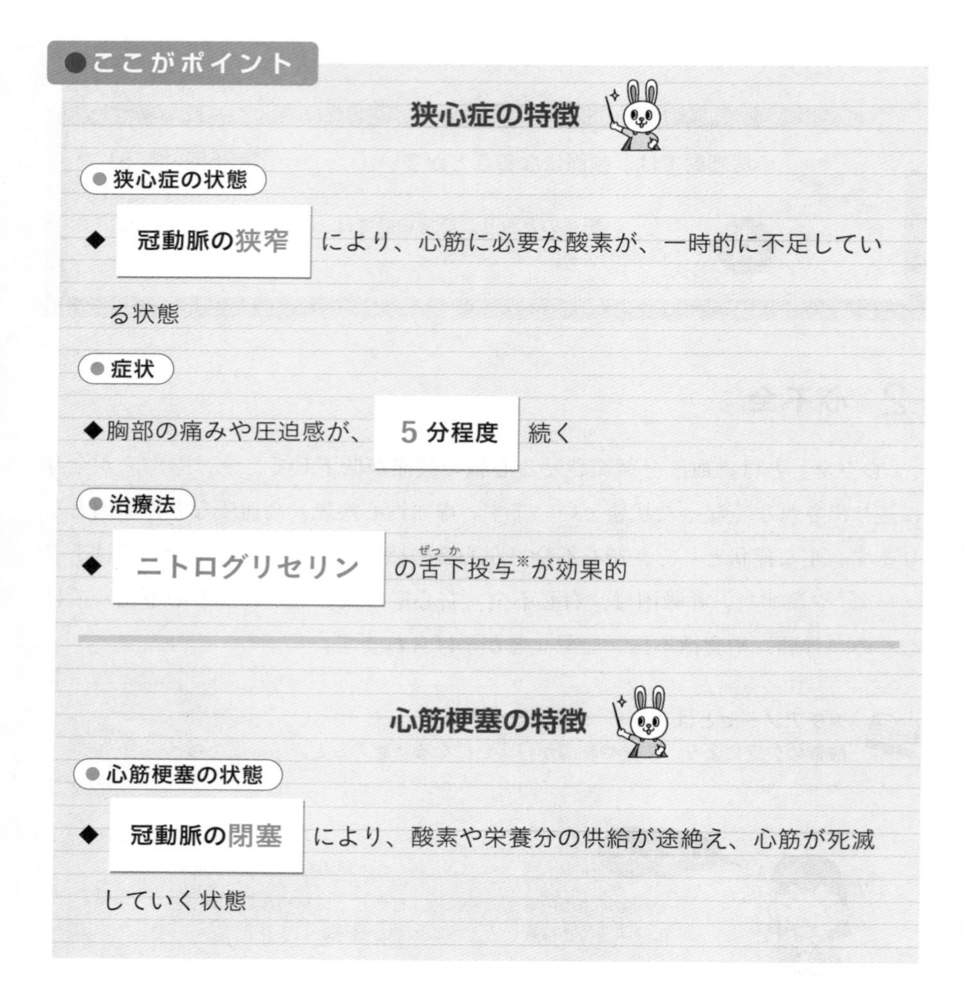

●ここがポイント

狭心症の特徴

● 狭心症の状態

◆ **冠動脈の狭窄** により、心筋に必要な酸素が、一時的に不足している状態

● 症状

◆胸部の痛みや圧迫感が、 **5分程度** 続く

● 治療法

◆ **ニトログリセリン** の舌下投与※が効果的

心筋梗塞の特徴

● 心筋梗塞の状態

◆ **冠動脈の閉塞** により、酸素や栄養分の供給が途絶え、心筋が死滅していく状態

●症状

◆胸部の激しい痛みが、**30分以上** 続く（ただし、老化のために痛みを伴わない **無痛性** の人も多い）

●治療法

◆冠動脈形成術、冠動脈バイパス術などが行われる

※舌下投与とは？

舌の下に薬を置いて、薬物を吸収させる方法。薬物が舌の血管から直接吸収されるため、効果が速く・強く現れる。ニトログリセリンは、冠動脈の拡張を促す。

例題

急性心筋梗塞の痛みは、数分以内に消失する。

〔第24回-問75〕

心筋梗塞では、胸部の激しい痛みが、**30分**以上続く。

4 高血圧

「高血圧」とは、血圧が**正常な値を超えた状態**に維持されていることをいいます。原因がはっきりとしない場合が多いですが、動脈硬化と相互に関係があり、**生活習慣病**のひとつに挙げられています。

◆高血圧の診断基準

日本高血圧学会「高血圧治療ガイドライン2019」では、最高血圧（**収縮期血圧**）と最低血圧（**拡張期血圧**）について、高血圧の診断基準となる数値を示しています。どちらか一方でも該当することで、高血圧とみなされます。

高血圧の診断基準

□ **最高血圧（収縮期血圧）**
心臓が収縮して、血液を送り出すときに、血管にかかる圧力。**140mmHg以上**で、高血圧とみなされる。

□ **最低血圧（拡張期血圧）**
心臓が拡張して、血液を受け入れるときに、血管にかかる圧力。**90mmHg以上**で、高血圧とみなされる。

ひとこと

最高血圧と最低血圧のうち、**高齢者では最高血圧が高くなる**という特徴があります。

重要度B 呼吸器系の疾患

呼吸器系の疾患は、老化による肺の機能低下や、喫煙習慣、アレルギーなどによって起こります。

1 肺炎

肺炎は、細菌やウイルス（インフルエンザなど）の感染、風邪の悪化、誤嚥（ごえん）などによって、肺に炎症が起こる疾患です。

主な症状として、発熱、咳（せき）、痰（たん）、呼吸困難などが挙げられますが、高齢者の場合、必ずしも**はっきりとした症状**が現れるとは限りません。息苦しそうにしていないか、普段と比べて呼吸の回数が多くないか、といったところから、症状の有無を読み取っていくことが大切です。

肺炎のなかでも、高齢者に多くみられるのが**誤嚥性肺炎**です。食べたものや唾液（だえき）などが、誤って気管から肺に入り込んでしまうことで発症します。**脳梗塞（こうそく）**などによる嚥下（えんげ）障害が原因となることもあり、予防のためには、**口腔（こうくう）ケア**の正確な実施が重要です。

→詳細はp.542参照

例題

Q 高齢者の肺炎では、呼吸数は減少する。〔第27回-問75〕

A ×　肺炎の影響で呼吸困難となり、息苦しさを感じることから、呼吸数は**増加**する。

2 慢性閉塞性肺疾患（COPD）

慢性閉塞性肺疾患（COPD）は、**喫煙**習慣のある人に多くみられる疾患です。

慢性閉塞性肺疾患には、たばこの煙によって気管支に炎症が起こり、気管支がせばまる**慢性気管支炎**と、肺胞が破壊されることで発症する**肺気腫**があります。

特にからだを動かしているときに**呼吸困難**が現れやすく、長期間にわたって咳や痰が続くようになります。

3 気管支喘息

気管支喘息は、主にハウスダストやダニなどの**アレルギー**を原因とした、気管支の炎症によって発症します。

特徴的な症状としては、気管支のなかを空気が出入りするときに「ヒューヒュー」「ゼーゼー」といった音を立てる＝**喘鳴**が挙げられます。そのほか、気管支がせばまることによる呼吸困難、咳や痰などがみられます。

ひとこと

慢性閉塞性肺疾患と気管支喘息は、喫煙習慣とアレルギーという主な原因の違いから、区別をできるようにしておきましょう。

CHAPTER 5

SECTION 6

高齢者に多い疾患（関節と骨、感覚器系、皮膚）

このSECTIONのポイント

◆関節や骨に関わる疾患 … 変形性膝関節症、脊柱管狭窄症、関節リウマチ、骨粗鬆症の症状の特徴をおさえましょう

◆感覚器系の疾患 … 白内障、緑内障、加齢黄斑変性、老人性難聴の症状の特徴をおさえましょう

◆皮膚の変化と疾患 … 老人性掻痒症の症状の特徴と褥瘡の好発部位をおさえましょう

重要度B

関節や骨に関わる疾患

関節や骨では、老化によって骨と骨を連結させる関節の機能が低下したり、骨そのものがもろくなったりすることで、さまざまな疾患が起こります。変形性膝関節症、脊柱管狭窄症、関節リウマチなどについて、各疾患の特徴的な症状を理解するようにしていきましょう。

1 変形性膝関節症

変形性関節症は、老化により機能の低下した関節に、体重や運動などの負荷が加わることで起こります。関節の**軟骨**がすり減った状態になり、特に膝関節に症状が現れた場合、**変形性膝関節症**と呼びます。中年期以降の**肥満した女性**に多くみられ、歩行時や立ち上がったりしたときなど、膝を動かしたときの痛み、関節可動域の制限などが現れます。症状が進行すると**O**脚に変形し、次第に歩行が困難になっていきます。

変形性膝関節症の特徴的な症状

特徴的な症状として、膝を曲げにくくなることで、**前かがみの歩行**がみられる。膝の負荷をやわらげるために、歩行時は**杖**を突いて体重を支え、仰臥位（ぎょうがい）や座位の状態で**膝の曲げ伸ばし**や**脚上げ**などの運動療法を行うようにする。

■変形性膝関節症の運動療法

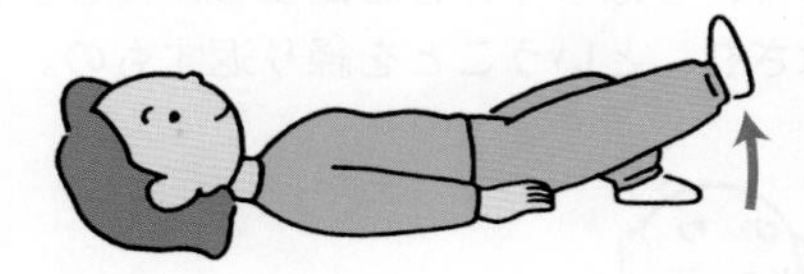

仰臥位で足を上げてしばらく止める

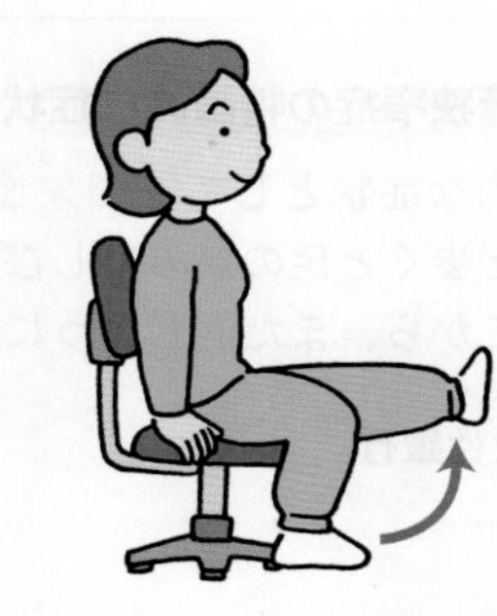

座位で足を上げてしばらく止める

ひとこと

変形性膝関節症が進行すると **O脚** が進み、次第に歩行が困難になっていきます。

例題

老年期の変形性膝関節症で、肥満のある人には<u>積極的に階段を利用</u>するように勧める。〔第35回－問37〕

変形性膝関節症では、膝に負荷がかからないように、**仰臥位**や**座位**の状態で、膝の曲げ伸ばしや脚上げなどの運動を勧める。

2 脊柱管狭窄症

脊柱管狭窄症は、老化によって脊柱管（脊髄などの神経の通り道）がせまくなり、**神経**が圧迫されることで起こります。腰痛や足の痛み・しびれなどがみられるようになります。

脊柱管狭窄症の特徴的な症状

特徴的な症状として、**間欠性跛行**と呼ばれる歩行障害がある。これは、30分ほど歩くと足の痛みやしびれを感じて、しばらく休むと回復し、再び歩き出してから、また同じように休息をはさむ、ということを繰り返すもの。

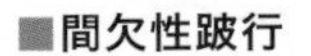

■間欠性跛行

3 関節リウマチ

関節リウマチは、多発性の関節の痛みや腫れ、関節可動域の制限を主症状として、**中年の女性**に多くみられる疾患です。免疫機能の異常が関わっているものと考えられていますが、原因は不明で、両側の関節に症状が現れるのが特徴です。

手足の関節の痛みから始まり、肘、膝、股関節、指の第２関節などにその範囲が広がっていって、**関節の変形**に至ることもあります。

関節リウマチの特徴的な症状

特徴的な症状として、**朝のこわばり**がある。これは、**目を覚ましたとき**に手足のこわばりを感じるもので、気候によっても症状の現れ方が変わってくる。

→関節リウマチの支援内容についてはp.374参照

4 骨粗鬆症と骨折

「骨粗鬆症（こつそしょうしょう）」は、**骨量**の減少によって、**骨密度**が低下する疾患です。

原因は、カルシウム不足や更年期を迎えたことなどで、高齢者のほかに、**閉経**後の女性に多くみられます。骨がもろくなり、骨折しやすくなるのが特徴です。

一方で、骨粗鬆症を発症していなくても、高齢者が骨折をしやすい状態にあることに、変わりはありません。骨折の主な原因は**転倒**であり、**転倒**によって外力を受けやすい肩関節・手首・背骨・股関節（こかんせつ）周辺の骨折が多くみられます。

→詳細はp.218参照

重要度B 感覚器系の疾患

感覚器系のなかでも、老化を原因とした疾患は、主に**視覚**と**聴覚**に現れます。

1 白内障と緑内障

白内障と緑内障は、ともに視覚の機能低下に関わる疾患です。疾患名が似ていることから混同されやすいですが、症状の現れ方から、その違いを把握しておきましょう。

●ここがポイント

白内障と緑内障の症状の現れ方

白内障	眼のなかの **水晶体**（レンズにあたる部分）が白く濁ることで、視界がかすむようになり、**視力** が低下する
緑内障	**眼圧**（眼球の形を保つための圧力）が上昇することで、視神経が障害を受け、**視野** がせまくなる

ひとこと

白内障と緑内障のうち、老化の影響によって現れやすいのは **白内障** で、大半の高齢者にみられるようになります。

例題

白内障では、眼圧が上昇する。　〔第23回-問66〕

×　眼圧の上昇により、症状が現れるのは、白**内障**ではなく緑**内障**である。

2 加齢黄斑変性

黄斑は、網膜の中心にあり、視機能のかなめとしての役割を果たしています。加齢黄斑変性は、この黄斑にさまざまな障害が起こることで発症します。

主な症状としては、黄斑の萎縮による**視力**低下、黄斑に異常な血管が現れ、液体がにじみ出ることによる**物**のゆがみ、などがあります。

後者の症状が進むと、最終的に視野の中心部が見えなくなることもあり（**中心**

暗点と呼ばれる)、症状の進行を抑えることを目的として、レーザー治療などが行われています。

3 老人性難聴

老人性難聴の特徴は、高音域の音から聞き取りにくくなることです。症状は両方の耳に現れ、徐々に進行していきます。老化を原因とするため、特別な治療法はありません。また、音がひずんで聞こえるようになるため、言葉の聞き取りが難しくなるのもその特徴です。

難聴のなかでも、片方の耳だけが突然聞こえなくなるのは突発性難聴と呼ばれるもので、老人性難聴とは異なります。

重要度A 皮膚の変化と疾患

高齢者の皮膚は、老化によって乾燥し、弾力性や抵抗力なども低下しています。また、活動性が低下することで、皮膚の状態が悪化する疾患もみられます。

ひとこと

皮膚に関わる疾患のうち、**疥癬**(かいせん)(ヒゼンダニの寄生が原因)と**白癬**(はくせん)(真菌〈カビ〉の感染が原因)については、感染症の一種としてp.485で取り上げています。

1 老人性掻痒症

皮膚の乾燥は、体内の水分量と、皮脂(ひし)(皮膚表面のあぶら)が減少することで起こります。老人性掻痒症(そうよう)は、こうした皮膚の乾燥による**かゆみ**を主な症状としています。

発疹(はっしん)は特にみられず、**特定の部位**(腹部や下肢)を中心にかゆみが生じ、やがて**全身**に症状が及んでいくようになります。症状が悪化しやすいのは、肌の乾燥が促進される、**秋**から**冬**にかけてです。

ひとこと

皮膚を爪でかいたりするなど、皮膚を刺激することで症状が悪化するため、症状がある場合、爪を短く切ります。

2 褥瘡

「褥瘡（じょくそう）」は、からだの一部が**長期間**にわたって圧迫されることで、血液の流れが途絶え、皮膚が赤みをおび、やがてただれた状態になる疾患です。寝たきりなどの状態にある高齢者に多くみられ、**廃用**症候群 →詳細はp.220参照 のひとつに含まれています。

褥瘡は、体重のかかりやすい部位、骨の突き出た部位などに発生します。そのため、体位によって発生部位は異なっています。次のポイントでは、**仰臥位（ぎょうがい）**（あおむけの体位）や**側臥位（そくがい）**（横向きの体位）、**座位**のときに、褥瘡の起こりやすい部位を図で示します。

●ここがポイント

仰臥位で褥瘡が起こりやすい部位

仙骨部が最も多く、後頭部、肩甲骨（けんこうこつ）部、肘（ちゅう）関節部、踵（しょう）部などでも起こりやすい。

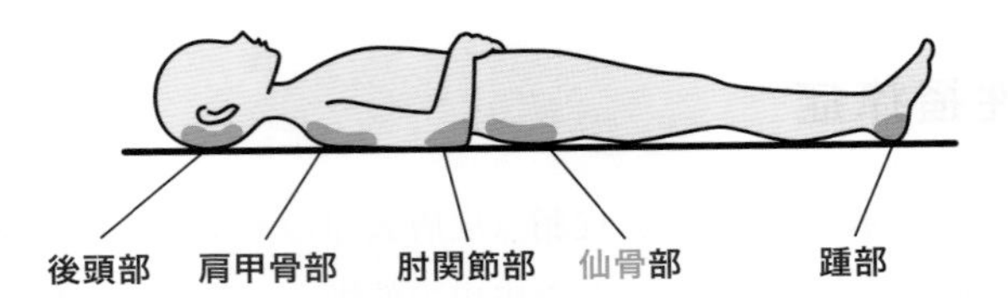

側臥位で褥瘡が起こりやすい部位

大転子部が最も多く、耳介（じかい）部、肩峰（けんぽう）突起部、膝（しつ）関節顆（か）部、外踝（がいか）部などでも起こりやすい。

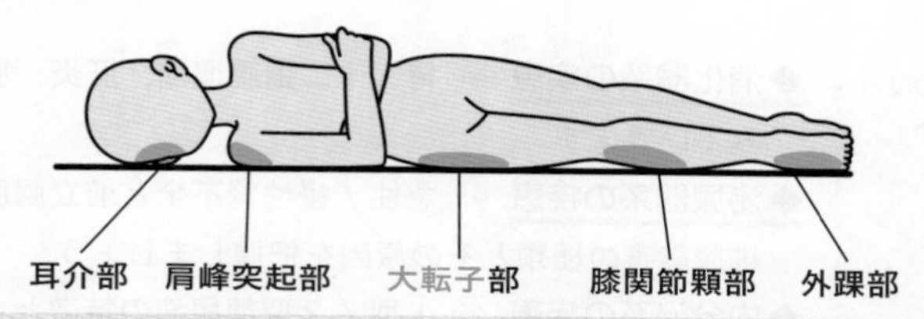

座位で褥瘡が起こりやすい部位

座骨結節部が最も多く、後頭部、肩甲骨部、仙骨部、踵部などでも起こりやすい。

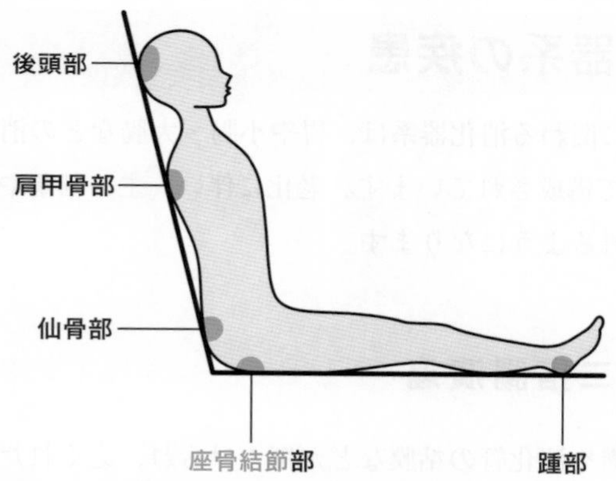

褥瘡を予防するためには、**定期的な** 体位変換 が重要です。体圧の分散に効果がある**エアーマットの使用**なども、適宜、検討するようにします。

高齢者に多い疾患（消化器系、泌尿器系、内分泌系など）

このSECTIONのポイント

- ◆**消化器系の疾患** … 胃・十二指腸潰瘍、肝炎、肝硬変についてみていきます
- ◆**泌尿器系の疾患** … 急性 / 慢性腎不全と前立腺肥大症の特徴と排尿障害の種類とその原因を把握しましょう
- ◆**内分泌系の疾患** … Ⅰ型 / ２型糖尿病の特徴と合併症についておさえましょう
- ◆**生活習慣病** … 生活習慣病のひとつとしてのがんの概要をおさえましょう

重要度B 消化器系の疾患

食べ物の消化に関わる消化器系は、胃や小腸・大腸などの消化管や、肝臓などの消化腺（しょうかせん）によって構成されています。老化に伴い、主に細菌やウイルスを原因とした疾患がみられるようになります。

1 胃・十二指腸潰瘍

潰瘍（かいよう）とは、皮膚や消化管の粘膜などが傷つけられ、えぐれた状態になることをいいます。その代表的なものである胃・十二指腸潰瘍の原因として最も関連が深いのは、**ヘリコバクター・ピロリ**（**ピロリ**菌）です。また、**薬剤**の使用によって、胃酸に対する粘膜の防御機能が低下し、潰瘍を形成することもあります。

主な症状は**みぞおち**（心窩部（しんかぶ））の痛みで、特に胃潰瘍では食後１時間までに、十二指腸潰瘍では空腹時に痛みが生じます。潰瘍からの出血によって、黒色の**タール**便がみられることも、特徴のひとつです。

2 肝炎と肝硬変

「肝炎」は、主にウイルスの感染を原因として、からだのだるさ、食欲の低下、黄疸（おうだん）※といった症状が現れる疾患です。

※黄疸とは？
ビリルビンという色素が増加して、皮膚が黄色くなる状態のこと。

◆肝炎の種類とその特徴

肝炎には、A型・B型・C型などの種類があり、それぞれ、感染経路や症状の経過が異なります。

■A型肝炎・B型肝炎・C型肝炎の特徴

分類	感染経路	症状の経過
A型肝炎	経口感染	３か月程度で治癒するため、慢性化することは、ほとんどない
B型肝炎	血液感染	出産時の母子感染や、性行為による感染が多い。全体の10％程度が慢性化する
C型肝炎	血液感染	輸血による感染が中心となるため、高齢者に発症する確率が最も高い。慢性化したのち、肝硬変や肝がんに移行していくことが多い

◆肝炎の症状進行後

肝炎によって肝細胞が破壊され、肝臓そのものが硬くなっていくと、肝硬変に進行します。また、ウイルス性の肝炎のほかに、長期にわたるアルコールの過剰摂取を原因としたアルコール性肝障害によっても、肝機能は低下して、肝硬変に進行することがあります。

Q C型肝炎は、進行すると、肝硬変、肝がんへと病態が変化していくことが多い。〔第26回-問73〕

A ○ C型肝炎は**慢性化**しやすく、**肝硬変**や**肝がん**へと進行していく可能性が高い。

重要度B 泌尿器系の疾患

泌尿器(ひにょうき)系は、尿の生成から排尿までを担う器官で、腎臓(じんぞう)と尿路（尿管・膀胱(ぼうこう)・尿道）によって構成されています。老化による機能の低下などを原因として、排尿が妨(さまた)げられることで、さまざまな疾患が現れるようになります。

1 腎不全

「腎不全」は、なんらかの原因で腎臓の機能が低下していく疾患です。

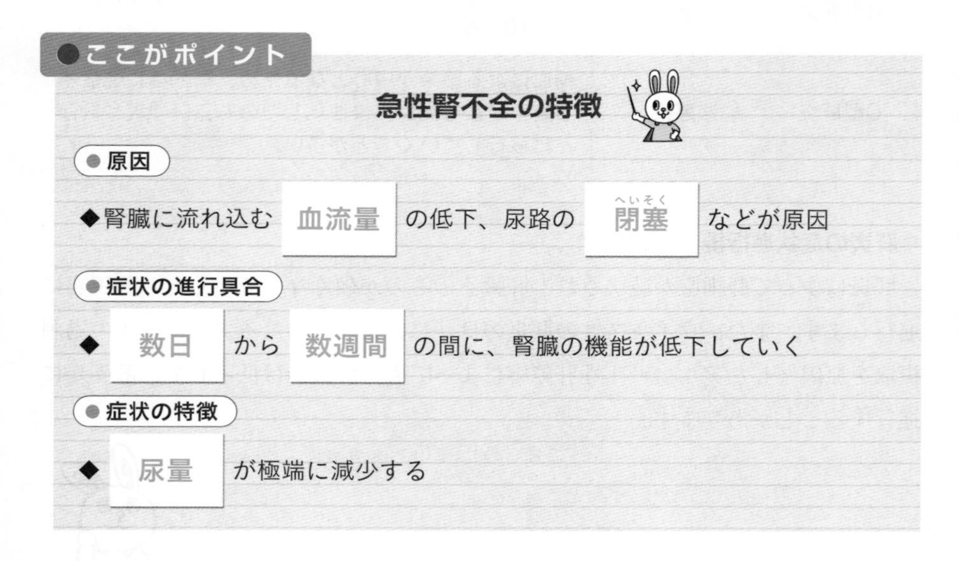

慢性腎不全の特徴

● 原因

◆ 腎炎 の慢性化、 糖尿病性腎症 などが原因

● 症状の進行具合

◆ 数か月 から 数年 をかけて腎臓の機能が低下していく

● 症状の特徴

◆進行に伴い、 全身 のむくみ（浮腫）、嘔吐、かゆみ、意識障害などが現れる

2 前立腺肥大症

精液をつくる前立腺が腫れ、膀胱を刺激し、**頻尿**になります。50歳代から症状が出始めることが多く、初期には**夜間頻尿**、進行すると、前立腺が尿道を圧迫し、**尿閉**になることがあります。

多くは薬物療法で改善されます。進行して、日常生活に支障が出たり、尿閉になった場合は、手術適応となります。

例題

前立腺肥大症の初期には頻尿が出現する。　〔第36回-問37〕

前立腺肥大症の初期症状では、**夜間頻尿**がみられる。進行すると、前立腺が尿道を圧迫し、**尿閉**になることがある。

3 尿路感染症

膀胱炎※、腎盂炎など、尿路に起こる感染症を尿路感染症といい、高齢者でもっとも多くみられる感染症です。

症状は、頻尿、排尿時の痛み、発熱、尿閉などを伴い、重症化すると、腎不全、敗血症性ショックなどが生じる場合もあります。原因菌に対応した適切な抗生物質で治療する必要があります。

※膀胱炎とは？
尿道から侵入した細菌が膀胱に達することで起こる感染症。排尿時の痛みや不快感、頻尿などが主な症状。

ひとこと

女性は男性に比べて尿道が短く、膀胱まで直線的な構造であるため、外から細菌が侵入しやすく、尿路感染症が起こりやすくなります。

4 排尿障害

「排尿障害」は、排尿に関する障害を、まとめて指す言葉です。

■主な排尿障害とその原因

分類	原因
排尿困難	尿路の通過障害のこと。膀胱の下にある前立腺（ぜんりつせん）**の肥大・がん**などが原因で、尿道がせばまり、思うように排尿ができなくなる。男性に多くみられる
頻尿	排尿の回数が異常に多くなること。膀胱炎や**前立腺の肥大**などによって、一度に十分な量を排出できないことが原因となる
排尿時の痛み	膀胱炎による粘膜の炎症が原因で、排尿時に痛みを覚えるもの

尿失禁	からだの機能の低下によって、**排尿**のコントロールが難しくなり、尿をもらしてしまうもの。 膀胱炎や前立腺の肥大を原因とした**切迫性尿失禁**や、骨盤底筋群の機能低下を原因として**女性**に多くみられる**腹圧性尿失禁**などに分類される →p.241を参照

例題

高齢者の排尿障害について、男性では尿路の通過障害が少ない。

〔第25回-問74〕

尿路の通過障害にあたる排尿困難は、**前立腺**の肥大・がんなどを原因とするため**男性**に多くみられる。

重要度B 内分泌系の疾患

内分泌系は、内分泌腺を通じてホルモンを分泌し、からだを正常な状態に保つ役割を果たしています。ホルモンの分泌に異常がみられることで、さまざまな疾患が現れるようになります。

1 糖尿病

「糖尿病」は、血糖値をコントロールするホルモン＝**インスリン**が不足することで、高血糖の状態が続き、さまざまな症状が現れる疾患です。発症の初期には自覚症状がなく、進行した**中期**に、からだのだるさ、口やのどの激しい渇き、多尿、かゆみなどの症状が現れます。

糖尿病は、自己免疫などによるインスリン分泌障害で生じる**1**型糖尿病、遺伝因子や環境因子によるインスリン作用不足で生じる**2**型糖尿病、そのほか、遺伝子の異常や薬剤によるもの、妊娠を契機として発症するものなどがあり、**2**型糖尿病がほとんどを占めます。

1型糖尿病と2型糖尿病の特徴は、次のようになります。

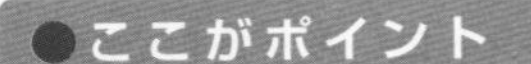

1型糖尿病の特徴

発症の多い年齢層

◆ 若年者 の発症が多い

治療法

◆ インスリン 産生細胞が破壊されるため、インスリン 注射が不可欠になる

✔CHECK!

2型糖尿病の特徴

発症の多い年齢層

◆生活習慣病のひとつで、中年期 以降の発症が多い

治療法

◆ 食事 療法や 運動 療法を中心として、効果が望めない場合に 薬物 療法（血糖降下薬、インスリン注射など）が行われる

✔CHECK! インスリン注射の留意点

食事摂取量に注意をはらい、発熱や食欲不振など体調不良で摂取量が少ないとき（ シックデイ ）の対処法（インスリンの用量を減らす、打たないなど）を確認しておく。

また、治療による血糖値のコントロールがうまくいかない場合、血糖降下薬が処方されることもありますが、服薬の際には低血糖に注意が必要です。低血糖では、空腹感、冷や汗、動悸、意識レベルの悪化などが生じ、重症化すると意識障害や昏睡に至ります。

ひとこと

低血糖を引き起こしている場合、施設入所者については直ちに看護師などに状況を伝え、在宅の利用者については主治医への早期の相談を勧めます。また、血糖値を上げるためには**糖分を含む食べ物の摂取**が大切です。

糖尿病の進行によって高血糖の状態が続くと合併症が現れるおそれがあります。

■糖尿病の合併症の特徴

名称	特徴
糖尿病性腎症	腎臓の毛細血管が障害を受けることで、腎臓の機能が低下する疾患。慢性腎不全の原因ともなる
糖尿病性網膜症	網膜の血管から出血することで、網膜剥離が起こる疾患
糖尿病性神経障害	末梢神経と自律神経につながる血管がつまり、血流がさえぎられることで障害が現れる疾患 ●末梢神経障害では**足の指のしびれや痛み**に始まり、やがて感覚の低下に至る ●自律神経障害では**起立性低血圧**、便秘や下痢などがみられる

Q Aさん（79歳、女性）は、介護老人福祉施設で生活している。糖尿病でインスリン治療が必要で、１日に一度、昼食後に自己注射をしていて、併せて毎食直前に血糖を下げる薬を内服している。医師からは血糖のコントロール状態は良好であると言われている。ある日、Aさんの医療機関の受診が長びいた。B介護福祉職がAさんに遅めの昼食をとってもらう準備をしていると、Aさんが「頭がふらふらする」と訴えた。冷や汗もかいているようである。B介護福祉職によるAさんへの対応として、昼食前の内服薬をすぐに飲んでもらった。〔第29回−問76〕

Aさんは低血糖状態にあると考えられるため、さらに血糖値を下げるような対応は適切ではない。すぐに看護師に状況を伝え、血糖値を測定してもらう。

2 脂質異常症

「脂質異常症」は、血液中のコレステロールや中性脂肪が異常に増加することで、**動脈硬化**を進行させる疾患です。

食生活の乱れ、運動不足、肥満、喫煙などが原因となるため、**生活習慣病**のひとつに挙げられています。

動脈硬化が進行すると、心筋梗塞(こうそく)や脳梗塞を発症するおそれもあります。食事の管理として、脂肪から得られる**エネルギー摂取量**を制限し、**食物繊維**や野菜・果物の摂取を推奨するようにします。

3 甲状腺機能低下症・甲状腺機能亢進症

甲状腺(こうじょうせん)ホルモンは、全身のエネルギー代謝を活性化させる役割を果たしています。甲状腺ホルモンの分泌が低下することで甲状腺機能**低下**症が、過剰に分泌されることで甲状腺機能**亢進**(こうしん)症がみられるようになります。

甲状腺の機能に関わる疾患の症状

□ **甲状腺機能低下症の症状**
気力の低下、緩慢な動作、皮膚の乾燥、顔のむくみ(**浮腫**(ふしゅ))、寒気、便秘、体重の増加など。

□ **甲状腺機能亢進症の症状**
不安やいらだち、**動悸**(どうき)、**発汗**、振戦(手足のふるえ)、**下痢**(げり)、体重の減少など。

例題

Q 浮腫と動悸のうち、甲状腺機能低下症の症状として適切なのは、動悸である。 〔第29回−問74〕

A × 動悸は、甲状腺機能亢進症の主症状に含まれる。

重要度 B

生活習慣病

1 生活習慣病とは

「生活習慣病」は、食生活の乱れ、過剰な飲酒・喫煙、運動習慣の不足などが積み重なって引き起こされる、さまざまな疾患をまとめて指す言葉です。

生活習慣病に含まれる疾患

- 脳血管疾患 →p.285を参照
- 高血圧 →p.293を参照
- 2型糖尿病 →p.310を参照
- がん／悪性腫瘍（しゅよう）／悪性新生物
- 虚血性心疾患 →p.292を参照
- 慢性閉塞性肺疾患 →p.295を参照
- 脂質異常症 →p.312を参照
- メタボリックシンドローム

2 がん

がんとは、人体を構成している細胞の**遺伝子**に何らかの異変が起こり、細胞が異常に増殖するようになった結果できた腫瘍のうち、生命を脅かすものを指し、悪性新生物とも呼ばれます。がん細胞になった細胞は、その細胞がもつ本来の働きをしなくなるため、体の機能が低下します。また、がん細胞は周囲に広がったり別の場所に転移したりすることもあり、放っておくと体が衰弱してしまいます。

悪性新生物は主に次の３種類に分類されます。

悪性新生物の分類

❶上皮性組織から発生し、健康な臓器細胞を破壊しながら腫瘍として増えていくもの

❷筋肉や骨から生じる肉腫

❸血液のがんといわれる白血病

男女を含めた日本人の死因第1位となっており、がんによる死亡数を部位別にみると、最も多いのは肺で、そのあとに大腸（結腸と直腸の合計）、胃、膵と続きます（厚生労働省「令和４年（2022）人口動態統計（確定数）の概況」より）。なお、男性の場合は肺が、女性の場合は大腸が最も多くなっています。

がんの原因について、特に男性においては喫煙との関連性が高いと考えられています。そのほかにも、かたよった食生活、ウイルスによる感染なども、主な原因とされています。

治療は、手術、化学療法、放射線療法などが行われます。末期の場合は、積極的な治療や延命治療に代えて、痛みなどの苦痛を除く緩和ケアが選択されることもあります。

3 メタボリックシンドローム（内臓脂肪症候群）

日本では、ウエスト周囲径（へその高さの腹囲）が男性85cm、女性90cmを超え、内臓脂肪の蓄積に加え、血中脂質異常、高血圧、高血糖のうち**2つ以上**を合併した場合、メタボリックシンドロームと診断されます。診断基準の詳細は次になります。

■メタボリックシンドローム診断基準

必須項目		ウエスト周囲径（内臓脂肪蓄積）	男性　85cm以上 女性　90cm以上
選択項目 2項目以上	1	中性脂肪（トリグリセライド） HDLコレステロール（善玉コレステロール）	150mg/dL以上 40mg/dL未満 のいずれか、または両方
	2	収縮期（最高）血圧 拡張期（最低）血圧	130mmHg以上 85mmHg以上 のいずれか、または両方
	3	空腹時血糖	110mg/dL以上

CHAPTER

6

認知症の理解

SECTION 1 認知症ケアの歴史と理念

このSECTIONのポイント

◆認知症ケアの歴史 … 認知症ケアの歴史をたどり、その結果どのような施策が行われているのかを把握しておきましょう

◆認知症ケアの理念 … 利用者本位で行うことが認知症ケアの理念です

重要度B 認知症ケアの歴史

「認知症」とは、なんらかの脳の疾患や障害により、正常に発達した**知的機能**や**認知機能**が低下し、**日常生活**に支障をきたす状態をいいます。

認知症ケアにおいては、認知症高齢者がその人らしい生活を送れるように、**利用者本位**のケアを行うことが求められます。利用者本位という考え方がケアの中心になるまでの過程を、認知症ケアの歴史からたどっていきましょう。

1 「問題行動を抑える」ことを主としたケアの時代

◆監護の対象として

認知症が脳の障害による疾患であることが認識されたのは、明治時代のことです。この頃は、家族に認知症高齢者がいることが恥だと考えられていた時代で、認知症高齢者は自宅や精神科病院で**監護**する対象とされていました。

◆施設中心のケアへのシフト

時代を経て、1963（昭和38）年の「**老人福祉法**」制定により、老人福祉施設が制度化されたことで、認知症ケアを含めた高齢者介護が、**施設中心**へとシフトしていきました。

◆認知症高齢者の増加と、「行動を制限・抑制する」ケア

日本では、1970（昭和45）年に高齢化率が７％を超え、**高齢化社会**を迎えました。高齢化率の上昇は認知症高齢者の増加をもたらし、1970年代後半にかけて社会問題化していきました。

しかし当時はまだ、介護を提供する側の視点から認知症高齢者の「**問題行動を抑える**」ことに焦点があてられており、施設や老人病院で行動を**制限**する（**抑制**する）という行為がなされていました。

2 「個別性」を意識した利用者本位のケアまでの道のり

◆研修事業により職員の技術向上をめざす

1980年代に入り、認知症高齢者の言動の背景をとらえ、介護のあり方を考えるべきではないか、という考えが示されるようになりました。厚生省（現在の厚生労働省）は、1984（昭和59）年に**痴呆性老人処遇技術研修事業**を創設し、施設の職員の**技術向上**が図られました。

◆総合的な対策の中に「介護の心構え」が示される

1986（昭和61）年には、総合的な痴呆性老人対策を確立するために、厚生省内に**痴呆性老人対策推進本部**が設置されました。その報告書では、デイケア、デイサービス、ショートステイの拡充、専門治療病棟の整備などのほかに、介護の心構えとして、認知症高齢者の生活歴や性格を踏まえて、本人のペースに合わせた**受容的態度**で接することが示されました。

ひとこと

1980（昭和55）年には、周囲の無理解や偏見に苦しむ認知症高齢者の家族が、互いに励まし支え合う「**呆け老人をかかえる家族の会**」（現在の「**公益社団法人 認知症の人と家族の会**」）が発足しました（p.354参照）。

◆少人数で共同生活を送る「グループホーム」の登場

1987（昭和62）年に日本で初めて設立されたグループホームは、認知症高齢者が、少人数で家庭的な環境のなかで共同生活を送る場です。認知症高齢者の尊厳に配慮し、落ち着いて生活することのできるケアのあり方として注目されるようになりました。

グループホームは1990年代にかけて次第に数を増やし、その効果が認められると、2000（平成12）年に施行された「介護保険法」において、痴呆対応型共同生活介護として、サービスのひとつに含まれました。

◆グループホームとユニットケアの拡大

2000年代前半のグループホームの急増に伴い、施設における生活単位を小さくする＝ユニットケア →p.115を参照 も推進されていくようになりました。

グループホームやユニットケアが広がり、認知症高齢者の生き方や個別性を意識したケアの重要性が理解されていくことで、利用者本位の考え方が認知症ケアの中心となっていきました。

ひとこと

2004（平成16）年には、厚生労働省の設置した「用語に関する検討会」の報告書に基づき、「**痴呆**」から「**認知症**」への呼称の見直しが行われました。

3 継続的な認知症施策の推進へ

◆地域密着型サービスの創設

2005（平成17）年の「介護保険法」改正では、認知症高齢者が住み慣れた地域で生活を続けることができるように、地域密着型サービス※が創設されました。痴呆対応型共同生活介護についても、呼称の見直しに伴い認知症対応型共同生活介護として、そのなかに位置づけられることになりました。

※地域密着型サービスとは？

住み慣れた地域での生活を支援するため、サービス利用は原則として、事業所のある市町村の住民（被保険者）に限られる。認知症対応型共同生活介護のほかに、認知症対応型通所介護、小規模多機能型居宅介護などのサービスがある（→p.116～118参照）。

◆「オレンジプラン」「新オレンジプラン」の策定

認知症高齢者のさらなる増加が見込まれるなか、厚生労働省は、2012（平成24）年に、「**認知症施策推進５か年計画**」（**オレンジプラン**）を策定して、認知症の早期診断・早期対応の重要性などについて指針を示しました。

そして、2015（平成27）年にはその改訂版として「**認知症施策推進総合戦略**」（**新オレンジプラン**）を策定し、次のような基本的考え方と７つの柱が示されました。

■新オレンジプランの概要

項目	内容
基本的考え方	認知症の人の意思が尊重され、できる限り**住み慣れた地域**のよい環境で自分らしく暮らし続けることができる社会の実現を目指す
７つの柱	❶認知症への理解を深めるための普及・啓発の推進 ❷認知症の容態に応じた適時・適切な医療・介護などの提供（**認知症ケアパス**〈状態に応じた適切なサービス提供の流れ〉の作成など） ❸**若年性認知症**施策の強化 ❹認知症の人の**介護者**への支援（認知症の人や家族、地域住民、専門職などが集う**認知症カフェ**の設置など） ❺認知症の人を含む高齢者にやさしい地域づくりの推進 ❻認知症の予防法、診断法、治療法、リハビリテーションモデル、介護モデルなどの研究開発及びその成果の普及の推進 ❼認知症の人やその家族の視点の重視

◆認知症施策推進大綱

2018（平成30）年12月には、認知症に関わる諸問題について、各関係機関が連携し、政府一体となって総合的に対策を推進することを目的として**認知症施策推進関係閣僚会議**が設置され、翌2019（令和元）年６月に「新オレンジプラン」

の後継となる「**認知症施策推進大綱**」が策定されました。対象期間は、団塊の世代が75歳以上となる2025（令和７）年までとし、策定後３年をめどに、施策の進捗を確認するものとして、次のような基本的考え方と具体的な施策の５つの柱が示されています。

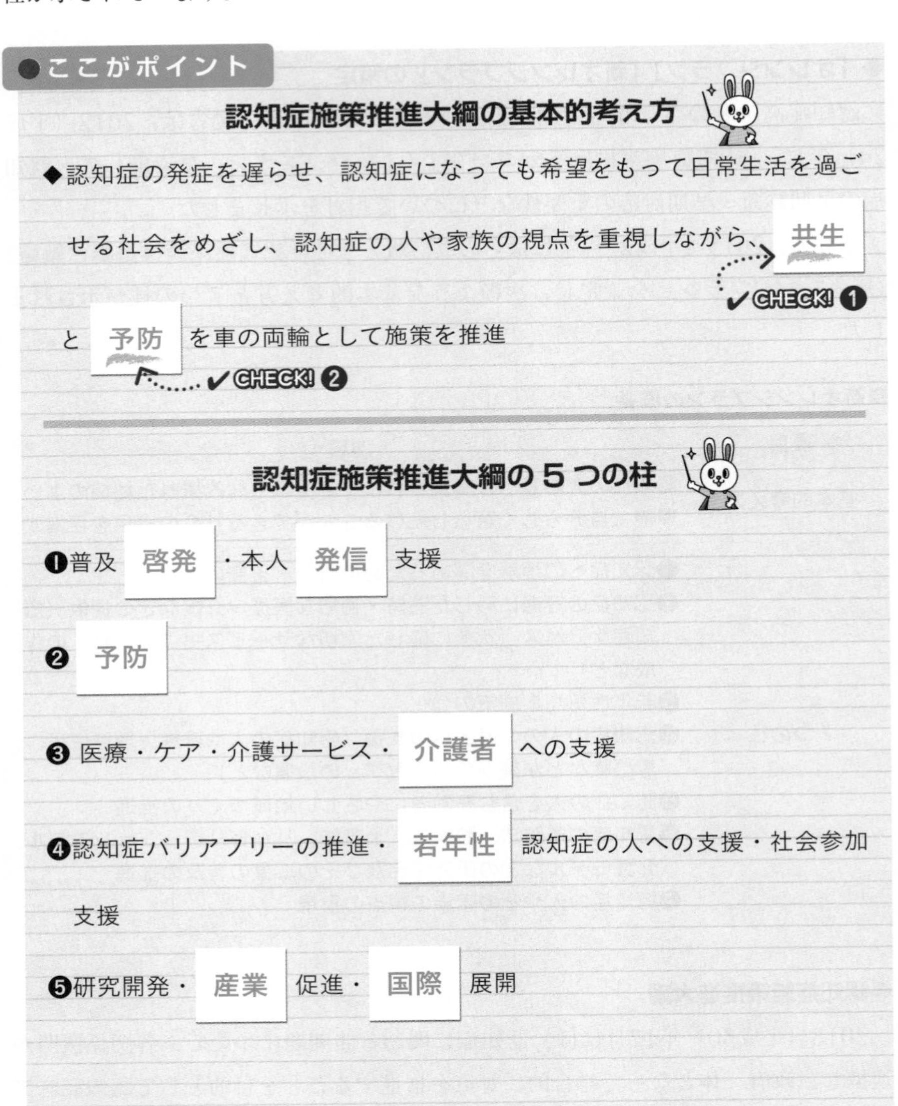

✔CHECK! ❶ 共生

「共生」とは、認知症の人が、**尊厳**と**希望**をもって認知症とともに生きる、また、認知症があってもなくても同じ社会でともに生きるという意味

✔CHECK! ❷ 予防

「予防」とは、「認知症にならない」という意味ではなく、「認知症になるのを**遅らせる**」「認知症になっても**進行**を緩やかにする」という意味

2019年（令和元年）の認知症施策推進大綱の５つの柱に示されているものとして、普及啓発・本人発信支援がある。

〔第35回－問39〕

そのほか、**予防**、医療・ケア・介護サービス・**介護者**への支援、認知症バリアフリーの推進・**若年性**認知症の人への支援・社会参加支援、研究開発・**産業**促進・**国際**展開、が示されている。

◆認知症基本法

2023（令和５）年６月には、増加している認知症の人が**尊厳**を保持しつつ**希望**を持って暮らすことができるよう、認知症の人を含めた国民一人一人がその個性と能力を十分に発揮し、相互に**人格**と**個性**を尊重しつつ支え合いながら**共生**する活力ある社会の実現を推進するため、『共生社会の実現を推進するための認知症基本法』（**認知症基本法**）が制定、2024（令和６）年１月１日より施行されています。認知症施策は、認知症の人が尊厳を保持しつつ希望を持って暮らすことができるよう、次の事項を基本理念として行われなければならないとしています。

認知症基本法の基本理念

❶全ての認知症の人が、基本的人権を享有する個人として、自らの**意思**によって日常生活及び社会生活を営むことができる。
❷国民が、共生社会の実現を推進するために必要な認知症に関する正しい**知識**及び認知症の人に関する正しい**理解**を深めることができる。
❸認知症の人にとって日常生活または社会生活を営むうえで障壁となるものを除去することにより、全ての認知症の人が、社会の対等な構成員として、地域において安全にかつ安心して自立した日常生活を営むことができるとともに、自己に直接関係する事項に関して**意見を表明**する機会及び社会のあらゆる分野における**活動に参画**する機会の確保を通じてその**個性**と**能力**を十分に発揮することができる。
❹認知症の人の意向を十分に尊重しつつ、良質かつ適切な保健医療サービス及び福祉サービスが切れ目なく提供される。
❺認知症の人のみならず家族等に対する支援により、認知症の人及び家族等が地域において安心して日常生活を営むことができる。
❻共生社会の実現に資する研究等を推進するとともに、認知症及び軽度の認知機能の障害に係る**予防**、**診断**及び**治療**並びに**リハビリテーション**及び**介護方法**、認知症の人が尊厳を保持しつつ希望を持って暮らすための社会参加の在り方及び認知症の人が他の人々と支え合いながら共生することができる社会環境の整備その他の事項に関する科学的知見に基づく研究等の成果を広く国民が享受できる環境を整備。
❼教育、地域づくり、雇用、保健、医療、福祉その他の各関連分野における総合的な取組として行われる。

この法律において「認知症」とは、「アルツハイマー病その他の神経変性疾患、脳血管疾患その他の疾患により日常生活に支障が生じる程度にまで認知機能が低下した状態として政令で定める状態をいう」と定義されています。

国には、基本理念にのっとり、認知症施策を**総合**的かつ**計画**的に策定し、及び実施する責務が、地方公共団体には、基本理念にのっとり、国との適切な役割分担を踏まえて、その地方公共団体の地域の状況に応じた認知症施策を総合的かつ計画的に策定し、及び実施する責務を有することが明記されました。

国民の責務としては、共生社会の実現を推進するために必要な認知症に関する正しい知識及び認知症の人に関する正しい理解を深め、共生社会の実現に寄与するよう努めることが盛り込まれています。

また、認知症施策を推進するため、内閣に、内閣総理大臣を本部長とする、**認知症施策推進本部**を設置することとされました。認知症施策推進本部には、認知症の人及び家族等のうちから、内閣総理大臣が任命する委員で組織する**認知症施策推進関係者会議**を置くこととされています。

ひとこと

政府には、**認知症施策推進基本計画**の策定義務が、都道府県と市町村には、それぞれ**都道府県認知症施策推進計画**と**市町村認知症施策推進計画**の策定努力義務が課されました。

認知症ケアの理念

利用者本位で行われる認知症ケアの代表的な理念として、認知症高齢者の「その人らしさ」「自分らしさ」を重視する**パーソン・センタード・ケア**があります。

これは、イギリスの心理学者キットウッドが提唱したもので、当事者の**生き方**を尊重し、**支えていく**ことをケアの中心とする考え方です。

ひとこと

このほか、パーソン・センタード・ケアと通じる認知症の介護技法として、**ユマニチュード**と**バリデーション**療法（p.344参照）があります。

認知症による さまざまな症状

このSECTIONのポイント

- ◆**認知症の中核症状** … 認知症の人に必ず起こる中核症状の特徴を理解しましょう
- ◆**認知症の行動・心理症状（BPSD）** … BPSDの症状の特徴を理解しましょう
- ◆**認知症と間違えられやすい症状** … 老年期うつ病とせん妄の症状の特徴をおさえましょう

認知症の中核症状

「中核症状」は、認知症の人に必ず起こる症状です。具体的には、記憶障害、見当識障害、失語・失行・失認、判断力の障害、実行機能障害があります。

1 記憶障害

認知症による記憶障害は、老化による「**もの忘れ**」とは異なります。自分が少し前に何を**体験**したのかを思い出せなくなることから始まって、**体験**したこと自体も忘れていくようになります。

症状が進行すると、忘れていることの**自覚**も失われて、日常生活に支障をきたすようになります。

ひとこと

新しい情報を覚えられない＝記銘（きめい）の障害だけでなく、**覚えた情報を取り出せない＝想起の障害**もみられることが、認知症の記憶障害の特徴でもあります。

2 見当識障害

見当識障害は、時間や場所、人物に対する認識が失われる障害です。

■時間・場所・人物に対する見当識障害の症状

種類	症状
時間に対する認識の障害	今が何時か、何年の何月何日かが分からなくなる
場所に対する認識の障害	今いる場所が、どこなのか分からなくなる
人物に対する認識の障害	自分や人の名前が分からなくなり、家族も含めたまわりの人との関係も認識できなくなる

3 失語・失行・失認

◆失語

失語では、聴覚そのものに異常はなくても、相手の言葉を理解できない、言葉がうまく出て来ない、といった症状が現れます。

◆失行

失行は、運動機能には障害などがなく、その行為の内容を理解しているのにもかかわらず、思うような行動、目的に沿った動作がとれなくなる症状です。

■主な失行の症状

種類	症状
観念失行	動作の内容は理解できても、順序立てて行うことができない
構成失行	図形や絵を、思いどおりに描くことができない
着衣失行	衣服を、思いどおりに着ることができない

◆失認

失認は、感覚機能は正常な状態なのに、見たり聞いたりしたことがなんなのか、正しく認識できなくなる症状です。視空間失認（ものの位置関係が分からなくなる)、鏡現象（鏡に映った人物が自分だと認識できなくなる）などがあります。

4 判断力の障害

判断力の障害は、物事を正しく判断することができなくなる障害です。周囲の状況を理解したり、認識したりすることが難しくなり、引き起こされるものです。

5 実行機能障害

実行機能障害は、物事を計画どおりに行うことができなくなる障害です。失行や失認、判断力、IADL、ADLの障害なども加わり、計画を立てること・手順を考えること自体が難しくなります。

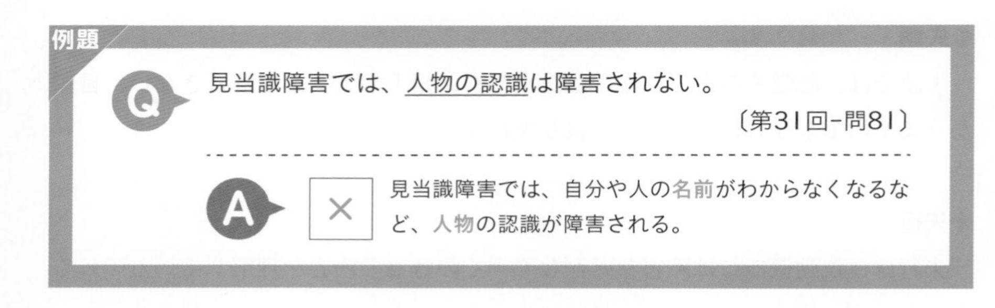
例題

Q 見当識障害では、人物の認識は障害されない。
〔第31回-問81〕

A × 見当識障害では、自分や人の名前がわからなくなるなど、人物の認識が障害される。

重要度A 認知症の行動・心理症状（BPSD）

「認知症の行動・心理症状（BPSD）」は、中核症状によって二次的に引き起こされる症状で、以前は周辺症状と呼ばれていました。

行動面の症状と心理面の症状があり、症状の現れ方や程度は、生活環境などによっても左右されます。症状の背景には、思うように行動できないことや、自分自身の状態に対する不安感・焦燥（しょうそう）感といった感情があることを、まずは理解しておきましょう。

1 行動面の症状

行動面の症状として挙げられるのは、徘徊（はいかい）、興奮や暴言・暴力、異食、失禁、常同行動などです。

■主な行動面の症状

症状の名称	症状の内容
徘徊	あてもなく、あちこちさまよい歩いてしまうこと。目的をもって歩いている場合と、不安感から歩き回ってしまっている場合がある。夕方になると落ち着きがなくなり、自分の家に帰ろうとする症状（夕暮れ症候群）もある
興奮 暴言・暴力	環境の変化に適応できない、ケアの方法を受け入れられないといったことから、興奮状態におちいる。また、自分のことや周囲のことが理解できず、介護者に対して暴言を口にしたり、暴力をふるったりする。**介護への抵抗や拒否**といった症状もある
異食	食べ物ではないものを口に入れて、食べてしまう
失禁	トイレの場所が分からない、便器の使い方が分からないといった機能性尿失禁 →p.241を参照 の場合が多い
常同行動	同じ言動を何度も繰り返してしまうこと

2 心理面の症状

心理面の症状として挙げられるのは、抑うつ、感情失禁、幻覚（幻視や幻聴）、妄想、睡眠障害などです。

■主な心理面の症状

症状の名称	症状の内容
抑うつ	理由もなく意欲が低下して、自分自身や周囲の出来事に対して無関心になったり、感情の起伏がみられない**無気力状態**（アパシー）になる
感情失禁	自分の感情をコントロールできなくなり、ちょっとしたきっかけで激しく泣き出したり、怒り出したりする

幻覚	実際には存在しないものが見えたり（幻視）、聞こえたり（幻聴）する
妄想	事実ではないことを事実として思い込み、間違いを指摘されても受け入れられない状態。「誰かに持ち物を盗まれた」といったもの盗られ**妄想**や、**被害妄想**などがある
睡眠障害	日中に眠りやすくなり、夜間に眠れなくなる昼夜逆転が生じやすい。また、十分に睡眠をとっていても、不眠を訴える場合もある

例題

認知症の行動・心理症状のうち、感情を抑えられないのは、感情失禁である。〔第26回-問83〕

感情失禁の特徴は、自分の感情をコントロールすることができず、ささいなことで号泣したり、激怒したりすることである。

認知症と間違えられやすい症状

認知症と似た症状がみられることから、認知症と間違えられやすいものに、老年期うつ病やせん妄があります。

1 老年期うつ病

老年期うつ病は、若年者に比べて抑うつ気分が軽く、不眠や頭痛、食欲の低下といった身体症状の訴えが強く現れるのが特徴です。記憶障害や見当識障害などの症状を示すこともあるため、仮性認知症とも呼ばれます。

仮性認知症の症状は急速に進行し、朝方から午前にかけて症状が悪化するなど、1日のなかでも変動（日内変動）がみられるのが特徴です。一方で、認知症と異なり、うつ病が改善されれば症状もまた消失していきます。

2 せん妄

せん妄は、なんらかの原因で**意識レベル**が不安定な状態になる、意識障害の一種です。認知症と比べて症状の現れ方が特徴的で、その原因や危険因子、具体的な症状の内容を押さえておくことが大切です。

●ここがポイント

せん妄の特徴

原因と危険因子	◆薬の **副作用** 、**高熱** ・脱水などによる影響 ◆施設への入所・入院などによる **環境** の変化 ◆手術後の精神的な混乱（ **術後せん妄** ） ◆夜を迎えたときの不安感（ **夜間せん妄** ）
症状の現れ方	◆症状は **突然** 現れて、**急速** に進行する ◆症状は、１日のなかでも大きく **変動** （ **日内変動** ）する ◆症状は **一過性** のもので、原因を見つけ早期に治療を開始すれば、やがて消失する
具体的な症状	◆ **意識の混濁**（こんだく）（もうろうとした状態になる） ◆ **注意力** が低下し、**集中力** を保てなくなる ◆ **幻覚** や **妄想** がみられるようになる ◆ **興奮状態** におちいり、暴言を吐いたりする

例題

認知症と比較した場合のせん妄の特徴として、幻覚を伴うことは少ない。〔第27回-問79〕

幻覚は、認知症の行動・心理症状（BPSD）のひとつであり、**せん妄**でもみられやすい。

CHAPTER 6

SECTION 3

認知症の原因疾患と症状

このSECTIONのポイント

- ◆**アルツハイマー型認知症と血管性認知症** … それぞれの特徴と相違点をおさえておきましょう
- ◆**レビー小体型認知症** … リアルな幻視とパーキンソン症状がみられることが特徴です
- ◆**前頭側頭型認知症** … 初期からの人格変化が特徴です
- ◆**認知症の原因となるさまざまな疾患** … 改善可能な疾患もあります
- ◆**若年性認知症** … 65歳未満で発症する若年性認知症の特徴を理解しましょう

重要度A アルツハイマー型認知症と血管性認知症

認知症の原因疾患として、半数以上を占めるのが、アルツハイマー型認知症です。それに次ぐのが血管性認知症で、この2つの疾患が認知症の大部分を占めています。

1 アルツハイマー型認知症

◆発症の原因

「アルツハイマー型認知症」は、大脳皮質の神経細胞（大脳の表面に広がる神経細胞）が減少して、脳が萎縮（いしゅく）することで発症します。

神経細胞の減少は、老人斑（ろうじんはん）（神経細胞の間にたんぱく質がたまり、しみのようなものが現れる現象）や、神経原線維の変化（神経が細長い線維状に変化した状態）などによって引き起こされます。

◆症状の特徴

アルツハイマー型認知症は、**女性**に多くみられます。症状は**ゆるやか**に進行していき、**知能**の全般的な低下と、**人格**の変化がみられるようになります。主な症状の経過は、次のとおりです。

■アルツハイマー型認知症の主な症状の経過

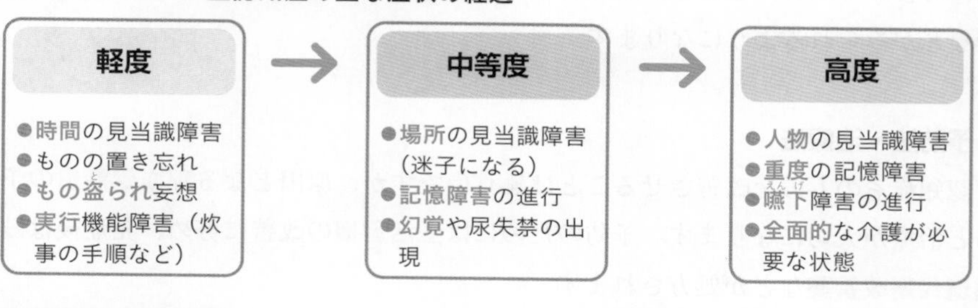

◆予防法・治療法

根本的な予防法・治療法はなく、症状の進行をやわらげる目的で、**ドネペジル塩酸塩**などが処方されます。処方により、パーキンソン病に似た症状（**パーキンソン症状**）を示す場合があるため、注意が必要です。

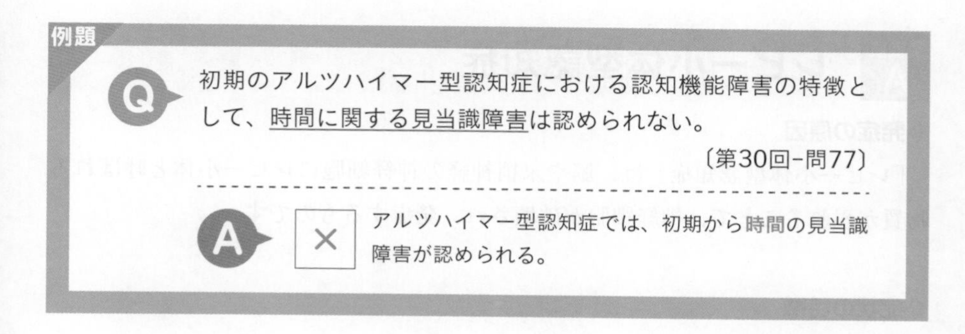

2 血管性認知症

◆発症の原因

「血管性認知症」は、脳血管疾患（脳出血や脳梗塞）を原因として、脳への血液の流れがさえぎられ、神経細胞が死滅していく疾患です。

◆症状の特徴

男性に多くみられ、脳血管疾患を繰り返すことで徐々に進行していきます。人格は比較的保たれていて、知能の低下の仕方にはむらがあるのが特徴です。症状は、神経細胞の死滅した箇所によって変わりますが、初期には自覚症状として頭痛、めまいやふらつきなどが現れ、やがて片麻痺(かたまひ)、感覚障害、意識障害、感情失禁などがみられるようになります。

◆予防法・治療法

認知症そのものを改善させることは難しいですが、原因となる脳血管疾患の予防と治療が大切になります。予防のためには生活習慣の改善に努め、発症後は脳循環代謝改善薬などが処方されます。

ひとこと

初期に病識があるのは 血管性認知症 で、病識がないのは アルツハイマー型認知症 です。

重要度A レビー小体型認知症

◆発症の原因

「レビー小体型認知症」は、脳や末梢神経の神経細胞にレビー小体と呼ばれる物質が現れることで、神経細胞が破壊され、発症するものです。

◆症状の特徴

レビー小体型認知症は、男性に多くみられます。

症状は１日のなかでも大きく変わりやすく（日内変動)、幻覚やパーキンソン病に似た症状（パーキンソン症状)、レム睡眠行動障害 →詳細はp.247参照 が現れます。認知機能の低下は全般的で、記憶障害を伴います。また、脳以外にも病変が及ぶことで、認知機能だけでなく、便秘や立ちくらみなどの自律神経症状、誤嚥性肺炎など、多彩な症状がみられます。

ひとこと

パーキンソン病と似た症状が現れるのは、パーキンソン病にかかった人にも、**レビー小体**がみられるようになるためです。

●ここがポイント

レビー小体型認知症の主な症状

●幻覚の内容

◆人物や小動物など、鮮明で具体的な内容の　幻視　が多くみられる。

幻覚を否定せず、受容的態度で接して理解するように努めることが大切

●パーキンソン症状

◆筋固縮、無動・寡動（かどう）、歩行の障害（すくみ足、小刻み歩行、突進現象など）により、　動作　が遅く、　転倒　しやすくなる

◆予防法・治療法

根本的な予防法や治療法はなく、症状の進行をやわらげるために、**ドネペジル塩酸塩**などが処方されます。

ひとこと

幻視は暗いところで見える場合が多いです。部屋が薄暗かったりする場合は、部屋を明るくすると幻視が消えることもあるので、照明を工夫してみましょう。

レビー小体型認知症では、最初の一歩が踏み出しにくく、小刻みに歩く歩行障害がみられる。〔第36回-問42〕

○ レビー小体型認知症では、すくみ足、小刻み歩行、突進現象などのパーキンソン症状がみられる。

重要度 B

前頭側頭型認知症

◆発症の原因

「前頭側頭型認知症」は、大脳の前頭葉と側頭葉が萎縮（いしゅく）することで発症します。

◆症状の特徴

前頭側頭型認知症の主な症状は、初期からの**人格の変化**です。

具体的には、意欲の低下や無関心のほか、社会のルールや規範が分からなくなり、万引きなどの**反社会的**な行動（**脱抑制**）をとってしまうことがあります。

病識がないことがほとんどで、症状が進行すると、同じ行動を繰り返す（**常同行動**）、**周回**（徘徊とは異なり、同じ道を何度も歩く）、毎日決まった時間に決まったことをする、などの行動がみられます。また、顔を見ても誰だかわからない**相貌失認**や**滞続（たいぞく）言語**（会話の流れとは関係のない言葉が、何度も繰り返されること）などの言語機能の障害も目立つようになります。一方で、記憶障害や見当識障害などがあまりみられないという特徴があります。

発症してから、平均して**6～8**年で寝たきりになるといわれています。

◆予防法・治療法

根本的な予防法・治療法はなく、**対症療法**が中心になっています。

ひとこと

常同行動がある場合は、本人と周囲の人が納得できる**生活習慣**を確立することが大切です。

認知症の原因となるさまざまな疾患

1 正常圧水頭症

◆発症の原因

「正常圧水頭症」は、絶えず循環している脳脊髄液（中枢神経を保護する液体）の流れや吸収が妨げられることで発症します。くも膜下出血 →詳細はp.287参照 や外傷などが原因となる場合と、原因不明の場合があります。

◆症状の特徴

たまった脳脊髄液が脳を圧迫することで、血管性認知症に似た**認知機能低下**、**歩行障害**、**尿失禁**、**意欲の低下**などの症状がみられるようになります。

◆予防法・治療法

早期発見によるシャント手術（脳室にたまった髄液を、チューブを通して腹腔などに流す通路をつくる手術）を行うことで、症状の改善が可能な疾患です。

例題

Q 正常圧水頭症では、歩行障害が認められる。　〔第32回-問80〕

正常圧水頭症は、**脳脊髄液**の流れや吸収が妨げられることで発症するもので、認知症の原因疾患にもなる。**歩行障害**や**尿失禁**などが症状の特徴である。

2 慢性硬膜下血腫

◆発症の原因

「慢性硬膜下血腫」は、**転倒**などによる頭部の打撲を原因として、脳を包む硬膜の下に血腫（血管以外の場所で固まった血液）ができることで発症します。

◆症状の特徴

血腫が脳を圧迫することで、**頭痛**や半身のしびれが起こり、**もの忘れ**や歩行障害、さらには意識障害などをもたらします。受傷後、数週間～数か月後に症状が現れることが多いのも特徴です。

◆予防法・治療法

手術で血腫を除去することで、**認知機能**の改善が可能な疾患です。

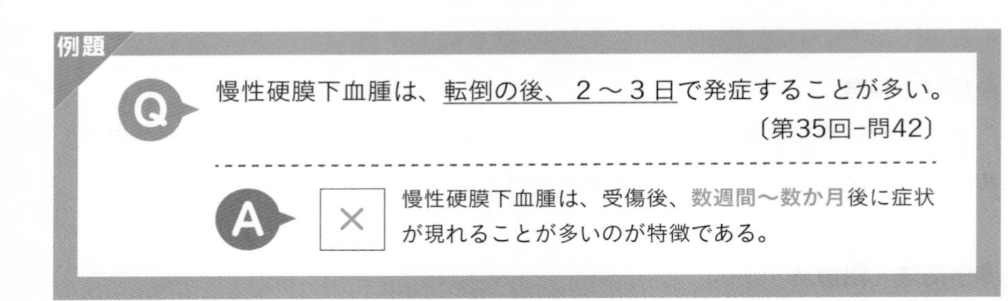

例題

Q 慢性硬膜下血腫は、転倒の後、２～３日で発症することが多い。
〔第35回−問42〕

A × 慢性硬膜下血腫は、受傷後、**数週間～数か月**後に症状が現れることが多いのが特徴である。

3 クロイツフェルト・ヤコブ病

◆発症の原因

「クロイツフェルト・ヤコブ病」は、**プリオン**と呼ばれるたんぱく質が脳内に蓄積することで、神経細胞に異常がみられる疾患です。

◆症状の特徴

症状の進行が非常に**速**く、数か月で寝たきりの状態になり、１年から２年ほどの間に死に至ります。

急速に進行する認知症様症状、歩行障害や運動麻痺(まひ)などがみられます。

◆予防法・治療法

根本的な予防法・治療法は、現在のところ、確立されていません。

クロイツフェルト・ヤコブ病による認知症の症状は緩やかに進行する場合が多い。 〔第33回-問81〕

クロイツフェルト・ヤコブ病は、症状の進行が非常に速く、認知症の症状も急速に進行する。

4 軽度認知障害（MCI）

健常と認知症の中間にあたる段階として軽度認知障害（mild cognitive impairment：MCI）があります。MCIは、

❶記憶障害の訴えが本人または家族から認められている

❷日常生活動作は正常

❸全般的認知機能は正常

❹年齢や教育レベルの影響のみでは説明できない記憶障害が存在する

❺認知症ではない

と定義されますが、年間に約１割が認知症に移行します。ただし、ライフスタイルの改善等で、MCIの一部は健常に戻ります。

軽度認知障害と診断された人の約半数がその後１年間の間に認知症になる。 〔第34回-問79〕

軽度認知障害から認知症に移行するのは年間に約１割である。

重要度 A

若年性認知症

認知症のうち、64歳以下の年齢で発症したものを、若年性認知症といいます。

若年性認知症の原因となる主な疾患は、アルツハイマー型認知症が最も多く、それに続くのが血管性認知症です。レビー小体型認知症や前頭側頭型認知症のほか、飲酒を原因として発症する場合もあります。

◆若年性認知症の特徴

男性に比較的多くみられ、若いほど脳の萎縮（いしゅく）も速く、症状の進行も速いと考えられています。不安や抑うつを伴うことが多く、特に若年性アルツハイマー型認知症においては、失認などの神経症状を認めることが多くなります。

世帯の働き手となる人が在職中に発症し、離職せざるを得なくなった場合、経済的負担だけでなく、介護の必要性などから家族の心理的負担も大きくなります。

◆若年性認知症の人への支援

若年性認知症は、老年期の認知症と比較して、社会的な認知度が低く、特化した支援が充実しているとはいえない状況です。

そのため、対象者が退職せざるを得なくなった場合などには、就労支援として障害福祉サービスの活用や、経済的支援として雇用保険の利用を促していくなど、既存の制度・サービスにつながる支援を行うことが大切です。

また、対象者が40歳以上65歳未満の場合は、介護保険の特定疾病に含まれる「初老期における認知症」に該当するため、その人の意向や状態を確かめながら、介護保険の利用を勧めていくようにします。

例題

若年性認知症は、高齢の認知症に比べて症状の進行速度は緩やかなことが多い。〔第36回−問43〕

若いほど脳の萎縮も速くなることから、後期高齢者の認知症と比べて進行は速いと考えられる。

CHAPTER 6
SECTION 4
認知症の検査と治療

このSECTIONのポイント

- ◆知的機能・認知機能の検査 … HDS-RとMMSEの概要をおさえておきましょう
- ◆認知症の重症度を評価する検査・基準 … CDRとFAST、認知症高齢者の日常生活自立度判定基準についてみていきます
- ◆認知症の治療 … リアリティ・オリエンテーションと回想法、音楽療法とバリデーションの概要をおさえましょう

重要度B 知的機能・認知機能の検査

知的機能・認知機能の検査を通じて、対象者が**認知症**であるかどうかを調べる方法には、改訂長谷川式簡易知能評価スケール（HDS-R）、MMSEがあります。

1 改訂長谷川式簡易知能評価スケール（HDS-R）

改訂長谷川式簡易知能評価スケール（HDS-R）は、年齢、日時や場所の認識（**見当識**）、計算、記憶などの項目について**口頭**で回答し、認知症かどうかを評価する検査です。**日本国内**で最も広く活用されている評価スケールで、９項目の質問で構成されています。30点満点で**20**点以下の場合に認知症が疑われます。

2 MMSE（Mini-Mental State Examination）

MMSEは、口頭での回答に、**図形**の模写という動作性の課題を加えて、認知症かどうかを評価する検査です。**国際的**に最も広く活用されている評価スケールで、11項目の質問で構成されています。30点満点で**23**点以下の場合に認知症が疑われます。

改訂長谷川式簡易知能評価スケールは、点数（得点）が高いほど重症である。〔第24回-問83・改〕

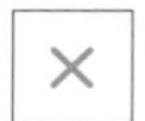

×　改訂長谷川式簡易知能評価スケールは、認知症の重症度を評価する検査ではない。30点満点で、**20点以下**の場合、**認知症の疑い**がある。

重要度B　認知症の重症度を評価する検査・基準

認知症の重症度を評価するための検査には、CDRやFASTがあります。また、要介護認定の判定時に参照される基準として、認知症高齢者の日常生活自立度判定基準があります。

1 CDR（Clinical Dementia Rating）

CDRは、**家族**や介護者からの情報をもとに、記憶や判断力、社会適応などの6項目を評価します。**国際的**に最も広く活用されている、**行動観察式**の評価スケールです。項目別の結果をまとめて、最終的に、「**健康**」「**認知症**の疑い」「**軽度**」「**中等度**」「**重度**」の5段階に分類します。

2 FAST（Functional Assessment Staging）

FASTは、主に**アルツハイマー型認知症**のADL（日常生活動作）を評価するために用いられる、**行動観察式**の評価スケールです。検査の結果については、「**認知機能**の障害なし（臨床診断は**正常**）」から「**非常に高度**の認知機能低下（**高度**のアルツハイマー型）」までの**7**段階に分類します。

7段階のうち、4段階目の「中等度の認知機能低下（**軽度**のアルツハイマー型）」では、**家計**の管理や**買い物**が難しくなるという特徴があります。

また、5段階目の「やや高度の認知機能低下（**中等度**のアルツハイマー型）」

では、介助なしでは適切な洋服を選んで着ることができない、大声を挙げるなどの感情障害がみられるといった特徴があります。

3 認知症高齢者の日常生活自立度判定基準

認知症高齢者の日常生活自立度判定基準は、日常生活における具体的な支障を目安にして、厚生労働省が提示している判定基準です。介護保険サービスを利用するための要介護認定の判定時などに活用されています。

●ここがポイント

認知症高齢者の日常生活自立度判定基準

ランクⅠ	何らかの認知症を有するが、日常生活は家庭内及び社会的にほぼ自立している
ランクⅡ	日常生活に支障をきたすような症状・行動や意思疎通（そつう）の困難さが多少見られても、誰かが注意していれば自立できる
ランクⅡa	家庭外で上記Ⅱの状態が見られる
ランクⅡb	家庭内でも上記Ⅱの状態が見られる
ランクⅢ	日常生活に支障をきたすような症状・行動や意思疎通の困難さがときどき見られ、介護を必要とする
ランクⅢa	日中を中心として上記Ⅲの状態が見られる
ランクⅢb	夜間を中心として上記Ⅲの状態が見られる
ランクⅣ	日常生活に支障をきたすような症状・行動や意思疎通の困難さが頻繁に見られ、常に介護を必要とする
ランクM	著しい精神症状や問題行動あるいは重篤な身体疾患が見られ、専門医療を必要とする

例題

FASTは、血管性認知症の重症度判定に用いる。

〔第30回-問81〕

FASTは、主にアルツハイマー型認知症のADL（日常生活動作）を評価するために用いられる。

ひとこと

認知症が軽度の段階では IADL（手段的日常生活動作）のみが障害されるので、IADL のアセスメントは、認知症の早期発見に有用です。

重要度C 認知症の治療

認知症における薬物療法は、原因となる疾患や症状に合わせて、錠剤や口腔内崩壊錠（OD錠）、粉薬、ゼリー、**貼付**剤などが使用されます。症状の進行に応じて、抗認知症薬の投与量を段階的に**増量**していきますが、服用開始時や**増量**時に、副作用として、悪心や嘔吐、下痢、興奮などの症状が現れることがあります。抗認知症薬の服用により、**ADL**が改善することもありますが、認知症そのものを治癒させたり、症状の進行を完全に止めることはできません。

そのため、知的機能・認知機能の回復や維持、QOL（生活の質）を高めることを目的とした、**非薬物療法**も実施されています。

1 リアリティ・オリエンテーション（現実見当識訓練）

「リアリティ・オリエンテーション（現実見当識訓練）」は、見当識障害のある人に、日時や場所、名前などの情報を**繰り返し**質問することで、**現実**に対する感覚や認識を高める訓練です。

1日の流れのなかで適宜はたらきかけをしていく方法（24時間リアリティ・オリエンテーション）と、グループを組んで行う方法（教室リアリティ・オリエンテーション）があります。

ひとこと

リアリティ・オリエンテーションは**見当識障害**を補うための療法・訓練であり、認知症の人だけに特化したものではありません。混乱状態にある人、せん妄のある人にも適用されます。

2 回想法

「回想法」は、比較的保たれている幼少時の記憶などを引き出すことで、人生を振り返り、認知症高齢者の**心**の安定を図る心理療法です。

回想法もまた、個人に対して行う場合と、グループを組んで行う場合があります。グループの場合、当事者同士がコミュニケーションを深めるきっかけともなり、共感し合うことで、**心**のはたらきを豊かにする＝豊かな**情動**をもたらすことが期待されます。

例題

回想法では、時間の見当識を高めるために、日付や曜日を確認する。 〔第23回-問48〕

見当識を高めるために行うのは、**リアリティ・オリエンテーション**である。

3 音楽療法

認知症の音楽療法は、音楽を使用して認知症の症状や**生活の質**を改善し、**健康**を促進する心理療法です。音楽療法は、認知症高齢者が音楽を通じて感情や記憶とのつながりを再構築し、コミュニケーションや行動の向上を促進することを目的としています。

■認知症の音楽療法の特徴や効果

感情の刺激と表現	音楽は感情を引き起こす力があり、特に認知症高齢者が言葉で表現しにくい感情を引き出す助けとなる。音楽を通じて自分の感情を**表現**し、**共感**することができる
記憶と認識の活性化	音楽は過去の記憶や経験と深い関連がある。音楽を通じて知っている曲を聴くと、記憶や認識が**活性化**され、過去の**出来事**や**人物**に関する思い出が蘇ることがある
コミュニケーションの促進	認知症患者は言葉でのコミュニケーションが難しくなることがあるが、音楽は**非言語的**なコミュニケーションを促進する。共通の音楽体験を通じて、家族、友人などがコミュニケーションをとりやすくなる
リラクゼーションとストレス軽減	音楽はリラクゼーションや安心感を提供し、ストレスを軽減する助けとなる。特に穏やかでリズミカルな音楽は、認知症高齢者の**不安**や**興奮**を和らげることがある
運動の促進	音楽療法は体の動きを促進し、運動するきっかけとなる。踊ることや楽器を演奏することは、身体的な**活動性**を増加させ、運動能力を向上させることが期待できる

ひとこと

認知症の音楽療法は個々の患者のニーズに合わせてカスタマイズされ、その効果は個人差がありますが、多くの場合、患者の生活の質や精神的な健康向上に寄与することが報告されています。

4 バリデーション

バリデーションは、認知症のある人とのコミュニケーションを通じて、その人の**感情**や**経験**を尊重し、理解しようとするアプローチです。

■バリデーションの主なコミュニケーション技法

センタリング	相手の**感情や経験に焦点**を当て、その人の**視点**を尊重する技法。感情や言葉に耳を傾け、その人の**視点**を理解しようとすることが重要。これにより、認知症高齢者が自分自身を受け入れ、**安心感**を得るのに役立つ
リフレージング	相手が表現した言葉や感情を取り上げ、それを**別の言葉で言い換え**、理解を深めようとする技法。適切な言葉で再表現することでコミュニケーションの円滑さが向上する
レミニシング	過去の出来事や経験を**振り返りながらコミュニケーション**する技法。過去の思い出や体験に基づいて話すことで、認知症高齢者との結びつきを強化し、**自尊心**を促進することが期待される
ミラーリング	相手の**言葉や行動を模倣**し、共感することで相互理解を深める技法。認知症高齢者が感じていることや表現していることを、同じような言葉や動作で示すことで、コミュニケーションの障壁を減少させる
カリブレーション	相手の表現や反応に**敏感に反応**し、**適切なタイミング**で**調整**する技法。認知症高齢者の感情状態の**変化に合わせて柔軟に対応**し、適切なサポートを提供することが重要

例題

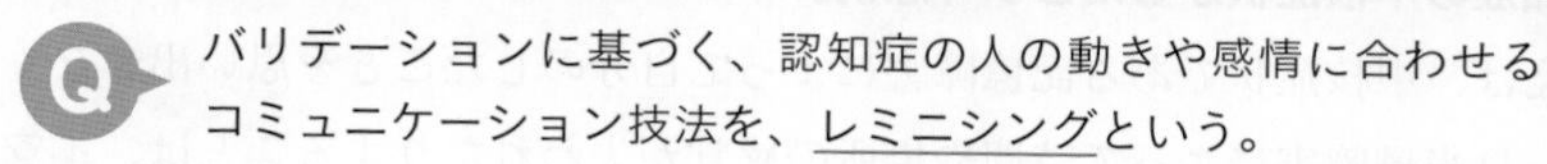

Q バリデーションに基づく、認知症の人の動きや感情に合わせるコミュニケーション技法を、レミニシングという。

〔第36回-問46〕

A × レミニシングは、過去の出来事や経験を振り返りながらコミュニケーションする技法。記述は、カリブレーション。

CHAPTER 6

SECTION 5

認知症のある人の心理、日常生活

このSECTIONのポイント

- **◆認知症のある人の特徴的なこころの理解** … 認知症の症状の背景にどのような感情があるのかを理解して介護を行うことが重要です
- **◆環境変化が認知症の人に与える影響** … 認知症の人が安心できる環境づくりについておさえましょう

重要度B 認知症のある人の特徴的なこころの理解

認知症の行動・心理症状（BPSD）には、**行動**面の症状と**心理**面の症状があります。認知症の人の介護を行うときに心がけておきたいのは、これらの症状の背景にどのような**感情**があるのかを理解しておくことです。

◆認知症の中核症状がもたらす「感情」

例えば、中核症状である記憶障害によって自分のしたことを思い出せなくなったり、見当識障害によって時間や場所の感覚が失われたりすることは、**不安感**や**焦燥感**（しょうそう）、**混乱**、**おびえ**といった感情をもたらします。

症状の現れ方に**個人差**がある行動・心理症状（BPSD）は、こうした感情を背景として、引き起こされるものでもあります。

◆求められる「態度」

行動・心理症状（BPSD）は、まわりの人たちの対応や支援の内容によって、**予防**したり**抑制**したりすることが可能な症状です。そのため、介護福祉職には、認知症の人の不安感や焦燥感といった感情を理解し、その言動を**否定**したり**訂正**したりするのではなく、ありのままの姿を受け入れていく＝**受容**的態度で接していくことが求められています。

例題

認知症高齢者の記憶力の低下は、行動や心理に影響を与えない。
〔第23回-問42〕

記憶障害や見当識障害などによって、不安感や焦燥感を覚え行動・心理症状（BPSD）が現れることがある。

重要度B 環境変化が認知症の人に与える影響

認知症の行動・心理症状（BPSD）は、**生活環境の変化**によっても引き起こされます。

施設への入所時などに、環境の変化にとまどい、混乱状態におちいることで、徘徊（はいかい）などの症状が現れることがあります。こうした現象を、**リロケーション**ダメージや**トランスファー**ショックなどと呼びます。症状を予防したり、やわらげたりするために、押さえておくべきポイントがいくつかあります。

●ここがポイント

認知症の人のための安心できる環境づくり

症状に配慮した環境整備を行う	◆**家具**の配置をむやみに変えない ◆部屋やトイレに見慣れた（本人が認識できる）**表示**や**目印**をつける ◆照明や色彩は、**本人のなじんでいるもの**に保つ
自宅に近い環境＝**なじみのある環境**をつくる	◆**使い慣れた**道具や**思い出**の品を持ち込む ◆**なじみの関係**の人（家族・友人・職場の人・地域の人）との関係を保てるように支援する

介護福祉職や利用者となじみの関係を築く	◆ 目線 を合わせて 笑顔 で接することで、安心してもらえる介護福祉職になる ◆利用者同士が 良好な関係 を維持できるように仲介する
能力や状態に応じた役割を見つける	◆活動への参加の機会を設け、能力 の維持や 症状 の抑制につなげる ◆生活歴や特技・趣味を生かして「できること」を発揮してもらうことで、意欲 や 活力 の向上を図る

ひとこと

施設における介護では、なごやかな雰囲気のなかで、ゆったりと過ごせるようにしたいものです。例えば食事のときも、栄養の摂取ばかりを優先するのではなく、利用者同士が楽しんで食事を進められるような、**雰囲気づくり**も大切といえます。

例題

高齢の認知症の人への対応として、部屋の家具の配置を、飽きないように毎月変える。 〔第25回－問85〕

自分の**生活環境**に**変化**がみられると、記憶障害や見当識障害のある認知症高齢者の混乱が、いっそう深まるおそれがある。**家具の配置**はむやみに変えない。

CHAPTER 6
SECTION 6

認知症ケアにおける連携と家族支援

このSECTIONのポイント

◆地域におけるサポート体制 … 認知症の人を支える地域の機関の機能をおさえましょう

◆家族への支援 … レスパイトケアをはじめとする認知症の人の家族に対する支援についておさえましょう

重要度B 地域におけるサポート体制

2019（令和元）年6月に厚生労働省が策定した「**認知症施策推進大綱**」では、「認知症になっても住み慣れた地域で自分らしくくらし続けることができる**共生**」をめざしています。

認知症の人を支えていくために、地域のさまざまな機関が連携して、切れ目のない支援を行っていくことが大切です。

●ここがポイント

認知症の人を支える地域の機関

地域包括支援**センター**	地域における横断的なネットワーク構築を担う
認知症疾患医療**センター** 認知症初期集中**支援チーム** 認知症地域支援**推進員**	認知症の早期診断・早期対応のための連携を図る

認知症サポーター	認知症の普及・啓発に努める
認知症コールセンター	認知症に関する電話相談を担う
民生委員	認知症の人に関する情報を収集し、地域包括支援センターなどの専門機関につなぐ

1 地域包括支援センター

地域包括支援センターは、2005（平成17）年の「介護保険法」改正に基づき設置された、地域包括ケアシステムの中核となる機関です。

地域における横断的なネットワークの構築を担い、地域住民やボランティアなども含めた、**見守り体制**を整備するための支援を行います。

また、認知症の人や家族にとっては**相談機関**としての役割も果たし、権利擁護（ようご）業務なども行っています。

→詳細はp.57参照

2 認知症疾患医療センター

認知症疾患医療センターは、地域において、認知症の人に必要な医療を提供していくための、中核となる機関です。都道府県や政令指定都市によって指定された病院に設置されます。

中核機関としては、医療（主治医・かかりつけ医やサポート医）と介護（地域包括支援センターや介護福祉職）双方の**連携**を深める役割を果たしています。

また、実際の業務としては、認知症の診断、急性期の治療、専門的な医療相談などが挙げられます。

3 認知症初期集中支援チーム

認知症初期集中支援チームは、認知症の**早期診断・早期対応**を図るため、初期段階から複数の専門職が関わり、訪問による状態の把握やアセスメントを行い、専門医療機関の紹介や家族支援を包括的・集中的（おおむね**6**か月）に行うチームです。地域包括支援センターなどに設置され、認知症疾患医療センターとの連携を図り、認知症の人と家族の自立した生活をサポートします。

チームのメンバーとして、サポート医、保健師、看護師、作業療法士、介護福祉士などがチームを組みます。支援の対象は**40**歳以上で、自宅で生活している認知症の人や認知症が疑われている人で、次のいずれかに該当する人です。

- 医療サービス、介護サービスを受けていない人、または**中断**している人で以下のいずれかに該当する人
  - ❶認知症疾患の臨床**診断**を受けていない人
  - ❷**継続**的な医療サービスを受けていない人
  - ❸適切な**介護保険**サービスに結び付いていない人
  - ❹診断されたが介護サービスが**中断**している人
- 医療サービス、介護サービスを受けているが認知症の**行動・心理症状**が顕著なため、対応に苦慮している

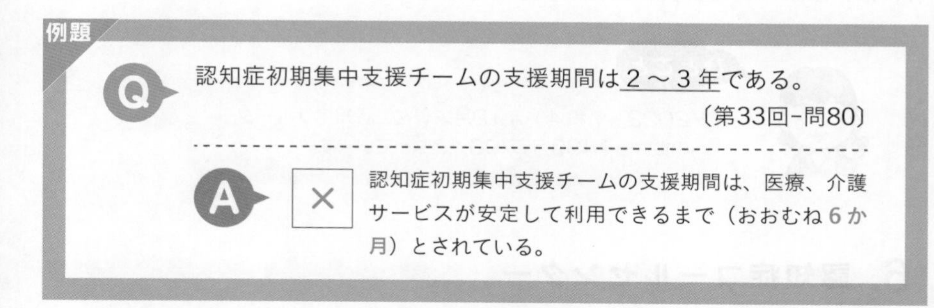
例題

Q 認知症初期集中支援チームの支援期間は2～3年である。
〔第33回-問80〕

A × 認知症初期集中支援チームの支援期間は、医療、介護サービスが安定して利用できるまで（おおむね**6**か月）とされている。

4 認知症地域支援推進員

認知症地域支援推進員は、認知症の人や家族への**相談支援**、サービスの**コーディネート**、連絡調整などを行います。保健師や看護師、作業療法士、介護福祉士などが担い、認知症初期集中支援チームとの連携を図ります。

ひとこと

認知症地域支援推進員などが企画して、地域の実情に応じて実施するものとして、**認知症カフェ**があります。これは、認知症のある人や家族、地域住民、専門職などが集い、情報交換や交流を図る場です。

5 認知症サポーター

認知症サポーターは、認知症を正しく理解して、認知症の人とその家族を見守り、支援する**民間のサポーター**です。**全国キャラバン・メイト連絡協議会**が、自治体や全国規模の企業・団体と協働して、養成講座を開いています。

なお、認知症サポーター養成講座の講師を務める**キャラバン・メイト**もまた、全国キャラバン・メイト連絡協議会などが養成研修を実施しています。受講対象者には、**家族の会**の会員、**民生委員**なども含まれます。

ひとこと

2022（令和４）年12月末現在、認知症サポーターの数は、1430万7790人となっています。

6 認知症コールセンター

認知症コールセンターは、認知症の人やその家族を対象として、介護の悩みや介護方法について、認知症介護の専門家や経験者などに**電話相談**ができる機関です。都道府県や政令指定都市に設置されています。

7 民生委員

民生委員は、都道府県知事の推薦によって厚生労働大臣が委嘱する、民間のボランティアです →詳細はp.476参照。地域住民の生活相談などに応じる一方で、認知症の状態にあると思われる人、認知症の人の情報収集に努め、**地域包括支援センター**をはじめとした専門機関につなげることが期待されています。

ひとこと

判断能力が不十分な状態になった認知症高齢者を支える制度として、**成年後見制度**や**日常生活自立支援事業**があります。前者は**財産管理**、後者は**日常の金銭管理**などの代行を行うものです。

重要度B 家族への支援

家族の一員が認知症になったとき、本人以外の家族もまたショックを受け、**不安感**や**焦燥感**、**混乱**といった感情を抱くことになります。

そして、本人以外の家族が介護者となってからも、記憶障害や見当識障害などの中核症状、徘徊、失禁、幻覚、妄想などの行動・心理症状（BPSD）が進行していくことで、**負担**は大きく、心身ともに**疲労**が蓄積されていきます。

介護福祉職は、介護に対する家族の悩みに耳を傾け、その気持ちを受け入れて（**受容**して）いくように努めます。また、家族の言動や家庭内の様子から、**虐待**のおそれがないかを把握することも大切です。 →虐待の種類はp.454参照

1 レスパイトケアの実施

レスパイトという言葉には、「**休息**」という意味があります。レスパイトケアとは、介護を行う家族の負担をやわらげ、息抜きのための一時的な**休息期間**を設けることで、リフレッシュを図ってもらうものです。

介護保険のサービスのうち、利用者が施設に短期間入所する**短期入所生活介護**

（ショートステイ）をはじめ、訪問介護や通所介護などの利用が想定されます。

2 家族の会の紹介

同じ立場にいる人たちが、**相互**に支え合うことを、**ピア・サポート**といいます。家族の会は、ピア・サポートの一環として、認知症の人の介護を行う家族同士が集まり、**交流**を図るものです。認知症に関する家族の会は、1980（昭和55）年に「**呆(ぼ)け老人をかかえる家族の会**」として発足しました（現：「公益社団法人 **認知症の人と家族の会**」）。

家族の会では、交流会のほか、**電話相談**なども行っており、**相談場所**としても重要な役割を担っています。他の家族の話を聞くことで、認知症を発症した家族の**変化**に気づく機会にもなります。助け合い励まし合う仲間がいることは、家族の**ストレス**を軽減し大きな支えとなります。

ひとこと

普段の生活のなかでは打ち明けることの難しい、介護の苦労や悩みを話し合える場として、**介護福祉職には家族の会の周知を促すことが求められます。**

例題

Q 認知症の妻を介護している夫から、「死別した妻の父親と間違えられてつらい」と相談されたときの介護福祉職の対応として、認知症の人によくみられることで、他の家族も同じ思いであることを伝えた。〔第29回-問86〕

A ×

介護福祉職には、妻の介護に悩む夫の訴えを**受容**し、**傾聴**することが求められる。夫には、誤認を否定せずに普段どおりに接することを勧め、そのうえで、ケアのあり方などをどのように工夫していけるのかを、一緒に考えていくことが大切である。

CHAPTER

7

障害の理解

CHAPTER 7

SECTION 1

障害の基礎的理解

このSECTIONのポイント

◆ICF に基づく「障害の概念」… 障害とは、どのような概念を指すのか理解しましょう

◆障害者手帳制度 … 障害者手帳の種類と特徴をおさえましょう

◆障害高齢者の日常生活自立度（寝たきり度）判定基準 … 要介護認定の際にも用いられます

◆障害者福祉の基本理念 … ノーマライゼーション、リハビリテーション、ソーシャル・インクルージョン、IL 運動とアドボカシー、エンパワメントとストレングス視点についておさえましょう

◆障害者福祉の現状と施策 … 障害者差別解消法と障害者雇用促進法の概要をおさえておきましょう

重要度B　ICFに基づく「障害の概念」

障害という概念を、どのように理解すればよいのか、その指標のひとつになっているのが、WHO（世界保健機関）によって策定された**ICF（国際生活機能分類）**です。

ICFでは、３つの生活機能（「**心身機能・身体構造**」「**活動**」「**参加**」）を掲げ、健康状態や２つの背景因子（「**環境因子**」「**個人因子**」）との**相互作用**によって、生活機能に次のような障害が現れることを示しました。

■ICFにおける生活機能と、それに対応する障害

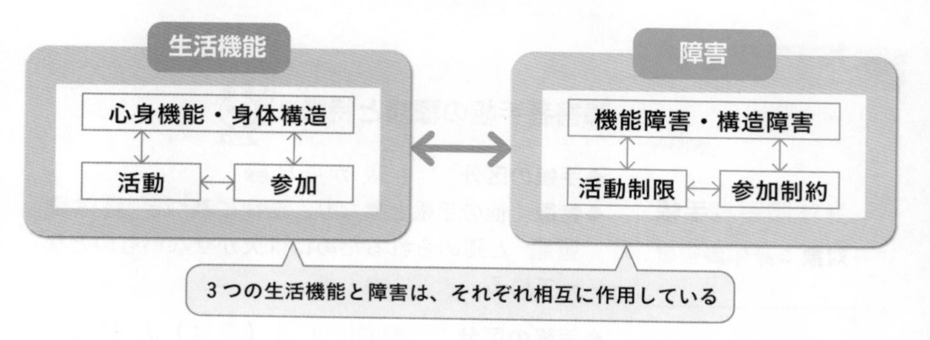

つまり、障害は**個人的**な要因だけでなく、**環境的**な要因によっても引き起こされるもの、ということです。

障害を、単に「からだやこころの機能の障害」とだけとらえるのではなく、活動に対する**制限**や、社会への参加の**制約**などを含めた、幅広い概念として理解することが大切です。介護福祉職としての障害者への支援も、そのような視点を踏まえて行っていくように心がけましょう。 →ICFの全体像についてはp.459参照

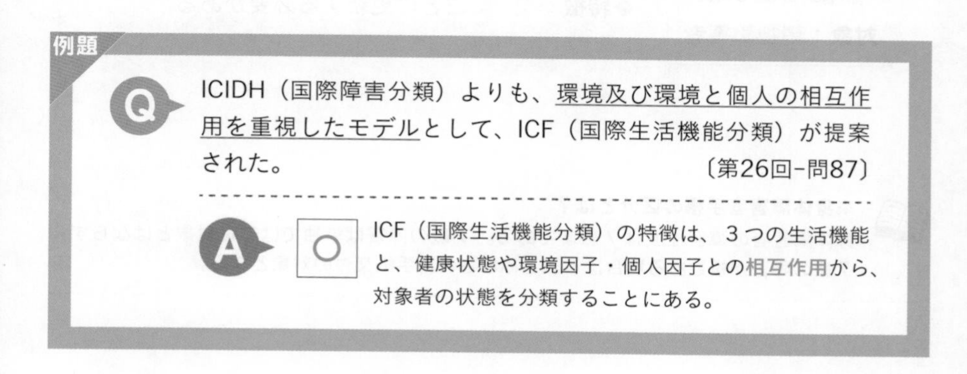

例題

Q ICIDH（国際障害分類）よりも、環境及び環境と個人の相互作用を重視したモデルとして、ICF（国際生活機能分類）が提案された。 〔第26回-問87〕

A ○ ICF（国際生活機能分類）の特徴は、3つの生活機能と、健康状態や環境因子・個人因子との**相互作用**から、対象者の状態を分類することにある。

重要度B 障害者手帳制度

障害者手帳制度は、身体障害者・知的障害者・精神障害者を対象として、手帳の交付を受けることで、交通運賃の割引など各種サービスや優遇処置を受けることができる制度です。障害者手帳は、**都道府県知事**や政令指定都市の市長などに

よって交付され、障害別に区分が異なるなどの特徴があります。

●ここがポイント

障害者手帳の種類と特徴

身体障害者手帳 対象：身体障害者	◆**手帳の区分**※：1級から6級 ◆**特徴**：他の手帳と異なり、法律に基づき身体障害者と認められるためには欠かせないものとなっている
療育手帳 対象：知的障害者	◆**手帳の区分**：一般的にはA（重度）とB（その他）に区分される ◆**特徴**：法律ではなく、1973（昭和48）年の厚生省（当時）の事務次官通知に基づく制度のため、自治体によって、手帳の名称や区分が異なる場合がある
精神障害者保健福祉手帳 対象：精神障害者	◆**手帳の区分**：1級から3級 ◆**特徴**：2年ごとに更新する必要がある

※身体障害者手帳の区分とは？

身体障害者の障害程度は7級まである。7級の障害は単独では交付対象とはならず、7級の障害が複数ある場合は6級とみなされ、手帳交付の対象となる。

重要度C　障害高齢者の日常生活自立度（寝たきり度）判定基準

障害高齢者の日常生活自立度（寝たきり度）判定基準は、なんらかの障害のある高齢者について、日常生活がどのくらい**自立**しているのかを判定するものです。厚生労働省によって示されているもので、認知症高齢者の日常生活自立度判定基準→詳細はp.341参照とともに、要介護認定の判定時などに活用されています。

■障害高齢者の日常生活自立度（寝たきり度）判定基準

分類	ランク	判定基準
生活自立	ランクJ	何らかの障害等を有するが、日常生活はほぼ自立しており独力で外出する 1．交通機関等を利用して外出する 2．隣近所へなら外出する
準寝たきり	ランクA	屋内での生活はおおむね自立しているが、介助なしには外出しない 1．介助により外出し、日中はほとんどベッドから離れて生活する 2．外出の頻度が少なく、日中も寝たり起きたりの生活をしている
寝たきり	ランクB	屋内での生活は何らかの介助を要し、日中もベッド上での生活が主体であるが、座位を保つ 1．車いすに移乗し、食事、排泄はベッドから離れて行う 2．介助により車いすに移乗する
	ランクC	1日中ベッド上で過ごし、排泄、食事、着替において介助を要する 1．自力で寝返りをうつ 2．自力で寝返りもうてない

重要度A 障害者福祉の基本理念

障害者福祉の基本理念として重要なのは、ノーマライゼーション、リハビリテーション、ソーシャル・インクルージョンです。

1 ノーマライゼーションとリハビリテーション

「ノーマライゼーション」は、障害のある人も、そうでない人も、分けへだてなく生活（普通に生活）していけるような社会の実現をめざす理念です。

1950年代に、デンマークのバンク-ミケルセンによって提唱され、その後、ニィリエやヴォルフェンスベルガーなどが理論化を進めていきました。ノーマライゼーションの理念が日本国内に広がり始めたのは、「完全参加と平等」をテーマに掲げた1981（昭和56）年の「**国際障害者年**」からです。

ひとこと

ノーマライゼーションの理念を実現させるための具体的な施策として挙げられるのが、生活を送るうえで障壁となるもの＝バリアを取り除く、**バリアフリー**の推進です。

「リハビリテーション」は、心身の機能の回復にとどまらず、障害のある人が最適な能力を発揮できるようにすることで、人間らしく生きる権利・名誉・尊厳の回復＝**全人間的復権**をめざす理念です。

リハビリテーションでは、**生活の視点**を重視し、利用者の残された能力を生かすこと・引き出すことで、**自立**を支援していきます。 →詳細はp.462参照

ひとこと

ノーマライゼーションとリハビリテーションは、2002（平成14）年に策定された「**新障害者基本計画**」**の基本理念**として位置づけられていました(p.134参照)。

2 ソーシャル・インクルージョン

「ソーシャル・インクルージョン」は、社会のあらゆる人々をその構成員として**包み込み**、共に**生き**、共に**支え合う**ことをめざす理念です。 →p.51も参照

ソーシャル・インクルージョンという考え方の前段階には、**インテグレーション**（統合）や**インクルージョン**（包括）という理念があり、併せて理解しておくことが大切です。

●ここがポイント

ソーシャル・インクルージョンと関係する理念

インテグレーション（統合）
障害者と健常者を区別するのではなく、**社会のなかで共に生活できる**ような状態をめざす理念

◆インテグレーションの考え方を発展させると…

インクルージョン（包括）
共生できる場をつくるということに限らず、その人に合った生き方を選んでいけるように、**共に支え合う**ことをめざす理念

◆インクルージョンの考え方を社会全体に広げると…

ソーシャル・インクルージョン
高齢者や障害者、ホームレスや外国籍の人など、**あらゆる人々**を社会の構成員として包み込み、共に生き、共に支え合うことをめざす理念

例題

ソーシャルインクルージョンとは、全人間的復権のことである。
〔第30回-問89〕

ソーシャルインクルージョンとは、共に生き、支え合うことである。記述は、リハビリテーションの理念である。

3 IL運動

障害者の自立生活運動（IL運動）は、1960年代にカリフォルニア大学バークレー校在学の重度の障害がある学生によるキャンパス内での運動として始まり、

やがて地域での自立生活センターの活動に発展し、保護から自立支援へと福祉理念の変化を促しました。

4 アドボカシー、エンパワメントとストレングス

◆アドボカシー

アドボカシーは、権利擁護・代弁と訳すことができます。利用者に代わって、利用者のニーズをくみ取り、希望や要望を表明する支援をアドボカシーといいます。

◆エンパワメント

エンパワメントとは、個人や集団がより力をもち、自分たちに影響を及ぼす事柄を自分自身でコントロールできるように支援することを指します。支援の際、援助者は利用者や利用者を取り巻く環境の強み・強さを見出すストレングス視点をもつことが重要です。

例題

ストレングス視点に基づく利用者支援とは、権利を代弁・擁護して、権利の実現を支援することである。〔第35回−問49〕

ストレングス視点に基づく利用者支援とは、個人の特性や強さを見つけて、それを生かす支援を行うことである。記述は、アドボカシーの説明である。

5 国連による障害者施策の流れ

ノーマライゼーションの理念などを踏まえながら、国連（国際連合）は、障害者の権利を守るために、さまざまな施策を行ってきました。

■国連による障害者施策の流れ

年	出来事
1971（昭和46）年	「知的障害者の権利宣言」採択
1975（昭和50）年	「障害者の権利宣言」採択
1981（昭和56）年	「国際障害者年」実施 →「完全参加と平等」をテーマに、障害者に対する就労機会の保障などを掲げた
1983（昭和58）年 ～ 1992（平成4）年	「国連・障害者の十年」実施 →終了後の1993年に、「障害者の機会均等化に関する標準規則」が採択された
1993（平成5）年 ～ 2002（平成14）年	「アジア太平洋障害者の十年」実施 →その後、2003年から2012年までを第二次、2013年から2022年までを第三次として延長されている
2006（平成18）年	「障害者の権利に関する条約」採択 →障害者の人権・基本的自由の確保と、尊厳の尊重の促進をめざす国際条約。世界各国の障害者団体が「私たち抜きに私たちのことを決めるな（Nothing About us without us）」をスローガンに、条約の起草段階から参加、発言し、その意見が反映されて、成立。2008年に発効

重要度B 障害者福祉の現状と施策

国連による「障害者の権利に関する条約」の採択を受け、日本は2007（平成19）年に、同条約へ署名をしました。その後、国内における条約の発効に向け、関係法律の整備が必要となり、次のような施策が行われてきました。

- 2011（平成23）年…「障害者基本法」を改正
- 2012（平成24）年…「障害者自立支援法」を改正し、「障害者の日常生活及び社会生活を総合的に支援するための法律」（障害者総合支援法）を制定。施行は2013（平成25）年4月と2014（平成26）年4月

→詳細はp.138参照

●2013（平成25）年…「障害を理由とする差別の解消の推進に関する法律」（障害者差別解消法）を制定。施行は2016（平成28）年４月

こうした経緯を経て、日本においても「障害者の権利に関する条約」が2014（平成26）年１月に批准、２月に発効されました。この条約に位置づけられた合理的配慮という考え方は、国際条約上初めて取り上げられた概念で、「障害者差別解消法」のなかにも含まれました。

1 「障害者差別解消法」の概要

2013（平成25）年に制定、2016（平成28）年４月に施行された「障害を理由とする差別の解消の推進に関する法律」（障害者差別解消法）は、共生社会の実現をめざし、差別解消を推進するための基本的事項を定めた法律です。

同法では、国・地方公共団体の責務として、差別解消推進に必要な施策の策定・実施を義務づけています。また、国民の責務として、差別解消推進に寄与する努力義務を課しています。

◆行政機関と事業者に対する措置

同法では、行政機関と事業者に対する義務として、次に挙げる２つの措置を定めています。

❶不当な差別的取り扱いの禁止

❷合理的配慮の提供

このうち❷の提供について、法制定時には事業者は努力義務とされていましたが、2021（令和３）年の法改正より、義務化されました（公布の日から３年を超えない範囲で施行）。

また、主務大臣による報告の徴収に従わなかったり、虚偽の報告をしたりした事業者に対する罰則は設けられていますが、個人を対象とした罰則は設けられていません。

◆障害者差別解消支援地域協議会

同法に基づき、国や地方公共団体は、障害者差別を解消するための取り組みを効果的・円滑に行うことを目的として、**障害者差別解消支援地域協議会**（協議会）を組織できるものとされています。

協議会は、障害者差別の解消に関わるさまざまな機関によって構成され、障害者差別に関する**相談**体制の整備、差別解消のための協議や取り組み、紛争防止・解決の支援などを行います。

なお、協議会には**秘密保持義務**に違反した場合の罰則が設けられています。

2 「障害者雇用促進法」の概要

障害者の雇用に関する施策は、「障害者の雇用の促進等に関する法律」（**障害者雇用促進法**）に基づき、推進されています。

事業主（企業や国・地方公共団体など）に対しては、労働者の数に対して、一定割合の障害者の雇用を義務づける**障害者雇用率制度**※が課されています。また、2016（平成28）年４月の「障害を理由とする差別の解消の推進に関する法律」（**障害者差別解消法**）の施行に伴い、募集・採用や賃金などの待遇面において障害を理由とした**不当な差別的取り扱い**をしてはならないことや、障害の特性に配慮した措置（**合理的配慮**）の提供義務が定められています（具体的な方針を定めた**障害者差別禁止**指針と**合理的配慮**指針を策定）。

一方、障害者本人に対しては、地域障害者職業センターで専門的な職業リハビリテーションが実施されています。職業訓練のほか、**ジョブコーチ**（職場適応援助者）による職場定着支援も実施されています。

※障害者雇用率制度とは？
事業主に対して、一定割合に相当する身体・知的・精神障害者の雇用を義務づける制度。民間企業については、全労働者の2.5％、国・地方公共団体については2.8％となっている。なお、民間企業については、2026（令和８）年７月から2.7％、国・地方公共団体については、2026（令和８）年７月からに3.0％に引き上げられる。

CHAPTER 7

SECTION 2

障害のある人の心理

このSECTIONのポイント

◆障害の受容と適応機制 … 障害に適応し、受容するまでのプロセスと、受容に至る過程で現れる心のはたらきである適応機制について理解しましょう

重要度 B

障害の受容と適応機制

1 障害の受容の過程

障害を負った人が、障害があるという現実を受け入れる＝受容するまでには、一定のプロセスをたどることになります。

このプロセスは、必ずしも段階的に進行するものではありません。否認や混乱など、一進一退を繰り返しながら、受容という段階に達することになります。

●ここがポイント

障害の受容の過程

第１段階：ショック期	障害があるという状態に、衝撃を受けている段階。現実を実感することが難しく、衝撃の大きさから、かえって無関心な状態になることもある
第２段階：否認期	障害の存在を強く否定する段階。同時に、元通りに回復するという期待を抱いている状態でもある

第3段階：混乱期	障害という現実を否定できなくなり、**怒り**や**悲しみ**、**抑うつ**といった感情が現れ、**混乱状態**におちいっている段階
第4段階：努力期	感情的な状態を抜け出し、障害のある状態に**適応**するためにはどうすればよいか考え、**努力**していく段階
第5段階：受容期	障害があるという現実を**受け入れる**段階。人生の新しい**目標**をもち、それに向かい進んでいく

例題

障害受容過程の「ショック期」では、抑うつ反応を示す。

〔第29回-問92〕

怒りや悲しみ、抑うつの感情が表れるのは、「混乱期」である。

2 適応機制

「適応」とは、**欲求**が満たされ、自分自身の状態やまわりの環境に**調和**することができた状態をいいます。

障害のある状態に適応し、受容するまでには、否認や混乱などのプロセスを経ることになります。こうしたときに、緊張感や不安感から解放されることを目的として、次ページの表に挙げるような**適応機制**がはたらきます。

また、適応機制は、生活を送るうえでのさまざまな**欲求不満**を原因としても起こります。適応機制がはたらいても、欲求そのものは解消されないため、適応をはばむ原因や背景をとらえることが求められます。

■適応機制の種類と特徴

種類	特徴
抑圧	認めたくない欲求や感情を、心のなかに抑え込んで、意識下にとどめようとすること
逃避	現実から目をそらし、つらい状態からのがれ、心の安定を図ろうとすること
退行	耐えがたい事態に直面したときに、幼児期などの未熟な段階に戻ることで、自分を守ろうとすること
合理化	自分にとって都合のよい理由をつけて、自分の失敗を正当化しようとすること
補償	不得意な分野における劣等感を、ほかの分野における優越感で補おうとすること
置き換え	ある対象に向けた欲求や感情を、他の対象に向けて表現すること
代償	目的とするものが得られないときに、代わりのもので満足を得ようとすること
昇華	すぐには実現することのできない欲求を、社会的に価値の高い活動に置き換えて満たそうとすること
同一化（同一視）	他者の名声や権威を自分にあてはめて、欲求を満たそうとすること
投射（投影）	自分の欠点や不都合な感情を、他者のなかにあるものとして、非難することで不安から逃れようとすること
反動形成	表には出したくない欲求や感情と正反対の行動をとり、欲求や感情を隠そうとすること

例題

適応機制の１つである「退行」とは、適当な理由をつけて、自分を正当化しようとすることである。 〔第30回−問94〕

退行とは、発達の未熟な段階に後戻りして、自分を守ろうとする適応機制である。記述の適応機制は、合理化である。

CHAPTER 7
SECTION 3

身体障害

このSECTIONのポイント

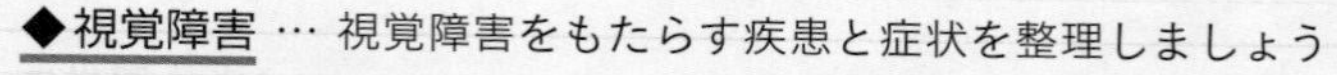
◆視覚障害 … 視覚障害をもたらす疾患と症状を整理しましょう

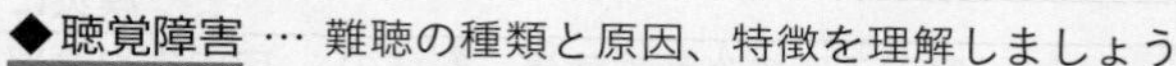
◆聴覚障害 … 難聴の種類と原因、特徴を理解しましょう

◆言語障害 … 構音障害と失語症の原因と特徴、支援方法についておさえましょう

◆肢体不自由 … 肢体不自由の原因別の特徴と支援方法をおさえましょう

◆内部障害 … 内部障害の種類別の支援方法をおさえましょう

視覚障害

視覚障害には、**視力**の低下（弱視など）、**視野**の狭窄（視野がせまくなること）、**明順応・暗順応**の低下（明るさや暗さへの視覚の適応力が下がること）といった症状があります。

また、視覚障害には、先天的なものと、後天的なもの（中途失明など）があります。後天的な視覚障害をもたらす疾患には、白内障や緑内障、加齢黄斑変性、糖尿病性網膜症、網膜色素変性症、ベーチェット病などがあります。

■視覚障害をもたらす主な疾患

疾患名	原因	主な症状
白内障	**水晶体**（レンズにあたる部分）の白濁	視界がかすみ、**視力**が低下する
緑内障	**眼圧**（眼球の形を保つための圧力）の上昇	視神経が障害を受け、**視野**がせまくなる
加齢黄斑変性	**黄斑**（網膜の中心で視機能のかなめとなる部分）の萎縮や、異常な血管の出現	**視力**の低下や、**物**のゆがみ

糖尿病性網膜症	糖尿病の高血糖により、もろくなった網膜の血管から出血が多くなる	視力の低下。症状が進行すると、網膜剝離（はくり）を引き起こし、失明に至る
網膜色素変性症	遺伝子の異常により、網膜の細胞の死滅や変性が起きる	視野の狭窄や視力の低下。夜盲（やもう）（暗い場所や夜間に、ものが見えにくくなる症状）がみられる
ベーチェット病	原因不明の炎症性疾患。難病のひとつ	ぶどう**膜炎**による、視力の低下。口内炎や陰部の潰瘍などもみられる。症状が進行すると、網膜剝離を引き起こし、失明に至る

◆視覚障害のある人への支援（コミュニケーション）

視覚障害のある人は、触覚や聴覚を通じて、まわりの情報を得ています。コミュニケーションを図るときは、指示語や代名詞の使用を避け、視覚情報を整理して、具体的に物事を伝えるようにします。

なお、触覚を活用したコミュニケーションツールには点字器や点字タイプライター、聴覚を活用したコミュニケーションツールには音声読み上げソフトやポータブルレコーダーなどがあります。

→詳細はp504参照

◆視覚障害のある人への支援（歩行の介助）

視覚障害のある人の歩行介助では、介助者は利用者の斜め前に立ち、肘（ひじ）の少し上をつかんでもらうようにします。また、利用者が白杖（はくじょう）を使用している場合は、白杖を持つ手と反対側に立って誘導します。

→詳細はp.535参照

重要度B　聴覚障害

聴覚障害には、先天的なものと、後天的なもの（中途失聴や難聴）があります。また、音を聞き取りづらくなる症状と、音を聞き取ることが全くできない症状があり、音が聞き取りづらくなる後天的な聴覚障害として、難聴があります。

◆難聴の原因と特徴

難聴は、障害を受けている部位によって、次のように、伝音性難聴と感音性難聴に分類されます。

●ここがポイント

難聴の原因と特徴

伝音性難聴	◆原因：外耳（がいじ）や中耳（ちゅうじ）の障害。滲出（しんしゅつ）性中耳炎や慢性中耳炎などでみられる ◆特徴：補聴器による聞き取りや、治療による回復が可能
感音性難聴	◆原因：内耳や聴覚神経の障害。突発性難聴、老人性難聴、メニエール病などでみられる ◆特徴：補聴器の効果は限定的で、治療による回復は難しい。なお、老人性難聴は高音域の音から聞き取りにくくなる

◆聴覚障害のある人への支援

聴覚障害のある人は、主に視覚を通じて、まわりの情報を得ています。視覚を活用したコミュニケーションツールには、筆談、読話（どくわ）※などがあります。また、難聴のある人とコミュニケーションを図るときは、静かな明るい場所で、正面を向いてゆっくり・はっきりと簡潔に話すようにします。 →詳細はp505参照

※筆談／読話とは？

筆談とは、紙などに文字や図を書いて説明する方法のこと。
読話とは、口の形や動きから、話している内容を読み取る方法のこと。

重要度B 言語障害

言語障害は、音声機能の障害＝構音障害と、言語機能の障害＝失語症に大きく分けられます。

◆構音障害の原因

構音障害は、発語に関わる器官（舌や口唇など）の動きが制限されることで、正確な**発声・発音**が難しくなるものです。

◆構音障害のある人への支援

構音障害のある人は、話すことは難しくても、**言葉の理解**は可能です。コミュニケーションを図るときは、相手の話にしっかりと耳を傾け、必要に応じて相手の言葉を**繰り返す**ことで、意思を確かめるようにします。

なお、コミュニケーションツールとしては、五十音表を使った**文字盤**、**携帯用会話補助装置**、**筆談**などがあります。

◆失語症の原因・特徴と支援

失語症は、脳の言語中枢が障害されることで、**聞く、話す、読む、書く、計算する**といったことがスムーズにできなくなるものです。障害される脳の部位によって、２種類に分類されます。

●ここがポイント

失語症の特徴と支援

運動性失語（ブローカ失語）	◆特徴：自分から話すことは難しいが、他人の話を聞くことや、**言葉**や**文字**の理解はできる ◆支援：コミュニケーションを図るときは、絵や写真などの**視覚的な情報**を用いる。話を聞くときは**閉じられた質問**をする
感覚性失語（ウェルニッケ失語）	◆特徴：自分から話すことはできても、話す内容に間違いが多い。他人の話の理解や、**言葉**や**文字**の理解も難しくなる ◆支援：身ぶりや手ぶりなどの**非言語的コミュニケーション**を中心にする

肢体不自由

肢体不自由は、先天的または後天的な原因によって、上肢・下肢・体幹※に麻痺や動作の制限といった運動機能障害がみられるものです。その原因の多くを**脳性麻痺**が占め、関節可動域の制限や関節の変形がみられる**関節リウマチ**、事故を原因として麻痺などの症状を引き起こす**脊髄損傷**などが代表的です。

※上肢・下肢・体幹とは？

上肢とは、肩から腕までの部位のこと。下肢とは、太腿から足までの部位のこと。体幹とは、胴体にあたる部位のこと（詳細はp.198参照）。

1 脳性麻痺による肢体不自由

脳性麻痺は、受胎から生後４週間以内に、なんらかの原因で脳が損傷を受けることで起こる障害です。原因として挙げられるのは、脳の形成異常や母体の感染などの先天的な要因や、出産時の頭蓋内出血や低酸素状態などの後天的要因です。

脳性麻痺にはいくつかの種類があります。主に、❶筋緊張が亢進して手足が突っ張った状態になる**痙直型**、❷不随意運動※がみられる**アテトーゼ型**、❸筋肉を伸ばす・曲げる動作に対して抵抗が起きる**強直型**（**強剛型**）、❹平衡感覚の障害によって歩行のバランスを保ちにくくなる**失調型**に分類されます。

※不随意運動とは？

本人の意思とは関係なく、からだの一部が勝手に動いてしまうもの。

◆脳性麻痺のある人への支援

運動機能の改善を図るために、発達に合わせて、理学療法士や作業療法士による**運動療法**が実施されます。また、普段の生活では、脳性麻痺のある人にとって、**負担**の少ない姿勢を保持できるように支援を行います。

ひとこと

肢体不自由をもたらす脳の疾患としては、ほかに**脳梗塞**があります（p.287参照）。脳梗塞は、脳の血管に血栓が詰まることで発症し、**片麻痺**が主症状となっています。

2 関節リウマチによる肢体不自由

関節リウマチは、中年の女性に多くみられる原因不明の疾患です。関節の痛み・腫れ、関節可動域の制限、目を覚ましたときの**朝のこわばり**などが主症状で、症状の進行に伴い関節の変形に至ることもあります。

◆関節リウマチのある人への支援

関節リウマチのある人は、普段の生活から**関節の保護**に努めることが大切です。

●ここがポイント

関節リウマチのある人への支援

●普段の動作

◆関節に負担がかからないように、指先ではなく、**手や腕全体**を使って持ち運びをするように勧める

●食事

◆関節の動きが制限され、細かな動作が難しくなっている場合があるため、状態に応じた**福祉用具**を活用できるように支援する

→関節リウマチに適した福祉用具についてはp.599参照

●トイレ

◆トイレでは、補高便座※を利用する。また、トイレットペーパーの位置も、関節可動域の状態を考慮して、手に取りやすい位置にする

※補高便座とは？
便器の上に載せることで便座を高くし、立ち上がりやすいようにする福祉用具。介護保険の特定福祉用具販売に、腰掛便座の一種として対象に含まれている。

例題

Q 関節リウマチの人の日常生活上の留意点として、かばんの持ち手は手で握るようにする。〔第31回-問95〕

A × かばんの持ち手は、手で握らずに腕全体を使ったり肩にかけるなどして、関節への負担を減らす。

3 脊髄損傷による肢体不自由

脊髄は、頸髄（けいずい）・胸髄（きょうずい）・腰髄（ようずい）・仙髄（せんずい）・尾髄（びずい）に分類され、脳とともに中枢神経を担っています。事故を原因とした脊髄損傷によって、神経伝達通路が途切れ、神経の先の部位に**麻痺**などが起きるようになります。

麻痺の起きる部位は、脊髄の損傷部位によって異なります。頸髄損傷では**四肢麻痺**（しし）（両側の上下肢の麻痺）が起こり、胸髄以下の損傷では**対麻痺**（つい）（両側の下肢だけの麻痺）が現れます。

また、麻痺以外の症状としては、自律神経の過反射による**血圧**の上昇、**起立性低血圧**や**排尿・排便障**

■脊髄の構造

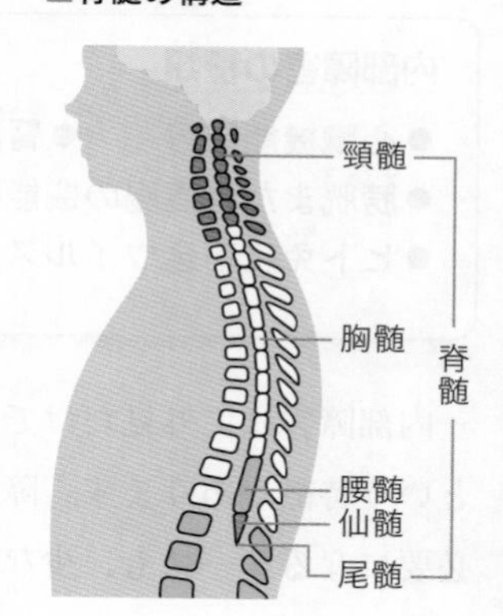

害などがあります。

ひとこと

頸髄損傷のある人が、ベッドからリクライニング式車いすに移乗する際に、起立性低血圧が生じた場合、背もたれを後ろに傾け、臥位の状態に近づけることで**血流を調整する**ようにします。

◆脊髄損傷のある人への支援

脊髄損傷による肢体不自由は、事故による**後天的**な障害です。働きざかりの時期に障害を負う人も多く、そのショックから将来を悲観してしまい、リハビリテーションへ積極的に取り組むことができない、というケースもみられます。

介護福祉職は、**障害の受容**の過程→詳細はp.366参照を理解し、対象者の気持ちに寄り添いながら、同じ障害のある人を紹介することなどによって、共感し合える関係を築き、自分でできることに目を向けられるような支援を行っていきます。

重要度B 内部障害

内部障害は、身体内部のさまざまな障害をまとめて指すものです。内部障害には、「身体障害者福祉法」の別表に掲げられている、次の障害が含まれます。

内部障害の種類

- 心臓機能障害
- 腎臓機能障害
- 呼吸器機能障害
- 膀胱または直腸の機能障害
- 小腸機能障害
- ヒト免疫不全ウイルスによる免疫機能障害
- 肝臓機能障害

内部障害は、外見だけでは、どのような障害を受けているのかが伝わりづらい、という特徴があります。障害が見えづらいものである一方、長期にわたる療養が必要になるケースも、少なくありません。障害によって、どのような治療が必要とされているのかをしっかりと理解したうえで、介護にあたることが大切です。

1 心臓機能障害

心臓は、血液を全身に送り出すポンプとしての機能を果たしています。心臓機能障害には、老化やストレス、心臓の疾患を原因として、脈拍のリズムが不規則になる**不整脈**などがあります。

◆心臓機能障害のある人への支援

不整脈には、**徐脈**（脈が平常時より遅くなった状態）と、**頻脈**（脈が平常時より速くなった状態）があります。

徐脈に対しては、心拍のリズムを正常な状態に保つために、人工の**ペースメーカー**が使用されます。鎖骨の下などに植え込まれ、リードを通じて心臓に電気刺激を与えるものです。

一方、頻脈に対しては、**植え込み型除細動器**が使用されます。ペースメーカーとしての役割も果たしつつ、重度の頻脈の場合には、心臓に電気ショックを与えることで、不整脈をやわらげています。

ひとこと

ペースメーカーの装着者は、身体障害者手帳の交付対象となります。

2 腎臓機能障害

腎臓は、尿の生成に関わる器官です。腎臓機能障害は、腎臓に流れ込む血流量の低下や、尿路の閉塞（へいそく）などによって**急性腎不全**が起こり、腎臓機能の低下が長期間に及ぶことで**慢性腎不全**に至ります。

◆腎臓機能障害のある人への支援

慢性腎不全では、食事の管理が欠かせません。特に、**たんぱく質**、**カリウム**、**塩分**、**水分**などの摂取制限が重要です。また、摂取制限によって不足する**カロリー**を補うために、砂糖や油類を適度に使用した献立（こんだて）を意識するようにします。

また、症状が進行した場合の治療法としては、**透析療法**や**腎移植**が行われます。透析療法は腎臓機能の低下により体内にたまった老廃物を、体外に排出するために行われるもので、**血液透析**（血液を外部の装置に通して浄化する方法）と、**腹膜透析**（腹腔（ふくくう）内に透析液を入れ、老廃物を吸収させて取り除く方法）があります。

3 呼吸器機能障害

呼吸器は、酸素と二酸化炭素のガス交換に関わる器官です。呼吸器機能障害は、**慢性閉塞（へいそく）性肺疾患**（COPD）などを原因として起こり、たばこの煙などにより気管支に炎症が起こることで、気管支がせばまり、呼吸に支障が出るようになります。

◆呼吸器機能障害のある人への支援

呼吸器機能障害のある人が在宅で生活できるように、**在宅酸素療法**が行われています。これは、カニューレと呼ばれるチューブを鼻に着けて、酸素濃縮器から人工的に酸素を送り込む方法です。在宅酸素療法では、高濃度の酸素が使用されています。引火を防ぐために、**たばこ**、**ガスコンロ**や**石油ストーブ**などの近くには、近づかないように注意をします。

●ここがポイント

呼吸器機能障害のある人への支援

● 呼吸時や姿勢

◆特に慢性閉塞性肺疾患の場合、**口すぼめ呼吸**※を心がけ、常にゆっくりと呼吸するようにする

◆腕を肩より高く上げず、**起座位（きざい）**※をとる。
また、トイレでは**洋式便器**を使用する

● 食事

◆食事は少量ずつ、 **回数** を増やして、時間をかけて食べる

◆呼吸時に多くのエネルギーを必要とするため **高カロリー** の献立を意識する

● 入浴時

◆肺への負担をやわらげるため、お湯は **適温** に抑え、長時間の入浴は避ける

◆水位も **胸の下** あたりまでにする

※口すぼめ呼吸／起座位とは？

口すぼめ呼吸とは、息を吸うときに鼻からゆっくり吸い、吐くときには口をすぼめてゆっくり吐いて、気管支を広げる呼吸。起座位とは、上半身を90度に起こして、テーブルの上に置いたクッションなどを抱えて、前かがみになった体位のこと（p.533参照）。

例題

Q 呼吸機能障害のある人が日常生活で工夫すべきこととして、湯船には肩までつかる。 〔第28回−問94〕

A ✕ 肺への負担をやわらげるために、水位を胸の下あたりまでにするのが適切である。

4 膀胱・直腸機能障害

膀胱・直腸は、排尿や排便に関わる器官です。膀胱・直腸機能障害は、主に腫瘍（がん）などを原因とした**排尿障害**・**排便障害**がみられるものです。

◆膀胱・直腸機能障害のある人への支援

がんを原因とした膀胱や直腸の切除により、正常な排尿や排便が難しくなると、**人工膀胱**・**人工肛門**が造設されます。これらの排出口を**ストーマ**と呼びます。

●ここがポイント

ストーマの種類

尿路**ストーマ**	◆膀胱がん、前立腺がんなどを原因として造設される、**人工膀胱**の排出口
消化管**ストーマ**	◆直腸がん、大腸がんなどを原因として造設される、**人工肛門**の排出口

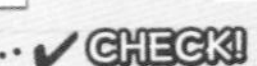

✔CHECK!

✔CHECK! 消化管ストーマの分類と便の性状

消化管ストーマは、造設する部位によって、空腸ストーマ、回腸ストーマ、上行結腸ストーマ、横行結腸ストーマ、下行結腸ストーマ、S状結腸ストーマに分類される。便の性状は、回腸ストーマまでは大腸を経ないため**水様便**、上行結腸ストーマ以降は、**水様便**・**泥状便**から徐々に**軟便**・**有形便**に変わっていく。

→消化管の位置についてはp.208参照

ひとこと

人工膀胱や人工肛門から排泄された尿や便は、**パウチ**という袋にためられていきます。**パウチ**にたまった排泄物を捨てることは、介護福祉職にも可能です（p.406参照）。

大腸がんでは、消化管ストーマが必要となる場合がある。

〔第24回－問90〕

○ 大腸がんや直腸がんでは消化管**ストーマ**、膀胱（ぼうこう）がんや前立腺（ぜんりつせん）がんでは、尿路**ストーマ**が造設される。

5 小腸機能障害

小腸（十二指腸・空腸・回腸）は、食べ物の消化を行う消化管のひとつで、栄養分を**分解**・**吸収**する役割を担っています。小腸機能障害は、なんらかの疾患を原因として小腸を切除したことにより、栄養分の**吸収不良**などが起きるものです。

◆小腸機能障害のある人への支援

人工的に栄養分を補給する治療法として、静脈にカテーテルと呼ばれる管を挿入する**中心静脈栄養**や、鼻などからチューブを通して、胃や小腸に直接栄養分を注入する**経管栄養** →p.425を参照 などが実施されます。

6 肝臓機能障害

肝臓は、消化液を分泌する消化腺（しょうかせん）のひとつで、**栄養分**の貯蔵や**物質**の代謝などに関わっています。

肝臓機能障害の原因には、ウイルスの感染による**B型肝炎**や**C型肝炎**、肝炎の進行によって肝臓が硬くなる**肝硬変**があります。

◆肝臓機能障害のある人への支援

肝硬変は、**腹水**（腹部に体液がたまり、おなかが膨らんだ状態になること）を引き起こす原因ともなります。**腹水**がみられたときは、塩分の制限や利尿薬の服用などが行われます。

また、**易感染性**（いかんせんせい）（免疫（めんえき）機能が低下し、感染しやすくなった状態）がみられる場合もあるので、外出時に**マスク**をつけるなどの感染予防も重要です。

7 ヒト免疫不全ウイルスによる免疫機能障害

ヒト免疫不全ウイルス（HIV）は、**後天性免疫不全症候群（AIDS）**の原因となるウイルスです。

HIVは、性行為や輸血などによって感染し、徐々に**免疫機能**を低下させていきます。**免疫機能**の低下によって、発熱、からだのだるさ、吐き気などの症状がみられるようになります。

また、健康な人であれば発症しない**日和見**感染を起こしたり、皮膚や粘膜の表面の組織がはがれてしまう**びらん**という状態が現れたりすることもあります。

◆ヒト免疫不全症候群による免疫機能障害のある人への支援

感染を防ぐために、食事においては生ものを避け、常に全身を**清潔**な状態に保っておくことが大切です。

ひとこと

がんによる手術や放射線治療の影響で、リンパ液の流れが滞ってむくみが起こる**リンパ浮腫**という疾患があります。普段の生活の注意点として、悪化を防ぐために体重維持に努める、皮膚の清潔を保つ、サウナや長時間の入浴を避けることなどがあります。

CHAPTER 7

SECTION 4

知的障害、精神障害

このSECTIONのポイント

◆知的障害 … 知的障害のある人への支援では、ライフステージに応じた支援を行うことが大切です

◆精神障害 … 代表的な精神障害の症状の特徴と支援方法をおさえましょう

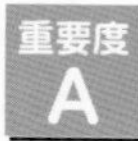

重要度A 知的障害

1 知的障害の原因と介護の留意点

◆知的障害の原因

知的障害は、知能の発達に遅れがあることが特徴で、言語機能、運動機能、コミュニケーション能力、社会への適応能力などに、全般的な障害がみられます。発達期（おおむね18歳未満）に発現し、有病率は女性よりも男性のほうが高くなっています。医学的な用語として精神遅滞（ちたい）と呼ばれることもあります。

染色体異常（ダウン症候群など）や先天性代謝異常※（フェニルケトン尿症など）のほかに、胎児期の感染症や、出産時の障害による脳の発育不全や損傷などが原因となります。また、危険因子として、親に喫煙・飲酒習慣があることが挙げられています。

※先天性代謝異常とは？

遺伝子の異常によって、生まれつき備わってしまう代謝異常のこと。フェニルケトン尿症は、アミノ酸の代謝異常によって発症する。

◆知的障害のある人に対する介護の留意点

知的障害のある人とコミュニケーションを図るときは、理解を助けるために、言葉だけでなく身ぶり・手ぶりや絵などを使って、**視覚的**に物事を伝えるようにします。

ただし、成人している知的障害の人に対しては、**ひとりの大人**として接していくことが大切です。本人の意思を無視して物事を決定したり、失敗しないように先回りをしたりすることは、その人の**権利**や**成長**を妨(さまた)げる要因にもなるからです。

◆知的障害のある人への支援

知的障害のある人には、ライフステージ（乳児期や幼児期などの発達の段階）に適した支援を行っていくことが大切です。

●ここがポイント

ライフステージに応じた支援

乳児期	家族の障害の **受容** や **養育方法** の支援を行う
幼児期	子どもが **地域での生活** に溶け込めるように、幼稚園や保育園への入園などの支援を行う
学童期	生活の拠点が家庭・学校・地域にまたがるなか、**放課後** の過ごし方について支援を行う
成人期	**自立した** 生活が送れるように、**就労** を目的としたサービスの利用などの支援を行う
壮年期	両親が **老年期** を迎えることを考慮して、**死別後** の生活に適応していくための支援を行う
老年期	介護サービスの利用を視野に入れ、**住み慣れた地域** でくらし続けられるように支援を行う

知的障害者に対する支援方法として、本人のいないところで、本人のことを決める。〔第27回-問91〕

成人している知的障害の人は、ひとりの大人としての権利をもっている。本人のことは本人が決定できるように支援をするのが適切である。

2 ダウン症候群

ダウン症候群は、通常は46個ある染色体※が1つ多くなってしまうことで発症します。21番目の染色体が1つ多くなること（21トリソミー）が原因で、高齢出産により発症率が高まります。

◆ダウン症候群の特徴

ダウン症候群では、つり上がった目、幅広く扁平（へんぺい）な鼻、突出した舌、変形した耳など、容貌（ようぼう）に特徴があります。一般的に身長が低く、知能や運動機能の発達の遅れ、難聴などがみられます。また、生まれつき心臓になんらかの病気（先天性心疾患）を抱えていることも多いです。

※染色体とは？
DNAがたんぱく質に巻き付いてできた塊（かたまり）のことをいい、細胞核のなかにある。

ダウン症候群の原因は、先天性代謝異常である。〔第25回-問92〕

ダウン症候群は、染色体の数が通常よりも多くなること（染色体異常）によって発症する。

精神障害

精神障害は、その原因によって内因性、外因性、心因性の3つに分類されます。

■精神障害の原因

分類	概要
内因性精神障害	原因がはっきりとせず、先天的な要因が関わっていると考えられる精神障害 主な疾患 統合失調症、双極性障害
外因性精神障害	身体に影響を及ぼす、脳の疾患、脳以外の器官の疾患、アルコールや薬物などの中毒を原因とする精神障害 主な疾患 アルコール依存症
心因性精神障害	ストレス、欲求不満、危機的状況によるショックなど、心理的・社会的な要因によって引き起こされる精神障害 主な疾患 心的外傷後ストレス障害（PTSD）

例題

Q アルコール依存症は、内因性精神障害に分類される。

〔第32回-問90〕

A × アルコール依存症は、外因性精神障害に分類される。

1 統合失調症

統合失調症は、青年期に発症することが多く、再発を繰り返すことも多いのが特徴とされています。

症状は、陽性症状（現実にはないことを認知してしまう症状）と、陰性症状（本来あった能力が失われてしまう症状）に分類されます。

●ここがポイント

統合失調症の陽性症状と陰性症状

主な陽性症状	主な陰性症状
◆幻覚（幻聴や幻視） ◆妄想（被害妄想など） ◆させられ体験（誰かによって操られていると感じる）	◆感情鈍麻（感情が失われ、何事にも無反応になる） ◆意欲や自発性の低下

◆統合失調症のある人への支援

統合失調症の治療としては、抗精神病薬による継続的な薬物療法が行われています。また、統合失調症を発症すると、その症状から、対人関係を築くことが難しくなります。そのため、日常生活における実際の場面を想定した、社会生活技能訓練（SST）を行うことで、社会復帰を支援しています。

ひとこと

統合失調症から回復する過程では、**不安や緊張から失敗をする**こともあります。介護福祉職には、本人が**幻覚や妄想による苦しみやつらさを感じている**ことを、理解する姿勢が求められます。

例題

Q 妄想は、統合失調症の特徴的な症状である。　〔第36回-問52〕

A ○ 統合失調症では、妄想（被害妄想など）や幻覚、させられ体験、感情鈍麻などの症状がみられる。

2 双極性障害

双極性障害は、気分が異常に高揚した躁状態と、意欲が激しく落ち込んだうつ状態を交互に繰り返す疾患です。なお、躁状態がみられず、うつ状態のみが起きる疾患は、一般的にうつ病と呼ばれます。

●ここがポイント

躁状態とうつ状態の症状

主な躁状態の症状	主なうつ状態の症状
◆誇大妄想 ◆観念奔逸（次々と新しいことが思い浮かび、考えがまとまらない状態）	◆抑うつや思考停止 ◆自殺念慮（自殺願望が高まった状態） ◆頭痛や倦怠感などの身体症状もみられる

◆双極性障害のある人への支援

双極性障害のうち、うつ状態にあるときは、どんなことに対しても悲観的になり、自責の念にとらわれるようになってしまいます。

コミュニケーションを図るときは、安易な励ましは避け、まずはその人の感情に寄り添い、受容的な態度で接していくことが大切です。

3 アルコール依存症

アルコール依存症は、長期にわたる飲酒習慣と、それに伴う飲酒量の増加によって、依存状態が深まり発症する中毒症状です。

注意力や判断力の低下に始まり、消化機能の障害や記憶障害など、からだとこころの両面に症状がみられるようになります。

また、依存症の人が飲酒を中断すると、アルコールを摂取できなくなったことによる禁断症状＝**離脱**症状が現れます。代表的な症状は、手足のふるえや幻覚などをもたらす、**振戦せん妄**です。

◆アルコール依存症のある人への支援

アルコール依存症の治療では、当事者同士が課題を共有し、お互いに支援を行う、**セルフヘルプグループ**（自助グループ）への参加が勧められています。

4 心的外傷後ストレス障害（PTSD）

心的外傷後ストレス障害（PTSD）は、災害や事故に遭遇したことで強いショックを受け、その場面が**フラッシュバック**して脳裏によみがえったり、継続的な**恐怖心**にとらわれたりする精神障害です。

緊張感によって**いらいら**しやすくなる、**寝つき**が悪くなったり、**眠り**が浅くなったりする、といった症状もみられます。

ひとこと

PTSDに似た症状が出るものに、急性ストレス障害（ASD）があります。PTSDは、１か月以上症状が続きますが、ASDは一時的なものです。

◆心的外傷後ストレス障害のある人への支援

心的外傷後ストレス障害の治療においては、医師による**カウンセリング**や薬物治療が実施されています。介護福祉職には、受容・共感・傾聴を基本として、その人の訴えにじっくりと耳を傾け、受け入れていく姿勢が求められます。

なお、心因性精神障害には、そのほかに次のようなものが含まれます。

- **不安症**（**不安**障害）：理由のない漠然とした不安に襲われ、パニックなどの症状を引き起こす精神障害
- **強迫症**（**強迫性**障害）：無意味と思われる行動や、同一の行為を何度も繰り返してしまう精神障害

CHAPTER 7
SECTION 5

発達障害、高次脳機能障害、難病

このSECTIONのポイント

◆**発達障害** … 各発達障害の特徴を理解しましょう

◆**高次脳機能障害** … 高次脳機能障害の主な症状を整理しましょう

◆**難病** … ALSをはじめとする主な難病の症状と対応をおさえましょう

重要度A 発達障害

発達障害とは、「発達障害者支援法」によると「自閉症、アスペルガー症候群その他の広汎性発達障害、学習障害、注意欠陥多動性障害その他これに類する脳機能の障害であってその症状が通常**低年齢**において発現するものとして政令で定めるもの」と定義されています。発達障害は、育て方や本人の努力不足によって引き起こされる障害ではありません。発達障害の特徴を理解し、障害のある人が社会に適応していけるように、サポートするという視点が大切になります。

1 広汎性発達障害：自閉症スペクトラム障害

広汎性(こうはんせい)発達障害または自閉症スペクトラム障害※は、**自閉症**や**アスペルガー症候群**などの総称です。主に、**コミュニケーション**能力や**社会性**の獲得に障害がみられることが特徴です。

※自閉症スペクトラム障害とは？
アメリカ精神医学会作成の「精神疾患の診断・統計マニュアル」(DSM)が第5版(DSM-5)に改訂される際に、自閉症やアスペルガー症候群といった分類を含む広汎性発達障害が自閉症スペクトラム障害という名称に統合された（日本精神神経学会では、「自閉スペクトラム症」)。

●ここがポイント

自閉症とアスペルガー症候群の特徴

自閉症の特徴

- ◆対人関係を上手に築けない
- ◆認知機能や言葉の発達に遅れがみられる
- ◆こだわりが強く同じ行動を繰り返す（常同行動）

アスペルガー症候群の特徴

- ◆認知機能や言葉の発達に遅れはみられない
- ◆特定のものに興味が限定され、自分のペースで行動する傾向がある

介護の留意点

- ◆ 状況の変化 に対する不安が強く現れるため、次に何を行うのかを、前もって 具体的 かつ 簡潔 に示していく
- ◆ 1つの動作 が終了してから、次の動作 の指示を出す
- ◆ 予定の変更 があるときは、メモ や 絵 を使って予告する

ひとこと

自閉症スペクトラム障害では、自分や他人を傷つける、物を壊すなど、本人や周囲の人の暮らしに影響を及ぼす行動が著しく高い頻度で起こる 強度行動障害 がみられることがあります。特別に配慮された支援が必要となります。

2 学習障害（LD）と注意欠陥多動性障害（ADHD）

学習障害（LD、限局性学習症）は、聞く、話す、読む、書く、計算する、推論するといった学習能力のうち、特定の能力に障害がみられるものです。全般的な知能の発達には、遅れがみられません。

注意欠陥多動性障害（ADHD、注意欠如・多動症）は、集中力を保つことが難しく、不注意な行動をとってしまったり、落ち着きなく動き回ったりすることが特徴です。

◆2016（平成28）年の「発達障害者支援法」改正のポイント

発達障害の定義や支援のための施策を定めた「発達障害者支援法」が、支援のさらなる充実を図るために、2016（平成28）年6月に改正されました。

- 発達障害者の定義を、発達障害がある者で、発達障害および社会的障壁により日常生活または社会生活に制限を受ける者へと見直した
- 基本理念として、発達障害者の支援は、社会参加の機会が確保され、社会的障壁の除去に資するように行われなければならないことなどが示された
- 国や都道府県が、就労機会の確保や就労定着のための支援に努めること、事業主が、雇用機会の確保や雇用の安定に努めることが定められた

重要度A 高次脳機能障害

高次脳機能障害とは、脳血管疾患や脳炎の後遺症、交通事故による脳の損傷によって、記憶力、注意力、判断力、言葉の理解などに障害が現れるものです。

●ここがポイント

高次脳機能障害の主な症状

記憶障害	新しいことを覚えることができない 物の置き場所や、約束を忘れてしまう
注意障害	集中力が保てず、単純なミスが多くなる 同時に2つ以上のことをすると混乱する
遂行機能障害	状況に応じた判断ができない 計画を立てて物事を実行することができない

社会的行動障害	感情 のコントロールができず、興奮しやすくなったり、不適切な発言をしたりしてしまう
半側空間無視	損傷した脳の部位の反対側（障害されている側）のものを 認識 できず、見落としてしまう
失語・失行・失認	話すことや言葉の理解が難しい（ 失語 ）、思うような動作（着替えなど）ができない（ 失行 ）、見たり聞いたりしたことが分からない（ 失認 ）

◆**高次脳機能障害のある人への支援**

高次脳機能障害は、外見だけでは障害があることが分かりづらく、本人にも**自覚のない**ことが多いです。そのため、本人や家族、周囲の人も含めて**障害に対する理解**を深め、症状の内容を把握してもらうように努めることが大切です。

例題

高次脳機能障害の主な症状の１つである社会的行動障害では、自分で計画を立てて物事を実行することができない。

〔第30回-問90〕

社会的行動障害とは、**感情**のコントロールができず、興奮しやすくなったり、不適切な発言をしたりしてしまうことをいう。記述は、**遂行機能障害**の症状である。

重要度B 難病

難病は、2015（平成27）年１月に施行された「難病の患者に対する医療等に関する法律」（**難病法**）によって定義されています。

また、この法律に基づき、医療費の助成を受けられる難病を、**指定難病**といいます。そのうち、主な指定難病について取り上げていきます。

●ここがポイント

「難病法」における難病の定義（第１条より）

発病の機構 が明らかでなく、 **治療法** が確立していない

希少な疾病 であって、その疾病にかかることにより、 **長期にわたる療養**

を必要とすることになるもの

「難病法」における指定難病の条件

❶ **患者数** が一定の人数（人口の0.1％程度）に達していないこと

❷客観的な **診断基準** が確立していること

1 筋萎縮性側索硬化症（ALS）

筋萎縮性側索硬化症（きんいしゅくせいそくさくこうかしょう）（ALS）は、**運動ニューロン**（運動するための命令を筋肉に伝える神経）が障害を受けることで、全身の筋力が低下していき、筋肉がやせおとろえていく疾患です。

◆主な症状

主な症状として、球麻痺（きゅうまひ）（延髄（えんずい）にある運動神経の麻痺）により、舌や喉（のど）の動作が制限されることで、**嚥下**（えんげ）障害や**構音**障害がみられるようになります。また、呼吸筋の萎縮（いしゅく）によって**呼吸**障害が生じ、気管切開や人工呼吸器の使用、痰（たん）の吸引が必要になることもあります。

一方で、四大陰性徴候として、視覚、聴覚、嗅覚、味覚、触覚などの感覚障害、眼球運動障害、膀胱・直腸障害、褥瘡はみられず、痛覚などの知覚神経や記憶力も保たれます。

◆対応

症状の進行によって歩行が困難になり、寝たきりの状態になることが多いので、安楽な体位を工夫するなど、少しでも負担の軽減に努めることが大切です。

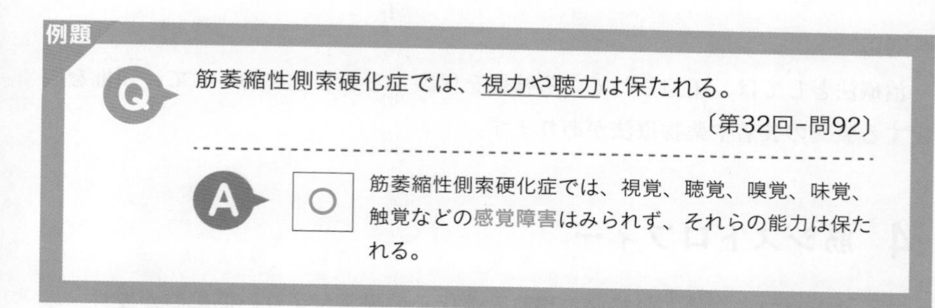
例題

Q 筋萎縮性側索硬化症では、視力や聴力は保たれる。
〔第32回-問92〕

A ○ 筋萎縮性側索硬化症では、視覚、聴覚、嗅覚、味覚、触覚などの感覚障害はみられず、それらの能力は保たれる。

2 脊髄小脳変性症（SCD）

脊髄（せきずい）小脳変性症（SCD）は、なんらかの原因により、脊髄や小脳の神経細胞が変性することで発症します。

◆主な症状

特徴的な症状として、運動失調という症状がみられます。具体的には、歩行時のふらつき（失調性歩行）や動作時の手のふるえのほか、ろれつが回らないといった言語機能障害もみられます。

◆対応

根本的な治療法は今のところありませんが、運動失調を緩和させる目的で、薬物療法やリハビリテーションが行われます。

3 後縦靭帯骨化症（OPLL）

後縦靭帯骨化症（OPLL）は、老化によって脊柱管の中にある後縦靭帯が骨化し、脊柱管がせばまって、脊髄や神経を圧迫することで発症します。

◆主な症状

手足のしびれや、**四肢**（上肢と下肢）の麻痺などの症状がみられるようになります。症状が進行すると、歩行困難や排尿障害が現れることもあります。

◆対応

治療法としては、圧迫されている神経を保護することを目的として、頸椎を固定する**装具**の装着や薬物療法があります。

4 筋ジストロフィー

筋ジストロフィーは、骨格筋に現れる遺伝子の異常により、筋細胞が変性・壊死することで発症します。いくつかの病型に分類されますが、最も代表的なものは**デュシェンヌ型**で、通常は男児に限られます。

◆主な症状

主症状は進行性の筋力低下・運動機能低下で、からだを左右に振りながら歩く**動揺性歩行**がみられます。症状が進行すると、呼吸筋の障害による**呼吸不全**をまねき、人工呼吸器が必要になる場合もあります。

◆対応

根本的な治療法は今のところなく、副腎皮質ステロイドの処方、機能維持のための**リハビリテーション**などが実施されています。

CHAPTER 7
SECTION 6

障害のある人を支えるための連携と家族支援

このSECTIONのポイント

◆地域におけるサポート体制 … 障害者総合支援法に基づく、機関や職種の役割と機能をおさえましょう

◆家族への支援 … 家族の休息であるレスパイトケアなどをおさえましょう

重要度B 地域におけるサポート体制

障害のある人が地域で自立した生活を送るためには、さまざまな機関や職種が連携し、サポート体制を築いていく必要があります。

「障害者の日常生活及び社会生活を総合的に支援するための法律」（障害者総合支援法）に基づくサービスの提供という視点から、どのような機関や職種が関わっているのかを、理解していきましょう。

●ここがポイント

障害のある人を支える地域の機関・職種

相談支援**専門員**	相談支援事業所において、障害者や家族に対する相談支援を担う
サービス管理**責任者**	障害福祉サービス事業所において、サービス全般の管理を担う
協議会	支援体制を整備するため、地域の関係機関のネットワーク構築や、情報共有を図る

地域活動支援センター	障害者に創作的活動や生産活動の機会を提供して、社会との交流や自立への支援を行う
保健医療の専門職	それぞれの専門性を生かして、障害者や家族の生活を支援する

1 相談支援専門員と相談支援事業所

相談支援専門員は、「障害者総合支援法」における相談支援※を担っています。その基本的な役割は、障害者や家族への情報提供・助言、障害福祉サービスの事業者との連絡調整、サービス等利用計画の作成などです。

相談支援専門員は、相談支援事業所に配置されますが、相談支援事業所には、次の2種類があります。

相談支援事業所の種類

□ **指定一般相談支援事業所**
都道府県知事が指定する事業所。基本相談支援と地域相談支援を担う。具体的には、施設入所者の地域移行支援などの業務が含まれる。

□ **指定特定相談支援事業所**
市町村長が指定する事業所。基本相談支援と計画相談支援を担う。具体的には、サービス等利用計画を作成するサービス利用支援などの業務が含まれる。

※「障害者総合支援法」における相談支援とは？
基本相談支援、地域相談支援（地域移行支援と地域定着支援に分類）、計画相談支援（サービス利用支援と継続サービス利用支援に分類）がある（p.144・145参照）。

◆サービス等利用計画と個別支援計画の関係

相談支援専門員の作成するサービス等利用計画は、障害者の心身の状況や意向などを踏まえて、適切なサービスの組み合わせを定めたものです。この計画を基本的な方針として、実際にサービスを提供する障害福祉サービス事業所において、**個別支援**計画が作成されます。

ひとこと

相談支援事業所は、法律の条文においては、**相談支援事業者**とされています。都道府県や市町村の指定を受けた相談支援事業者が、相談支援事業所を設置しています。

2 サービス管理責任者

サービス管理責任者は、障害福祉サービス事業所において、サービス全般の管理を担う監督責任者ともいえる存在です。

その役割は、**個別支援**計画の作成、サービス実施状況の把握とモニタリング、関係機関との連絡調整、職員への指導や助言などです。利用者の状況に応じた生活支援も行います。

なお、サービス管理責任者の配置が必要な障害福祉サービスは、療養介護、生活介護、自立訓練、就労移行支援、就労継続支援、就労定着支援、共同生活援助などです。

ひとこと

障害福祉サービスのうち、訪問系のサービス（居宅介護、重度訪問介護、同行援護、行動援護など）を行う事業所には、**サービス提供責任者**が配置され、**居宅介護計画**を作成します。

3 協議会

協議会は、「障害者総合支援法」に基づき、地方公共団体によって設置されます。その目的は、障害者への**支援体制**の整備を図ることです。

協議会は、相談支援専門員、障害福祉サービスの事業者、障害者とその家族、保健・医療・教育・雇用の関係者や関係機関、学識経験者などによって構成されます。

協議会の実際の機能としては、地域の関係機関の**ネットワーク**の構築、支援体制に関する**課題**についての情報共有、**社会資源**※の開発などがあります。

※社会資源とは？
ニーズの充足や課題解決のために活用される制度・設備・人材・サービスなどの総称。公的機関や専門職によるフォーマルな社会資源と、ボランティアや当事者団体、地域住民などによるインフォーマルな社会資源が含まれる。

4 地域活動支援センター

地域活動支援センターは、障害者に**創作**的活動や**生産**活動の機会を提供して、**社会**との交流や**自立**への支援を行う施設です。障害者が施設に通う形で、サービスを利用します。

「障害者総合支援法」において、市町村が実施する**地域生活支援**事業のひとつに、地域活動支援センター機能強化事業が含まれています。

5 保健医療の専門職

保健医療の専門職には、**医師**、**看護師**、**保健師**をはじめ、**リハビリテーション専門職**※も含まれます。各職種の専門性を理解して、障害者を必要とする職種につなげることも、介護福祉職の大切な役割といえます。

→各専門職についてはp.474参照

※リハビリテーション専門職とは？
代表的な専門職として挙げられるのは、理学療法士、作業療法士、言語聴覚士、視能訓練士、義肢装具士の５つの国家資格（p.465参照）。

ひとこと

障害のある人の地域におけるくらしを支えていくために、「障害者総合支援法」に基づく**障害福祉サービス**や**地域生活支援事業**についても改めて理解しておきましょう（CHAPTER３・SECTION14参照）。

例題

Q 相談支援専門員は、個別支援計画を作成する。

〔第30回－問95〕

A × 相談支援専門員が作成するのは、**サービス等利用計画**である。個別支援計画は、**サービス管理責任者**が作成する。

重要度 B

家族への支援

障害者の介護を担う家族への支援として、障害の受容における支援、介護力の評価、レスパイトケアの実施という３つの視点を取り上げます。

1 家族の障害の受容における支援

◆家族同士の支援のあり方

障害者本人が、障害を受け入れるまでに一定のプロセスをたどるように、家族もまた、障害を受容するまでに、さまざまな葛藤（かっとう）を経験することになります。

発達障害のある子どもの**親の会**や、精神障害者の**家族会**など、同じ立場にいる家族同士が共に支え合う**ピア・サポート**は、障害の受容においても重要な役割を果たしています。

◆家族のためのプログラム

外見だけでは症状の伝わりづらい障害を理解するために、**家族心理**教育プログラムが実施されています。これは、家族が障害の概要を知ることで、障害者に対する**接し方・対応法**について学ぶものです。障害者への家族の関わり方が変わることで、**生活の安定**につながることが期待できます。

2 家族の介護力の評価

◆家族の介護力の低下

麻痺（まひ）によってからだを動かすことができない、重度の知的障害のため身のまわりのこと全般に介護が必要になる——。障害の種類や状態によって、介護者となる家族の心身に大きな負担がかかる場合があります。

また、障害のある子どもの介護を担ってきた両親が高齢期に差しかかると、介護力が大きく**低下**することも考えられます。

◆介護福祉職に求められる支援

介護福祉職は、その時点での家族の介護力がどの程度のものであるのかを**評価**します。そのうえで、障害者本人や介護を担う家族の**意向**を第一に考え、負担をやわらげるための支援を行っていくことが大切です。

ひとこと

介護福祉職には、家族の介護力を引き出すために、**さまざまな社会資源を活用していく**ことを視野に入れて、支援を行うことが求められます。

3 レスパイトケアの実施

障害者の介護を担う家族にも、時には休息が必要になります。レスパイトには「**休息**」という意味があり、家族の心身の疲労を回復させることを目的として、一時的な休息をもたらす**レスパイトケア**が実施されます。

障害者の家族を対象としたレスパイトケアとしては、障害福祉サービスに含まれる**短期入所**（ショートステイ）や、**居宅介護**（ホームヘルプ）の利用が想定されます。

CHAPTER

8

医療的ケア

CHAPTER 8

SECTION 1

医療的ケア実施の基礎

このSECTIONのポイント

◆「医療的ケア」とは … 実施可能な喀痰吸引と経管栄養の範囲、医行為ではないと考えられる行為を把握しましょう

◆実施にあたって留意すべき点 … 応急処置や一次救命処置をおさえておきましょう

重要度A 「医療的ケア」とは

「医療的ケア」とは、喀痰(かくたん)吸引や経管栄養など、日常生活に不可欠な生活援助行為として、長期にわたり継続的に必要とされるケアのことを指します。

本来であれば医師等のみに認められた「医行為」の一部ですが、2011（平成23）年の「社会福祉士及び介護福祉士法」の改正 →p.443を参照 により、介護福祉士を含む介護職には、医師の指示の下、喀痰吸引および経管栄養の実施が認められています（p.409に示す要件を満たす必要がある）。

●ここがポイント

医療的ケアに含まれる「喀痰吸引」の範囲

口腔(こうくう)内の喀痰吸引	咽頭(いんとう)の手前までを限度とする
鼻腔(びくう)内の喀痰吸引	咽頭の手前までを限度とする

気管カニューレ内部の喀痰吸引	気管カニューレ **の先端を越えない**ように注意する

医療的ケアに含まれる「経管栄養」の範囲

胃瘻（いろう）または腸瘻（ちょうろう）による経管栄養	状態に問題がないことの確認は、医師 または 看護職 が行う
経鼻経管栄養	栄養チューブが正確に胃の中に挿入されていることの確認は、医師 または 看護職 が行う

例題

Q 介護福祉士が医師の指示の下で行う喀痰吸引の範囲は、気管の手前までである。〔第32回-問109〕

A × 介護福祉士に認められている喀痰吸引の範囲は、咽頭の手前までである。

◆「医行為」に含まれない行為

「医行為」とは、医師の医学的判断・技術によるものでなければ、人体に危害を及ぼしたり、及ぼすおそれのある行為とされています。

どこまでの行為を「医行為」とするか、明確な定義は定められていませんが、2005（平成17）年の厚生労働省通知により、医行為ではないと考えられる行為が、次のように示されています。

医行為ではないと考えられる行為（2015〈平成17〉年通知）

- 水銀体温計・電子体温計による腋窩（えきか）での体温測定や、耳式電子体温計による外耳道（がいじどう）での体温測定
- 自動血圧測定器による血圧測定
- 動脈血酸素飽和度を測定するためのパルスオキシメータ※の装着（新生児以外で入院の必要のない者が対象）
- 軽微な切り傷、すり傷、やけどなど、専門的な判断や技術を必要としない処置（汚物で汚れたガーゼの交換を含む）
- 一定の条件（利用者の容態が安定していることなど）を満たしたうえでの医薬品使用の介助。具体的には、皮膚への軟膏（なんこう）の塗布（とふ）（褥瘡（じょくそう）処置を除く）や湿布の貼付、点眼薬の点眼、一包化された内用薬の内服（舌下錠（ぜっか）使用を含む）、肛門（こうもん）からの坐薬（ざやく）挿入、鼻腔（びくう）粘膜への薬剤噴霧の介助
- 爪**切り**や**やすりがけ**（爪そのものの異常、爪周囲の皮膚の化膿（かのう）・炎症がない、糖尿病などによる専門的な管理が必要ない場合）
- 歯ブラシや綿棒などを用いた、歯・口腔（こうくう）粘膜・舌の汚れの除去（重度の歯周病などがない場合）
- 耳垢（じこう）の除去（耳垢塞栓（そくせん）の場合を除く）
- ストーマ装具のパウチにたまった排泄（はいせつ）物を捨てること（2011〈平成23〉年の厚生労働省通知により、専門的な管理を必要としないストーマ装具**の交換**も含む）
- 自己導尿を補助するためのカテーテルの準備、体位の保持など
- 市販の**ディスポーザブルグリセリン**浣腸（かんちょう）器を用いた浣腸

※パルスオキシメータとは？

指にはさむことで、動脈血酸素飽和度（SpO_2）と脈拍数を測定するための装置。酸素飽和度の健康な人の基準値は95～100％。

さらに、2022（令和４）年12月に介護現場で実施されることが多いと考えられる行為を中心に、医行為ではないと考えられる行為を整理した通知が発出され、次のように示されています。

医行為ではないと考えられる行為（2022〈令和４〉年通知）

（在宅介護等の介護現場におけるインスリンの投与の準備・片づけ関係）

- 在宅介護等の介護現場におけるインスリン注射の実施に当たって、あらかじめ医師から指示されたタイミングでの実施の声かけ、見守り、未使用の注射器等の患者への手渡し、使い終わった注射器の片づけ（注射器の針を抜き、処分する行為を除く）および記録を行うこと
- 在宅介護等の介護現場におけるインスリン注射の実施に当たって、患者が血糖測定および血糖値の確認を行った後に、介護職員が、当該血糖値があらかじめ医師から指示されたインスリン注射を実施する血糖値の範囲と合致しているかを確認すること
- 在宅介護等の介護現場におけるインスリン注射の実施に当たって、患者が準備したインスリン注射器の目盛りが、あらかじめ医師から指示されたインスリンの単位数と合っているかを読み取ること

（血糖測定関係）

- 患者への持続血糖測定器のセンサーの貼付や当該測定器の測定値の読み取りといった、血糖値の確認を行うこと

（経管栄養関係）

- 皮膚に発赤等がなく、身体へのテープの貼付に当たって専門的な管理を必要としない患者について、すでに患者の身体に留置されている経鼻胃管栄養チューブを留めているテープが外れた場合や、汚染した場合に、あらかじめ明示された貼付位置に再度貼付を行うこと
- 経管栄養の準備（栄養等を注入する行為を除く）および片づけ（栄養等の注入を停止する行為を除く）を行うこと。なお、以下の３点については医師または看護職員が行うこと
  - ❶鼻からの経管栄養の場合に、すでに留置されている栄養チューブが胃に挿入されているかを確認すること
  - ❷胃ろう・腸ろうによる経管栄養の場合に、びらんや肉芽（にくげ）など胃ろう・腸ろうの状態に問題がないことを確認すること
  - ❸胃・腸の内容物をチューブから注射器でひいて、性状と量から胃や腸の状態を確認し、注入内容と量を予定通りとするかどうかを判断すること

（喀痰吸引関係）

- 吸引器に溜まった汚水の廃棄や吸引器に入れる水の補充、吸引チューブ内を洗浄する目的で使用する水の補充を行うこと

（在宅酸素療法関係）

- 在宅酸素療法を実施しており、患者が援助を必要としている場合であって、患者が酸素マスクや経鼻カニューレを装着していない状況下における、あらかじめ医師から指示された酸素流量の**設定**、酸素を流入していない状況下における、酸素マスクや経鼻カニューレの装着等の**準備**や、酸素離脱後の片づけを行うこと。ただし、酸素吸入の開始（流入が開始している酸素マスクや経鼻カニューレの装着を含む）や停止（吸入中の酸素マスクや経鼻カニューレの除去を含む）は医師、看護職員または患者本人が行うこと
- 在宅酸素療法を実施するに当たって、酸素供給装置の加湿瓶の蒸留水を**交換**する、機器の拭き取りを行う等の機械の使用に係る環境の整備を行うこと
- 在宅人工呼吸器を使用している患者の体位変換を行う場合に、医師または看護職員の立会いの下で、人工呼吸器の位置の**変更**を行うこと

（膀胱留置カテーテル関係）

- 膀胱留置カテーテルの蓄尿バックからの尿廃棄（DIBキャップの**開閉**を含む）を行うこと
- 膀胱留置カテーテルの蓄尿バックの**尿量**および尿の**色**の確認を行うこと
- 膀胱留置カテーテル等に接続されているチューブを留めているテープが外れた場合に、あらかじめ明示された貼付位置に再度貼付を行うこと
- 専門的管理が必要無いことを医師または看護職員が確認した場合のみ、膀胱留置カテーテルを挿入している患者の**陰部洗浄**を行うこと

（服薬等介助関係）

- 患者の状態が以下の３条件を満たしていることを医師、歯科医師または看護職員が確認し、これらの免許を有しない者による医薬品の使用の介助ができることを本人または家族等に伝えている場合に、事前の本人または家族等の具体的な依頼に基づき、医師の処方を受け、あらかじめ薬袋等により患者ごとに区分し授与された医薬品について、医師または歯科医師の処方および薬剤師の服薬指導の上、看護職員の保健指導・助言を遵守した医薬品の使用を**介助**すること。具体的には、水虫や爪白癬にり患した爪への軟膏または外用液の**塗布**（**褥瘡**の処置を除く）、吸入薬の**吸入**および分包された液剤の内服を**介助**すること
  - ❶患者が入院・入所して治療する必要がなく容態が安定していること
  - ❷副作用の危険性や投薬量の調整等のため、医師または看護職員による連続的な容態の経過観察が必要である場合ではないこと

❸内用薬については誤嚥の可能性など、当該医薬品の使用の方法そのものについて専門的な配慮が必要な場合ではないこと

（血圧等測定関係）

- 新生児以外の者であって入院治療の必要ないものに対して、動脈血酸素飽和度を測定するため、パルスオキシメーターを**装着**し、動脈血酸素飽和度を**確認**すること
- **半自動血圧**測定器（ポンプ式を含む）を用いて血圧を測定すること

（食事介助関係）

- 食事（**とろみ**食を含む）の介助を行うこと

（その他関係）

- 有床義歯（入れ歯）の**着脱**および洗浄を行うこと

ひとこと

以上の行為は、病状が不安定であること等により専門的な管理が必要な場合には、医行為であるとされる場合もあり得ます。

◆医療的ケアを実施する介護職と事業者

介護職が医療的ケアを実施するためには、まず、次のいずれかの要件を満たす必要があります。

❶介護福祉士養成課程において、知識・技術を修得し、**実地研修**を修了する
❷介護福祉士を除く介護職が、都道府県や登録研修機関の実施する**喀痰吸引等研修**※を修了して、**認定特定行為業務従事者認定証**の交付を受ける

※喀痰吸引等研修とは？

次に挙げる第一号から第三号研修に分類されている。
❶第一号研修：研修修了後、**すべての喀痰吸引・経管栄養**を実施できる。
❷第二号研修：実地研修を修了した**任意の行為**のみ実施できる。
❸第三号研修：特定の利用者（**重度障害児・者など**）に対して、必要とされる行為のみ実施できる。

そして、要件を満たした介護職は、都道府県の登録を受けた事業者に就業することで、医療的ケアを実施できるようになります。なお、事業者は事業所ごとに、登録喀痰吸引等事業者（❷の介護職が就業する場合は登録特定行為事業者）として登録を受ける必要があります。

登録喀痰吸引等事業者（登録特定行為事業者）には、登録にあたっての要件として、次のような基準が示されています。

■事業者の主な登録基準

分類	主な基準内容
医療関係者（医師や看護職）との連携の確保	●医療的ケアの実施にあたり、医師の文書による指示を受ける
	●実施内容を記載した計画書の作成
	●実施状況に関する報告書の作成と医師への提出
	●利用者の急変に備え、緊急時の医療関係者への連絡方法をあらかじめ定めておく
医療的ケアを安全・適正に実施するための措置	●医療関係者を含み構成される安全委員会の設置、研修体制の整備
	●実施のために必要な物品の整備
	●備品の衛生管理と、感染症予防のための措置
	●計画書に対する利用者・家族への説明と、その同意を得る

医療行為としての喀痰吸引等（かくたんきゅういんとう）を行うための指示書は、看護師が作成する。〔第30回-問109〕

指示書は、医師が作成する。

重要度B 実施にあたって留意すべき点

1 リスクマネジメントの重要性と一次救命処置

医療的ケアの実施にあたっては、事故の**防止**と、事故が起こったときにその被害を**最小限**に抑えるための**リスクマネジメント**（危機管理）の視点が重要です。

→詳細はp.478参照

また、実施中の急変に備え、**応急処置**や**一次救命処置**の内容をマスターしておくことが求められます。

◆利用者が異物をのどに詰まらせた場合

チョークサイン（窒息したときに自分ののどをつかむ動作）などがみられた場合、異物がのどに詰まったり、誤嚥（ごえん）を引き起こしたりしていることが疑われます。

異物を除去するために、**背部叩打法**（はいぶこうだほう）や**腹部突き上げ法**（ハイムリック法）などの応急処置を行います。

→詳細はp.554参照

応急処置には、交差した親指と人差し指で利用者の口を開き（**指交差法**）、ハンカチなどを巻いた利き手の人差し指で異物を取り出す**指拭法**（ししょくほう）もあります。

◆利用者が心停止状態におちいった場合

救急隊に引き継ぐまで、次ページのような適切な手順で、**CPR**（**胸骨圧迫**や**人工呼吸**による心肺蘇生法）の実施や、**AED**（自動体外式除細動器）※の使用を含む「**一次救命処置**」を行う必要があります。

※AED（自動体外式除細動器）とは？

心臓に電気ショックをすることで、心臓を正しいリズムに戻す医療機器。音声ガイドに従って操作するもので、2004（平成16）年７月より、一般の人も使用することができるようなった。右のハートに稲妻のマークは、AED設置場所を意味するマーク。

●ここがポイント

「一次救命処置」の手順

Step 1　周囲の安全の確認と、呼びかけに対する反応の確認

→反応がなければ、大声で応援を呼び、119番通報とAED手配

Step 2　呼吸の確認

→呼吸がある場合は気道確保※を行い、救急隊の到着を待つ

→呼吸がない場合は、直(ただ)ちにStep 3の胸骨圧迫を開始する

↓

Step 3　CPR（胸骨圧迫と人工呼吸）の実施

→胸骨圧迫は、❶胸骨の下半分を、❷重ね合わせた両手の付け根の部分で、胸が約5cm沈むように強く圧迫する（6cmは超えないようにする）

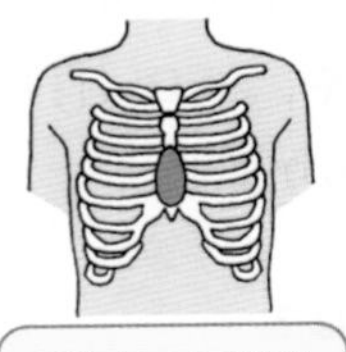

❶胸骨の下半分

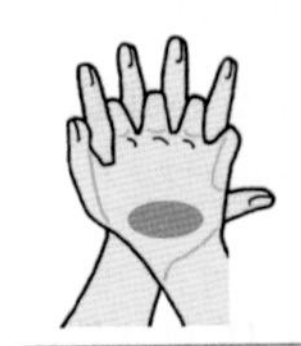

❷両手の付け根

1分間に100〜120回のテンポで、できる限り絶え間なく実施する

→ 人工呼吸ができる場合は、**胸骨圧迫30回と人工呼吸2回の組み合わせ**を実施する

- ◆ まず 気道確保 を行い、その後、額に当てている手で利用者の鼻孔を閉じ、口をおおうようにして、**約1秒**かけて息を吹き込む。
- ◆ 利用者の胸が上がらなくても **2回**行う。
- ◆ できる限り 感染防護具 を使用する

↓

Step 4　AED の到着・装着・解析

→ **心電図の解析結果に基づき、必要があれば電気ショックを1回行う。その後、電気ショックの有無にかかわらず、救急隊に引き継ぐまで、Step 3 の胸骨圧迫と人工呼吸を繰り返す**

※気道確保とは？

呼吸をしやすくするために、酸素の通り道を確保すること。代表的な手法は頭部後屈顎先(あごさき)挙上法（片手は額に、もう一方の手は人差し指と中指を顎先に当てて、頭を後ろにのけぞらせて顎先を上げる方法）。

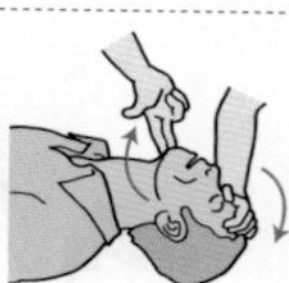

2 感染予防と健康状態の把握

◆感染予防の方法を理解する

医療的ケアの実施においては、感染対策を万全な状態に整えておくことも求められます。感染予防の３原則（❶感染源の排除／❷感染経路の遮断／❸宿主(しゅくしゅ)の抵抗力の向上）、介護職自身の感染予防の方法（手洗い・消毒・健康管理）、主な感染症の予防法を理解しておくことが大切です。

◆スタンダードプリコーション

感染経路の遮断の対策として、スタンダードプリコーション（**標準予防策**）があります。感染症の有無にかかわらず、すべての人の**血液**、**体液**（**唾液**や**腹水**など）、**分泌物**（汗を除く）、**排泄物**（はいせつ）、**傷**のある皮膚などを感染源とみて、予防策を講じることをいいます。

標準予防策の具体的内容

◆手指衛生
→適切な**手洗い**、手指消毒薬による手指消毒

◆防護用具の着用
→使い捨て手袋・マスク、使い捨てエプロン・ガウン、ゴーグルなどの着用

◆鋭利な器具の適切な取り扱い
→**針刺し**事故の防止など

◆使用機材、廃棄物の適切な取り扱い
→使い捨て機材の使用、消毒、廃棄物の管理など

◆環境の整備
→清掃、清掃しやすい環境づくり、床・壁を**汚染**環境ととらえるなど

◆必要な場合は患者を隔離

ひとこと

手洗いでは、指先、指の間、親指、手首を洗い忘れないようにすることが基本となります。

◆健康状態の把握と急変状態への対応

利用者の状態に異変がみられた場合に、すぐに気づくことができるよう、体温・脈拍・呼吸・血圧といった**バイタルサイン**を通じて、健康状態を把握しておくことも大切です。

→詳細はp.197参照

また、バイタルサインの異常をはじめ、「急激に意識状態が低下した」「激しい痛みの訴えや表情がみられる」といった**通常の介護**では対処できない状態にある

場合は、救急車の要請や、医師・看護職、家族への即時の連絡が必要になります。こうした状態は、**急変状態**と呼ばれます。

介護職には、利用者に「**いつもと違う**」状態がみられないかを観察し、緊急性の有無を把握したうえで、医師や看護職に的確な**状況説明**を行うことが求められます。

そして、急変状態への対応が終了したあとも、急変時の時間・場所、利用者の状態、対応や処置などをまとめ、**報告書に記録**して残しておくようにします。

例題

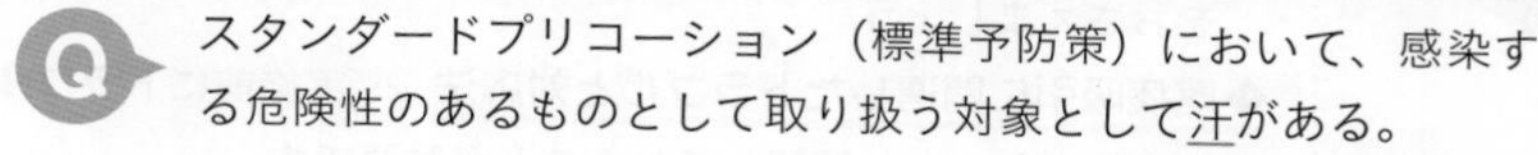

Q スタンダードプリコーション（標準予防策）において、感染する危険性のあるものとして取り扱う対象として汗がある。

〔第31回-問109〕

A × 汗はスタンダードプリコーションにおいて、感染源として扱わない。

CHAPTER 8
SECTION 2

喀痰吸引の基礎的知識と実施手順

このSECTIONのポイント

◆「喀痰吸引」とは … 喀痰吸引の概要をみていきます

◆人工呼吸器の使用と喀痰吸引 … 人工呼吸器の種類に応じた喀痰吸引を把握しましょう

◆子どもの喀痰吸引 … 子どもに喀痰吸引を実施する際の留意点をおさえましょう

◆喀痰吸引に関連したトラブルと対応法 … 実施前にトラブルの対応法をしっかり理解しておくことが重要です

◆喀痰吸引の実施手順 … 実施手順を覚えましょう

「喀痰吸引」とは

「喀痰吸引」とは、吸引器や吸引チューブなどの器具を使用して、気道内にたまった痰※を除去する行為です。気道内にたまった痰は、呼吸困難をまねく原因になります。喀痰吸引は、咳が上手にできない、痰が固く粘り気が強いなど、自力で痰を排出することが難しくなった利用者を対象として実施されます。

介護職の実施できる喀痰吸引

❶ **口腔内の喀痰吸引**：口からチューブを挿入して吸引する方法
❷ **鼻腔内の喀痰吸引**：鼻からチューブを挿入して吸引する方法
❸ **気管カニューレ内部の喀痰吸引**：気管切開をしている人の気管カニューレにチューブを挿入して吸引する方法

※痰とは？

気管から分泌される粘液が、呼吸によって吸い込まれた埃や異物をとらえたもの。分泌量の増加や粘り気の高まりによって、気道内にたまるようになる。痰の量は、呼吸器系の感染症（肺炎や風邪）などを原因として増加する。

重要度B 人工呼吸器の使用と喀痰吸引

「人工呼吸器」は、体内に酸素を取り込み、二酸化炭素を吐き出す＝**換気**を補助する目的で使用されます。人工呼吸器を使用した呼吸療法は、利用者の状態に応じて２つに分類され、実施される喀痰（かくたん）吸引の種類にも違いがあります。

人工呼吸器を使用した呼吸療法

□ **侵襲的人工呼吸療法**
気管切開を行ったうえで気管カニューレを挿入し、酸素を送り込む方法。**気管カニューレ内部の喀痰吸引**の対象となる。

□ **非侵襲的人工呼吸療法**
口や鼻、鼻だけをおおうマスクを通じて、酸素を送り込む方法。**口腔内・鼻腔内吸引**の対象となる。

人工呼吸器を使用している利用者に喀痰吸引を行う場合は、吸引の際に、気管カニューレと人工呼吸器の回路を接続しているコネクターや、口や鼻をおおうマスクを外すことになります。そのため、**確実**かつ**速やか**に吸引を実施して、**コネクター**の接続や**マスク**の装着を元のとおりに戻す必要があります。

重要度B 子どもの喀痰吸引

子どもを対象とした喀痰（かくたん）吸引は、**自力**で痰の排出ができず、**体位ドレナージ**（重力を利用し、体位を変えることで痰の移動を促すケア）などを行っても排出が難しい場合に、実施します。

子どもの喀痰吸引においては、恐怖感や不安感をやわらげるための**プレパレーション**（心理的準備）が重要になります。吸引がどのような行為なのかイメージできるように、**人形**などを使って説明することも１つの方法です。

また、吸引を実施する際には、医師の指示に従い、吸引圧は成人よりもやや**低め**に設定し、１回の吸引時間は**10**秒以内にとどめるようにします。吸引チューブも、新生児や乳幼児、学童などの年齢層に応じて、**サイズ**（**太さ**）を変えるようにします。

ひとこと

子どもに限らず、成人の利用者やその家族にとっても、喀痰吸引は**不安や苦痛を伴う行為**です。利用者や家族の気持ちに寄り添いながら、吸引にあたっては**十分な 説明 を行い、 同意 を得ること**が必要になります。

重要度B 喀痰吸引に関連したトラブルと対応法

1 喀痰吸引に伴う呼吸器系の感染と予防

喀痰(かくたん)吸引による呼吸器系の感染は、吸引チューブが適切に交換されていない、口腔(こうくう)内・鼻腔(びくう)内吸引に使用したチューブで気管カニューレ内部の吸引を行った、といったことが原因で起こります。

感染時の症状としては、痰の色が黄色や緑色になる、気道の粘膜が赤くなって体温が上がる（発熱がある）、といったことがみられます。

感染予防のためには、口腔内・鼻腔内用と気管カニューレ内部用のチューブをあらかじめ別々に準備しておく、介護職が体調不良（風邪など）のときはマスクをしっかりと着用することなどが大切です。

2 喀痰吸引により生じる異変・トラブルと対応法

喀痰吸引の実施においては、さまざまな異変やトラブルが発生する可能性があります。生命の危険に及ぶおそれがあることも踏まえて、その対応法を理解しておく必要があります。

喀痰吸引による異変・トラブルと、その対応法

- 吸引器が正しく作動しない
  → 電源の状態、吸引瓶の蓋(ふた)の閉まり具合、吸引チューブの接続状態、吸引圧の上昇具合などを確認する
- 呼吸状態の悪化、動脈血酸素飽和度の低下（90％未満）
  → 直(ただ)ちに吸引を中止して、気道確保を行い、看護職に連絡を取る。チアノーゼがみられる場合も同様
- 吸引中の出血
  → 出血が少量の場合、直ちに吸引を中止して、吸引圧が強くなかったか確認し、看護職に連絡を取る（出血が多量の場合は、中止後に顔を横に向けて、看護職に連絡を取ってから吸引圧を確認）
- 吸引中の嘔吐(おうと)
  → 直ちに吸引を中止して、誤嚥(ごえん)防止のために顔を横に向ける。看護職に吐物(とぶつ)を確認してもらい、速やかに片づける

ひとこと

１回の吸引で痰が取り切れず、再度、吸引を行うときは、必ず呼吸が落ち着いたことを確認してから行うようにします。

3 トラブルの発生に備えた報告・連絡体制の整備

さまざまな異変やトラブルの発生に備え、前もって、**医師**や**看護職**に報告・連絡できる体制を整えておくことが重要です。

報告においては、「いつ・どこで・誰に・何が起こったのか」「どんなトラブルが起きているのか」を**簡潔**にまとめるようにします。また、連絡においては、**利用者の家族**も含めた連絡先リストを作成しておくことが大切です。

喀痰吸引の実施手順

1 喀痰吸引に必要な物品と使用目的

■喀痰吸引で必要となる主な物品

物品の名称	使用目的
吸引器一式	●陰圧によって痰を吸い込む機器 ●痰をためる吸引瓶、痰を吸い出す接続チューブ、**連結管**を含む
吸引チューブ	●吸引部位に挿入し、痰を吸い込むためのチューブ ●医師の指示の下、利用者の体格や吸引部位に合った種類（サイズ〈太さ〉など）のチューブを選ぶ
清浄綿	●吸引チューブの外側を清拭（せいしき）するときに使用する
洗浄水	●吸引チューブの内側を洗浄するために使用する ●口腔（こうくう）内・鼻腔（びくう）内吸引の場合は、常在菌が存在するため、水道水でよい ●気管カニューレ内部の吸引の場合は、清潔を保つため、滅菌精製水を使用する
保管容器	●吸引チューブを再利用するために、保管する場合に使用する蓋（ふた）付きの容器
消毒液	●吸引チューブを再利用するために、浸漬（しんし）法で消毒する場合に使用する液体（次ページを参照）
滅菌手袋 または 滅菌鑷子（せっし）	●細菌の混入を防ぐために、気管カニューレ内部**の吸引**で、吸引チューブの操作に使用する ●手袋を使用しない場合は、鑷子（せっし）（ピンセットとほぼ同じ医療器具）を用いる ●口腔内・鼻腔内**吸引**では、**清潔なディスポーザブル（使い捨て）手袋**を使用する

◆清潔保持のための留意点

吸引器の吸引瓶は、吸引回数が少なくても、24時間おきに洗浄して交換するようにします。また、吸引終了後、瓶内の排液が容量の70～80％程度に達する前に廃棄するように心がけます。

吸引チューブについては、気管カニューレ内部の吸引の場合、原則として1回ごとに使い捨てとします。やむを得ず吸引チューブを再利用する場合は、次のどちらかの方法で保管します（ただしどちらの場合も、吸引チューブは24時間のうちに必ず使い捨てるようにすること）。

吸引チューブの保管方法

□ 乾燥法	□ 浸漬法
吸引チューブに水滴がなくなるまで乾かし、蓋付きの乾燥容器で保管する方法。	吸引チューブを消毒液に浸して保管する方法。消毒液は、24時間おきに交換する。

例題

Q 吸引チューブのサイズは、痰の量に応じたものにする。

〔第36回-問61〕

A × 吸引チューブのサイズは、医師の指示の下、利用者の体格や吸引部位に合ったものにする。

2 喀痰吸引の実施

喀痰吸引は、利用者にとって不安や苦痛を伴う行為です。利用者の負担を少なくするためにも、医師や看護職が必要と判断したときや、利用者自身の要望に応じて実施するようにします。

一方で介護職も、吸引が必要な状態について、前もって看護職などに確認しておくようにします。吸引の前後には、発熱の有無や意識状態、顔色や表情などの全身状態を観察して、異変がないかどうかを確かめておきます。

そのほか、吸引を実施するときには、口腔内の観察も重要です。特に義歯を装着している利用者の場合は、吸引時に部分義歯が外れて気管内に落ちてしまうこともあるため、吸引前に外しておくのが適切です。

◆実施前の留意点

喀痰吸引を実施する前に必ず、**医師**の指示書、**看護職**からの指示や引き継ぎ事項を確認します。ここでは、利用者に適した**吸引圧**、**吸引**時間、挿入できるチューブの**長さ**などを確かめておきます。

次に**手洗い**・**手指消毒**を行い、必要な物品を用意します。利用者に吸引実施についての**説明**を行い（吸引のたびに行う）、**同意**を得るようにします。利用者の体位は、吸引チューブを挿入しやすいように、上半身を**10～30**度挙上した姿勢にしておきます。

◆実施の流れ

利用者に説明を行い、同意を得たら、次の手順で喀痰吸引を実施していきます。

●ここがポイント

喀痰吸引の実施手順

Step 1　吸引の準備

- ◆再度、**流水**と**液体石鹸**で手を洗う
- ◆利用者のプライバシーに配慮して、**カーテン**などをかける。誤嚥防止のため、**口腔内**・**鼻腔内**吸引では顔を**横**に向ける
- ◆所定の**手袋**をはめ、もしくは**鑷子**をもち、吸引チューブを、接続チューブと連結管で吸引器につなぐ
→**吸引チューブの先端**が周囲に触れないように注意する
- ◆浸漬法で保管している場合は、吸引チューブの**外側**を清浄綿で拭く

↓

Step 2　吸引圧の設定

- ◆吸引器の**電源**を入れ、医師の指示どおりに**吸引圧**を設定する

◆吸引チューブの**先端の水**をよく切る

↓

Step 3 挿入と吸引

◆「**吸引します**」と利用者に声かけをする。人工呼吸器を装着している場合は、声かけのあとにマスクやコネクターを外す

◆吸引チューブを親指で押さえ、**吸引圧**をかけずに静かに挿入する（**気管カニューレ内部の吸引**では、粘膜損傷のリスクを避けるため、少し吸引圧をかける）

◆挿入できるチューブの長さは、口腔(こうくう)内が**8～10cm程度**、鼻腔(びくう)内が**8～10cm程度**（それぞれ**咽頭**(いんとう)の手前まで）。気管カニューレ内部は**10cm程度**（**気管カニューレ**の先端を越えないように注意する）

◆親指を放して吸引圧をかけ、指示どおりの時間内（**10～15秒以内**）に吸引する

◆吸引チューブを**静かに回して**、部位全体の吸引をしっかりと行えるようにする

↓

Step 4 吸引の終了

◆吸引終了後は、**静かに**チューブを抜く。人工呼吸器を元のとおりに戻す

◆吸引チューブの**外側**を清浄綿で拭く（**連結部**から**先端**へ向かって一方向に）。清浄綿は**1回ごとに廃棄**する

◆チューブの**内側**を洗浄水で吸引する

◆吸引器の**電源**を切る。吸引チューブを連結管から外して**保管**もしくは**廃棄**する。手袋を外して**廃棄**する

↓

Step 5　観察や片づけ

- ◆利用者に吸引終了の声かけをして、痰がとれたかどうかを確認する
- ◆吸引物の量や状態、利用者の顔色や呼吸状態を観察する。経鼻経管栄養を行っている場合は、チューブが口腔内に出てきていないかを確認する
- ◆人工呼吸器を装着している場合は、機器が正常に作動しているかを確認する
- ◆介護職自身の手洗いを行う
- ◆医師や看護職に観察結果を報告する
- ◆吸引瓶内の排液を廃棄し、物品の片づけと補充を行う
- ◆実施内容を記録に残す

ひとこと

喀痰吸引の実施によって、利用者が低酸素状態におちいっていないかは、パルスオキシメータで確認します。同機器によって**動脈血酸素飽和度が 90 %未満になる場合**は、呼吸不全のおそれがあります。

例題

Hさん（90歳、男性）は、介護老人福祉施設に入所中である。呼吸困難はない。ある日、Hさんがベッドに臥床（がしょう）しているときに、痰（たん）が口腔内（こうくうない）にたまってきたので、介護福祉士は医師の指示どおりに痰（たん）の吸引を行うことにした。このときのHさんの姿勢として、頭部を肺よりも低くした。　〔第29回-問110〕

頭部を肺よりも低くすると、吸引しづらくなる。上半身を10～30度挙上するのが適切な姿勢といえる。

CHAPTER 8
SECTION 3

経管栄養の基礎的知識と実施手順

このSECTIONのポイント

- ◆「経管栄養」とは … 経管栄養の概要、胃瘻の種類を把握しましょう
- ◆栄養剤の種類と特徴 … 栄養剤には食品扱いのものと医薬品扱いのものがあります
- ◆子どもの経管栄養 … 子どもの発達段階に合わせた説明を心がけます
- ◆経管栄養に関連したトラブルと対応法 … 医師や看護職との連携が重要です
- ◆経管栄養の実施手順 … 実施手順を覚えましょう

重要度A 「経管栄養」とは

「経管栄養」とは、口からの食物摂取が難しい状態にある人のために、口以外の場所から消化管にチューブを挿入して、栄養剤を注入する行為です。食べ物が上手に飲み込めなくなる嚥下(えんげ)障害や誤嚥(ごえん)のみられる利用者、摂食障害などによって栄養摂取が不十分な利用者などを対象として実施されます。

介護職の実施できる経管栄養

❶ **胃瘻(いろう)による経管栄養**：腹部の表面から胃まで貫通した瘻孔(ろうこう)を開けて、栄養剤を注入する方法。瘻孔を開けるための手術には、開腹による手術と内視鏡による手術がある

❷ **腸瘻(ちょうろう)による経管栄養**：胃の切除などにより胃瘻が難しい場合に、腹部の表面から空腸まで貫通した瘻孔を開けて、栄養剤を注入する方法（胃瘻の瘻孔から十二指腸・空腸にチューブを留置して行う場合もある）

❸ **経鼻経管栄養**：鼻腔(びくう)から食道を経て胃（または十二指腸・空腸）までチューブを挿入して、栄養剤を注入する方法

■経管栄養のルート

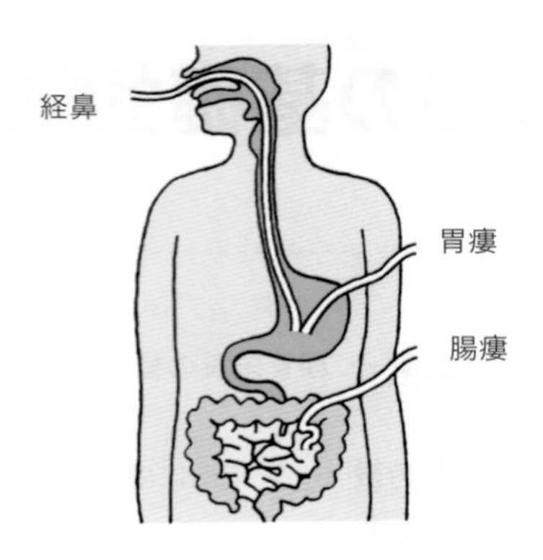

◆胃瘻で用いる「体外固定板」と「胃内固定板」の組み合わせ

胃瘻による経管栄養では、瘻孔に設置されたカテーテルを固定するために、**体外固定板**と**胃内固定板**を使用します。体外固定板には**ボタン**と**チューブ**、胃内固定板は**バルーン**と**バンパー**があり、その組み合わせにより4種類に分類されます。

■ボタン型バルーン

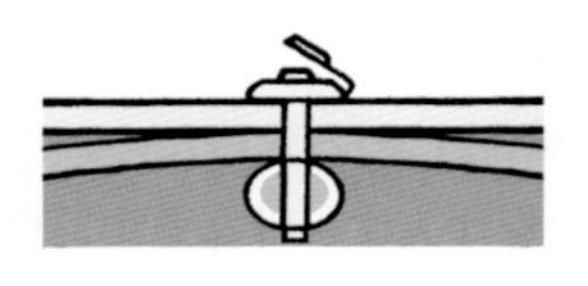

■ボタン型バンパー

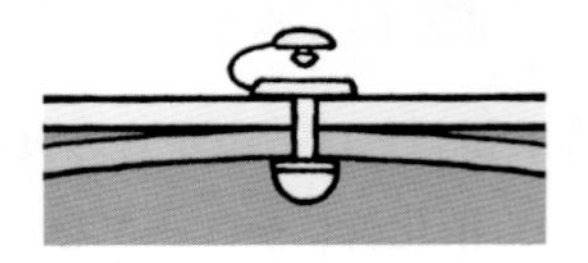

■チューブ型バルーン

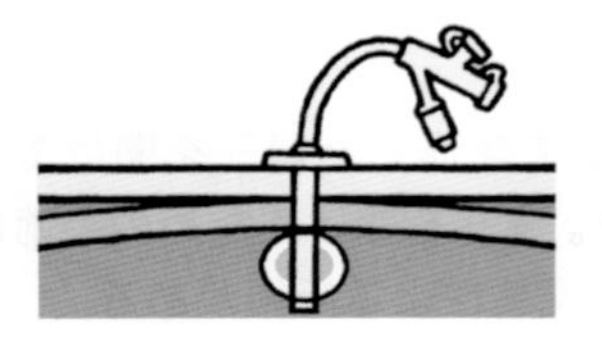

■チューブ型バンパー

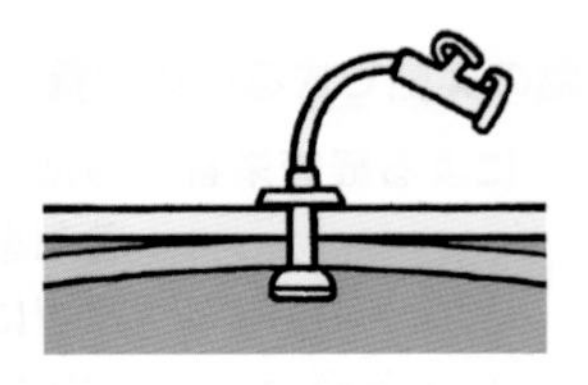

体外固定板のうち、抜けにくいのは、外に出ている部分の少ない**ボタン型**です。
また、胃内固定板のうち、**バルーン型**は交換しやすい一方で、破裂により短期間で交換する必要があります。

栄養剤の種類と特徴

経管栄養で注入される栄養剤は、その形態によって、粉末状・液体状・半固形（ゼリー状）といった種類に分けられます。

また、医師の処方が不要な**食品扱い**の栄養剤は、個人で購入することができますが、**医療保険**は適用されません。一方、医師の処方が必要な**医薬品扱い**の栄養剤は、個人では購入ができないものの、**医療保険**が適用されます。

■栄養剤の種類と特徴

名称	特徴
ミキサー食	●**普通の食事**などをミキサーにかけたもので、元の食材をかみくだいた状態に近い栄養剤。**食品扱い** ●消化器系への負担は少ないものの、**消化機能**が低下している場合は、液体状の栄養剤が適している
天然濃厚流動食	●天然食品を液体状にして濃縮した栄養剤。**食品扱い** ●成分そのものは自然な食事に近いため、充分な**消化機能**が必要となる
半消化態栄養剤	●天然食品にビタミンやミネラルなどを加えた、**高カロリー・高たんぱく**の液体状の栄養剤 ●**食品扱い・医薬品扱い**の両方がある ●ある程度の消化機能は必要で、より消化吸収が容易になったものとしては**消化態栄養剤**がある
成分栄養剤	●低脂肪で食物繊維も含まず、**消化**を必要としない成分で構成された液体状の栄養剤。**医薬品扱い** ●手術後や消化器系の疾患など、**消化機能**が著しく低下している利用者でも容易に吸収できる
半固形化栄養剤	●液体の栄養剤を半固形化（**ゼリー状化**）したもの ●**食品扱い・医薬品扱い**の両方がある ●**注入時間**が短く、栄養剤の粘り気が高いことから、**胃内容物の逆流による誤嚥（ごえん）の予防**に効果がある ●半固形化剤には、**寒天**、**ゼラチン**、**ペクチン**、**でんぷん**などがある

重要度B　子どもの経管栄養

子どもを対象とした経管栄養は、脳性麻痺（まひ）やダウン症候群などの先天的な疾患、事故などを原因とした後天的な障害によって、食事をとるための機能が十分に発達していない、もしくは低下している場合に、実施します。

子どもの経管栄養においては、経管栄養が何を目的とした行為なのか、発達段階に合わせて分かりやすく説明することが大切です。身ぶり・手ぶりを交えたり、人形を用いるなどの工夫も加えることで、理解を助けるようにします。

また、使用するチューブも、年齢やからだの大きさに合わせたものを選ぶのが適切です。

ひとこと

経管栄養は、生活の一部である「食事」として、利用者や家族に受容してもらうことが大切です。実施にあたっては、思いをくみとりながら、**方法や所要時間についてしっかりと説明を行い、同意を得る**必要があります。

重要度B　経管栄養に関連したトラブルと対応法

1　経管栄養に伴う感染と予防

経管栄養による感染は、物品管理の不備や、衛生状態が保たれていないことなどが原因で起こります。

物品管理において、まず、栄養剤は、使用期限が切れていないかを確認して、期限が短く、古いものから使用していくようにします。また、チューブは長期にわたって使用することで劣化すると、皮膚の炎症をまねくおそれがあります。皮膚との接触部位をよく観察し、1週間程度に1度は交換することが適切です。

感染予防のためには、介護職自身が手洗いや手指の消毒を確実に実施し、衣服の衛生状態にも留意します。また、経管栄養を実施していても、利用者の口腔（こうくう）ケアは必ず実施するようにします。

→詳細はp.542参照

2 経管栄養により生じる異変・トラブルと対応法

経管栄養の実施においては、栄養剤の注入に関連した嘔吐(おうと)や下痢(げり)などの異変・トラブルが起こり得ます。その対応法を含めて理解しておくようにします。

経管栄養による異変・トラブルと、その対応法

- **注入前にチューブや胃瘻(いろう)のカテーテルが抜けている**
  → 不快感から利用者が自分で抜いてしまう場合もある（**自己抜去**(ばっきょ)）。**注入**は実施せず、看護職に連絡を取る
- **栄養剤が注入できない・注入されにくい**
  → チューブの**接続状態**や、チューブと栄養剤などの**位置**が正しいかを確認して、改善しない場合は看護職に連絡を取る
- **胃瘻において栄養剤がもれる**
  → **胃**を圧迫しない姿勢に調整したり、栄養剤の**注入速度**を遅くしたりして、改善しない場合・もれが多い場合は看護職に連絡を取る
- **注入中の出血**
  → **瘻孔**の周囲や**鼻腔**(びくう)、**チューブ**内部における出血の可能性がある。注入を中止して、看護職に連絡を取る
- **注入中の嘔吐**(おうと)
  → **注入速度**が速すぎる、**注入量**が多すぎるのが主な原因。直(ただ)ちに注入を中止して**誤嚥**(ごえん)防止のために**顔**を横に向け、看護職に連絡を取る
- **注入後の下痢**(げり)
  → **注入速度**が速すぎた、**注入物**が冷たかったことなどが主な原因。状況を看護職に報告する

上記に挙げたような異変・トラブルが発生することを想定して、喀痰(かくたん)吸引の実施時と同様に、**医師**や**看護職**との報告・連絡体制を整えておくことなども忘れないようにしましょう。

例題

Q 経管栄養の実施時に、冷蔵庫に保管していた栄養剤を指示どおりの温度にせずにそのまま注入したときに起こる状態として、最も可能性の高いものは、下痢である。〔第32回-問113〕

○ 記述のとおり。注入物が冷たいと**下痢**を起こす原因となるため、指示された温度に調整して注入する。

重要度A

経管栄養の実施手順

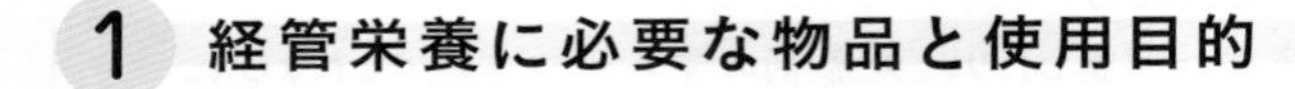

1 経管栄養に必要な物品と使用目的

■経管栄養で必要となる主な物品

物品の名称	使用目的
栄養剤	●一般的に**常温程度**の温かさで注入する
計量カップ	●**栄養剤**や**白湯**を量るためのカップ
イルリガートル（イリゲーター）	●栄養剤を入れる容器（注入ボトル） ●注入部位からイルリガートルの液面（栄養剤の水面）までの高さを**50cm程度**にして、点滴スタンドなどにつるす ●点滴スタンドは、居宅では**S字フック**で鴨居にかけることもある
栄養点滴チューブ	●**イルリガートル**と利用者側の**栄養チューブ**とをつなぐもの（**ボタン型の胃瘻**では、さらに接続チューブが必要になる） ●**点滴筒**（滴下量や滴下速度を確認できる器具）や**クレンメ**（同じく調節をする器具）が付いている
カテーテルチップシリンジ	●**半固形化栄養剤**や**白湯**の注入に使用する注射器。先端が円錐形になっている
ガーゼなど	●**経鼻経管栄養**で、栄養チューブ先端のストッパー・栓を外したあとに保護するためのもの

2 経管栄養の実施

経管栄養は、医師または看護職により、胃瘻(いろう)や腸瘻(ちょうろう)の状態に問題がないこと、経鼻経管栄養の栄養チューブが正確に胃の中に挿入されていることが確認されたうえで実施されます。介護職は、利用者の表情やバイタルサイン、チューブ挿入部の皮膚の状態を観察し、異常がみられた場合は医師や看護職に相談します。

◆実施前の留意点

経管栄養を実施する前に必ず、医師の指示書、看護職からの指示や引き継ぎ事項を確認します。ここでは、利用者の氏名（本人確認）、栄養剤の種類や注入量、注入温度、注入速度、注入開始時間、注入時間などを確かめておきます。

次に手洗い・手指消毒を行い、必要な物品を用意します。利用者に経管栄養についての説明を行い、同意を得るようにします。利用者の体位は、栄養剤の逆流を防止するために、半座位（ファーラー位）にしておきます。

◆実施の流れ

次の手順で経管栄養を実施していきます。

●ここがポイント

経管栄養の実施手順

Step 1 注入の準備

◆再度、流水と液体石鹸(せっけん)で手を洗う。本人確認や指示内容の再確認を行う

◆イルリガートルを点滴スタンドにつるし、栄養点滴チューブとつなぐ（クレンメが閉じられていることを確認する）

◆イルリガートルに栄養剤を入れ、チューブの点滴筒に半分ほど栄養剤が満たされたら、クレンメを開く

◆栄養点滴チューブの先端にまで栄養剤を満たし、**クレンメ**を閉じる

Step 2 **注入の開始**

◆**栄養点滴チューブ**と利用者側の**栄養チューブ**を接続する

◆利用者に**注入開始**の声かけをする

◆**クレンメ**をゆっくりと開いて注入を開始し、医師の指示どおりの**滴下数**を保てるように、点滴筒や時計により速度を調節する

◆注入開始による異常、注入中の異常がみられないか、利用者を観察する（表情・不快感や**吐き気**の訴え・接続部の状態など）

Step 3 **注入の終了**

◆利用者に**注入終了**の声かけをする

◆**クレンメ**を閉めてから、栄養点滴チューブと栄養チューブの接続を外す

◆栄養チューブ内に、腐敗防止のため、カテーテルチップシリンジで30～50mℓ程度の**白湯**を注入して洗浄する

◆栄養チューブ先端のストッパー・栓、ボタンの**蓋**などをしっかりと閉じる

◆利用者には、栄養剤の逆流を防ぐため、30分から1時間程度、**半座位**（**ファーラー位**）の姿勢を保ってもらう

Step 4 観察や片づけ

- ◆利用者の状態を観察し、**医師**や**看護職**に報告する
- ◆物品の片づけを行う。破損の有無を確認し、再利用する**イルリガートル**や**栄養点滴チューブ**、カテーテルチップシリンジなどを洗浄する
- ◆洗浄後は**次亜塩素酸ナトリウム**などの消毒剤に一定時間浸して、もう一度流水で洗浄してから、よく乾燥させる
- ◆実施内容を**記録**に残す

例題

Aさん（85歳）は、胃ろうを造設している。介護福祉士は、栄養剤を注入する前にAさんの排尿を促して、排尿があったのを確認した後に注入を開始した。注入する栄養剤は体温に近い温度で用意して、注入中の体位は角度10度の仰臥位（ぎょうがい）で行った。栄養剤の量と注入の速度は、指示のとおりに行った。注入中に、Aさんが嘔吐（おうと）した。嘔吐（おうと）の原因として、最も可能性の高いものは、注入中の体位である。〔第30回-問113〕

記述のとおり。栄養剤の逆流を防止するために、**半座位（ファーラー位）**の体位をとることが適切である。

CHAPTER

9

介護の基本

CHAPTER 9
SECTION 1

介護福祉士制度の成立と介護の現状

このSECTIONのポイント

◆介護福祉士制度の成立までの過程 … 1987（昭和 62）年に国家資格としての介護福祉士が制度化されました

◆介護の現状 … 最新の「国民生活基礎調査」の結果をチェックしておきましょう

重要度B 介護福祉士制度の成立までの過程

1 「老人福祉法」の制定と施設介護

◆法律に基づく「介護」の始まり

法律の条文で、「介護」という言葉が本格的に用いられるようになったのは、1963（昭和38）年に制定された「老人福祉法」からです。

それまでの介護の担い手の中心は家族でしたが、統合的・体系的な高齢者保健福祉施策が求められるようになり、老人福祉施設が制度化されました。

ただし、当時の老人福祉施設は、「生活の場」ではなく「収容の場」と呼ぶべきもので、利用者１人ひとりの個性や生き方を尊重した施設とはいえませんでした。

ひとこと

ここで制度化された老人福祉施設には、特別養護老人ホーム（介護保険制度における**介護老人福祉施設**）などがあります。

2 介護職の国家資格「介護福祉士」の制度化

◆在宅介護の制度化

「老人福祉法」の制定により、**老人家庭奉仕員**の派遣事業（現在のホームヘルプサービスにあたるもの）も始まりました。施設介護と併せて**在宅**介護も制度化されたことで、公的サービスによる介護の下地が少しずつ整えられていきました。

◆「社会福祉士及び介護福祉士法」の制定

社会全体をみると、1970年代半ば以降、少子高齢化が進行し、サービスの質の向上と、高度な技術と知識をもつ専門職のニーズが高まっていきました。

こうした背景も踏まえて、**1987**（昭和**62**）年に日本学術会議社会福祉・社会保障研究連絡委員会が、当時の厚生大臣に対して、「社会福祉におけるケアワーカー（介護職員）の専門性と資格制度について」意見を提出しました。

そして同年、「**社会福祉士**及び**介護福祉士**法」が制定され、介護職の国家資格である「**介護福祉士**」が制度化されました。

3 「ゴールドプラン」の策定と「介護保険法」の制定

◆「ゴールドプラン」の策定

「社会福祉士及び介護福祉士法」の制定後、少子高齢化の進行を受け、1989（平成元）年12月の「**ゴールドプラン**※」以降、介護サービスの基盤を整えることを目的とした施策が、厚生労働省によって５年ごとに策定されていきました。

■ゴールドプランの変遷

1989（平成元）年 **ゴールドプラン** → 1994（平成６）年 **新ゴールドプラン** → 1999（平成11）年 **ゴールドプラン21**

一連のゴールドプランでは、訪問介護員（ホームヘルパー）の増員、通所介護・通所リハビリテーション実施施設の増加、特別養護老人ホームの増加などについて、具体的な**数値目標**が提示されました。

ゴールドプラン21は「**介護保険法**」の施行に向けて、サービスの基盤整備をめざしたものでもあります。

※ゴールドプランとは？

正式名称は、「高齢者保健福祉推進十か年戦略」。市町村における**在宅福祉**サービスの緊急整備などを主な目的として策定された。

ひとこと

ゴールドプランに先立って、1989（平成元）年３月に、福祉関係三審議会合同企画分科会の「今後の社会福祉のあり方について」において、**市町村**の役割重視、**在宅福祉**の充実などが提言されました。

◆介護保険制度のスタート

介護サービスの量的な整備が進むなかで、介護を必要とする高齢者を社会全体で支えていく＝「介護の**社会化**」のためのしくみづくりが進められていきました。

こうした社会的背景を踏まえて、「**介護保険法**」が1997（平成９）年に制定され、**2000**（平成12）年の施行とともに、**介護保険制度**がスタートしました。

例題

介護福祉士制度が創設された背景に、介護保険法が制定されて、新しい介護サービス提供の仕組みが創設されたことが挙げられる。

〔第27回-問17〕

「介護保険法」の制定は、「社会福祉士及び介護福祉士法」よりあとで、**1997（平成９）年**である。

重要度B　介護の現状

1　少子高齢化による世帯の変化

◆「高齢化」の進行状況

日本では、**高齢化率**（全人口に占める65歳以上の高齢者の割合）が一定の率に達していることで、次のように「高齢化」が進行しています。

■日本における「高齢化」の進行状況

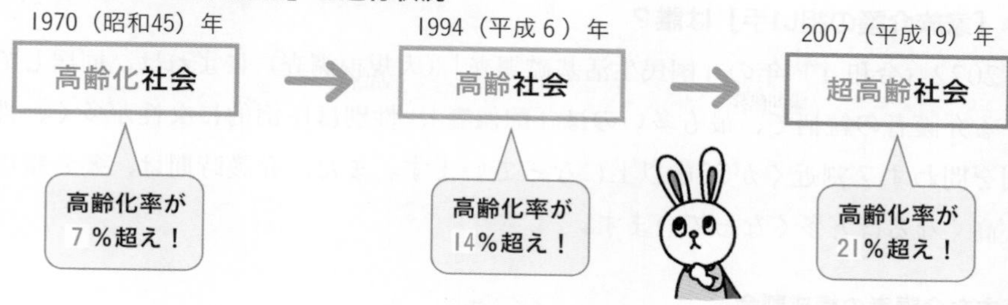

◆「高齢化」の影響

高齢化の進行と、女性の社会進出や、核家族化などにより、世帯構造も大きく変化してきています。65歳以上の者のいる世帯の状況について、1989（平成元）年と2022（令和4）年の数値を、世帯構造別に比較してみましょう。**三世代**世帯が大きく減少し、**単独**世帯・**夫婦**のみの世帯などが増加していることが分かります（厚生労働省「国民生活基礎調査※」より）。

このような、65歳以上の者のいる世帯数は、2022（令和4）年で全世帯の**50.6**％に達しています。

※国民生活基礎調査とは？

保健、医療、福祉、年金、所得など国民生活の基礎的事項に関する調査のこと。3年ごとに大規模調査（直近の大規模調査は2022〈令和4〉年）を行い、中間の各年には、世帯の基本的事項と所得状況について簡易調査を行う（2020〈令和2〉年調査は中止）。

■世帯構造別にみた、65歳以上の者のいる世帯の構造割合（単位は％）

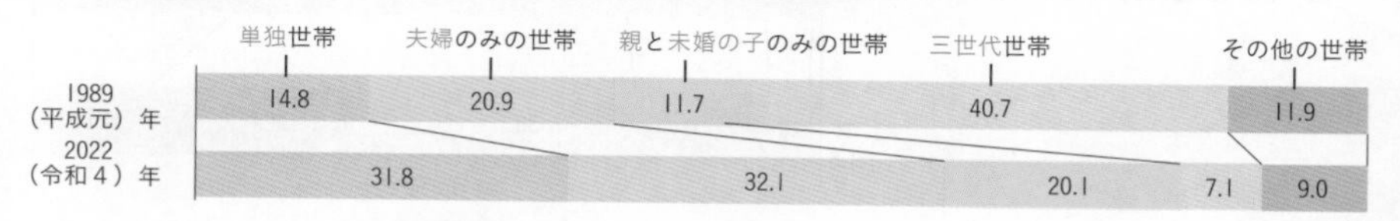

	単独世帯	夫婦のみの世帯	親と未婚の子のみの世帯	三世代世帯	その他の世帯
1989（平成元）年	14.8	20.9	11.7	40.7	11.9
2022（令和4）年	31.8	32.1	20.1	7.1	9.0

ひとこと

「**介護の社会化**」がめざされる背景には、高齢者世帯の増加による **老老介護**（高齢者が高齢者を介護すること）が社会問題になっていることもあります。

2 統計調査にみる介護の状況

◆「家族介護の担い手」は誰？

2022（令和４）年の「国民生活基礎調査」（大規模調査）によれば、同居している介護者の続柄で、最も多いのは「**配偶者**」、性別は圧倒的に**女**性が多く、性別を問わず７割近くが**60**歳以上になっています。また、介護時間は、**要介護度**が高くなるほど多くなっています。

■**主な介護者の構成割合**
（単位は％）

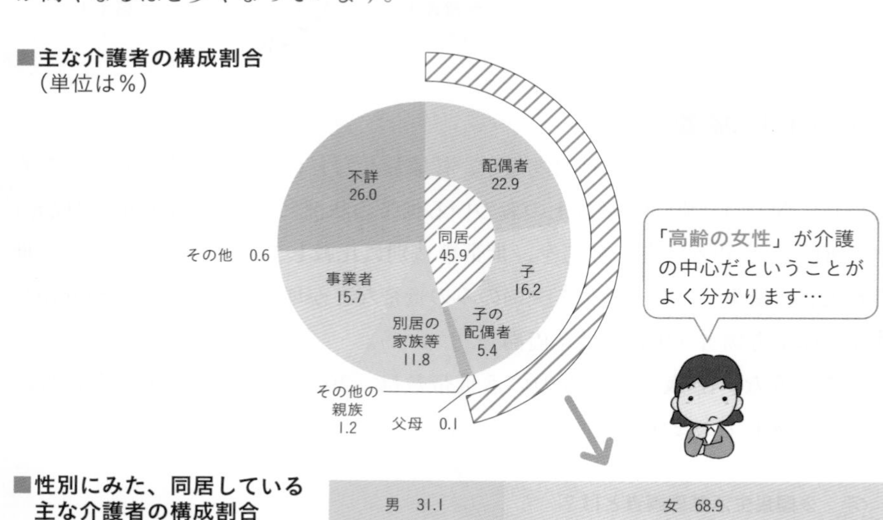

■**性別にみた、同居している主な介護者の構成割合**
（単位は％）

男	女
31.1	68.9

■**年齢階級別にみた、同居している主な介護者の構成割合**（単位は％）

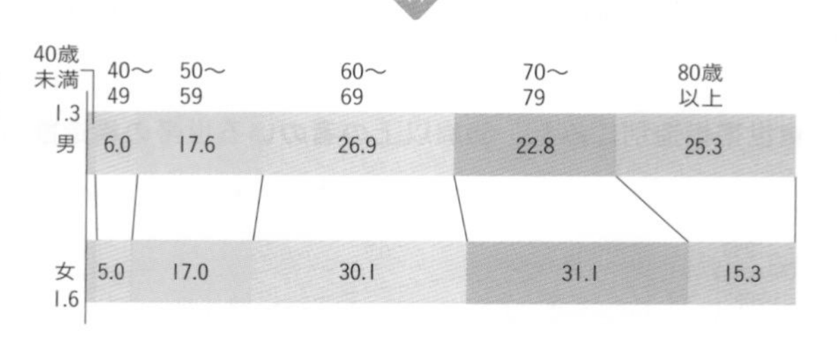

	40歳未満	40〜49	50〜59	60〜69	70〜79	80歳以上
男	1.3	6.0	17.6	26.9	22.8	25.3
女	1.6	5.0	17.0	30.1	31.1	15.3

ひとこと

「要介護者等」と「同居の主な介護者」について、年齢の組合せをみると、「60歳以上同士」の割合は77.1%、「65歳以上同士」は63.5%、「75歳以上同士」は35.7%となり、年次推移でみると、いずれも上昇傾向となっています。

◆要介護者等の性・年齢階級別構成割合

要介護者等の年齢を男女別にみると、男性は「85～89歳」(23.7%)、女性は「90歳以上」(30.9%)が最も多くなっています。

■男女別にみた要介護者等の年齢階級別構成割合（令和4年）

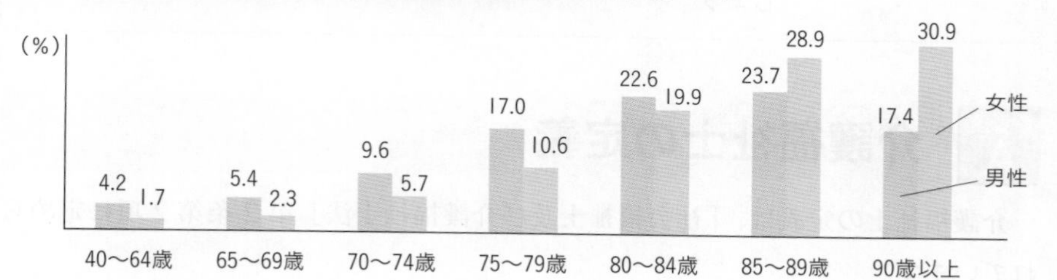

例題

Q 2022（令和4）年の「国民生活基礎調査」（厚生労働省）によると、主な介護者が同居の家族の場合、「子の配偶者」が主な介護を担う割合は、「配偶者」、「子」を上回っている。

〔第27回-問18・改〕

A ×　主な介護者が同居の家族の場合、主な介護者の割合は、「配偶者」が最も多く**22.9%**、次いで「子」が**16.2%**で、「子の配偶者」は**5.4%**である。

CHAPTER 9

SECTION 2

「社会福祉士及び介護福祉士法」と介護福祉士

このSECTIONのポイント

◆**介護福祉士の定義** … 介護福祉士の定義は必ず覚えましょう

◆**介護福祉士の義務** … 5つの義務を常に意識しましょう

◆**資格の分類と資格の登録** … 介護福祉士は名称独占の国家資格です

◆**欠格事由と罰則** … 違反と罰則の内容をあわせて覚えましょう

◆**介護福祉士の職能団体** … 日本介護福祉士会の目的をおさえましょう

重要度A 介護福祉士の定義

介護福祉士の定義は、「社会福祉士及び介護福祉士法」第2条第2項に定められています。

定義の内容については、介護・福祉ニーズの多様化・高度化に対応するために、**2007**（平成19）年と**2011**（平成23）年に法改正が行われています。

●ここがポイント

介護福祉士の定義

「介護福祉士」とは、第42条第1項の登録を受け、

介護福祉士 **の名称**	を用いて、	専門的知識 **及び** 技術	をもつて、

身体上又は精神上の障害があることにより日常生活を営むのに支障がある者 につき

✔CHECK! ❶

心身の状況に応じた介護（喀痰吸引（かくたんきゅういん）その他のその者が日常生活を営むのに必要な行為であつて、医師の指示の下に行われるもの（厚生労働省令で定めるものに限る。）を含む） を行い、

✔CHECK! ❷

並びに **その者及びその介護者** に対して **介護に関する指導を行うことを業とする者** をいう。

✔CHECK! 法改正による変更点

❶ 2007（平成19）年の法改正によって、「入浴、排せつ、食事その他の介護」から、「心身の状況に応じた介護」に変更された。

❷ 2011（平成23）年の法改正によって、喀痰吸引と経管栄養が介護福祉士の業務として認められた。

例題

Q 介護福祉士は、環境上の理由により日常生活を営むのに支障がある者に対して介護を行うことが規定されている。

〔第26回-問18〕

A

「環境上の理由」ではなく「**身体上又は精神上の障害があること**」である。

重要度 A

介護福祉士の義務

介護福祉士には、「社会福祉士及び介護福祉士法」において、介護の専門職として守るべき5つの義務が定められています。

●ここがポイント

介護福祉士の義務（条文の概要）

義務	条文の概要
誠実義務（第44条の2）	担当する者が個人の尊厳を保持し、自立した日常生活を営むことができるよう、常にその者の立場に立って、誠実に業務を行わなければならない ✔CHECK! ❶
信用失墜（しっつい）行為の禁止（第45条）	介護福祉士の信用を傷つけるような行為をしてはならない
秘密保持義務（第46条）	正当な理由なく、業務に関して知り得た人の秘密を漏らしてはならない。介護福祉士でなくなったあとにおいても、同様とする
連携（第47条第2項）	認知症等、担当する者の心身の状況等に応じて、福祉サービス等が総合的かつ適切に提供されるよう、福祉サービス関係者等との連携を保たなければならない ✔CHECK! ❷
資質向上の責務（第47条の2）	介護を取り巻く環境の変化による、業務の内容の変化に適応するため、知識および技能の向上に努めなければならない ✔CHECK! ❸

 法改正による変更点

❶❸ 2007（平成19）年の法改正によって、「誠実義務」と「資質向上の責務」が、新たに義務として規定された。

❷ 2007（平成19）年の法改正によって、「医師その他の医療関係者」から、「福祉サービス関係者等※」へ、対象が拡大された。

※福祉サービス関係者等とは？
福祉サービスを提供する者、および、医師その他の保健医療サービスを提供する者、その他の関係者のこと。

例題

Q 「社会福祉士及び介護福祉士法」では、介護福祉士の資質の向上を図るために、研修の受講を定めている。〔第25回-問18〕

A × 資質向上の責務はあるが、研修の受講については、特に定められていない。

重要度 B

資格の分類と資格の登録

介護福祉士は、国家資格のひとつです。国家資格には、業務の実施や名称の使用について規定があります。また、国家資格を取得して、実際にその名称を用いて働くためには、資格の申請や登録を行う必要があります。

1 国家資格としての介護福祉士の分類

国家資格には、次に挙げる**業務**独占資格と**名称**独占資格があります。

国家資格の２つの種類

□ 業務独占資格
その資格をもつ人だけが、その業務を行うことができる資格。

□ 名称独占資格
その資格をもつ人だけが、その名称を使用できる資格。

介護福祉士は名称独占資格であり、介護福祉士の資格をもたない人でも、その業務を行うことは可能ですが、資格をもたない人が介護福祉士を名乗ることは禁止されています。

2 介護福祉士資格の申請・登録

介護福祉士国家試験に合格した人、または、介護福祉士養成施設を修了した人は、厚生労働大臣の指定登録機関である公益財団法人社会福祉振興・試験センターに申請し、氏名・生年月日・登録番号などの登録を受ける必要があります。登録簿に登録され、登録証を交付されることで、介護福祉士という名称を使用することができるようになります。

例題

Q 介護福祉士は、業務独占の資格である。 〔第36回－問65〕

A × 介護福祉士は、名称独占の資格である。

重要度B 欠格事由と罰則

介護福祉士には、国家資格をもつ者として、高い倫理観をもって業務を行うことが求められます。特定の義務に対する違反など、倫理観にそぐわない行為をした場合、資格を登録できなくなったり、罰則を科されたりすることになります。

1 介護福祉士の欠格事由

欠格事由とは、どんな条件の人が資格の登録を受けることができないか＝介護福祉士になることができないかを定めたものです。

介護福祉士の主な欠格事由と、対象年数

- **心身の故障により介護福祉士の業務を適正に行うことができない者として厚生労働省令で定めるもの**
- 禁錮（きんこ）以上の刑に処せられ、その執行を終わり、または、執行を受けることがなくなった日から起算して**2年を経過しない者**
- 「社会福祉士及び介護福祉士法」などの規定であって政令で定めるものにより、罰金の刑に処せられ、その執行を終わり、または、執行を受けることがなくなった日から起算して**2年を経過しない者**
- 信用失墜行為の禁止、秘密保持義務に違反したことで、介護福祉士の登録を取り消され、その取消しの日から起算して**2年を経過しない者**

2 介護福祉士の罰則

罰則は、欠格事由とも関わるものです。その内容によって、登録の取消し、懲役（ちょうえき）、罰金などが科されます。

■介護福祉士の主な罰則

「信用失墜行為の禁止」に違反した場合	登録の取消し、または期間を定めた名称の使用停止
「秘密保持義務」に違反した場合	●登録の取消し、または期間を定めた名称の使用停止 ●1年以下の懲役、または30万円以下の罰金
介護福祉士という名称の使用停止期間中に、名称を使用した場合	30万円以下の罰金
介護福祉士ではない者が、介護福祉士という名称を使用した場合	30万円以下の罰金

例題

介護福祉士は、信用失墜行為をした場合、罰則により1年以下の懲役または30万円以下の罰金に処せられる。

〔第30回-問18〕

× 登録の取消し、または、期間を定めた名称の使用停止が科される。

重要度 C

介護福祉士の職能団体

日本医師会や日本看護協会をはじめ、医療・福祉の専門職には、それぞれの有資格者を会員とする職能団体が設けられています。

「社会福祉士及び介護福祉士法」で定められているものではありませんが、介護福祉士にも職能団体として、公益社団法人**日本介護福祉士会**（1994〈平成6〉年設立）があります。日本介護福祉士会は、次のような目的をもって、各種研修、広報活動、調査・研究事業などを行っています。

日本介護福祉士会の目的

介護福祉士の**職業倫理**の向上、介護に関する専門的教育及び研究を通して、その**専門性**を高め、介護福祉士の**資質**の向上と介護に関する知識、技術の普及を図り、国民の福祉の増進に寄与する。

ひとこと

多くの職能団体は、専門職が守るべき基準や規範を示した**倫理綱領**を定めています。**日本介護福祉士会倫理綱領**は、前文と7つの指針で構成されています（SECTION 3 参照）。

CHAPTER 9
SECTION 3

介護福祉士の倫理

このSECTIONのポイント

- ◆職業倫理 … 日本介護福祉士会倫理綱領に目を通しておきましょう
- ◆利用者の人権と介護 … 身体拘束禁止の例外や、虐待の実態等をおさえましょう
- ◆プライバシーの保護 … 個人情報に触れる介護福祉職には高い倫理観が求められます

重要度B 職業倫理

介護福祉士には、介護の専門職として、守るべき基準や規範があります。「社会福祉士及び介護福祉士法」では、専門職としての責務を果たすため、5つの義務が定められています。

→詳細はp.444参照

そして、介護福祉士の職能団体によって、日本介護福祉士会倫理綱領（1995〈平成7〉年宣言）が、職業倫理として定められています。

■日本介護福祉士会倫理綱領

項目	内容
前文	私たち介護福祉士は、介護福祉ニーズを有するすべての人々が、住み慣れた地域において安心して老いることができ、そして暮らし続けていくことのできる**社会の実現**を願っています。 そのため、私たち日本介護福祉士会は、一人ひとりの心豊かな暮らしを支える介護福祉の**専門職**として、ここに倫理綱領を定め、自らの**専門的知識・技術及び倫理的自覚**をもって最善の介護福祉サービスの提供に努めます。

1.利用者本位、自立支援	介護福祉士はすべての人々の基本的人権を擁護し、一人ひとりの住民が心豊かな暮らしと老後が送れるよう利用者**本位**の立場から自己決定を最大限尊重し、自立に向けた介護福祉サービスを提供していきます。
2.専門的サービスの提供	介護福祉士は、常に専門**的知識・技術**の研鑽に励むとともに、豊かな感性と的確な判断力を培い、深い洞察力をもって専門**的サービス**の提供に努めます。 また、介護福祉士は、介護福祉サービスの質的向上に努め、自己の実施した介護福祉サービスについては、常に専門職としての責任を負います。
3.プライバシーの保護	介護福祉士は、プライバシーを保護するため、職務上知り得た個人の情報を守ります。
4.総合的サービスの提供と積極的な連携、協力	介護福祉士は、利用者に最適なサービスを総合的に提供していくため、福祉、医療、保健その他関連する業務に従事する者と積極的な連携を図り、協力して行動します。
5.利用者ニーズの代弁	介護福祉士は、暮らしを支える視点から利用者の真のニーズを受けとめ、それを代弁していくことも重要な役割であると確認したうえで、考え、行動します。
6.地域福祉の推進	介護福祉士は、地域において生じる介護問題を解決していくために、専門職として常に積極的な態度で住民と接し、介護問題に対する深い理解が得られるよう努めるとともに、その介護**力**の強化に協力していきます。
7.後継者の育成	介護福祉士は、すべての人々が将来にわたり安心して質の高い介護を受ける権利を享受できるよう、介護福祉士に関する教育**水準**の向上と後継者の育成に力を注ぎます。

例題

介護福祉士の職業倫理として、全ての人々が質の高い介護を受けることができるように、後継者を育成する。〔第34回-問24〕

日本介護福祉士会倫理綱領において、すべての人々が将来にわたり安心して質の高い介護を受ける権利を享受できるよう、介護福祉士に関する教育水準の向上と後継者の育成に力を注ぐことが明記されている。

ひとこと

施設において入浴や排泄（はいせつ）などの介助を行うときは、利用者の自立を支援しながら、**羞恥心**に配慮し、プライバシーを守るための環境づくりを心がけることが大切です。

重要度B 利用者の人権と介護

利用者に介護を提供するうえで忘れてはいけないことは、人権に配慮することです。「介護のため」という理由で**身体拘束**（こうそく）をしたり、ましてや**虐待**（ぎゃくたい）に及んだりすることは許されません。CHAPTER 1・SECTION 1 で学んだ権利擁護（ようご）と人権尊重について復習をしながら、身体拘束の禁止と虐待の防止に取り組んでいきましょう。

1 身体拘束の禁止とその例外

介護保険制度において、身体拘束は、原則として禁止されています。厚生労働省「**身体拘束ゼロ**への手引き」（2001〈平成13〉年）では、身体拘束禁止の対象となる具体的な行為が、次のように挙げられています。

身体拘束禁止の対象となる行為

❶ 徘徊（はいかい）しないように、車いすやいす、ベッドに体幹や四肢（しし）を**ひも**などで縛る。
❷ 転落しないように、ベッドに体幹や四肢を**ひも**などで縛る。
❸ 自分で降りられないように、ベッドを**柵**（さく）（サイドレール）で囲む。
❹ 点滴・経管栄養などのチューブを抜かないように、四肢を**ひも**などで縛る。
❺ 点滴・経管栄養などのチューブを抜かないように、または皮膚をかきむしらないように、手指の機能を制限する**ミトン型**の手袋などをつける。
❻ 車いすやいすからずり落ちたり、立ち上がったりしないように、**Y字型抑制帯**や腰ベルト、車いすテーブルをつける。
❼ 立ち上がる能力のある人の**立ち上がり**を妨（さまた）げるようないすを使用する。
❽ 脱衣やおむつはずしを制限するために、**介護衣**（つなぎ服）を着せる。

❾ 他人への迷惑行為を防ぐために、ベッドなどに体幹や四肢をひもなどで縛る。
❿ 行動を落ち着かせるために、向精神薬を過剰に服用させる。
⓫ 自分の意思で開けることのできない居室などに隔離する。

ただし、利用者本人または他の利用者などの、生命または身体を保護するため「緊急やむを得ない場合」には、次の３要件をすべて満たし、各要件の確認などの手続きが極めて慎重に実施されているときに限り、身体拘束が認められます。

●ここがポイント

身体拘束禁止の例外となる３要件

✔CHECK!

切迫性	利用者本人または他の利用者などの、生命または身体が危険にさらされる可能性が著しく高いこと
非代替性	身体拘束その他の行動制限を行う以外に、代替する介護方法がないこと
一時性	身体拘束その他の行動制限が一時的なものであること

✔CHECK! 3要件とともに留意すべき点

◆担当スタッフ個人ではなく、施設全体で判断できるようなルール・手続きを定めておく

◆事前に利用者や家族に説明し、理解を得たうえで、実際に行うときにも必ず個別に説明をする

◆「緊急やむを得ない場合」に該当するかどうかを、常に観察・再検討する。該当しなくなった場合には、直ちに身体拘束を解除する

◆緊急やむを得ず身体拘束を行う場合、その内容や時間、理由、利用者の心身の状況などを必ず記録する

「身体拘束ゼロへの手引き」(2001年(平成13年)厚生労働省)の身体拘束の内容に関する記述として、切迫性と非代替性と永続性の3つの要件を満たせば、身体拘束は認められる。

〔第29回-問25〕

× 3つの要件として挙げられているのは、切迫性、非代替性、一時性である。

ひとこと

身体拘束の適正化を図るために、介護保険制度では、居住系サービスと介護保険施設に、身体拘束等の適正化のための指針の整備や委員会の定期的な開催などが義務づけられています。

2 高齢者虐待と障害者虐待の実態

◆虐待者の範囲

虐待について規定している法律には、「高齢者虐待の防止、高齢者の養護者に対する支援等に関する法律」(**高齢者虐待防止法**)と、「障害者虐待の防止、障害者の養護者に対する支援等に関する法律」(**障害者虐待防止法**)などがあります。

それぞれの法律において、誰による虐待を「高齢者虐待」「障害者虐待」とするか、虐待者の範囲が定められています。

虐待者の範囲

□ **虐待者の範囲(高齢者虐待)**
- 養護者
- 養介護施設従事者等

□ **虐待者の範囲(障害者虐待)**
- 養護者
- 障害者福祉施設従事者等
- 使用者(事業主など)

◆**虐待の種類**

高齢者虐待・障害者虐待ともに、虐待の種類には、次の5つがあります。

●ここがポイント

虐待の種類

身体的**虐待**	身体に対する暴行を加えること
ネグレクト	食事を十分に与えないなど、介護や養護を放棄すること
心理的**虐待**	心理的外傷を与える言動を行うこと
性的**虐待**	わいせつな行為をしたり、させたりすること
経済的**虐待**	財産を不当に処分したりすること

✔CHECK!

✔CHECK! 「障害者虐待防止法」の身体的虐待

「障害者虐待防止法」の身体的虐待には、「正当な理由なく障害者の身体を 拘束 すること」が含まれている。

ひとこと

高齢者の 意欲 や 自立心 を低下させる行為などは、心理的虐待に、また、本人の希望する金銭の使用を理由なく 制限 することなどは、経済的虐待に該当します。

◆高齢者虐待と障害者虐待の傾向

高齢者虐待と障害者虐待の実態について、最新調査※から、その傾向を把握しておきましょう。

■高齢者虐待と障害者虐待の傾向

項目	高齢者虐待	障害者虐待
養護者と被虐待者の続柄 虐待を行った従事者等の職種	養護者では息子（39.0％）、夫（22.7％）、娘（19.3％）の順に多い。養介護施設従事者等では、介護職が81.3％を占め、圧倒的に多い	養護者では父（25.3％）、母（23.1％）、夫（16.3％）の順に多い。障害者福祉施設従事者等では、生活支援員が44.4％を占め、最も多い
虐待の種別	養護者・養介護施設従事者等のどちらも、身体的虐待が最も多い	養護者・障害者福祉施設従事者等のどちらも、身体的虐待が最も多い。障害種別は、どちらも知的障害が最も多い
虐待を受けた人の性別	養護者が75.8％・養介護施設従事者等が71.7％と、女性が圧倒的に多い	養護者は女性が66.2％、障害者福祉施設従事者等は男性が63.6％となっている
虐待を受けた人の年齢	養護者では80～84歳、養介護施設従事者等では85～89歳が最も多く、後期高齢者が圧倒的に多い	養護者では50～59歳が最も多く、障害者福祉施設従事者等では40～49歳が最も多い
養護者と被虐待者の同居・別居状況	「養護者（虐待者）とのみ同居」が52.8％で最も多い	「養護者（虐待者）と同居」が85.3％で最も多い

◆虐待防止のために留意すべきこと

虐待を防止するためには、早期発見・早期対応のできる、地域のネットワークづくりが重要です。

また、訪問介護などのサービスで利用者の自宅を訪れたときには、利用者や家族の言動、家のなかの様子などから、虐待の徴候を示すサインがないか、注意を払うことも大切です。

※高齢者虐待と障害者虐待の最新調査とは？

厚生労働省による「令和４年度「高齢者虐待の防止、高齢者の養護者に対する支援等に関する法律」に基づく対応状況等に関する調査」と、「令和４年度都道府県・市区町村における障害者虐待事例への対応状況等（調査結果）」を指す。

例題

令和４年度の「高齢者虐待調査結果」によれば、養護者（虐待者）の続柄は、「夫」が最も多い。　〔第29回−問18・改〕

養護者（虐待者）による虐待のうち、最も多い続柄は**息子**で、全体の39.0％を占めている。

重要度C　プライバシーの保護

倫理綱領にも挙げられているように、介護福祉士には、利用者のプライバシーを保護し、個人情報を守ることが求められます。

「個人情報の保護に関する法律」（**個人情報保護法**）において、個人情報とは、生存する個人に関する情報であって、その情報に含まれる内容により、**特定の個人**を識別できるもの、とされています →詳細はp.156参照。こうした個人情報を取り扱う事業者には、個人情報の**利用目的**による制限や、**第三者提供**の制限などがあります。

ひとこと

個人情報取扱事業者には、本人から個人情報の開示請求があった場合、原則として応じる必要があります。ただし**本人や第三者の生命、身体、財産などの権利利益を害するおそれがある場合**などに、開示しないことも認められています。

CHAPTER 9
SECTION 4

自立に向けた介護

このSECTIONのポイント

- ◆自立支援と個別ケア … エンパワメント・アプローチと個別ケアの視点をおさえましょう
- ◆ICF（国際生活機能分類）の考え方 … ＩＣＦの構成要素を理解しましょう
- ◆介護予防 … 介護予防の目的と介護予防システムについておさえましょう
- ◆リハビリテーションの考え方 … リハビリテーションの分類と内容を覚えましょう

重要度B 自立支援と個別ケア

1 自立支援とエンパワメント・アプローチ

介護の基本となるのは、利用者の**自己選択**・**自己決定**を尊重することです。

利用者のなかには、加齢による身体的・精神的機能の低下などによって、自己決定のための**意思表示**をすることが難しい人もいます。

表には出ていない利用者の意欲や本来もっている力を引き出し、主体性をもって**自己選択**・**自己決定**をしていくことができるように、介護福祉職は**自立支援**をしていきます。

こうした方法や過程を**エンパワメント**・アプローチといいます。

2 個別ケア

すべての利用者が、それぞれ異なる人生を歩んできて、その人だけの**価値観**をもっています。そのため、求める介護も、求められる介護のあり方も、一人ひとり異なります。

こうした**個別性**や**多様性**を踏まえたうえで、介護福祉職は、利用者個々のニーズをつかみ、その利用者に適した介護＝**個別ケア**を提供していく必要があります。個別ケアには、対象者の心身状況に応じた個別的な**介護技術**と、その人の生活史を踏まえた個別的な**生活支援**が含まれます。

ひとこと

自立とは、「**自分でやれることを、自分でやる**」こと。利用者の自立を支援するためには、まず、どんなことが可能で、どんなことをするのが難しいのかを、把握しておくことが大切です。

例題

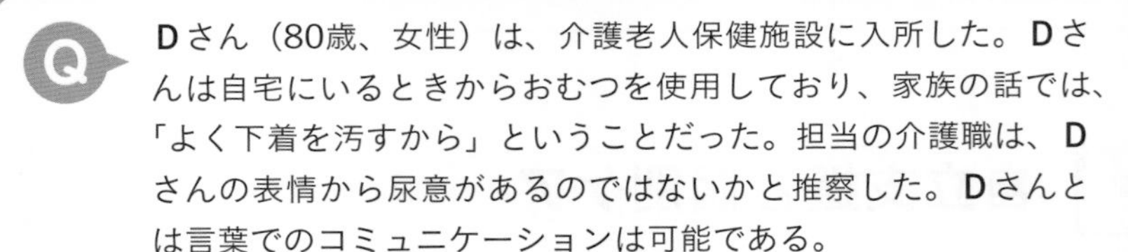

Q **D**さん（80歳、女性）は、介護老人保健施設に入所した。**D**さんは自宅にいるときからおむつを使用しており、家族の話では、「よく下着を汚すから」ということだった。担当の介護職は、**D**さんの表情から尿意があるのではないかと推察した。**D**さんとは言葉でのコミュニケーションは可能である。
Dさんの排泄（はいせつ）の自立に向けた入所当日の最初のかかわりとして、尿意の有無を聞いた。〔第25回-問20〕

A ○ おむつを使用せずに、排泄の自立を支援していくために、まずは**尿意の有無**を確かめることが重要である。

重要度A ICF（国際生活機能分類）の考え方

1 ICIDHからICFへの改訂

WHO（世界保健機関）では、障害に関する国際的な分類法として、1980年に**ICIDH**（国際障害分類）を発表しました。その名称のとおり、ICIDHは、「**障害**」という**マイナス面**を中心とする分類でした。

2001年、WHOは、ICIDHの改訂版として**ICF**（国際生活機能分類）を発表しました。ICFの特徴は、障害だけでなく、「生活機能」というプラスの面を重視した分類法へと変わったことです。

2 ICFの構成と相互作用

ICFでは、3つの生活機能の間の相互作用、さらには、健康状態と2つの背景因子との相互作用から、利用者の状態を分類していきます。

これらの要素を図式化すると、次のようになります。生活機能の各要素の下にあるのは、その機能が制約や制限を受けたときの状態を表したものです。

■ICF（国際生活機能分類）の構成

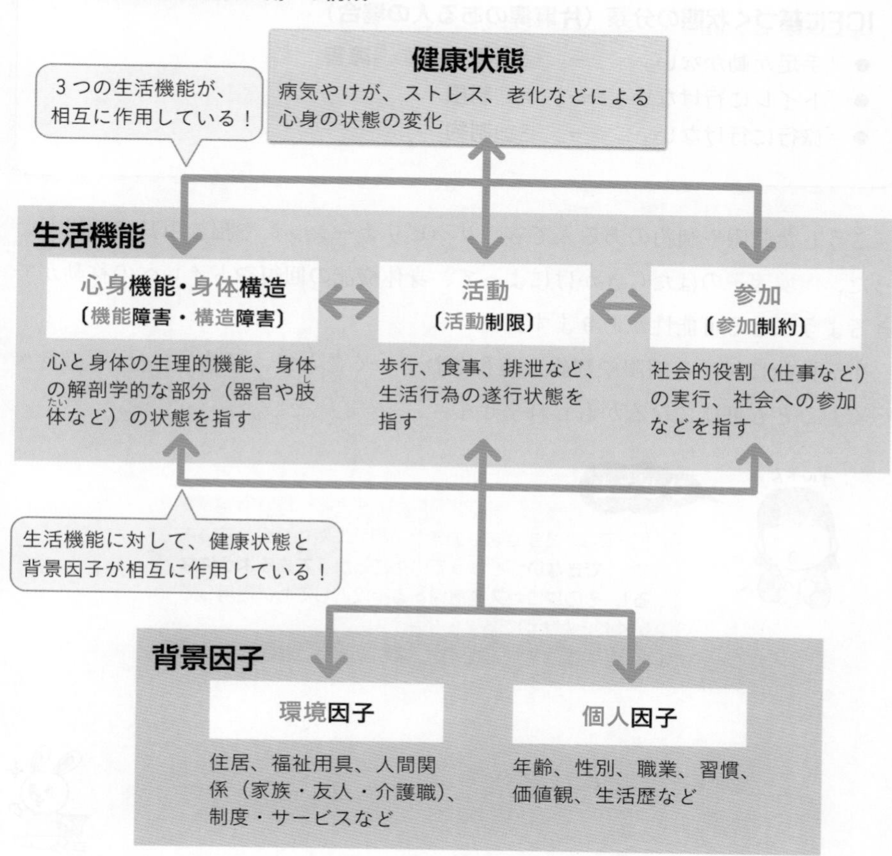

ひとこと

ICFは、障害を個人の問題としてとらえる**医学モデル**と、社会や環境によって生み出される問題としてとらえる**社会モデル**を統合して、解決法を考えていくものとされています。

前ページの図に基づき、例えば片麻痺（からだの左右どちらかだけの麻痺）のある人の状態について分類をすると、次のようになります。

ICFに基づく状態の分類（片麻痺のある人の場合）

- 「手足が動かない」　→　**機能障害・構造障害**
- 「トイレに行けない」　→　**活動制限**
- 「旅行に行けない」　→　**参加制約**

こうした制限や制約のある人でも、リハビリテーションや福祉用具の活用といった、環境因子のはたらきかけによって、身体機能の回復やトイレへの移動ができるようになる可能性があります。

生活機能に対する制限や制約が緩和されていくことで、最終的には、「旅行へ行く」ことも可能になるかもしれません。

ひとこと

ICFでは、さまざまな要素が、相互に関わり合っています。「**できない**」と思っていたことが「**できるようになる**」、そのプロセスを把握する手段としても、活用していくことが大切です。

介護職の意識や行動が利用者に影響を及ぼすことは、ICF（国際生活機能分類）の「活動と参加」に分類される。

〔第26回-問21〕

× 利用者に影響を及ぼす、介護職の意識や行動などの「人的環境」は、環境因子に分類される。

重要度 B

介護予防

1 介護予防の始まりと目的

2005（平成17）年の「介護保険法」改正によって介護予防という概念が登場し、高齢者の生活機能の維持・向上、廃用症候群（生活不活発病）→詳細はp.220参照による機能低下の予防など、介護予防をめざした施策（予防給付）が創設されました。

■介護予防の概要

介護予防導入の背景	●介護サービスを受ける要介護者の増加と介護保険費用の増加 ●「要支援」「要介護Ⅰ」という軽度の要介護者の増加 ●軽度の要介護者に対するサービスが状態の改善に結びついていないこと
介護予防の目的	●要介護状態の軽減・悪化の防止 ●高齢者が生きがいをもって、地域で自立した生活ができること
介護予防の対象者	●要支援者 ●要支援・要介護状態となるおそれのある高齢者

2 介護予防システム

◆介護予防・日常生活支援総合事業

2011（平成23）年の「介護保険法」改正により、地域支援事業

→詳細はp.120参照の枠組みの中で介護予防・日常生活支援総合事業が創設されました。その後、発展的に見直しが行われ、2015（平成27）年に新しい介護予防・日常生活支援総合事業→詳細はp.121参照が導入されています。

この事業は、要支援者と要支援・要介護状態となるおそれのある高齢者を対象にして、市町村の主体性を重視し、ボランティア、NPO、民間企業などの多様な地域のマンパワーや社会資源の活用などを図りながら、「**予防サービス**」「**生活支援サービス**」「**ケアマネジメント**」のすべてにおいて総合的に実施する事業です。

◆介護予防ケアプラン

介護予防ケアプランでは、要支援者の「**介護予防サービス**計画」や要支援・要介護状態となるおそれのある高齢者の「**介護予防支援**計画」が作成されます。これらの計画を総称して「**介護予防サービス・支援**計画」（介護予防ケアプラン）といいます。介護予防ケアプランには、利用者のセルフケア（自ら取り組むことやできること）、家族の支援やインフォーマルサービスなどを盛り込み、目標志向型で作成します。

なお、「介護予防ケアプラン」の作成は、**地域包括支援センター**において行われることになっています。

重要度A リハビリテーションの考え方

1 リハビリテーションの目的

リハビリテーション：Rehabilitationという言葉を語源からみると、「再び(re)」「適した、ふさわしい（habilis)」「すること（ation)」からなり、「**再び適した状態にすること**」を意味します。

つまり、リハビリテーションの目的は、身体的自立だけでなく精神的・社会的な観点からも、最適な能力を発揮できるような状態にすることといえます。めざされているのは、人間らしく生きる権利・名誉・尊厳の回復＝**全人間的復権**です。

2 介護実践におけるリハビリテーション

介護実践におけるリハビリテーションは、時間や場所を限定することなく、日常生活のなかで行われていきます。

生活の視点を重視し、食事や入浴、排泄など、日々の生活行為にリハビリテーションの要素を取り入れて行います。利用者の残された能力を生かし、または引き出していくことで、「できること」を増やし、自立を支援していきます。

3 リハビリテーションの分類

リハビリテーションは、「医学」「教育」「職業」「社会」の４領域に分類されます。

●ここがポイント

リハビリテーションの分類

医学的リハビリテーション	疾病からの回復、障害に対する生活機能の向上をめざす。病院や介護保険施設などで実施される
教育的リハビリテーション	障害児の自立や、社会への適応能力を高めるための支援を行う。特別支援学校などで実施される
職業的リハビリテーション	障害のある人に対する、職業指導・訓練・紹介などを行う。障害者職業センター、障害者支援施設などで実施される
社会的リハビリテーション	障害者や高齢者の社会生活能力を向上させるための支援を行う。バリアフリーなどによる、社会のしくみの整備を含む

✔CHECK!

✔CHECK! 医学的リハビリテーションの3段階

医学的リハビリテーションは、「急性期」「回復期」「維持期（生活期）」の３段階に分けられる。

急性期リハビリテーション

発症後、できる限り早期から実施。障害の評価も行う

回復期リハビリテーション

症状が安定期に入ってから実施。在宅復帰が目標

維持期（生活期）リハビリテーション

主に在宅で実施され、自立した生活の持続をめざす

例題

介護保険施設では、主に教育的リハビリテーションが行われる。
〔第24回-問23〕

介護保険施設で主に行われるのは、医学的リハビリテーションである。

4 リハビリテーションの専門職

主なリハビリテーションの専門職は、国家資格としてそれぞれの法律に規定されています。

■主なリハビリテーションの専門職

言語聴覚士（ST）
発声や聴覚、嚥下（えんげ）機能の障害に対する、検査や訓練などを行う

視能訓練士（ORT）
視機能の検査や、回復のための矯正訓練などを行う

理学療法士（PT）
運動療法や電気刺激などの物理的手段（物理療法）により、**基本的動作能力**の回復をめざす

作業療法士（OT）
手芸・工作などの作業（ADL〈日常生活動作〉訓練も含む）を通じて、**応用的動作能力**や、**社会的適応能力**の回復をめざす

義肢装具士（PO）
義手や義足、装具の採型・製作、からだへ適合させるための調整を行う

ひとこと

上記の5つの国家資格は、いずれも**名称独占資格**となっています。資格について規定した法律では、「**医師の指示のもとに**」業務を行うものとされています。

CHAPTER 9

SECTION 5

介護を必要とする人の理解

このSECTIONのポイント

- ◆**人間の多様性・複雑性の理解** … 利用者のその人らしさを理解して介護を提供することが重要です
- ◆**高齢者の生活** … 各調査結果をみておきましょう
- ◆**障害者の生活** … 障害者の生活実態と生活を支える制度等を確認しておきましょう

重要度B　人間の多様性・複雑性の理解

人は、それぞれ異なる人生を歩み、今に至っています。生きてきた時代、家族構成、仕事の内容などによって、生活習慣、価値観も違ってきます。また、長い人生のなかで積み重ねてきた、さまざまな経験が複雑に絡み合うことで、「**その人らしさ**」が形づくられています。

一人ひとりの利用者が、こうした**多様**性・**複雑**性をもつ存在であることを理解したうえで、介護を提供していくことが大切です。

なお、利用者の理解に活用できるツールには、**エコマップ**（利用者とその家族を取り巻く社会資源や人間関係を図式化したもの）や、**ジェノグラム**（利用者に関わる三世代程度までの家族関係を図式化したもの）などがあります。

例題

介護を必要とする人の個別性・多様性を意識した対応として、家族構成をもとに、人格的な特徴を判断した。〔第27回-問22〕

家族構成は「**その人らしさ**」を形成する要素のひとつだが、それだけで人格を判断するのは適切ではない。

重要度 B

高齢者の生活

日本では、少子高齢化が進行しています。65歳以上の者のいる世帯をみても、三世代世帯の割合が大きく減少し、単独世帯や夫婦のみの世帯などの割合が増加しています。

→詳細はp.439参照

高齢者だけで構成される世帯の増加は、高齢者の生活に対しても、少なからず影響を与えています。

1 高齢者の経済生活

2022（令和４）年の「国民生活基礎調査」によると、高齢者世帯の所得の割合で最も多いのは、公的年金・恩給で62.8％となっています。これに次ぐのが稼働所得（仕事を通じて得られる収入）で25.2％です。

年金などが収入の多くを占める一方で、働くことを通じて収入を得る必要がある高齢者も、一定数いることが分かります。

■高齢者世帯の1世帯あたり平均所得金額の構成割合

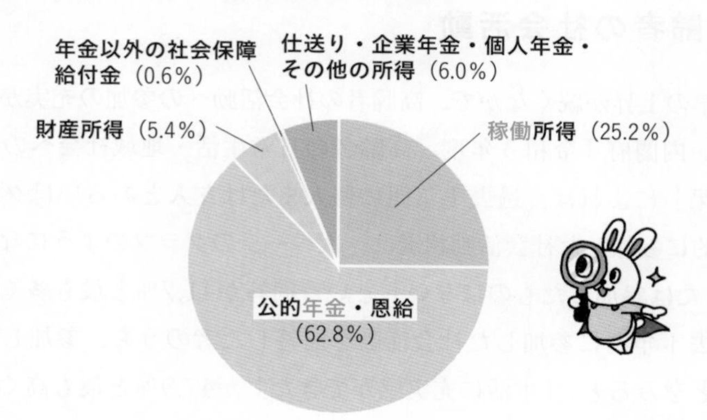

高齢者の経済的な暮らし向きについては、内閣府「令和３年度　高齢者の日常生活・地域社会への参加に関する調査結果」からみてとることができます。

■高齢者の経済的な暮らし向き

(%)

家計にゆとりがあり、全く心配なく暮らしている	家計にあまりゆとりはないが、それほど心配なく暮らしている	家計にゆとりがなく多少心配である	家計が苦しく非常に心配である	不明・無回答
12.4	55.3	24.5	7.4	0.3

心配なく暮らしている
計 67.7%

心配である
計 31.9%

■ 1か月の収入額（夫婦合計）

(%)

5万円未満	5万円～10万円未満	10万円～20万円未満	20万円～30万円未満	30万円～40万円未満	40万円～60万円未満	60万円以上	収入はない	不明
2.1	7.6	30.7	31.0	12.1	8.0	4.1	1.9	2.7

2 高齢者の社会活動

高齢化率の上昇が続くなかで、高齢者の社会活動への参加の充実が重要視されています。内閣府「令和３年度　高齢者の日常生活・地域社会への参加に関する調査結果」によれば、過去１年間に個人または友人とあるいはグループや団体で自主的に参加した社会活動状況は、次ページのグラフのようになっています。

「活動または参加したものはない」という回答が41.7%と最も多くなっていますが、過去１年間に参加した社会活動を回答した者のうち、参加して良かったと思うことをみると、「生活に充実感ができた」が47.9%と最も高く、次いで、「新しい友人を得ることができた」(36.5%)、「健康や体力に自信がついた」(33.1%）となっており、「特にない」という回答者は、5.7%という結果となっています。

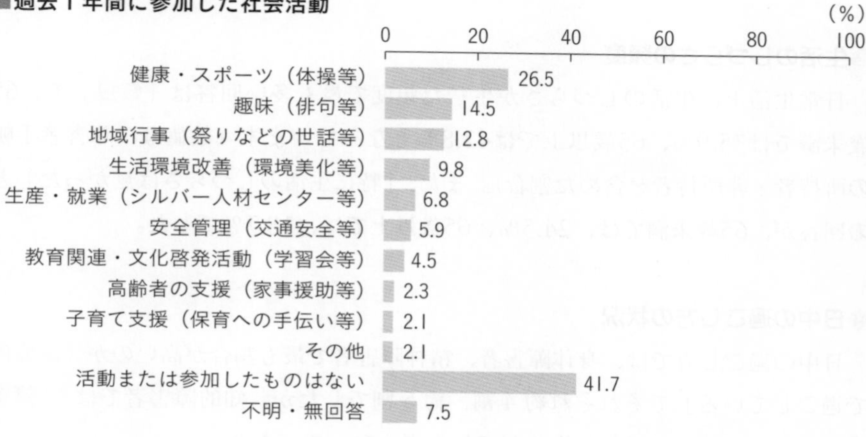

重要度 B

障害者の生活

1 障害者の生活実態

◆障害者手帳所持者

厚生労働省「平成28年　生活のしづらさなどに関する調査（全国在宅障害児・者等実態調査）」（以下、この項目は同調査結果に基づく）では、障害者手帳所持者が559.4万人、障害者手帳非所持者で、自立支援給付等を受けている者が33.8万人となっています。その内訳は、下記の通りで、いずれも前回調査（平成23年調査）から増加しています。

■在宅の障害者手帳所持者等の推計値

	障害者手帳所持者	障害者手帳の種類（複数回答）			障害者手帳非所持かつ自立支援給付等を受けている者
		身体障害者手帳	療育手帳	精神障害者保健福祉手帳	
平成23年	479.2万人	386.3万人	62.2万人	56.8万人	32.0万人
平成28年	559.4万人	428.7万人	96.2万人	84.1万人	33.8万人

◆生活のしづらさの頻度

日常生活上、生活のしづらさが生じた頻度で最も多い回答は「毎日」で、65歳未満では35.9%、65歳以上では42.8%となっています（数値は、障害者手帳の所持者・非所持者を含めた割合）。また、「特に生活のしづらさは無かった」との回答が、65歳未満では、24.5%、65歳以上では、18.7%でした。

◆日中の過ごし方の状況

日中の過ごし方では、身体障害者、精神障害者で最も割合が高いのが「家庭内で過ごしている」でそれぞれ約４割、約５割でしたが、知的障害者では、「障害者通所サービスを利用」が約４割で最も高くなっています。

◆福祉サービスの利用状況

障害者総合支援法による福祉サービスを利用している65歳未満の人は、身体障害者と精神障害者では約３割、知的障害者では約５割となっています。利用したいが利用できないと答えた人は、どの種類の障害者も１割未満、利用していないと答えた人は、身体障害者と精神障害者では５割を超えており、知的障害者では約４割となっています。

◆今後の暮らしの希望

どのように暮らしたいかについては、「今までと同じように暮らしたい」とする割合が身体・知的・精神障害者とも最も高く、６～８割です。また、精神障害者では、「一人暮らしをしたい」「今は一緒に住んでいない家族と暮らしたい」と回答した人の割合が比較的高めとなっています。

2 障害のある人の生活を支える基盤

不慮の事故などによって長期間、療養する必要が出た場合など、障害のある人の生活を支えるために、さまざまな制度が設けられています。その代表的なものが年金制度や各種手当で、次のようなものがあります。

■障害のある人を対象とした年金制度・各種手当

制度の名称	制度の概要
障害基礎年金	受給要件 障害の原因となった傷病の初診日に、国民年金の被保険者であることなど **ポイント** ●障害等級（1・2級）により、支給額が異なる ●20歳未満で障害のある人は、20歳の時点で障害の等級に該当すれば、支給を受けられる（ただし、所得制限あり） ●18歳未満の子どもの人数に応じて加算がある ●生活保護の収入認定に含まれ、生活保護費から障害基礎年金の支給額が差し引かれる形になる（一方で、障害の程度に応じて障害者加算がある）
障害厚生年金	受給要件 障害の原因となった傷病の初診日に、厚生年金の被保険者であることなど **ポイント** ●障害等級は1～3級に分類される ●初診日から5年以内に治り（症状が固定し）、一定の障害がある場合であって、治った日から5年以内に請求することで、障害手当金が支給される
特別障害給付金	対象 国民年金が任意加入だった時期に障害者となり、障害基礎年金などを受給していない人
特別児童扶養手当	対象 障害児※の父母または養育者
障害児福祉手当	対象 常時の介護を必要とする在宅の重度障害児
特別障害者手当	対象 政令で定める程度の著しく重度の障害のため、常時の介護を必要とする在宅の20歳以上の人

※20歳未満であって、障害等級1級および2級に該当する程度の障害の状態にある者

協働する多職種の役割と機能

◆**多職種連携（チームアプローチ）**… 各専門職の役割を把握しましょう

◆**地域連携** … 地域で活動する職種・機関の機能を把握して、連携の意義を理解しましょう

重要度B　多職種連携（チームアプローチ）

1　多職種連携の意義

介護サービスは、介護福祉職だけでなく、福祉や保健医療の専門職が一体となって、**チーム**として提供していくものです。専門職は、役割分担を明確にし、それぞれの**専門性**を活用した支援を行い、また、専門職ならではの視点をもち、利用者のケアの方向性に関する情報を**共有**して、課題の解決に取り組みます。

こうした多職種連携（チームアプローチ）においては、特定の専門職がリーダーシップをとるということはなく、自由に**意見**を出すことのできる環境づくりが、大切です。

ただし、介護の基本となるのは、**利用者**のニーズを満たすことです。そのための**目的**や**目標**は、チームにおいて統一されている必要があります。介護の中心はあくまでも**利用者**であることを、常に忘れないようにしましょう。

ひとこと

チームアプローチでは、利用者を中心としたケアチームが形成されます。

例題

介護の現場におけるチームアプローチにおいて、チームメンバーが得た情報は、メンバー間であっても秘密にする。

〔第35回-問72〕

チームのメンバーは、利用者に関する情報を適宜交換し、目的や目標を共有しながら連携・協働していく。

2 福祉や保健医療の専門職

多職種連携における専門職は、福祉の分野と保健医療の分野に大きく分けられます。保健医療の分野には、リハビリテーションの専門職も含まれます。

●ここがポイント

福祉の専門職

社会福祉士	名称独占の国家資格。 福祉に関する相談に応じ、助言・指導や、**福祉サービス関係者等**との連絡・調整を行う
精神保健福祉士	名称独占の国家資格。 精神障害者の**社会復帰**に関する相談または精神障害者及び精神保健に関する課題を抱える者の精神保健に関する相談に応じ、助言・指導や、日常生活へ適応するために必要な訓練・援助を行う
介護福祉士	名称独占の国家資格。 身体・精神の障害があることで、日常生活に支障がある人に**心身の状況**に応じた介護を行い、その人（本人）と介護者に対し介護に関する指導を行う

介護支援専門員	介護保険法に規定された公的資格。 要介護者等の相談や心身の状況に応じたサービスを受けられるように ケアプラン の作成や市町村・サービス事業者・施設等との連絡・調整を行う

保健医療の専門職

✔CHECK!

医師・歯科医師	共に業務独占の国家資格。 医師 は医療と保健指導、歯科医師 は歯科医療と保健指導に携わる
看護師・保健師	看護師 は、業務独占の国家資格（名称独占でもある）。療養上の世話や診療補助を行う 保健師 は、名称独占の国家資格で看護師の資格をもつことが前提。主に保健指導に携わり、子育て相談も担う
薬剤師	業務独占の国家資格。 調剤、医薬品の供給など、薬事衛生 に携わる
管理栄養士	名称独占の国家資格。都道府県知事の免許である 栄養士 資格をもつことが前提。 身体状況や栄養状態に応じた、高度の専門的知識・技術を必要とする栄養指導などに携わる

✔CHECK! リハビリテーションの専門職

代表的な専門職としては、理学療法士、作業療法士、言語聴覚士、視能訓練士、義肢装具士などが挙げられる。いずれも名称独占の国家資格。

→詳細はp.465参照

例題

介護保険施設における利用者の療養上の世話又は診療の補助は、社会福祉士が行う。〔第35回-問71〕

× 利用者の療養上の世話や診療の補助は、**看護師**が行う。

3 その他の関連職種

◆訪問介護員（ホームヘルパー）

訪問介護員（ホームヘルパー）は、訪問介護事業所に配置され、訪問介護（ホームヘルプサービス）を提供します。主な役割は次のとおりです。なお、訪問介護員として、訪問介護に従事できる者は、❶**介護福祉士**、❷**実務者研修**または**初任者研修**の課程を修了し、証明書の交付を受けた者です（生活援助を行う訪問介護員等は、「生活援助従事者研修課程」の修了者でも可能）。

訪問介護員の主な役割

- 要介護者・要支援者などに、入浴・食事・排泄などの介護その他の日常生活上の世話を行う
- 一定の研修を受け、事業所が都道府県知事の登録を受けた場合には、医師の指示の下に、喀痰吸引（口腔内、鼻腔内、気管カニューレ内部）と経管栄養（胃ろうまたは腸ろう、経鼻経管栄養）を行うことができる

→喀痰吸引はCH８参照

◆サービス提供責任者

ケアマネジメントにおいて、ケアプランの作成を主に担うのは、介護支援専門員（ケアマネジャー）です。このケアプランに基づき、具体的なサービス内容をまとめた訪問介護計画書などを作成するのが、**サービス提供責任者**です。

サービス提供責任者は、訪問介護事業所に配置されます。利用者の状態やサー

ビスに対する意向の定期的な確認、訪問介護員の技術指導などに携わります。

介護支援専門員や訪問介護員の連携の間に立つ存在として、苦情への対応や、地域のネットワークづくりなどに関わることが期待されています。

ひとこと

通称「サ責」とよばれるサービス提供責任者の任用要件は、介護福祉士、実務者研修修了者、旧介護職員基礎研修課程修了者、旧ヘルパー１級取得者です。

例題

訪問介護事業所のサービス提供責任者は、具体的な援助目標及び援助内容を記載した訪問介護計画書を作成する。

〔第32回-問23〕

サービス提供責任者は、ケアプランに基づいて、訪問介護計画書を作成する。

重要度A 地域連携

1 地域連携の意義

利用者が住み慣れた場所で、安心してくらしていくためには、地域全体で見守りや連絡体制を整えておくことが大切です。地域連携のネットワークは、公的な機関や専門職などによるフォーマルなサービスと、地域住民やボランティアなどによるインフォーマルなサポートが組み合わさって、形成されます。

2 民生委員

民生委員は、都道府県知事の推薦によって、厚生労働大臣が委嘱（いしょく）する、民間の相談員と呼べる存在です。任期は３年で、給与は支給されません。各市町村の区域ごとに、担当区域が決められます。

地域住民の立場から生活に関する相談に応じ、福祉サービス利用のための情報提供や援助などを行います。民生委員は児童委員を兼任し、子育てに関する相談・支援などにも携わります。

例題

Q 民生委員の任期は10年である。〔第25回-問30〕

A × 民生委員の任期は、3年である。

3 福祉事務所

福祉事務所は、「社会福祉法」において福祉に関する事務所として規定され、都道府県と市に設置が義務づけられています（町村は任意）。

福祉事務所の業務

□ 都道府県福祉事務所の業務

「生活保護法」「児童福祉法」「母子及び父子並びに寡婦福祉法」の定める援護・育成の措置に関する事務を行う。

□ 市町村福祉事務所の業務

左に挙げた三法に、「身体障害者福祉法」「知的障害者福祉法」「老人福祉法」を加えた**福祉六法**の定める援護・育成・更生の措置に関する事務を行う。

CHAPTER 9

SECTION 7

介護における安全の確保とリスクマネジメント

このSECTIONのポイント

- ◆介護におけるリスクマネジメント … 事故防止にはリスクマネジメントが欠かせません
- ◆事故防止と安全対策：セーフティマネジメント … 安全対策をおさえておきましょう
- ◆感染対策 … 感染経路別の感染対策を理解しましょう
- ◆服薬管理 … 高齢者が服薬する際の留意点と対応をおさえましょう

重要度B　介護におけるリスクマネジメント

リスクマネジメント（危機管理）のねらいは、事故の**防止**と、仮に事故が起きても、その被害を**最小限**に抑えることにあります。

リスクマネジメントを図るためには、普段から利用者をよく**観察**し、リスクの**予測**を立て、**正確な技術**をもって介護に臨む必要があります。

●ここがポイント

介護におけるリスクマネジメント

体制や環境を整備する	◆危機管理意識を高めるため、普段から施設内に**リスクマネジメント**委員会を設ける ◆職員に対して安全に関する**研修**を定期的に行う ◆事故を予防するために、手すりの設置や段差の解消など、**バリアフリー**の環境を整える

利用者の生活を、不必要に制限しない	◆施設での生活によりストレスを感じて、事故をまねくことも考えられる ◆介護福祉職の都合により、利用者の生活を制限することがないように心がける
インシデントレポートを作成する	◆事故につながるおそれのあった出来事をインシデントや**ヒヤリ・ハット**（「ヒヤリ」としたことや、「ハッ」としたこと）という ◆事例を分析して、インシデント**レポート**や、**ヒヤリ・ハット報告書**としてまとめる。レポートや報告書は施設の職員間で共有して、以後の予防対策に活用する

ひとこと

ハインリッヒは、重大事故が発生した際には、その前に29の軽微な事故があり、その前には300のヒヤリ・ハットが潜んでいるという、ハインリッヒの法則（1：29：300の法則）を提唱しました。

リスクマネジメントの有無にかかわらず、実際に施設内で事故が起こった場合は、次のような点を念頭に置いて行動するようにします。

事故発生時の取り組み

□ 事故への対応

- 利用者の状態を確認し、安全を確保する。
- 職員１人で対応せず、周囲の職員に助けを求める。
- 事故発生について、速やかに、市町村や利用者の家族へ連絡する。

□ 事故の記録と共有

- 原因や経過、関わった職員と対応などについて、事故報告書にまとめ市町村に提出する。
- 事故報告書は利用者の家族への報告書類としても活用する。
- 事故報告書は、職員**間で共有**し、閲覧できるようにする。

例えば、歩行が不安定なパーキンソン病の利用者に対しては、歩行を始めるときに**リズム**をとれるよう声かけを行うと、比較的スムーズに歩き出せ、姿勢を維持することができるようになります。

重要度B　事故防止と安全対策：セーフティマネジメント

利用者の安全を確保するためには、想定される事故に対して、具体的な対策を立てておくことが大切です。これらの対策は、リスクマネジメントに対して、**セーフティマネジメント**（安全管理）と呼ばれます。

1　家庭内事故の防止

内閣府「平成30年版高齢社会白書」によると、65歳以上の者の家庭内事故の発生割合が最も高い場所（屋内）は、**居室**です。

■65歳以上の者の家庭内事故（屋内）発生場所（不明・無回答を除く。単位は％）

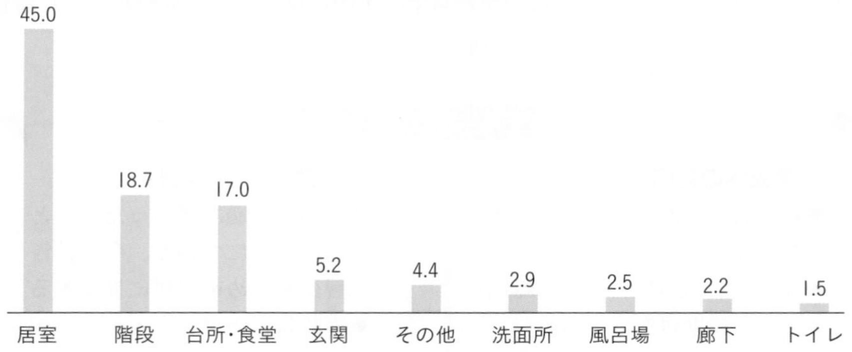

高齢者は、筋力の低下などにより、ちょっとした段差でもつまずきやすくなっています。歩行の不安定な利用者については、注意を払い、住宅改修による手す

りの設置や滑りにくい床材の使用といった、居住環境の整備を検討します。

→詳細はp.527参照

2 利用者の異変への対応

利用者が不調を訴えたり、介護福祉職が観察を通じて利用者の異変を感じたりした場合は、医師や看護師などの医療職に連絡を取るようにします。また、利用者が転倒・転落したり、痛みを訴えたりしている際にも、利用者の状況や状態の把握に努め、適切に医療職へつなげることが求められます。

3 防火・防災対策その他

介護サービスを提供する施設には、「非常災害に関する具体的計画」を定めることが義務づけられています。また、定期的に避難訓練や救出訓練を実施するものとされています。高齢者は、下肢の筋力の低下により、火災が発生したときなどに、速やかに動くことができないことも考えられます。普段から近隣の住民と交流し、災害時の連携体制を整えておくことも求められます。

例題

「平成30年版高齢社会白書」（内閣府）で示された65歳以上の者の家庭内事故の発生割合が最も高い場所（屋内）は、風呂場である。

〔第32回-問21〕

65歳以上の者の家庭内事故の発生割合が最も高い場所（屋内）は、居室である。

重要度A 感染対策

高齢者は、免疫機能の低下により、感染症にかかりやすくなっています（健康な人であれば発症しないようなウイルスによって、感染症が引き起こされることを、日和見感染といいます)。

重症化するおそれもあるので、施設では感染対策を万全に整えておきます。

1 感染予防の原則と感染経路

感染予防には、次のような３つの原則があります。

感染予防の３原則

❶ 感染源を排除する
❷ 感染経路を遮断※する
❸ 宿主(しゅくしゅ)(感染症の原因となる微生物が寄生した人)の抵抗力を高める

※感染経路の遮断とは?
感染経路を遮断するためには、感染源を「持ち込まないこと」「持ち出さないこと」「拡げないこと」が重要とされている。

感染対策においては、すべての利用者の血液、体液(汗を除く)、排泄(はいせつ)物などを感染源として扱う＝スタンダードプリコーション(標準予防策)という考え方があります。感染症ごとに異なる感染源や感染経路を理解して、予防に努める必要があります。

→詳細はp.414参照

●ここがポイント

感染経路と主な感染症

飛沫(ひまつ)感染	●感染の流れ	感染者の咳(せき)やくしゃみによる、飛沫粒子を吸い込むことで感染する
	●主な感染症	インフルエンザ、風疹(ふうしん)

感染経路	感染の流れ	主な感染症
空気感染	咳やくしゃみによる飛沫粒子が、空気中を漂い、それを吸い込むことで感染する	結核、麻疹、水痘
接触感染	病原体が付着した皮膚・物品・器具などに触れることで感染する	MRSA、疥癬
経口感染	病原体に汚染された、食品や水を口にすることで感染する	ノロウイルス、腸管出血性大腸菌
血液感染	輸血や傷口などを通じて、汚染された血液などが体内に入ることで感染する	HIV、B型肝炎

例題

ノロウイルスによる感染症の感染経路は、主に接触感染である。
〔第26回−問31〕

ノロウイルスによる感染症の感染経路は、主に**経口感染**である。

2 感染予防の実際

施設の利用者が感染症にかかったことを想定して、介護福祉職自身が日頃から、感染予防と感染拡大の防止に努める必要があります。

予防の基本として、手洗い、消毒、健康管理などに注意を払うようにします。

■感染予防の注意点

分類	注意点
手洗い	●介護行為を１つ行うごと、その前後に手洗いをする ●手洗いは、流水と石鹸（石鹸は、細菌の繁殖しやすい固形**石鹸**よりも、プッシュ式の容器に入れて使用できる液体**石鹸**を選ぶのが望ましい）による、もみ洗いとする（指先、指の間、親指、手首を洗い忘れないようにすることが基本） ●手洗い後は、乾燥**したタオル**や、ペーパー**タオル**を使用して手を拭く（タオルの共有は避ける）
消毒	●手指の消毒には、速乾性擦式**アルコール製剤**を使う（逆性**石鹸**を使う場合は、混在すると殺菌効果が薄れるので、普通石鹸で汚れを落として、流水ですすいでから使用する）
健康管理	●うがいを習慣化させる ●感染症の疑いのある利用者がいる場合は、マスクやエプロン、ディスポーザブル（**使い捨て**）**手袋**を利用して介護する ●発熱など、介護福祉職自身が感染症にかかった疑いがある場合は、休みを取るなど治療に努める

ひとこと

介護保険施設では、感染症や食中毒の予防およびまん延の防止のための対策を検討する委員会をおおむね３月に１回以上開催することとされています。

例題

介護における感染症対策として、手洗いは、液体石鹸よりも固形石鹸を使用する。　〔第36回－問72〕

石鹸は、細菌の繁殖しやすい固形石鹸よりも、プッシュ式の容器に入れて使用できる液体石鹸を選ぶのが望ましい。

3 さまざまな感染症とその特徴

感染経路でも取り上げたように、感染症にはさまざまな種類があります。その特徴をとらえたうえで、適切な予防法をとっていくことが大切です。主な感染症は、次のとおりです。

■主な感染症の特徴と予防法

疾患名	特徴	予防法
インフルエンザ	冬場に集団感染しやすい 主症状 高熱、咳（せき）、のどの痛み、頭痛など	インフルエンザワクチンの予防接種
結核	結核菌を感染源とし、近年、一定数の患者がみられる 主症状 咳、痰（たん）、発熱、血痰（けったん）など	BCGワクチンの予防接種。換気、マスクの着用
MRSA（メチシリン耐性黄色ブドウ球菌）	免疫機能の低下した子どもや高齢者が発症しやすい 主症状 感染部位によって異なり、発熱、咳、痰、下痢（げり）など	手洗いや手指の消毒の徹底、ガウン・手袋の着用。入浴の順番は最後にし、入浴介助では使い捨ての予防着を使用する。食器類の洗浄や衣類の洗濯は普段どおり行う
疥癬（かいせん）	衣服や寝具を通じた、ヒゼンダニの寄生により発症 主症状 激しい皮膚のかゆみ。 ノルウェー疥癬（角化型疥癬）は感染力が高く、重症化しやすい	ガウン・手袋の着用。 感染者は個室管理とし、衣類や寝具は、他の利用者とは別にして毎日洗濯し、乾燥機にかける。入浴の順番は最後にする
白癬（はくせん）	皮膚の角質層がカビの一種である真菌に感染することで発症。一般的に水虫と呼ばれる 主症状 頭部・手・足のかゆみなど	例えば足の場合は、菌の繁殖を防ぐため、入浴・運動後に足を乾燥させる。タオルや足拭きマットの共有は避ける

ノロウイルス	冬場にカキなどの食中毒により、感染性胃腸炎を引き起こす。集団感染しやすい 主症状 嘔吐（おうと）、下痢、腹痛など	食材を十分に加熱する。 感染者の排泄物・嘔吐物は、塩素系消毒剤である0.1％の次亜塩素酸ナトリウム溶液などで消毒する（下洗いしたリネン類、食器類は85℃以上で1分間以上の熱水消毒も可）
腸管出血性大腸菌	代表的なものはO（オー）-157。汚染された食品のほか、感染者の排泄物から菌が指に付着し、口に触れることなどにより感染する 主症状 腹痛、下痢、血便など	食材を十分に加熱する。 排泄物で汚れたおむつは感染源として厳重に処理する。おむつ交換の際には使い捨て**手袋**の使用を忘れない

高齢者介護施設で、MRSA（メチシリン耐性黄色ブドウ球菌）の保菌者が確認されたときの対応として、保菌者は最初に入浴する。〔第32回-問26〕

MRSAは、接触感染の代表的な感染症であるため、保菌者の入浴は最後にするなど、接触感染の予防に努めることが重要である。

服薬管理

1 薬の代謝

身体機能の低下、複数の疾患があるなど、高齢になると服薬が欠かせなくなることが多くなります。しかし、高齢者は、薬の代謝が低下し、薬の効果や副作用が強く出る場合があるため、注意が必要です。

●ここがポイント

薬の代謝のしくみと注意点

飲み込み

嚥下機能が低下している場合など、うまく飲み込みができない、食道の途中に薬がとどまり **食道潰瘍** を生じるなどということがある

吸収
胃や腸で吸収、血管に入る

血流量や消化吸収機能の **低下** で、薬物の吸収が低下する

分布
血流により全身に運ばれる

- ◆全身の水分量が低下するため、水溶性薬物は薬物の血中濃度が **上昇** しやすい
- ◆体脂肪量が増加するため、脂溶性薬物は **蓄積** しやすい

代謝
おもに肝臓により解毒される

肝機能の低下により、代謝が低下し、薬物の血中濃度が **上昇** する

排せつ
おもに腎臓により尿として排出される

腎機能の低下により、薬物が体内に蓄積され、作用が **増強** することがある

2 服薬時の留意点

薬の処方は、医師が行います。介護福祉職は、利用者が医師の指示のとおりに、用法・用量を守って正しく薬を服用しているかを、確かめるように心がけます。また、介護福祉職の判断で変更を加えるようなことがあってはいけません。

高齢者の服薬については、次の点に留意します。

■高齢者の服薬の留意点と対応

留意点	対応
飲み込み	上半身を起こした姿勢で、多めの白湯で飲む（食道潰瘍の防止） ● 飲み込みが難しいカプセルや錠剤などの場合、勝手につぶしたりせず、剤形の変更等を医師や薬剤師に相談する
飲み忘れ	慢性疾患などで一度に飲む薬の種類や回数が増えると、**飲み忘れ**や**二重服薬**が増える傾向がある ● 1回分ずつ小分けして、まとめておくとわかりやすい（処方時に1回分をまとめて一包にしてくれる病院などもある） ● **服薬カレンダー**（小袋がついており、1回分ずつ薬を収納できるカレンダー）などを利用すると、介護者も気づきやすくなる ● 飲み忘れた場合どうすればよいかも医師や薬剤師に確認しておく
誤服用	認知機能の低下や視覚の衰えなどで、薬を誤って服用することも考えられる ● 飲み忘れ防止と同様に一包化しておくとよい ● 一包化は薬の包装シートの誤飲防止にも効果的である

例題

カプセル剤が飲みにくい場合は、中身を出して内服するよう勧める。〔第24回-問27〕

カプセル剤が飲みにくい場合は、剤形の変更等を医師や薬剤師に相談する。

介護従事者の安全

このSECTIONのポイント	
	◆介護従事者を守る法制度 … 各法律の概要などをおさえておきましょう ◆心の健康管理 … バーンアウトを防ぐためにはストレスマネジメントが重要です ◆身体の健康管理 … 腰痛予防はしっかり行いましょう

重要度B 介護従事者を守る法制度

介護福祉職を含めた労働者の安全と、労働環境を整えるための法律が制定されています。そのなかには、介護労働者のみを対象とした法律もあります。ここでは、主要な4つの法律について取り上げます。

1 労働基準法

「労働基準法」は、労働条件の**最低基準**を示した法律です。例えば、1日の労働時間は**8**時間、1週間の労働時間は**40**時間と定められています。出産予定の女性について、請求があれば産前**6**週間の休暇を、請求がなくても原則として産後**8**週間の産休を与えることが、使用者に義務づけられています。

また、労働者が業務によってけがをしたり、病気にかかったりした場合には、**使用者**が必要とされる療養の費用を負担するものと規定しています。

2 労働安全衛生法

「労働安全衛生法」は、労働者の**安全**・**健康**と、快適な**職場環境**づくりを目的とした法律です。

同法では、常時50人以上の労働者が働く事業場に衛生管理者や産業医の配置、衛生委員会を設置することなどを義務づけています。

また、労働者には、事業者などが実施する労働災害の防止に関する措置へ協力する努力義務が課せられています。

3 介護労働者法

「介護労働者の雇用管理の改善等に関する法律」(介護労働者法)は、介護労働者の雇用管理の改善、能力の開発・向上、福祉の増進などを目的とした法律です。

同法では、事業主による雇用管理の改善計画の作成と、それに対する都道府県知事の認定などについて定めています。

4 育児・介護休業法

「育児休業、介護休業等育児又は家族介護を行う労働者の福祉に関する法律」(育児・介護休業法)は、出生時育児休業(産後パパ育休)、育児休業、子の看護休暇、介護休業、介護休暇などについて定めた法律です。

■「育児・介護休業法」の定める主な休業・休暇

分類	制度の概要
出生時育児休業	男性労働者が事業主に申請することで、子の出生から8週間を経過する日の翌日までに、4週間まで取得できる(2回まで分割して取得可能)
育児休業	原則として、1歳未満の子がいる場合に、**1歳の誕生日に達するまでの間**に、取得することができる(出生時育児休業を除く。2回まで分割して取得可能)。保育園に入れないなど一定の要件を満たす場合は1歳6か月まで延長可(再延長は2歳まで)
子の看護休暇	小学校就学前**の子**がいる場合に、病気やけがをした子の看護、予防接種や健康診断を目的として、**年5日**(子が2人以上いる場合は10日)**まで**取得することができる(時間単位で取得可能)
介護休業	要介護**状態**[*1]にある対象家族[*2]1人につき、通算で**93日まで**取得することができる(3**回まで**分割して取得可能)

介護休暇	要介護状態にある対象家族1人につき、**年5日**（対象家族が2人以上いる場合は10日）**まで**取得することができる（**時間**単位で取得可能）。対象家族の介護のほか、**通院**の付き添いなども含まれる

＊1　負傷、疾病、身体上または精神上の障害により、2週間以上の期間にわたり常時介護を必要とする状態
＊2　労働者の配偶者、父母、子、祖父母、兄弟姉妹、孫、配偶者の父母

このほか、事業主は、**3**歳未満の子がいる従業員が希望すれば利用できる、**短時間勤務制度**を設けなければならないことや、同じく**3**歳未満の子がいる従業員が申し出た場合には、所定労働時間を超えて労働させてはならないことなどが規定されています。

例題

子が病気等をしたときは、3歳まで年に10日間の看護休暇を取得できる。
〔第30回-問25〕

子が病気等をしたときは、**小学校就学前**まで年に**5**日間の看護休暇を取得できる。

重要度B　心の健康管理

介護は利用者やその家族と直(じか)に接する仕事であり、日々、さまざまな面で**ストレス**を感じることが少なくありません。

よりよい介護を提供するためには、**介護福祉職自身**が健康である必要があります。心の健康管理は、そのためにも必要なものです。

1　燃え尽き症候群（バーンアウト）

燃え尽き症候群は、仕事に対して**熱意**をもって臨んでいる人に、多くみられます。突然の疲労感、無力感に襲われ、何事に対しても無気力・無感動な状態になるのが特徴で、福祉や学校現場に代表されるような感情労働の現場で生じやすい

といわれています。個人と組織の両面でストレス管理に取り組むことが予防策となります。

また、バーンアウトの概念や測定を研究し、開発された**バーンアウト尺度**（MBI）というものがあります。バーンアウト尺度は3つの項目から構成されており、それぞれその度合いにより重症度を判定します。

■バーンアウト尺度

情緒的消耗感	心が疲れきってやる気がなくなっていく**感覚**の度合い
脱人格化	他人のことを思いやった言動ができない度合い
個人的達成感の低下	仕事などの**意識**や**やりがい**の低下の度合い

例題

燃え尽き症候群（バーンアウト）の特徴として、無気力感、疲労感や無感動がみられる。〔第31回-問26〕

燃え尽き症候群は、仕事に対して**熱意**をもって臨んでいる人に、多くみられる。福祉や学校現場に代表されるような**感情**労働の現場で生じやすいといわれている。

2 ストレスマネジメントと職場としての対応

介護福祉職は日頃から、ストレスをためこまないよう、自分なりのリフレッシュ方法や息抜きの仕方を見つける**ストレスマネジメント**を心がけておくようにします。

ストレスマネジメントのひとつに**コーピング**（対処法）があります。コーピングとは、ストレスが強く存在する場合に、適切な対処でストレス反応を減らそうとする認知的および行動的な努力をいい、**問題**焦点型コーピングと**情動**焦点型コーピングの2つに分類されます。

ストレスコーピング

□ **問題焦点型コーピング**
ストレスの原因への**直接的**な働きかけを行う。
→解決策を考える

□ **情動焦点型コーピング**
ストレスの原因によって引き起こされた**情動**に働きかけを行う。
→気分転換を行う

また、**職場**においても、ストレスや燃えつき症候群などへの対策を、**メンタルヘルスケア**として組織全体で整えておくことが大切です。厚生労働省では、2006（平成18）年に「労働者の心の健康の保持増進のための指針」を策定し（2015〈平成27〉年に改正）、**事業者**に職場でのメンタルヘルスケアの整備を求めています。

メンタルヘルスケアの具体的な進め方

- メンタルヘルスケアを推進するための教育研修・情報提供
  - → 管理監督者を含むすべての労働者に対して、それぞれの職務に応じた**教育研修・情報提供**を実施する
- 職場環境などの把握と改善
  - → **ストレスチェック制度**※を活用し、メンタルヘルス不調の未然防止を図る観点から職場環境などの改善に積極的に取り組む
- メンタルヘルス不調への気づきと対応
  - → メンタルヘルス不調に陥る労働者が発生した場合には、その**早期発見**と適切な対応を図る
- 職場復帰における支援
  - → **衛生委員会**などで調査審議し、**産業医**などの助言を受けながら、**職場復帰支援プログラム**を策定するとともに、その実施に関する体制整備やプログラムの組織的かつ継続的な実施により、労働者に対する支援を実施する

※ストレスチェック制度とは？
労働安全衛生法で定める「労働者に対して行う心理的な負担の程度を把握するための検査及びその結果に基づく面接指導の実施等を事業者に義務づける制度」のこと。常時50人以上の使用者を抱える事業場で、毎年１回実施することが義務づけられている。

例題

ストレスチェックは、労働者数30人以上の事業者に義務づけられている。〔第30回−問26〕

ストレスチェックは、労働者数50人以上の事業者に義務づけられている。

重要度 B

身体の健康管理

介護福祉職は、自分の身体を用いて介護を行うため、身体の健康管理も欠かせません。そのなかでも重要なのが、移動・移乗に関わる腰痛予防です。腰痛予防で心がけておきたい点は、次のとおりです。

腰痛予防対策

❶正しい姿勢を心がけ、長時間、中腰の姿勢をとることは避ける。からだをひねらず、利用者に対して、肩と腰は平行に保つ
❷ボディメカニクス（人体にかかる力の、筋肉や関節へのはたらきを分析し、介護に応用する技術）→詳細はp.531参照を活用する
❸腰痛予防体操を取り入れる。筋肉を伸ばした状態に維持する静的ストレッチングが効果的

ひとこと

腰痛予防には、**福祉用具**の活用も効果的です。移動や移乗に関わる用具には、**スライディングボード**や、**移動用リフト**などがあります。

CHAPTER

10

コミュニケーション技術

CHAPTER 10
SECTION 1

介護を必要とする人と家族とのコミュニケーション

このSECTIONのポイント

◆**利用者・家族との関係づくり** … ラポール形成のための自己開示の判断基準と方法をおさえましょう

◆**利用者・家族とのコミュニケーションの実際** … 傾聴の姿勢や質問技法、バイステックの7原則などをおさえましょう

利用者・家族との関係づくり

1 利用者との関係づくり

CHAPTER 2「人間関係とコミュニケーション」で取り上げたように、コミュニケーションは、**情報伝達**そのものであり、**人間関係**を形成するうえで欠かせないものです。

自己覚知と他者理解、対人距離や位置関係、言語的コミュニケーションと非言語的コミュニケーションの違いとそれぞれの重要性、受容・共感・傾聴という姿勢や態度について、もう一度、振り返ってみましょう。

利用者のペースに合わせながらコミュニケーションを重ねていくことで、相互理解が深まり、信頼関係＝**ラポール**の形成につながっていきます。

また、利用者とのコミュニケーションにおいて、時に関係が不調となることがあります。感情の転移（**転移**と**逆転移**）が生じた場合は、特に注意が必要です。感情の転移などが生じた場合は、その感情について利用者と話し合い、気づきを促すことが必要となります。また、自己覚知を深めるためにはスーパービジョン→詳細はp.30参照を受けることが効果的です。

■感情の転移

転移	利用者がかつて抱いていたさまざまな感情を、**援助者**に向ける（投影する）こと 例 母親に対する敵意を、母親と同年代の女性援助者に向ける → 転移を援助関係の進展に活用することは可能
逆転移	援助者がかつて抱いていたさまざまな感情を、**利用者**に向けること 例 亡くなった祖母と似ている利用者に、無意識に頻繁に関わる → 逆転移は避けるべきもの

ひとこと

援助者が自らの好みで利用者を序列化したり、偏った気持ちで見たりすることを**選好感情**といいます。

例題

利用者に対する嫌悪の感情を抑え、過剰に優しく利用者に接するのは、利用者とのコミュニケーションにおいて逆転移が起きている事例に該当する。 〔第31回−問27〕

逆転移は、援助者が抱いていた無意識な**感情**や**葛藤**を、利用者に対して向けるようになることをいう。記述は、適応機制の**反動形成**（p.368参照）の例である。

2 家族との関係づくり

◆「個別性」を踏まえた関係づくり

介護福祉職と、利用者の家族との関係づくりにおいても、受容・共感・傾聴の姿勢など、基本となる部分は同じです。

それぞれの利用者が、異なる価値観をもっているように、家族にもまた個性や生き方があります。そして、家族一人ひとりの考え方やニーズにも違いがあります。こうした**個別性**を理解したうえで、**家族の背景**を踏まえた対応をすることが大切です。

◆家族の見せる姿の「違い」

家族が利用者に対して見せる姿と、介護福祉職に対して見せる姿が、すべて同じであるとは限りません。**利用者**の前では表に出すことができない感情を、**介護福祉職**に対しては表現する場合もあります。

こうしたときにも、家族の言葉や行動を非難したりするのではなく、温かく受け入れ、接するように心がけていきます。

介護職と利用者の家族との関係づくりにおいて、家族の個性や生き方に関係なく、同じ対応をすることが大事である。

〔第25回-問33〕

家族にも、それぞれの個性や生き方があるので、家族の**個別性**や背景を踏まえて、柔軟に対応していくことが大事である。

重要度B 利用者・家族とのコミュニケーションの実際

1 話を聞く技法

相手の話に、関心をもって耳を傾けていることが伝わるようにする技法として、イーガンの示す**SOLER**（ソーラー）という考え方があります。これは、話を聞くときの姿勢を示した5つの英単語の頭文字をとったものです。

■イーガンのSOLER

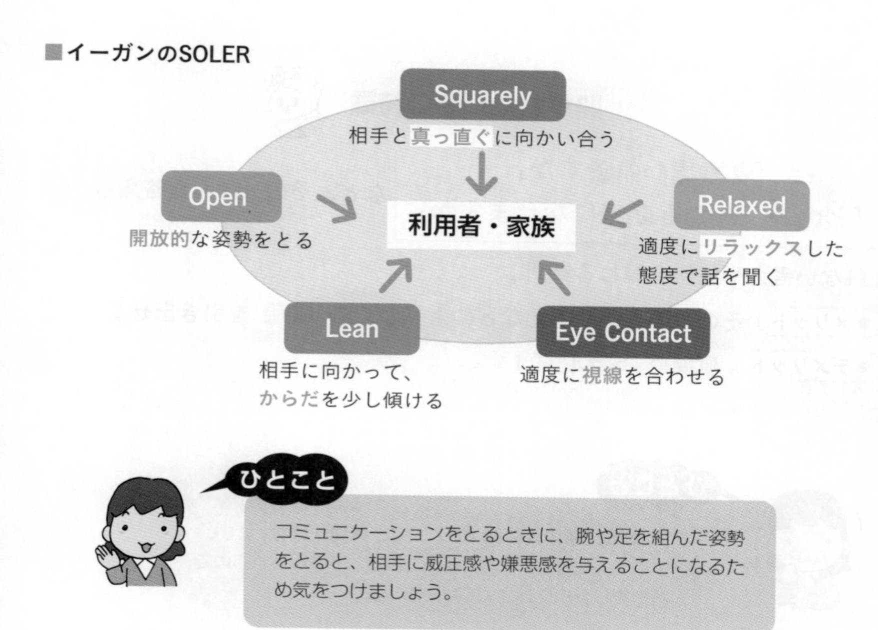

ひとこと

コミュニケーションをとるときに、腕や足を組んだ姿勢をとると、相手に威圧感や嫌悪感を与えることになるため気をつけましょう。

2 質問の技法

質問の仕方によっても、答えやすいかどうかは変わってきます。質問には閉じられた質問（クローズドクエスチョン）と開かれた質問（オープンクエスチョン）があり、場面に応じて使い分けていくことが大切です。

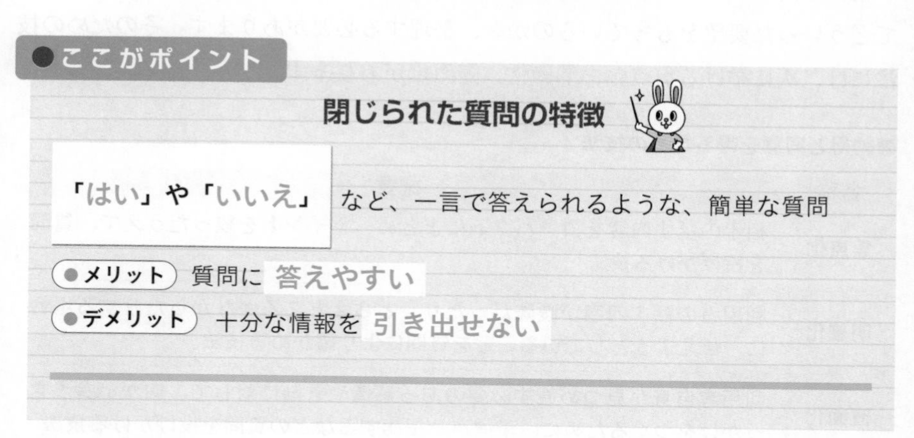

開かれた質問の特徴

「どう思われますか」
「どのようなことが気になりますか」 など、その人にしか答えられない考えや状態を尋ねる質問

●メリット その人の思いや考えなど、より多くの 情報 を引き出せる

●デメリット 質問に 答えにくい

ひとこと

「運動性失語の人には 閉じられた 質問が適切」というように、利用者の状態と絡めた出題も多くみられるので、特徴をしっかりおさえておきましょう。

3 納得と同意を得るための技法

介護福祉職は、介護方法やサービスの方向性などについて、利用者や家族の納得と同意を得る必要があります。

納得と同意を得るためには、利用者にどのような課題があるのか、家族を含めてどういった要望をもっているのかを、整理する必要があります。そのための技法には、次に挙げる焦点化、明確化、直面化があります。

■納得と同意を得るための技法

名称	概要
焦点化	相手の話す内容をコンパクトにまとめ、ポイントを絞ったうえで、質問を投げかける技法
明確化	利用者の話す内容が曖昧（あいまい）だったり、とらえどころがなかったりする場合に、伝えようとしていることを質問により確かめる技法
直面化	利用者自身が見つめ直す必要のある感情や言動に対して、向かい合うきっかけをつくるために、矛盾点を指摘するなどの質問を投げかける技法

例題

Q 直面化の技法では、利用者が話した内容を、整理して伝える。
〔第32回-問27〕

A × 直面化とは、利用者の感情と行動の矛盾点を指摘することで、利用者自身が見つめ直す必要のある感情や言動に対して、向かい合うきっかけをつくる技法である。記述は、焦点化の技法である。

4 相談・助言・指導の技法

介護福祉職には、利用者や家族の**相談**に応じ、時には**助言**や**指導**を行うことも求められます。こうしたときに活用されているのが、次に挙げる**バイステックの**7原則です。主に、相談援助の場で原則として守られているもので、介護の場でも応用されています。

■バイステックの7原則

原則	概要
個別化	利用者の**個別性**を理解し、一人ひとりに合った援助を行う
意図的な感情表出	利用者が自由に感情を表現できるように、**意図的**に援助を行う
統制された情緒的関与	援助者は**感情**をコントロールし、利用者の感情の理解に努める
受容	利用者の感情や言動を、**ありのまま**に受け入れる
非審判的態度	利用者を、援助者の**価値観**によって評価・批判したりしない
自己決定	利用者が**自己決定**できるように援助を行う
秘密保持	利用者に関する**情報**を守り、外部にもらさない

例題

Q バイステックの7原則を介護場面に適用したとき、「意図的な感情表出」とは、介護福祉職の感情表出を大切にすることである。 〔第27回-問33〕

A × 介護福祉職ではなく、利用者の感情表出を援助することが目的である。

5 利用者と家族の意向を調整する技法

利用者と家族の意向は、必ずしも一致するわけではありません。

家族であっても、利用者の意思や状況のすべてを把握できているわけではなく、家族もまた、家族の立場から利用者のニーズを推測してしまっていることも考えられます。

こうした場合、介護福祉職は、利用者と家族のどちらが正しいかを伝えたり、判断を下したりするのではなく、調整役を果たすように心がけます。

■利用者と家族の意向を調整するときの流れ

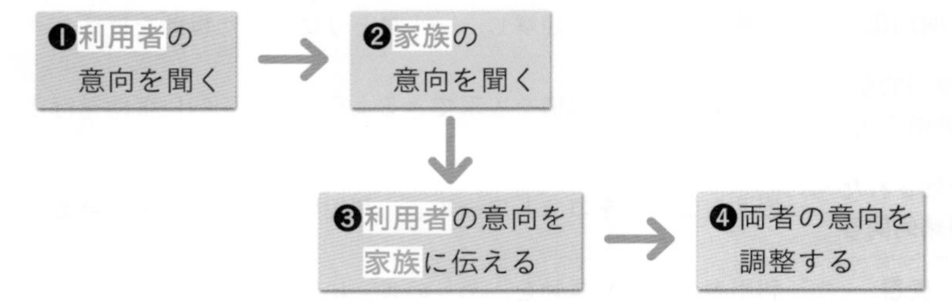

調整を図るときは、利用者と家族それぞれの意向をすべて代弁するのではなく、**思いを語り合えるような場面づくり**も大切です…。

CHAPTER 10
SECTION 2

障害の特性に応じたコミュニケーション

このSECTIONのポイント

◆視覚障害のある人とのコミュニケーション … 視覚情報を整理して具体的に伝えます
◆聴覚障害のある人とのコミュニケーション … 視覚を活用したコミュニケーションツールを用います
◆言語障害のある人とのコミュニケーション … 言語障害の種類別のコミュニケーションの方法をおさえましょう
◆認知症の人とのコミュニケーション … 受容と傾聴の姿勢が重要です
◆精神障害のある人とのコミュニケーション … 受容的な態度で接します

重要度B 視覚障害のある人とのコミュニケーション

視覚障害には、先天的なものと、後天的なもの（中途失明など）があります。後天的な視覚障害の場合、すぐにはコミュニケーションツールを十分に活用できない人がいることを、理解しておきましょう。

●ここがポイント

視覚障害のある人とのコミュニケーション

●コミュニケーションの基本

◆正面に近づいて気配を感じとってもらってから、話しかける

◆「これ」「それ」「あれ」「どれ」などの　指示語や代名詞　は避け、何

について説明しているのか、視覚情報を整理して 具体的 に伝える

● コミュニケーションに活用される機能

◆ 触覚 や 聴覚 、嗅覚など視覚以外の感覚を通じて、まわりの情報を得る

✔CHECK! ❶ ✔CHECK! ❷

✔CHECK! 視覚障害のある人のコミュニケーションツール

❶ 触覚を活用したツールには点字があり、点字を書くためには、点字器 や 点字タイプライター（入力した文字を点字で打ち出してくれる機器）が使用される。

❷ 聴覚を活用したツールには、音声読み上げソフト（文章を音声化する機器）や ポータブルレコーダー がある。

ひとこと

そのほかのコミュニケーションツールとしては、**弱視の人を対象とした拡大読書器**などもあります。

例題

Q Mさん（72歳、女性）は、介護老人保健施設に入所している。糖尿病性網膜症で、３か月前に右目を失明した。左目はかすかに見える状態である。聴覚機能、言語機能、認知機能に問題はない。Mさんへの介護福祉職の対応として、「あそこ」「これ」と代名詞で説明した。〔第28回-問38〕

A × 指示語や代名詞は避け、視覚情報を整理して具体的に伝えるのが適切である。

重要度B 聴覚障害のある人とのコミュニケーション

聴覚障害にも、先天的なものと、後天的なもの（中途失聴や難聴〈老人性難聴を含む〉など）があります。先天的な聴覚障害の場合、言葉の発達に遅れがみられることがありますが、主に**手話**や、その補助的な手段として**指文字**（指の動きによって文字を表す方法）でコミュニケーションを取る人が多くなっています。

●ここがポイント

聴覚障害のある人とのコミュニケーション

●コミュニケーションの基本

◆相手が話の内容を理解できるように、**静かな明るい場所**で、**正面を向いて**、**ゆっくり・はっきりと**簡潔に話す

●コミュニケーションに活用される機能

◆主に**視覚**を通じて、理解できる方法を把握する

✔CHECK!

✔CHECK! 聴覚障害のある人のコミュニケーションツール

視覚を活用したツールには、**筆談**（紙などに文字や図を書いて説明する方法。高齢期に差しかかってからの**中途失聴者**に適している）や**読話**（口の形や動きから、話している内容を読み取る方法）、**空書**（空中に文字を書いて伝える方法）などがある。
聴覚の補助機器としては**補聴器**があるが、老人性難聴などの場合は症状の進行具合により**効果**が限られ、**慣れる**までには時間を要する。

ひとこと

盲(もう)ろう者（視覚・聴覚ともに障害のある人）には、手話をしている話し手の手に盲ろう者が触れて、手話の内容を理解し合う触手話という手段が活用されています。

重要度A 言語障害のある人とのコミュニケーション

言語障害とは、音声機能・言語機能などの障害を指し、構音障害と失語症に大別されます。

1 構音障害のある人とのコミュニケーション

構音障害とは、発語に関わる舌や口唇(こうしん)（くちびる）の動きが障害されることで、正確な発声・発音が難しくなるものです。

●ここがポイント

構音障害のある人とのコミュニケーション

●コミュニケーションの基本

◆相手が何を伝えようとしているのか、しっかりと耳を傾ける。

相づちをはさみながら、必要に応じて相手の言葉を **繰り返す** ことで、意思を確かめるようにする

●コミュニケーションに活用される機能

◆話すことは難しくても、**言葉の理解** は可能。**閉じられた質問** を活用する

✔CHECK!

✔CHECK! 構音障害のある人のコミュニケーションツール

五十音表を使った 文字盤 、携帯用会話補助装置、筆談などを活用する。

2 失語症の人とのコミュニケーション

失語症は、言語中枢が障害されることで、聞く、話す、読む、書く、計算するといったことがスムーズにできなくなるものです。主に2つのタイプがあります。

失語症の分類

□ 運動性失語（ブローカ失語）	□ 感覚性失語（ウェルニッケ失語）
話すことは難しいが、他人の話を聞くことや、言葉や文字の理解はできる。	話すことはできても、話す内容に間違いが多い。他人の話の理解や、言葉や文字（絵カード）の理解も難しい。

運動性失語と感覚性失語では症状が異なるため、コミュニケーションの取り方、コミュニケーションツールも異なります。

また、言葉の理解は可能な運動性失語であっても、言葉を思い出すことができない、といった症状がみられることもあります。そのため、感覚性失語も含めて、文字盤や携帯用会話補助装置などを使ってコミュニケーションを図ることは、適切とはいえません。そのほか、文章ではなく単語でなら理解ができるという場合もあるため、こうした場合は単語を組み合わせてコミュニケーションを図ることが大切です。

●ここがポイント

運動性失語のある人とのコミュニケーション

●コミュニケーションの基本

◆絵や写真など、**視覚的な情報** を用いる

◆話を聞くときは、**閉じられた質問** をする

感覚性失語のある人とのコミュニケーション

●コミュニケーションの基本

◆身ぶり・手ぶりなどの **非言語的コミュニケーション** を中心にする

ひとこと

失語症の人には、表意文字である漢字のほうが理解しやすく、表音文字である仮名（ひらがな・カタカナ）は理解しづらいという特徴があります。筆談を行う際にも、仮名より漢字を利用すると理解しやすいとされています。

例題

Q 重度の失語症のある人とのコミュニケーションの方法として、いくつかの絵の中から選んで、指でさしてもらった。

〔第29回–問29〕

特に運動性失語の人とは、絵や写真のような視覚的な情報を活用してコミュニケーションを図るのが適切とされている。

認知症の人とのコミュニケーション

認知症とは、なんらかの脳の疾患や障害により、正常に発達した**知的**機能や**認知**機能が低下して、**日常生活**に支障をきたす状態を指します。

認知症の人の症状には、誰にでも起こり得る**中核症状**と、中核症状を通じて引き起こされる**行動・心理症状**（**BPSD**）があります。

認知症の症状

□ **中核症状**
記憶障害、**見当識障害**（時間・場所・人の名前などが分からなくなる障害）、**判断力の障害**などがある。

□ **行動・心理症状（BPSD）**
徘徊（はいかい）、**常同行動**（同じ言動を繰り返すこと）などの行動面、**抑うつ**、**幻覚**、**妄想**などの心理面の症状がある。

◆認知症の人への接し方

認知症の人が、幻覚や妄想などの症状によって、事実とは異なることを口にしたとしても、それを**否定**したり**訂正**したりすることは、適切ではありません。まずはその人の言動を**受容**し、訴えを**傾聴**する姿勢が大切です。

また、介護福祉職の側から何かを伝えるときは、情報を**簡潔**にまとめて、**順序**立てて説明していくようにします。言葉だけでなく、身ぶり・手ぶりなどの**非言語**的コミュニケーションを交えることで、認知症の人の理解を支援するように心がけていきます。

例題

認知症の人とのコミュニケーションとして、わかりやすい言葉や行動は指摘し、修正させる。〔第25回-問36〕

認知症の人に対しては、その言動を**訂正**するのではなく、不安や混乱をまねかないよう**受容的な態度で接する**ことが大切である。

精神障害のある人とのコミュニケーション

精神障害にもさまざまな種類がありますが、ここでは、**統合失調症**と**双極性障害**のある人とのコミュニケーションについて取り上げます。

統合失調症と双極性障害の症状

□統合失調症
幻覚（幻聴や幻視）、**妄想**（被害妄想や誇大妄想など）、**感情鈍麻**（どんま）（感情が失われ、何事にも無関心になること）などの症状がみられる。

□双極性障害
躁状態（そう）（気分が異常に高揚した状態）と、**うつ状態**（意欲が激しく落ち込んだ状態）を交互に繰り返す。

◆統合失調症の人への接し方

統合失調症の人に対しては、幻覚や妄想について**否定**も**肯定**もせず、その人の**感じていること**・**状態**を受け入れることから始めます。話を**詳しく**聞いたり、**解決策**を提示したりするのも、妄想を深める可能性があるため、適切ではありません。

◆双極性障害の人への接し方

双極性障害の人に対しては、特にうつ状態のときに、安易に**励ましたり**することは厳禁です。自発的な行動を促せるように、**受容的**な態度で接することで、信頼関係を築いていくようにします。

一方、躁状態にあるときは、気分が高ぶった状態にあるため、**過度の刺激**となるような言葉かけや対応は控えるように留意します。利用者の言動を拒絶したり、1つひとつの話にじっくりと耳を傾けたりするのではなく、利用者自身が躁状態であることを**自覚**できるように接していきます。

介護におけるチームのコミュニケーション

このSECTIONのポイント

◆**記録による情報の共有化** … 記録の種類と方法、留意点などをおさえましょう

◆**報告・連絡・相談** … ほう・れん・そうの励行が、介護事故を防ぎ、よりよい介護を提供することにつながります

◆**会議** … ケアカンファレンスの留意点をおさえましょう

重要度A 記録による情報の共有化

介護に関する記録は、チーム内で利用者に関する情報を**共有**し、利用者への理解を深め、共通の**目的**や**目標**をもって支援を行っていくために、欠かせないものです。

1 介護に関する記録の種類

介護に関する記録には、さまざまな種類があります。これらの記録は、情報の共有に限らず、その後の**サービスの質**向上、**介護計画立案**のための資料、**介護福祉職**のスキルアップなどに活用されます。主な記録の内容を理解しましょう。

■介護に関する記録の種類

種類	概要
フェイスシート	利用者の**基本情報**となる氏名や年齢、住所、職業、家族構成、主訴などを記載したもの
業務日誌	**業務全般**の記録と報告を目的とした文書

介護日誌	利用者の状態やサービスの内容など、日々の記録をまとめた文書。一般的に**「介護記録」**というと、この文書を指す。利用者や家族の要望に応じて閲覧が可能
インシデントレポート ヒヤリ・ハット報告書	「ヒヤリ」としたり「ハッ」としたりした事故未満の事例についてまとめた文書。事故の予防対策に活用される →p.479を参照
事故報告書	実際に起きた介護事故についてまとめた文書

2 記録の方法と留意点、その管理

介護に関する記録は、チームのなかで共有される、公的な文書です。事実を正確に、分かりやすく書くことを基本として、次のような点に注意を払います。

●ここがポイント

記録の方法と留意点

◆日々の記録は、介護を実施した その日 に行う

◆簡単に書き換えられないように、 ボールペン などの筆記具を使う

◆ 5WIH※ を明記して、事実関係を正確に記録する

◆訂正を行うときは、 修正液 を使わない。 二重線 と 訂正印 で対応する

◆記録者の 署名 を必ず入れる

こうした留意点と併せ、記録の管理が重要です。記録のなかには、利用者の個人情報が記されています。個人情報の漏洩(ろうえい)を防ぐために、記録は事業所や施設の外に持ち出さないようにします。保管する際にも鍵のかけられる場所を選びます。

※5WIHとは？
ある出来事の事実関係を把握するための、基本的な要素の略称。When：いつ、Where：どこで、Who：誰が、What：何を、Why：なぜ、How：どのように、を指す。

◆事例検討会における個人情報の取り扱い

事例検討会は、介護に関する記録からさまざまな事例を取り上げ、多職種が集まる場で報告し、支援のあり方について学び合うものです。

「個人情報の保護に関する法律」（**個人情報保護法**）や、厚生労働省「**医療・介護**関係事業者における個人情報の適切な取扱いのためのガイダンス」に基づき、記録のなかで**特定の個人**を識別できる情報は、個人情報として**匿名化**（とくめい）する必要があります。

また、利用目的の達成に必要な範囲を超えて個人情報を取り扱う場合、あらかじめ利用者の**同意**を得なければならないものとされています。

3 記録の様式、文体

記録の様式には、次のようなものがあります。

■記録の様式

様式	概要
過程記録（経過記録）	支援に関わるさまざまな状況を、**時間**の**経過**に沿って記述したもの
要約記録	●支援の内容やその結果を要約したもの ●支援が長期にわたる場合などは、**定期**的に作成しておく
項目記録	支援の内容をいくつかの項目ごとに整理し、その要点をまとめたもの（要約記録の一種）
逐語記録	●利用者との会話をそのまま記録にしたもの ●膨大な量になることが多いが、状況がよりリアルに伝わるため、スーパービジョン →詳細はp.30参照 などで活用しやすい

記録は、目的や様式に合わせて、文体を統一します。主な文体には次のような

ものがあります。

■記録の文体

文体	概要
叙述体	支援に関わるさまざまな状況を、時間の経過に沿って記述したもの ●過程叙述体…利用者とのやり取りを詳細に記録したもの ●圧縮叙述体…過程叙述体を圧縮したもの。過程記録の多くはこの形式をとる
説明体	利用者との会話や支援の内容などについて、介護福祉職がその趣旨を解釈し記録したもの。項目記録の多くはこの形式をとる
要約体	●説明体をさらに整理し、短文化したもの ●系統立てと主眼点が明確化されているのが特徴。要約記録の多くはこの形式をとる
会話体（逐語体）	利用者との会話をその言葉どおりに記したもの。逐語記録の多くはこの形式をとる

4 ICT（情報通信技術）を活用した記録の留意点

ICT（Information and Communication Technology：情報通信技術）の発達によって、記録もまた手書きから、パソコンによるデータの作成・管理へと移行してきています。

書類を保管する場所を必要としない、簡単に情報を共有できる、といったメリットがある一方で、データが失われたり、外部に流出したりというリスクも常に抱えています。どんなに厳重な管理体制を敷いていても、ちょっとした不注意からデータの喪失（そうしつ）や漏洩が起こることを、想定しておきましょう。

ICTを活用した記録の留意点

- データのバックアップを必ずとっておくこと
- パスワードを必ず使用して、定期的に変更すること
- 電子メールによる記録の送信・共有は原則として行わないこと。やむを得ず使用する場合は必ず匿名化する

報告・連絡・相談

介護は、その場・その日限りのものではなく、日々、多くの専門職が関わり、続いていくものです。

報告・連絡・相談（ほう・れん・そう）は、チーム内における業務の正確な引き継ぎ、必要な情報の伝達のために、重要な役割を果たしています。

1 報告

報告は、業務の**指示者**や**上司**に経過や結果を伝える、次の介護福祉職へ**申し送り**をするときなどに行われます。

報告で大切なことは、**事実関係**を正確に伝えることです。報告者の**主観**を交えず、まず**結論**を伝え、「いつ・どこで・誰に・何が起こったのか」「どんなトラブルが起きているのか」を**簡潔**にまとめるようにします。

また、事故やトラブル、苦情など緊急性のあるものについては**速やか**に報告をすることが重要です。

ひとこと

口頭での事故報告は、結論を述べてから事故に至る経過を説明するようにします。

2 連絡

連絡は、チームや施設、または**利用者の家族**に向けて、必要な情報を伝えるために行われます。

連絡で大切なことは、誰に対してどのようなことを、どういった手段で伝えるのが適切か、**前もって**決めておく（マニュアル化しておく）ことです。

例えば、利用者の容態が急変したときの備えとして、**医師**や**看護師**などとの連絡体制を整えておくことが重要です。

3 相談

相談は、介護方法、業務の進め方、トラブルや苦情への対応などについて、上司や同僚に対して助言や指導を求めるために行われます。

相談で大切なことは、相談内容をしっかりと整理してから、話をもちかけることです。自分なりの考えもまとめたうえで、何について助言や指導を仰ぎたいと思っているのかを、明確にしておきます。

ひとこと

相談においては、相談を受けた側にも、求められる役割があります。**相談者の悩みや不安を共有して、一緒に対応策を検討していけるようにする**ことが、望ましい姿勢といえます。

例題

介護福祉職が行う報告として、自分の主観的意見を中心に報告する。 〔第27回-問38〕

報告の一番の目的は、事実関係**を正確に伝えること**である。主観的意見が中心になると、報告を受けた側は、状況を正しく把握することができなくなる。客観**的な事実**に絞って報告するようにする。

重要度B 会議

介護の場においても、利用者に関する問題や課題を解決するために、多職種が顔を合わせて、会議が開かれます。

◆ケアカンファレンス

会議の代表的なものは、ケアカンファレンスです。各専門職がそれぞれの立場から意見を述べ、介護の方向性、修正すべき点などについて、解決策を探ります。

ケアカンファレンスの留意点

- ケアカンファレンスも業務に含まれるので、**勤務時間内**に実施する。また、**スーパービジョン**の場とすることも可能
- 必要な資料は、できる限り**事前**に配布しておく
- 報告を行う場合は、自身の感想など**主観的**な思いを述べるのではなく、利用者の状態や支援状況などの**事実関係**を正確に伝え、意見を求める
- 特定の専門職や、**経験年数**の長い職員の意見、**多数派**の意見によって、結論が下されるものではない
- 不明瞭な点がみられたら、**会議中**に必ず質問する
- 各職種の**専門性**と**意見**を尊重し、**利用者**の視点に立って、**議論**を通じた合意をめざす
- 意見の振り返り、会議終了後の支援を進めるうえでの根拠とするため、**議事録**を作成する。途中退席者や不参加者に、会議の内容を伝えるためにも役立つ

◆ブレインストーミング

会議の方法のひとつに**ブレインストーミング**があります。問題解決のためのアイデアを生み出すためのもので、会議に参加する者全員が、❶**批判**厳禁、❷**自由奔放**、❸**質**より量、❹**便乗**歓迎という４つのルールに基づいて、さまざまな意見を出し合っていきます。

ブレインストーミングでは、意見の質よりも、数多くの意見を出すことに価値を置く。〔第30回-問34〕

記述のとおり。ブレインストーミングでは、意見の質よりも量が重視される。

CHAPTER 10

総合問題にチャレンジ!

例題

Q

Bさん（22歳、男性）は、19歳の時に統合失調症を発症し、精神保健指定医の診察の結果、入院の必要があると診断された。Bさん自身からは入院の同意が得られず、父親の同意で精神科病院に入院した。その後、数回の入退院を繰り返した後、21歳から居宅介護を週１回、訪問看護を月２回、デイケアを週３回利用しながら一人暮らしをしている。居宅介護では、料理や掃除、買物などの介護福祉職の支援を受けているが、Bさんも調子の良いときは一緒に行っている。訪問看護では、Bさんは、服薬を忘れることがあるため、看護師と一緒に薬の飲み忘れがないかを確認している。また、デイケアでは、運動と園芸のグループに参加している。Bさんは、居宅介護のC介護福祉職にはデイケアや生活のことについて安心して話すようになってきた。ある日、C介護福祉職が掃除をしていて、薬が２週間分内服されていないことを見つけた。また、Bさんは、「Cさんにだけ話します。みんなが私の悪口を言って、電波を飛ばして監視しています」とおびえながら話した。
話を聞いたC介護福祉職のBさんに対する最初の言葉かけとして、**最も適切なもの**を**１つ**選びなさい。

1 「今すぐ薬を飲んでください」
2 「悪口の内容を詳しく教えてください」
3 「薬を飲んでいないからですよ」
4 「医師に話しておきますね」
5 「それは不安ですね」　〔第32回－問121〕

A

5

統合失調症の人への関わり方では、まず本人の感じていることや状態を受け入れることが大切である。選択肢２のような、悪口の内容を詳しく聞くような接し方は、妄想を深める可能性があるため、適切ではない。

CHAPTER

11

生活支援技術

CHAPTER 11

SECTION 1

生活支援の理解

このSECTIONのポイント

◆生活支援の考え方 … ICFを活用した生活支援をおさえましょう

重要度B

生活支援の考え方

1 生活支援と介護の理念

実際に介護を必要とする利用者の生活支援を行うときに必要となるのは、どのような考え方でしょうか。

これまでに学んだ、尊厳の保持、自立支援、個別ケアといった理念を思い出して、考えてみましょう。

利用者には、その人だけの価値観や、生活歴があります。こうした個別性を踏まえた支援を行う**個別ケア**が、介護の場では求められています。また、その人の意思を尊重した支援は、**尊厳の保持**にもつながります。

そして、利用者の意欲を引き出し、主体的に活動していくことができるよう、自己選択・自己決定に基づき**自立支援**を行っていきます。

このように、生活支援は、利用者が**自分らしい生活**を送ることができるように支援する、**自己実現**のための手段ともいえます。生活支援を行っていくために、介護福祉職は利用者に対する理解を深め、**信頼関係**を築くことが大切です。

2 生活支援とICF（国際生活機能分類）

◆ICFの活用

ICF（国際生活機能分類）は、3つの**生活機能**（「心身機能・身体構造」「活動」「参加」）と、健康状態や2つの**背景因子**（「環境因子」「個人因子」）との相互作用から、生活機能にどのような障害が現れるかを分類したものです。

ICFの分類によって、何が生活機能を**制約・制限**しているのかを見極めることができます。そして、制約・制限を取り除くために、生活機能、健康状態、背景因子のどの部分に**支援**を行えばよいのかも、見えてきます。

◆「どんなことができるか」という視点

また、ICFを活用した生活支援では、利用者が何を行っていて（**実行状況**）、どんなことができるか（**能力**）を把握することが、重要です。利用者の「**できること**」に焦点を当て、生活機能を生かす支援を行うことが求められているといえます。

→ICFの全体像についてはp.459参照

例題

生活支援を行うときの視点として、利用者の生活歴を理解して行う。

〔第26回−問41〕

個別ケアや尊厳の保持といった理念に基づく介護を行うためには、利用者の**価値観**や**生活歴**を踏まえた生活支援が求められる。

CHAPTER 11
SECTION 2

自立に向けた居住環境の整備

このSECTIONのポイント

◆居住環境整備の意義と目的 … 老化に伴う機能の低下に合わせた環境整備が重要です

◆安全で心地よい生活の場づくり … 場所ごとの環境整備のポイントをおさえましょう

◆施設等で集住する場合の工夫 … 施設入所に伴う心身の負担を軽減する工夫をおさえましょう

重要度C　居住環境整備の意義と目的

1 居住環境整備の背景

住居は、生活を送るうえでの**基盤**となるものです。利用者にとって心を落ち着けて過ごすことのできる住まいは、介護を提供する場としても望ましいものといえます。

介護における居住環境の整備とは、単に快適なくらしをもたらす、ということにとどまりません。老化による心身の機能の低下などにより、それまでと同じ室内環境では、**安全**・**安心**な生活を送ることが難しくなった人を支えるために、行われます。

利用者の状態に適した環境整備を行うことは、活動範囲を広げ、**自立**を支援することにつながっていきます。

2 生活空間と介護

居住環境の整備は、利用者が可能な限り、以前のような生活を取り戻すことができるように行われます。

それは住まいが、利用者の自立や自己実現をめざす場でもあるからです。そのためには、住まいが利用者の居場所として、アイデンティティを守ることのできる場所として機能することも大切になります。

居住環境の整備においても、利用者の個別性に配慮して、居住環境の変化が利用者にどのような影響をもたらすことになるのかを、忘れないようにしましょう。

また、老化に伴い、視覚、聴覚、嗅覚（きゅうかく）、触覚（皮膚感覚）などの感覚機能や、体温調節機能は低下します。こうした機能の変化に対して、どのような環境整備を行うのかも、大切な視点です。

老化に伴う機能の低下と環境整備

- **視覚の低下**
  → 明るさや暗さへの順応力が低下するので、照明を明るめにする
- **聴覚の低下**
  → 音を聞き取りづらくなるので、防犯ベルの音量を上げる
- **嗅覚の低下**
  → ガスのにおいを感じられず、ガスもれに気づけない可能性もあるため、ガスコンロではなく電磁調理器を使用する
- **触覚（皮膚感覚の低下）**
  → 皮膚感覚がにぶることで、床暖房による低温やけどに気づけない場合があるので、使用を避ける
- **体温調節機能の低下**
  → 汗をかきにくく、体内の熱を逃がすのが難しい状態になっているので、室内でも熱中症に注意してエアコンの使用や水分補給に努める

例題

自宅で暮らす高齢者の室内環境として、体温調節機能の低下に配慮して、真夏日は冷房器具の使用を控える。〔第24回-問45〕

×

老化による体温調節機能の低下は、体内の熱を逃がしにくくなっていることから起きる。真夏日でも暑さを感じることができず、熱中症におちいる危険性があるため、冷房器具を使用することが適切である。

重要度A

居住環境整備の視点

1 場所ごとの環境整備

居住環境の整備は、安全・安心や使い心地のよさ、居住のしやすさなどを考慮して行うことが大切です。

ここでは、居室・寝室、台所、廊下・階段、浴室、トイレといった場所ごとに、環境整備のポイントを挙げていきます。

■居室・寝室、台所の環境整備のポイント

場所	環境整備のポイント
居室・寝室	●利用者が**普段生活する空間**ということを考慮して、**日当たり**や**風通し**のよい場所を選ぶ（効果的な換気を行うためには、下図の場合AとDの窓を開け、直線的でスムーズな風の通り道をつくる） ●移動のしやすさや、家族からの孤立を防ぐため、**トイレ**や**浴室**、**居間の近く**にする ●車いすを使用する居室の床は、板製床材（フローリング）にする。 ●**寝具**は、利用者や家族の負担をやわらげるため、布団ではなく**ベッド**にする ●**ベッドの高さ**は、端座位（ベッドの端に腰かけた体位）で足底全体が床につく**30～45cm程度の高さ**にする。利用者が寝たきりで全介助の場合は、介護者の負担を軽減するため、介助の際には**70cm程度**にしておく
台所	●**調理台の高さ**、**シンクの深さ**は、利用者の状態に合わせるようにする。例えば、車いすを使用している人の場合、**シンクの深さ**は通常より浅くして、**12～15cm程度**にする

■効果的な換気方法

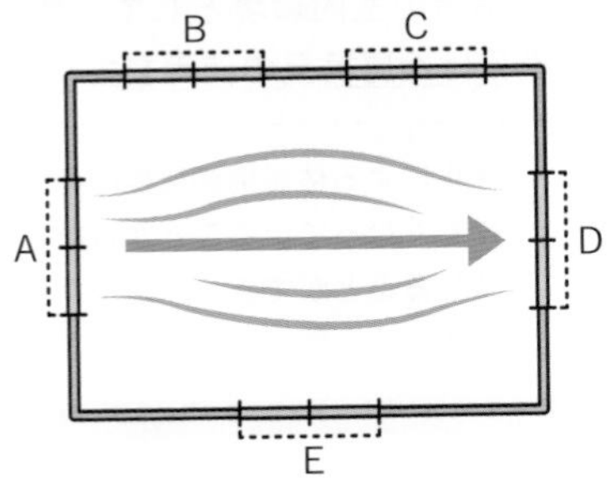

■廊下・階段の環境整備

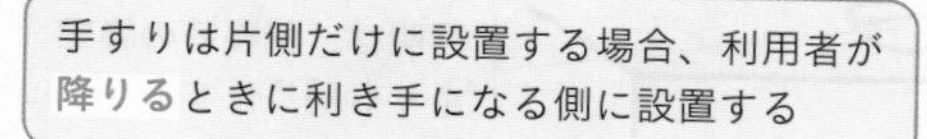

■浴室の環境整備

■トイレの環境整備

事故があった場合に救助しやすいように、ドアは引き戸か外開き戸にするのが望ましい

照明は、就寝時の寝室よりも明るくする

縦手すりは、洋式便器の先端より20～30cm程度前方（片麻痺の人の場合は健側）に設置する

横手すりは、洋式便器の座面から30cm程度の高さに設置する

姿勢の保ちやすさ、負担の軽減を考慮して、洋式便器にするのが望ましい

便器の前方に、介助のためのスペースを確保する

手すりの握り部分の直径は、28～32mm程度にする

ひとこと

このほか、屋内では転倒予防として、スリッパを履かない（脱げやすい・つまずきやすいため）、動線を確保する、小さな段差が生じる玄関マットは敷かない（敷く場合は、滑り止めつき）、などが挙げられます。

例題

高齢者にとって安全で使いやすい扉の工夫として、トイレの扉は内開きにする。〔第33回-問36〕

×

トイレのドアは、事故があった場合に救助しやすいように、引き戸または外開き戸にするのが望ましい。

2 住宅改修によるバリアフリー化

住宅改修は、利用者の居宅を改築して、バリアフリー化を図るものです。要介護者や要支援者を対象としたサービスとして、介護保険制度の保険給付のひとつに含まれています。

介護保険制度に規定される住宅改修は、次の６種類で、**20**万円を限度に住宅改修費が支給されます。

●ここがポイント

介護保険制度による住宅改修費の支給対象

❶ **手すり** の取り付け（取り外し可能な手すりは含まない）

❷ **段差** の解消

❸滑りの防止や、移動の円滑化のための **床材** の変更

❹ **引き戸** 等への扉の取り換え

❺ **洋式** 便器等への便器の取り換え

❻その他 **❶～❺の改修** に付帯して必要な住宅改修

住宅改修の目的とされているバリアフリーとは、高齢者や障害者が社会生活を送るうえで、**障壁**となるもの＝**バリア**を取り除くことです。この場合の障壁には、物理的な障壁だけでなく、**心理**面、**制度**面、**情報**面の障壁も含まれます。

また、バリアフリーの考え方を発展させ、すべての人にとって使いやすいデザインや設計を追求するとき、そうした考え方を**ユニバーサルデザイン**といいます。ユニバーサルデザインは、次の７原則によって成り立っています。

ユニバーサルデザインの７原則

❶ どんな人でも公平に使えること（公平性）
❷ 柔軟に使用できること（自由度）
❸ 使い方が簡単で分かりやすいこと（単純性）
❹ 必要な情報がすぐに分かること（分かりやすさ）
❺ うっかりミスが危険につながらないこと（安全性）
❻ 少ない力で効率的に、楽に使えること（身体的負担の軽減）
❼ 利用する十分な大きさと空間を確保すること（スペースの確保）

ひとこと

介護保険制度における住宅改修は、原則として１回限りですが、**転居**や**要介護度の著しい重度化**などの場合に、再支給が認められています。

3 衛生面から考える居住環境

◆化学物質やアレルギーを原因とした疾患

安全面を意識した居住環境の整備のほかに、衛生面から居住環境のあり方を考えたときに、覚えておきたい疾患があります。

建築材料や家具などに含まれる化学物質や、ダニの死骸（しがい）や糞（ふん）、カビによるアレルギーなどを原因とする疾患として、**シックハウス症候群**があります。これは、住居の気密化や断熱化が進んでいることによって、化学物質が室内に充満し、起こりやすくなっているものともいえます。

◆症状と予防策

症状はさまざまで、頭痛、目のかゆみ、のどの痛み、鼻水、耳鳴り、吐き気（はけ）、肌荒れなどが併行して現れるようになります。

予防策としては、定期的に**換気**や**掃除**を行う（特に布団は掃除機で吸い取る）ことが大切です。

集団生活における工夫と留意点

認知症の人などに多くみられることですが、施設への入所などによって**環境**が変わると、変化に対応することができず、**症状の悪化**をまねく場合があります。

そのため、居住環境が変わっても、できる限り**それまでのくらし**を保てるように配慮することが求められます。

例えば、利用者の居室に使い慣れた**家具**や**思い出の品**を持ち込むことは、**なじみのある生活空間づくり**につながります。

また、ユニットケア →詳細はp.115参照 や認知症対応型共同生活介護（グループホーム）のように、利用者が共同生活を送る施設では、利用者１人ひとりに**個室**を設け、家具なども利用者ごとに**異なるもの**を使用するようにします。

これは、利用者の**プライバシー**を守るとともに、その人だけの**生活空間**を確保するためのものでもあります。 →認知症の人のための環境づくりについてはp.347参照

ひとこと

環境の変化による利用者の心身の負担を軽減するためには、少しでも早く **顔なじみの介護職員** **ができるように配慮する**ことも大切です。

例題

介護老人福祉施設における居室の環境整備で留意すべき点として、利用者が使い慣れた家具を置くことは適切である。

〔第30回-問36〕

できる限り、それまでのくらしを維持することができるように、**使い慣れた家具**や**思い出の品**を持ち込んで、なじみのある生活空間づくりに努める。

CHAPTER 11
SECTION 3

自立に向けた移動の介護

このSECTIONのポイント

- ◆**移動の意義と目的** … 移動の自立は、活動範囲や生活圏の広がりをもたらし、さまざまな活動を可能にします
- ◆**ボディメカニクスの基本** … ボディメカニクスの原則をおさえましょう
- ◆**体位の種類と体位変換** … 体位変換の介助ポイントをおさえましょう
- ◆**歩行の介助** … 状態別の歩行介助のポイントをおさえましょう
- ◆**車いすの介助** … 場面ごとの車いす介助のポイントを覚えましょう

重要度C 移動の意義と目的

「移動」は、食事や入浴、排泄（はいせつ）など、日常のさまざまな動作・活動を行ううえでの、基本となる行為です。単に部屋から部屋へ場所を移すといったことに限らず、普段、何気なく行っている**立つ**・**座る**・**姿勢を変える**といった動作も、「移動」のなかに含まれます。

移動の自由を得ることで、それまでできなかったことが可能になったり、行けなかった場所に行けるようになったりします。活動範囲や生活圏の広がりは、自発的に物事に取り組もうという**意欲**を、さらに高めてくれることが期待できます。

利用者の状態に応じて、**福祉用具**の活用も検討しながら、自立につなげるための支援を行っていくことが求められています。

重要度A ボディメカニクスの基本

移動や移乗（ベッドと車いすの間を乗り移るなどの動作）において大切なこと

は、利用者の安全を図ることです。介護福祉職にとって自身のからだに負担がなく、安全に介護するためには、**ボディメカニクス**の考え方を理解しておく必要があります。

「ボディメカニクス」とは、**骨格**や**筋肉**の動きが、相互にどのような影響を与え合っているのかを踏まえて、負担の少ない動作や姿勢について分析する技術といえます。ボディメカニクスの基本として、次の原則を理解しておきましょう。

●ここがポイント

ボディメカニクスの原則

❶**支持基底面積**※を広くとる
❷利用者に**重心**を近づける
❸骨盤を安定させ、膝(ひざ)を曲げて腰を落とし**重心**を**低く**する
❹からだをねじらず肩と腰を**平行**に保つ。**足先**を移動する方向に向ける
❺**大きな**筋群（腹筋・背筋など）を活用して、負担を少なくする
❻腕の力だけで移動させるのではなく、**てこ**の原理を使う
❼腕を組ませ、膝を立てるなどして、利用者のからだを**小さく**まとめる。ベッド表面との摩擦を**小さく**する
❽持ち上げないで**水平**に移動する

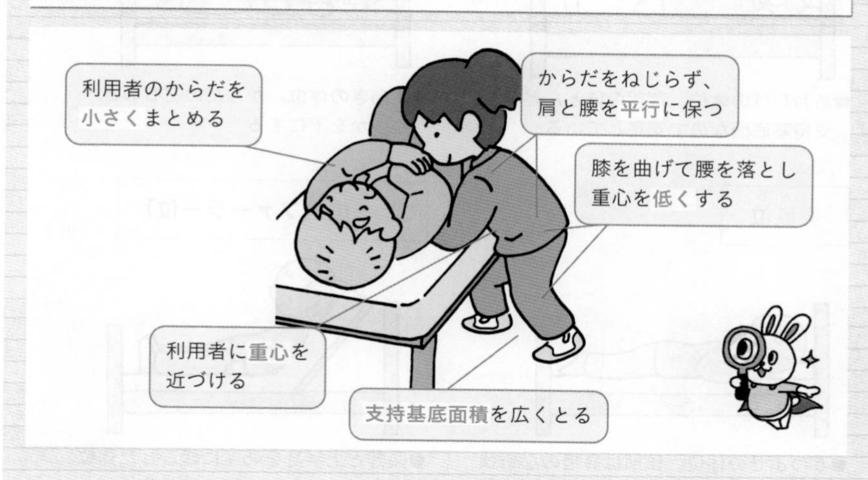

※支持基底面積とは？

からだを支えるために、床と接している部分の面積のこと。両足で立っている場合は、左右の足底とその間を含む面積を指す。

重要度 C

体位の種類と体位変換

1 体位の種類

体位変換は、寝たきりの状態が続いている人の褥瘡（じょくそう）予防や、利用者に安息をもたらすために行われます。体位変換は、おおよそ2時間おきに実施するようにします。

次に、ベッド上での主な体位の種類を図示します。

■ベッド上での主な体位の種類

仰臥位（ぎょうがい）

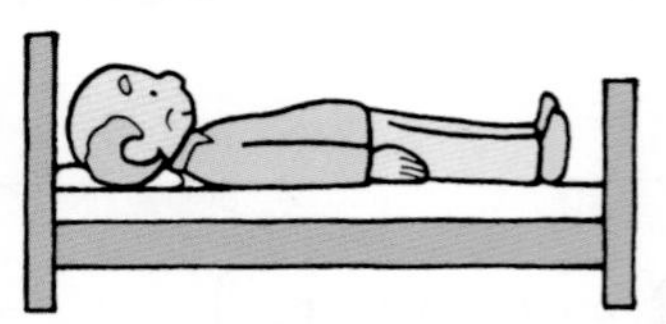

●あおむけの体位。背部のほとんどが支持基底面なので安定している

側臥位（そくがい）

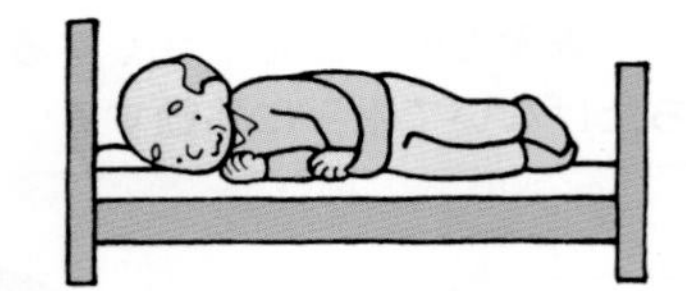

●横向きの体位。からだの左右のどちらかを下にする

腹臥位（ふくがい）

●うつぶせの体位。頭部は負担のない状態で横に向ける

半座位（はんざい）（ファーラー位）

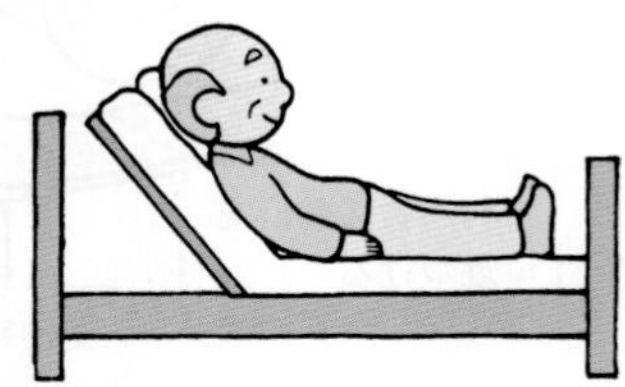

●頭部と上半身を45度に起こした体位。食事のときなどに用いられる

端座位

●ベッドの端に腰かけた体位。立位や車いすへの移乗に向けた、準備段階の姿勢

起座位

●上半身を90度に起こし、テーブルの上に置いたクッションなどを抱えて前かがみになった体位。心疾患や呼吸器系疾患のある人の負担をやわらげる効果がある

2 端座位から立ち上がり（立位）に向けた介助

片麻痺のある利用者の立ち上がり（立位）を介助する場合、介助者は、利用者の転倒などを防ぐために、麻痺側（**患側**）に立ちます。双方にとって安全で安心な介護を行うため、介助を始める前に、**介助の内容**について説明し同意を得ます。

利用者には、**支持基底面積**を広くとり、**足底**をしっかりと床につけて、ベッドに**浅く**腰かけてもらいます。そして、踵を引き、膝に手を当てて、**前かがみ**の姿勢から、**からだの重心**を前方に傾けて、**腰**がベッドから浮いたところで、立ち上がるように促します（介助者は利用者の麻痺側の膝に手を当てて**膝折れ**を防ぐ）。

◆仰臥位から側臥位への体位変換（片麻痺のある人）

右片麻痺の利用者を左側臥位にする場合、ベッド中央で左側臥位をとれるように、利用者を**右**側に水平移動させます。利用者のからだを**小さく**まとめ、**膝** → **腰** → **肩**の順に、側臥位へと体位変換させていきます。

なお、側臥位になったときに枕から頭が落ちないように、枕は側臥位にする前に**移動**する側（左側臥位の場合は**左**側）に寄せておくのが適切です。

重要度A 歩行の介助

歩行は、移動に欠かせない手段です。思うような歩行ができない人でも、**福祉用具**を活用することで、能力が補われ、移動範囲を広げることができます。

1 歩行のための福祉用具

●ここがポイント

歩行のための主な福祉用具の種類

T字杖

比較的、歩行の安定している人が使う

ロフストランドクラッチ

前腕を固定できるため、握力の弱い人に適している

プラットホームクラッチ

関節リウマチ等で、手指・手関節に負荷をかけられない人に適している

多点杖

他の杖と比べ設置面が広く、安定している

歩行器

両手を使って4脚の用具を動かすもので、杖よりも安定性が高い

歩行車

車輪がついているため、押して動かせる。杖歩行の難しい人に適している

シルバーカー

足元の不安定な人が、両手で押して使用する。荷物入れ、休憩用のいすとして活用できる

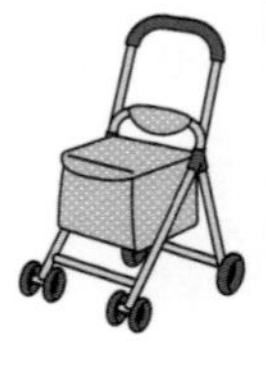

ウォーカーケイン（歩行器型杖）

片手で操作できる、杖と歩行器の中間にあるような福祉用具。歩行が不安定な人に適している

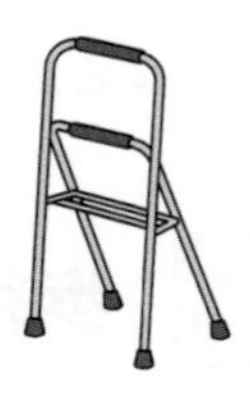

ひとこと

杖（ロフストランドクラッチを含む）の握りの高さは、大腿骨（だいたいこつ）の付け根の外側に突き出た部分＝**大転子部**のあたりにします。

2 歩行の介助（片麻痺のある人）

杖を使用することで支持基底面積が広がり、歩行の安定につながります。

◆平地での介助

平地における杖歩行には、**２動作歩行**と**３動作歩行**があります。２動作歩行は３動作歩行よりも**速く**歩行ができます。しかし、３動作歩行のほうが、２動作歩行よりも**安定性**があります。介助が必要な場合、利用者の麻痺側（まひそく）（**患側**（かんそく））に立ち、転倒を防ぐためにやや**後方**に位置を取るようにします。

■平地における２動作歩行と３動作歩行の流れ

２動作歩行	❶杖と患側を同時に出す → ❷健側をそろえる
３動作歩行	❶杖を出す → ❷患側を出す → ❸健側をそろえる

◆階段での介助

平地での歩行に対して、階段を上り下りする場合は、手順が異なります。

- 階段を上るとき：❶杖 → ❷**健側** → ❸**患側**の順
- 階段を下りるとき：❶杖 → ❷**患側** → ❸**健側**の順

介助者は、上りも下りも利用者の**患側**の下側から介助するようにします。

3 歩行の介助（視覚障害のある人）

視覚障害のある人の歩行介助＝手引き歩行・ガイドヘルプにおいて、介助者は、利用者の**斜め前**に立ち、**肘**（ひじ）の少し上をつかんでもらうようにします。利用者が白杖（はくじょう）を使用している場合は、白杖を持つ手と**反対側**に立って誘導をします。

視覚障害のある人は、周囲の様子や状況を直接把握することが難しいため、具体的な説明をしながら誘導することが大切です。

●ここがポイント

視覚障害のある人の誘導方法

- 電車やバスの乗り降り は、介助者 が先に行う ✔CHECK!
- 自動車の場合は、利用者 が先に乗り、介助者 が先に降りる
- 駅のホームにある点字ブロックは、安全のため、その 内側 に誘導するようにする
- エスカレーターの乗り降りは、介助者と利用者が 同時 に行う
- 階段の乗り降りは、いったん 停止 し状況を説明してから行う
- 利用者から一時離れるときは、柱や壁など、さわれるもののある位置 まで誘導する

✔CHECK! 電車の乗り降りをするときの留意点

電車の乗り降りの際は、斜めに近づくと足を踏み外す危険性があるため、ドアに対して 直角 に近づき、隙間や高さを説明してから介助を行う。

パーキンソン病による姿勢反射障害では、歩き始めの一歩目が踏み出せなくなるすくみ足という障害がみられることがあります→詳細はp.289参照。一歩目で足を後ろに引き、それから前に出すと歩き始めやすくなります。

例題

Q 視覚障害のある利用者の外出に同行するときの支援では、タクシーに乗るときは、支援者が先に乗って誘導する。

〔第34回-問43〕

A × 電車やバスの乗り降りは、支援者が先に行うが、自動車の場合は、利用者が先に乗り、支援者が先に降りて誘導する。

重要度B 車いすの介助

◆車いすの点検

車いすの介助では、まず、車いすに異常がないかを点検することが大切です。**ブレーキ**はしっかりとかかるか、**駆動輪**（後輪）の空気が抜けていないか、**キャスタ**（前輪）が外れかかっていないかなどをチェックします。

■車いすの各部位の名称

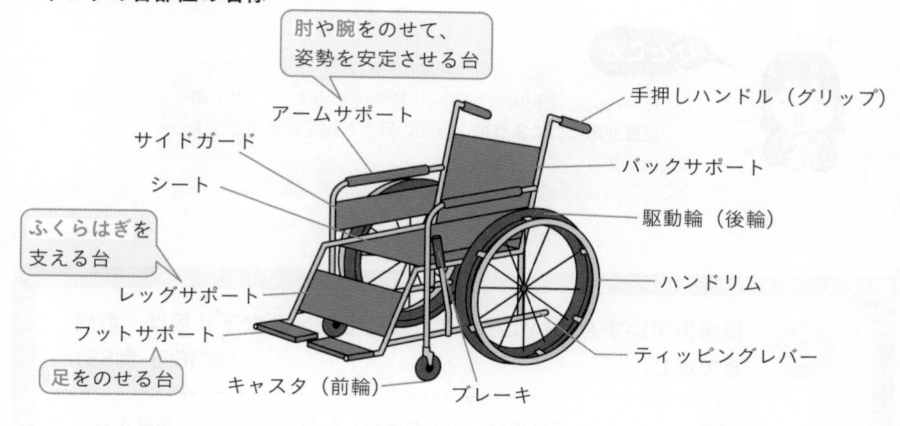

◆車いすの介助の留意点

車いすの介助の場合、少しの段差や道路の傾きでも、利用者は揺れや振動を大きく感じることや、通常の速度より**速く感じる**ことに配慮して操作します。

■場面ごとの車いす介助のポイント

分類	車いす介助のポイント
端座位から車いすへの移乗	●利用者の**健側**、ベッドに対して20～45度の位置に置く ●**スライディングボード**を活用し、臀部を滑らせて移乗させることも可能 ●移乗したあとは、足が**フットサポート**に乗っていることを確認する
段差や下り坂での介助	●段差　段差を上るときは**前向き**、下りるときは**後ろ向き**で移動する ●下り坂　後方を確認しながら**後ろ向き**で移動する（急勾配の**スロープ**の場合も同様）
エスカレーターやエレベーターでの介助	●エスカレーター　上るときは**前向き**、下るときは**後ろ向き**で移動する ●エレベーター　乗るときは**後ろ向き**、降りるときは**前向き**で移動するのが一般的
砂利道での介助	●砂利道では、**キャスタ**を浮かせて移動することで、振動を少なくする

ひとこと

片麻痺のある利用者が車いすを使用する場合、**健側の足底が床につくように**、座面の高さを設定することが大切です。

例題

標準型車いすを用いた移動の介護として、急な下り坂は、前向きで進む。〔第36回-問85〕

下り坂は、後方を確認しながら**後ろ向き**で移動する。

CHAPTER 11

SECTION 4

自立に向けた身じたくの介護

このSECTIONのポイント

◆身じたくの意義と目的 … 身じたくを整えることは、生活のリズムをつくり、意欲の向上につなげるためにも大切です

◆整容 … 各部位の整容介助のポイントをおさえましょう

◆口腔の清潔 … 方法別のポイントや義歯の手入れなどをおさえましょう

◆衣服着脱 … 脱健着患など、介助のポイントをおさえましょう

重要度C 身じたくの意義と目的

「身じたく」を整えることは、洗面、整髪、爪の手入れ、化粧などによって、**身だしなみ**を整えることを指します。

身じたくを整えることによって期待できるのは、どんなことでしょうか。

例えば、洗面や整髪などを習慣的に行うことで、**生活**のリズムがつくられていきます。リズムがつくられることで、なんらかの活動を始めたり、他者とコミュニケーションを図ったりするための、**意欲**の向上にもつながっていくでしょう。

このように、身じたくが精神面に少なくとも影響を与えるのは、それが**自己表現**の一部だからです。その人なりの身じたくのあり方を理解して、個性を尊重した自立支援を行うことが大切です。

ひとこと

身じたくを整えることは、精神面だけでなく、**衛生面**からも重要であることも、忘れずに理解しておきましょう。

重要度B 整容

「整容」とは、姿や形を整えることをいいます。ここでは、洗面、整髪、耳の手入れ、鼻の手入れ、ひげの手入れ、爪の手入れ、化粧について、整容の介助のポイントを挙げていきます。

■各部位における整容の介助のポイント

部位	整容の介助のポイント
洗面	●顔の汚れを除去することで爽快感が得られ、**血流の促進**にもつながる ●できる限り、利用者自身の手で拭いてもらう。介助が必要な場合は介護福祉職が清拭（蒸しタオルなどでからだを拭うこと）を行う ●**顔の清拭**は、目→額→鼻→頬→口→下顎→耳→首の順で行う。目を拭くときは、右図のとおり目頭**から**目尻**に向かって拭く**ことが原則 ●汚れのつきやすい目や鼻のまわりを、特に丁寧に拭く
整髪	●整髪は、ふけやほこりの除去などだけでなく、利用者が個性を発揮できる部分でもある。好みの髪型や整髪料がないか、利用者の希望を確かめながら行う ●頭皮の血行促進にもつながるため、しっかりブラッシングを行う ●できる限り、利用者自身の手で整髪を行ってもらう
耳の手入れ	●耳の手入れは、綿棒で行う。耳の内部を傷つけないように、綿棒を入れるのは、入口から目に見える**1.5cm程度**までにとどめる ●耳垢（耳あか）が乾燥している場合は、水やアルコールで湿らせた綿棒で取る。耳垢塞栓（耳あかにより外耳道 →p.207を参照 がふさがれた状態）によって取りにくい場合は、無理に行わず医師に相談をする
鼻の手入れ	●**鼻毛**は、外部から入り込む異物を防ぐ役割を果たしている。のびてきたときは、抜くのではなく、のびたぶんを切るようにする ●**鼻汁**は、外部から入り込んだ異物を除去する役割を果たしている。鼻をかむときは片方ずつ行い、難しい場合は綿棒などを使う

電気かみそりによるひげの手入れ	●ひげは乾いた状態のまま、皮膚に**電気かみそりを**軽く当てて、皮膚に対して直角にそっていく。また、ひげの流れに逆らってそる
爪の手入れ	●介護福祉職による爪切りややすりがけは、爪そのものの異常や、爪周囲の皮膚の化膿（かのう）・炎症、糖尿病などによる専門的な管理が必要ない場合に、認められている ●爪の手入れをおこたると、巻き爪、爪白癬（はくせん）※が引き起こされる ●高齢者の爪は割れやすいので、入浴後や蒸しタオルの使用後に、やわらかくなってから行う。利用者の指先を手に取って、力を入れすぎず少しずつ切り、爪の先端の白い部分を１mmぐらい残し、最後にやすりがけで整える。爪やすりは両端から中央に向けてかけていく
化粧	●化粧をすることは、意欲や残存機能の向上につながる。本人の生活歴を踏まえ、意向を確認しながら、適度に勧め、できる限り利用者自身の手で行ってもらう

※巻き爪／爪白癬とは？

巻き爪とは、爪の先端が内側に巻き込まれた状態のこと。爪白癬とは、カビの一種である白癬の感染により、爪の盛り上がり（肥厚）や白濁などの変色が起こる疾患のこと。

介護福祉職が行う爪切りとして、周囲の皮膚に腫れや傷がある場合は、少しずつ切る。〔第29回-問39〕

皮膚の周囲に化膿や炎症がある場合、介護福祉職は爪切りを行ってはならない。こうしたケースにおける爪切りは医行為に該当する（p.406参照）。

ひとこと

爪切りに限らず、整容の介助で、利用者の皮膚に異常を認めた場合は、速やかに医療職に報告する必要があります。

重要度A

口腔の清潔

1 口腔ケアの目的

口の中＝口腔(こうくう)には、無数の細菌が繁殖しています。

口腔内を清潔な状態にする口腔ケアの目的は、う歯（虫歯）や歯周病などの疾患の予防、誤嚥(ごえん)性肺炎の予防にとどまらず、唾液(だえき)の分泌による自浄作用の促進、口臭の除去による対人関係の円滑化などの効果も望まれます。そのため口腔ケアは、口腔からの食事摂取の有無にかかわらず実施する必要があります。

2 口腔ケアの方法

口腔ケアには、利用者の状態に合わせて、3つの方法があります。歯ブラシによるブラッシング、水や含嗽(がんそう)剤（うがい薬）によるうがい、綿棒やガーゼ、スポンジブラシなどによる口腔清拭(せいしき)があります。なお、口腔ケアを始める前に唾液腺 →詳細はp.223参照 マッサージを行い、唾液分泌を促進すると効果的です。

■口腔ケアの方法

方法	口腔ケアのポイント
ブラッシング	●歯垢(しこう)を取り除くうえで最も効果がある ●歯ブラシは、粘膜を傷つけないように、**ブラシの部分が**小さく、やわらかい**タイプのもの**を選ぶ ●うがいが可能なら、ブラッシングの前に行う
うがい	●主に、口腔内の食物残渣(ざんさ)（食べ物のかす）を取り除くために行われる ●うがいの仕方として、「ガラガラ」よりも「ブクブク」のほうが口腔ケアの効果がある
口腔清拭	●主に、口腔内の細菌を取り除くために行われる ●舌の清拭は、奥から手前に向かって行う ●口腔内に炎症があったり、歯肉が傷ついたりしないようにするために、口腔清拭が行われることもある

ひとこと

舌の表面についている舌苔（ぜったい）は、適度な量であれば、味覚や粘膜の保護などに関わり、食物摂取のバランスを整えるはたらきを示します。口腔ケアにおいても、**すべてを取り除くのではなく、適度に残す**ように心がけます。

3 義歯の手入れ

◆総義歯の外し方・装着の仕方

義歯（入れ歯）は清潔を保つために、毎食後に外して洗浄します。総義歯（総入れ歯）を外すときは**下顎**から行い、装着するときは**上顎**から行うのが原則です。

下顎は前歯の部分をつまんで後方を**上げる**ようにして外し、上顎は逆に後方を**下げる**ようにすると簡単に外れます。外すときも装着するときも、**回転**させて口腔内に出し入れさせるように留意します。

◆義歯の洗浄

義歯の洗浄は、通常の歯ブラシよりも硬い専用の歯ブラシを使って、**流水**下で行います。落下による破損防止のため、水を張ったボウルなどを**下に置く**ようにします。歯みがき剤や**熱湯**を使用すると、義歯の摩耗（まもう）や変形をまねくので避けます。また、部分床義歯の**クラスプ**（入れ歯を固定する金属製のバネ）部分の洗浄は、植毛部の小さなブラシや専用の歯ブラシを使って、**クラスプ**が変形や損傷しないよう丁寧に洗います。

◆外した義歯の保管

洗浄時のほかに義歯を外すのは、基本的に**就寝時**だけです。**就寝時**に義歯を外すのは、歯肉を痛めないようにするためです。義歯は**乾燥**しないように、水や義歯用の洗浄剤を入れた専用容器で、すべてつかるように保管します。

例題

総義歯は、上顎から先に外す。〔第35回－問84〕

総義歯（総入れ歯）を外すときは下顎から行い、装着するときは上顎から行うのが原則である。

4 状態別の口腔ケア

◆ベッド上で口腔ケアを行う場合

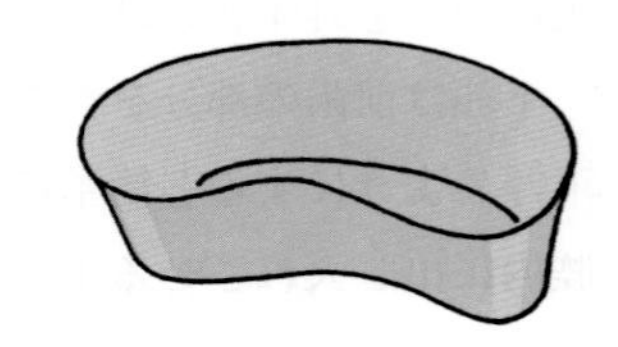

介護が必要な利用者に口腔ケアを実施する場合、ベッドの上で行うこともあります。ベッドをギャッジアップすることが可能なら、**上半身**を起こしてもらい、難しければ**側臥位**※で口腔ケアを実施します。また、うがいのために、右図のような**ガーグルベースン**を利用します。

◆片麻痺のある利用者の場合

麻痺のある側に**食物残渣**が残りやすいので**麻痺側**のケアが特に重要になります。

◆経管栄養を行っている利用者の場合

口腔ケアの刺激によって嘔吐などを引き起こす可能性があるので、経管栄養終了後、しばらく**時間**を置いてから実施します。体位は、誤嚥を防止するために**半座位**（ファーラー位）※として、実際のケアにあたっては、口腔内を湿らせるために**スポンジブラシ**などを軽く絞ってから使用します。

※側臥位／半座位（ファーラー位）とは？

側臥位とは、横向きの体位で、からだの左右どちらかを下にするもの。半座位（ファーラー位）とは、頭部と上半身を45度の角度に起こした体位のこと（p.532参照）。

重要度 A

衣服着脱

1 衣服の機能と着脱介助

衣服は、利用者の**個性**や**好み**を反映できるものです。また、場面や場所、時間によって衣服を替えることで、生活のなかに**めりはり**をつけることもできます。

介護福祉職には、単に利用者の着脱（衣服を着たり脱いだりすること）を介助するだけでなく、意欲を引き出すことも求められています。

からだの保護や体温調節といった実務的な面だけでなく、その人にとって**使いやすい**、**着脱**のしやすい衣服を選ぶことも重要といえます。

2 着脱介助の留意点と衣服の選び方

着脱介助で念頭に置いておきたいのは、利用者のプライバシーに配慮することです。着脱を行うときは**カーテン**のある場所を選んだり、肌が介護福祉職自身の目にも触れないように、**タオルケット**等を使用したりするようにします。

また、片麻痺（かたまひ）のある利用者の着脱介助では、次のような原則があります。

●ここがポイント

片麻痺のある利用者の着脱介助

原則として、**健側（けんそく）**※から脱ぎ **患側（かんそく）**※から着る ＝ **脱健着患（だっけんちゃっかん）**にする

片麻痺のある利用者の衣服の選び方

◆上着はシャツタイプで、**袖口**の穴と**肩幅**が広いものが適切。特に寝たきりや全介助の利用者など、臥床（がしょう）した状態で着脱介助をする必要

があるときは、前開きの衣服を選ぶ。ボタンを使う上着の着用時は、ボタンが大きめのものや、マグネット式のものを選ぶ

◆スラックスは、伸び縮みしやすいものにして、ひもで結ぶタイプのものは避ける

※健側／患側とは？
健側とは、麻痺や障害のない側のこと。患側とは、麻痺や障害のある側のこと。患側のことを麻痺側(まひそく)と呼ぶこともある。

ひとこと
伸縮性がある衣服は、片手でも扱いやすいため、片麻痺のある利用者に適しています。

◆認知症のある利用者の場合

症状の進行に伴い、まわりの人と同じように季節を認識できず、季節に合った衣服を選ぶことが難しくなるケースがあります。

夏場に厚着をすると熱中症などを引き起こすおそれもあるため、「汗をかいているので上着を脱ぎませんか」など、利用者自身が自然な流れで更衣（着替え）をできるように促す対応が求められます。

◆実行機能障害のある利用者の場合

実行機能障害は、認知症などにより、物事を計画どおりに実行することが難しくなるものです。

どのような手順で更衣を行えばよいのかが分からない状態のため、介護福祉職がジェスチャーなどの動作でヒントを示し、更衣を促していくのが適切です。

◆着衣失行のある利用者の場合

着衣失行とは、**失行**※のひとつで、認知症や高次脳機能障害 →詳細はp.392参照 などにより、衣服の前後、左右を間違えるなど、思いどおりに衣服を着ることができなくなるものです。

どのような着衣のしぐさをしているかを観察し、利用者の状態に応じて、衣服の前後や左右に**印**をつけ、衣服の着る順番に応じて声をかけるなどして、更衣を見守りながら、根気よく繰り返して練習するようにします。

※失行とは？
運動機能には障害などがなく、その行為の内容を理解しているのにもかかわらず、思うような行動や、目的に沿った動作がとれなくなる症状のこと。

◆脊髄損傷のある利用者の場合

事故などを原因とした脊髄損傷では、損傷の程度によって障害の現れ方が異なります。例えば第6頸髄節までの機能残存の場合、肘を**伸ばす**ことはできませんが、**曲げる**ことは可能です。一方で、手指には**麻痺**がみられます。

麻痺があることから、ボタンなどの使用は難しい状態です。上着は伸縮性のある**かぶり式**のタイプを選び、更衣の際にはベッドの**ギャッジアップ**などで上半身を起こせるようにします。

また、ズボンの更衣は**仰臥位**などで行うように勧めます。靴下の上部には指をかけて引き上げるための**ループ**をつけるのが適切です。

例題

介護を必要とする高齢者の衣服と、その支援として、左片麻痺がある場合は、左半身から脱ぐように勧める。〔第28回-問45〕

脱健着患の原則にしたがい、左片麻痺がある場合は、**右半身**から脱ぐように勧める。

CHAPTER 11
SECTION 5

自立に向けた食事の介護

このSECTIONのポイント

- ◆**食事の意義と目的** … 食事という行為を楽しめるようになることは、心身の活性化につながる重要な要素です
- ◆**基本的な食事介助の方法** … 食前・中・後の支援を整理しましょう
- ◆**利用者の状態に応じた食事の介助** … 疾患や障害の種類によって、食事介助の留意点は変わるので整理しておきましょう

重要度C　食事の意義と目的

「食事」を通して人は栄養素を摂取し、健康なからだを保っています。「食事」は、**生命**を維持するために欠かせない行為であると同時に、**楽しみ**を感じられる行為でもあります。

心身の活性化を図るためにも、利用者自身が進んで食事をとることができるように、環境づくりや食べやすい食事形態にするなどの工夫をしていくことが、大切といえます。

重要度C　基本的な食事介助の方法

1 食事前の支援

◆食事の場所と食事に向けた準備

食事はできる限り、**利用者の居室**ではなく、**食堂**でとるようにします。これは、他の利用者との交流や、気分転換を促すためのものでもあります。このように、普段寝る場所と食事をとる場所を分けることを、**寝食分離**といいます。

また、食事の前に**排泄**(はいせつ)をすませることで、落ち着いた状態で食事を迎えられるようにしてもらいます。

利用者が座位で食事をとれる場合、その姿勢にもいくつか注意点があります。

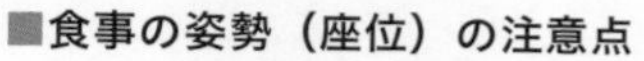

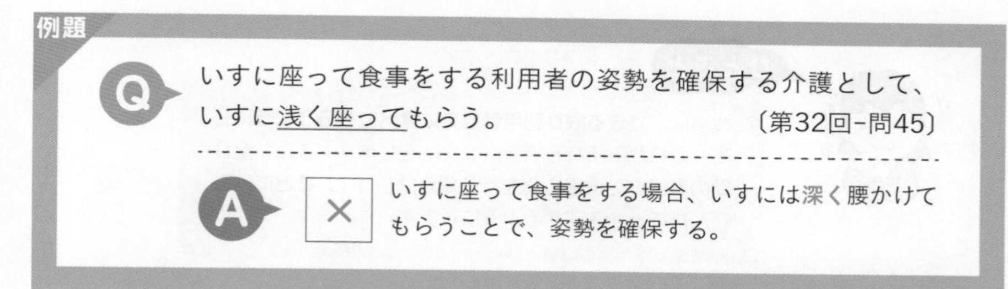

例題

Q いすに座って食事をする利用者の姿勢を確保する介護として、いすに浅く座ってもらう。〔第32回-問45〕

A × いすに座って食事をする場合、いすには深く腰かけてもらうことで、姿勢を確保する。

2 食事中の支援

◆食事の並べ方と介助の基本

食事は**利用者**に向けて並べ、介助者は利用者の**目線**の高さに合わせて介護を行います。ここで、献立（こんだて）の内容についても説明しておきます。

食事に入る前に、お茶や汁物で口の中を**湿らせて**もらいます。これは唾液（だえき）の分泌を促し、口の中でスムーズに食べ物を通過させ、飲み込みやすくするためです。

◆介助のペース

食事が始まったら、利用者のペースをみて、１口の量を調節しながら、口元に運んでいきます。**主食**（米・パンなど）、**主菜**（肉・魚・卵など）、**副菜**（野菜など）を交互に食べてもらい、バランスのよい食事を心がけます。食事の合間にも、適度に水分の摂取を勧めていきます。

3 食後の支援

食事を終えたら、お茶などで口をすすいでもらいます。体調を確認し、口腔（こうくう）ケア →詳細はp.542参照 を行います。食後は、誤嚥（ごえん）※を防ぐためにもすぐには横にならず、30分から1時間程度は座位などの姿勢をとり、安静を保ってもらいます。

※誤嚥とは？
本来なら食道に入るべき飲食物や唾液が、誤って気管に入ってしまうこと。誤嚥によって引き起こされる肺炎を、誤嚥性肺炎と呼ぶ。

ひとこと

食事は、**できる限り利用者自身に食べてもらうように**にして、疲れがみられる場合には介助をします。また、**全介助**の利用者の食事介護を行う場合は、**1口ごと**に飲み込んだことを確認するようにします。

重要度A 利用者の状態に応じた食事の介助

疾患や障害の種類によって、食事介助の留意点は変わってきます。ここでは、視覚障害、片麻痺（かたまひ）、認知症、構音障害、嚥下（えんげ）障害などのある人への支援について、食事介助の留意点を取り上げていきます。

1 視覚障害のある人への支援

視覚障害のある人は、自分の目で食事の内容を確かめることが難しい状態にあります。そのため、言葉で料理の色や形などを伝えて、イメージをふくらませることで、楽しく食事をとることができるようにします。

◆**食べ物の並び方を伝えるための方法**

食べ物がどのように並べられているのかが伝わるように、**クロックポジション**（食べ物の位置を時計の文字盤にたとえて説明するもの）が活用されています。

例えば右の図の場合、「**7時**の位置にごはんがあります」「**5時**の位置にみそ汁があります」などと説明します。

■**クロックポジション**

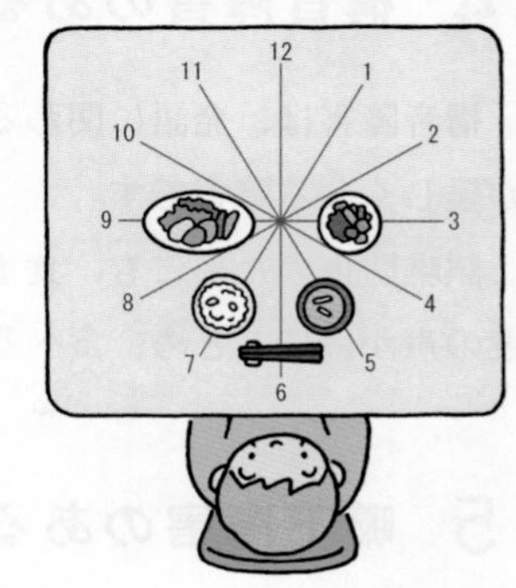

ひとこと

半側空間無視（p.393参照）のある利用者の場合、クロックポジションにこだわらず、食べる様子を観察しながら、適宜食器の位置を変えるようにします。

2 片麻痺のある利用者への支援

片麻痺があると、食事中に**麻痺**側にからだが傾いて、食べ物がこぼれてしまったり、食物残渣（食べ物のかす）などがたまりやすくなったりします。そのため、**クッション**などで姿勢を安定させるようにします。

また、食事の自立を支援するために、**自助具**の使用を勧めることも大切です。誤嚥を防止するため、ぱさぱさした食物や汁物は、先に**水分**で口腔内を湿らせたり、**とろみ**をつけたりといった工夫をして提供します。

3 認知症のある利用者への支援

認知症のある利用者は**失行**のために、箸やスプーンの使い方が分からなくなってしまうことがあります。そうしたときには、**動作の誘導**をするようにします。

また、記憶障害によって食べたことを忘れて、食べ過ぎてしまうこともあります。例えば、**小分け**にして食べてもらうことで、食べ過ぎを防ぐことができます。

4 構音障害のある利用者への支援

構音障害は、発語に関わる器官の動きが障害されることで、正確な**発声・発音**が難しくなる障害です。

誤嚥防止のためにも、食事中に不必要に**話しかけたり**せず、メニューの説明程度の声かけにとどめ、**食べること**に集中してもらうようにします。

5 嚥下障害のある利用者への支援

嚥下とは、食べ物を飲み込む動作のことをいいます。加齢などを原因として、嚥下機能が低下すると、**誤嚥**をまねくおそれがあります。

誤嚥を防ぐために、嚥下障害のある利用者に対する介助の留意点と、嚥下しやすい食べ物・誤嚥しやすい食べ物について理解しておくことが大切です。

●ここがポイント

嚥下障害のある利用者に対する介助の留意点

◆食前に 嚥下体操※ を勧める

◆必ず 見守り をして、1口の量を 少なめ にする

◆食べ物は、嚥下反射を促すため、その食べ物に適した 温度 で提供し、体温 よりも少し冷たいか、温かくする

◆食べ物は口腔(こうくう)の 前 のほうにおく。食べ物を口に入れたら、口唇(こうしん) を閉じるように声かけをする

◆頭部が 後ろ に傾かないように注意して、利用者の 下方 から食べ物を口元に運ぶ

嚥下しやすい食べ物・誤嚥しやすい食べ物

◆食事に とろみ をつけると飲み込みやすくなる。小さく切って提供する場合、きざみ食 になると食塊（しょっかい）が形成しにくく、誤嚥をまねくおそれがある

○ 嚥下しやすい食べ物	× 誤嚥しやすい食べ物
プリン、豆腐、ゼリー、ヨーグルト、**とろみ**のあるもの、あんかけ、おかゆ	水分、口の中に**くっつき**やすいもの（もち・わかめ・のり・レタス）、**ぱさぱさ**したもの（パン）、**スポンジ**状の食品（カステラ）

※嚥下体操とは？

嚥下に関わる顔や首などの筋肉を動かすことで、誤嚥の予防や口腔機能の維持・回復を目的とした体操。

ひとこと

嚥下機能が低下した利用者には、食前に凍らせた綿棒やスポンジなどで喉を刺激する アイスマッサージ で、嚥下反射を誘発する方法も有効です。

◆誤嚥に気づくためには／誤嚥への対応方法は

食事中に**むせる**、**咳**（せき）をする、**口から食物**がこぼれる、**水分**の飲み込みが悪い、**チョークサイン**（窒息（ちっそく）したときに自分ののどをつかむ動作）がみられるといったことから、誤嚥に気づけるようにすることが大切です。利用者が食事中にむせ込んだときは、気管に入りそうになった食べ物を吐き出そうとしているため、しっかりと咳を続けてもらうよう声をかけるようにします。気管に異物が入ってしまった場合は、取り除くために応急処置を行う必要があります。

■異物を除去するための応急処置

分類	応急処置の方法
背部叩打法	利用者を一方の手で背部から支えて、もう一方の手の付け根の部分で、左右の肩甲骨の中間部分を強く叩く方法。側臥位で行うときは、利用者のからだを介護福祉職のほうに向けて実施する 対象者が乳児の場合 介護福祉職の片腕に乳児をうつぶせに乗せ、手のひらで乳児の顎を支え、頭部をからだより低く保つ。もう一方の手の付け根の部分で、乳児の背中の中央部分を数回強く叩く
腹部突き上げ法（ハイムリック法）	利用者を背部から抱きかかえ、握りこぶしをつくった手をもう一方の手で握り、へそとみぞおちの中間部分から手前上方へ圧迫するように突き上げる方法。主に立位や座位で行う。乳児や妊婦には実施しない

6 脱水予防のための支援

「脱水」とは、下痢や発熱、嘔吐などによって、体内の水分量や電解質（ナトリウムなど）の量が減少した状態をいいます。

高齢者の場合、体内の水分量が若い頃と比べて普段から減少しています。また、のどの渇きにも気づきにくくなっているため、口渇感を覚えて自発的に水分を摂取しようとすることも少なくなっています。こうした要因からも、高齢者は脱水状態におちいりやすくなっているといえます。

脱水を予防するためには、こまめな水分摂取が重要です。利用者に脱水の徴候がみられたら、脱水予防に適した飲食物を勧めるようにします。また、誤嚥しやすい高齢者の脱水予防のためには、摂取している水分の形状を確認することが大切です。

●ここがポイント

脱水時にみられる症状

- 食欲の低下、体重の減少
- 尿量の減少
- 皮膚や舌の乾燥
- 活動性の低下、ぼんやりとした状態
- めまいや立ちくらみ
- 発熱

脱水予防に適した・適していない飲食物

○ 脱水予防に適した飲食物	× 適していない飲食物
経口補水液、スポーツドリンク、ほうじ茶、みそ汁、ゼリー、水分を多く含む果物・野菜（すいか・きゅうりなど）	尿量を増加させるカフェインを含む飲料（コーヒー・緑茶など）、アルコール類（ビールなど）

ひとこと

経口補水液 は、水分や電解質を速やかに補給できるように、成分が調整された飲料です。**軽度の脱水症の治療に適したもの**とされています。

7 加齢に伴う身体機能の変化に対応した支援

高齢者は、加齢によってからだのさまざまな機能が低下しています。身体機能の変化に応じて、提供する食事の内容にも注意をする必要があります。

■加齢に伴う身体機能の変化に対応した支援

分類	支援方法
味覚	加齢によって、味（特に塩味）に対する感受性が低下する。そのため、濃い味付けを好むようになるが、調味料の多用は栄養バランスのかたよりや、血圧の上昇をまねく 支援方法 酸味や出汁、薬味を利かせたり、香辛料を使ったりして、味覚を補うようにする
唾液の分泌	加齢による唾液腺の機能低下や、口のまわりの筋肉のおとろえによる咀嚼力（食べ物をかみくだく力）の低下を原因として、唾液の分泌量が減少する 支援方法 ●食べ物をかむ回数を多くして、唾液の分泌量を増やす。主食は、唾液を吸収しやすいもの（パンなど）よりも、唾液を吸収しにくいもの（米など）のほうがよい ●咀嚼力の低下に対しては、小さく切ったり煮込んだりするなど、食べやすくする工夫を考える
腸の蠕動運動	腸が動いて、便を大腸から肛門へ押し出す運動＝蠕動運動が低下して、便秘をまねく 支援方法 整腸作用のある乳酸菌や、根菜類などの食物繊維を多く含む食品を摂取する

ひとこと

慢性腎不全や高血圧、脂質異常症など、**食事制限や栄養管理が必要な疾患**については、p.232で確認しましょう。

例題

唾液分泌の低下に対してはパンを主食にする。〔第29回-問49〕

唾液を吸収しやすいパンなどよりも、唾液を吸収しにくい米などが適している。

CHAPTER 11
SECTION 6

自立に向けた入浴・清潔保持の介護

このSECTIONのポイント

- ◆入浴の意義と目的 … 入浴や清潔保持は、疲労の回復や心身のリラックスを図るうえで大切な行為です
- ◆基本的な入浴介助の方法 … 入浴前・中・後の支援を整理しましょう
- ◆利用者の状態に応じた入浴の介助 … それぞれの介助のポイントを整理しましょう
- ◆清潔保持のためのさまざまな方法 … 入浴以外の清潔保持の方法とポイントを整理しましょう

重要度C 入浴の意義と目的

「入浴」を通じてからだを洗ったり、お湯につかることは、**疲労**の回復や心身の**リラックス**といった効果をもたらします。また、入浴によって得られる爽快感（そうかい）からリフレッシュが図られることで、新たな活動に臨んでいく**意欲**を引き出すことにもつながります。

からだの状態によって入浴することが難しい利用者でも、シャワー浴、部分浴（洗髪、手浴（しゅよく）・足浴（そくよく）、陰部洗浄など）、全身清拭（せいしき）といった清潔保持の介助を行うことで、入浴に近い効果を得ることができます。

重要度B 基本的な入浴介助の方法

1 入浴前の支援

◆体調のチェックと入浴のタイミング

入浴は、利用者のからだにさまざまな効果をもたらします。そうした効果が、からだの負担となる場合もあるので、入浴前には、必ず利用者の**体調**や**皮膚**の状態を確認するようにします。また、貧血や消化機能の低下をまねかないように、**空腹**時や食事の直後（食後1時間以内）は、入浴を避けるようにします。

さらに、入浴による**温熱作用** →詳細はp.234参照 により、体内の老廃物が排出されやすくなるため、入浴前にトイレに誘導したら、脱水予防のために喉が渇いていなくても水分補給を行いましょう。

◆脱衣室と浴室、居室の環境調整

衣服の着脱を行う脱衣室、入浴を行う浴室、入浴前後のトイレ、そして利用者の居室は、温度差を**小さく**して、**22**℃程度に保つようにします。温度差があると、血管の収縮・拡張によって血圧の上昇・低下をまねき、心筋梗塞（こうそく）などを引き起こす**ヒートショック**と呼ばれる現象が起こるおそれがあるためです。

そして湯温は、高すぎず低すぎずで、高くても**40**℃に設定します。入浴前に**介助者**が自分の手で、お湯の温度を確かめることを忘れないようにしましょう。

2 入浴中の支援

入浴時間は、からだへの負担を考慮して、**10～15分程度**にとどめます。そのうち、お湯につかっている時間は、**5**分程度にします。

お湯につかるときは、**浮力作用** →詳細はp.235参照 によって利用者のからだが浮きやすくなっているので、バランスを崩さないように注意をします。また、浴室内での**転倒**にも注意を払います。

3 入浴後の支援

入浴後は、気化熱（液体が気体に変わるときに、周囲の熱を吸収すること）で体温が奪われるため、すぐにからだの**水分**を拭（ふ）き取るようにします。利用者の体調やからだの状態を確認し、着脱を終えてから**水分**の補給を行います。その後は、体力回復のため、しばらく**安静**に過ごしてもらいます。

例題

入浴時のヒートショック予防として、湯の温度設定は高めにする。
〔第28回－問53〕

×

湯の温度設定を高めにすると、浴室や脱衣室、居室の温度差が大きくなる。ヒートショックを予防するためには、温度差を小さくするのが適切である。

重要度A 利用者の状態に応じた入浴の介助

1 片麻痺のある利用者への支援

片麻痺（かたまひ）のある利用者には、安全のために、浴槽には健側（けんそく）から入ってもらうようにします。このとき、浴槽のふちに渡す板＝**バスボード**（右図参照）の使用も検討します。

介助をするときは、**患側**（かんそく）保護の原則に基づき、利用者の**患側**から介助を行います。また、浴室の出入口に段差がある場合は**健側**から上がり、**患側**から下りてもらいます。

2 高血圧や心疾患のある利用者への支援

高血圧や心疾患のある利用者には、血圧の上昇や、心臓への負担をやわらげるために、湯温は**37～39℃**程度の**ぬるめ**の湯にします。同様の理由から、浴槽の**水位**も心臓より低くしておきます。

3 老人性掻痒症のある利用者への支援

老人性掻痒（そうよう）症のある利用者には、**かゆみ**の原因にならないように、**弱酸性**の石鹸（せっけん）でからだを洗います。**入浴剤**も、刺激になるようなものは避けます。

入浴後は、皮膚が乾燥する前に保湿剤を使用し、着替えの衣服も皮膚への刺激が少ない木綿素材などを選ぶようにします。

4 療養中の利用者への支援

ここで挙げる療養中の利用者とは、心臓機能障害、腎臓機能障害、呼吸器機能障害、膀胱・直腸機能障害により、なんらかの治療を継続的に受けている人です。

→各機能障害の詳細はp.377以降を参照

●ここがポイント

療養中の利用者への入浴に関する支援

心臓機能障害：植え込み式ペースメーカーを装着している人	入浴時間を短めにすれば、装着中でもお湯につかれる
腎臓機能障害：血液透析を受けている人	体力を消耗し、針を刺した部位からの感染や出血の可能性もあるため、透析直後の入浴を控える
呼吸器機能障害：酸素療法を受けている人	入浴の影響で酸素の消費が速くなるため、カニューレ※をつけたまま入浴する
膀胱・直腸機能障害：人工肛門などのストーマを装着している人	装着の有無にかかわらず入浴ができる

※カニューレとは？
酸素吸入のために鼻に装着するチューブのこと。

例題

入浴の介護として、血液透析を受けている人は、透析直後に入浴する。
〔第32回-問49〕

体力の消耗に加え、針を刺した部位からの**感染**や**出血**の可能性もあるため、透析直後の入浴は控えるようにする。

重要度B 清潔保持のためのさまざまな方法

からだの状態によって、お湯につかることが難しい場合、入浴以外の方法で利用者の清潔保持を行う必要が出てきます。ここでは、シャワー浴、部分浴（洗髪、手浴（しゅよく）・足浴（そくよく）、陰部洗浄など）、全身清拭（せいしき）について取り上げていきます。

1 シャワー浴

シャワー浴では、からだへの負担はやわらぎますが、からだの熱は冷めやすくなるため、湯温を入浴時（**40**℃程度）より、1～2度**高く**設定することが大切です。

◆シャワー浴の留意点

まずは湯温を**介助者**が確かめ、シャワーは心臓への負担をやわらげるために、からだの**末端**から**中心部**へ（足先から始めて、徐々に心臓のほうに向けて）かけていくようにします。

シャワー浴が終わったあとは、気化熱で体温が奪われるため、脱衣室に移動する前に乾いたタオルですぐに**水分**を拭き取るようにします。

例題

Q シャワー浴の介護で、からだ全体にシャワーをかけるときは、上肢から先に行う。〔第34回-問48〕

A × 心臓への負担をやわらげるために、足先から始めて、徐々に心臓のほうに向けてシャワーをかけるようにする。

2 洗髪

洗髪には、頭皮への刺激によって、**血行**を促進するはたらきがあります。洗髪前によく**ブラッシング**をして、介助者の手でシャンプーを泡立ててから、**指の腹**でやさしくマッサージするように洗っていきます。

◆洗い流すときの留意点

ベッド上で洗髪するときは、先に**シャンプーの泡**をタオルで拭き取り、それから少量の湯で洗い流すようにします。ドライヤーは、やけどを防ぐために、頭皮から**20**cm以上離して使用するようにします。

ひとこと

洗髪では、お湯が使えない場合、**オイルシャンプー**（温めたオイルを、髪の毛の分け目や生え際などにつけて、汚れを拭き取るもの）や、**ドライシャンプー**（利用者の髪の毛につけたあとに、蒸しタオルなどで拭き取るもの）で対応するようにします。

3 手浴・足浴

手浴は手や指を、足浴は膝(ひざ)から下の部分をお湯につからせながら、清潔を保つ方法です。お湯につかってマッサージを受けることで、**血行**が促進され、**拘縮**(こうしゅく)（関節の動きが制限された状態）の予防にもつながります。また、足浴には、全身の爽快感を得られることで、**安眠**を促す効果があります。そのため、手浴・足浴は、**冬期**などに限らず、**季節**を問わず行われます。

◆手浴・足浴の留意点

体位は、手浴・足浴ともに、**端座位**、または**椅座位**（椅子に座って背中を背もたれにつけ、足底が床についている状態）で行うことが望ましく、難しい場合は、仰臥位で膝を曲げた状態で行い、足底が、足浴用容器の底面に付くようにします。湯温は**39**℃程度にして、お湯につかる時間は、**10〜15**分程度にしておきます。手の先や足の先までを、石鹸などを使いながら丁寧に洗っていき、洗い終わったら、タオルで**指の間**までしっかりと水分を拭き取るようにします。

椅座位で足浴を行う介護方法として、足浴用容器から足を上げた後は、自然乾燥させる。 〔第36回−問92〕

洗い終わったら、タオルで**指の間**までしっかりと**水分**を拭き取るようにする。

4 陰部洗浄

◆陰部洗浄の「拭き方」の留意点

陰部は、排泄物や分泌物によって最も汚れやすく、感染を起こしやすい部位です。拭くときは**37〜39**℃のぬるめの湯にして、女性の場合は**前**から**後ろ**（恥骨から肛門）に向かって拭くようにします。また、男性の場合は亀頭や睾丸の汚れに注意して、しわを伸ばしながら拭くようにします。

ひとこと

陰部洗浄を行うときは、利用者の**羞恥心**や**プライバシー**に配慮して、カーテンのある場所を選んだり、陰部にタオルをかけたりするなど、**肌の露出を少なくする**ように配慮します。

5 全身清拭

全身清拭は、蒸しタオルによってからだ全体の清潔を保つ方法です。清拭による皮膚への刺激には、**血行**を促進させ、**褥瘡**などを予防する効果があります。湯温は、清拭を行っている間に冷めていくことと、血行促進のために、**55〜60℃**にしておきます。

◆清拭の留意点

清拭は、からだの**末端**から**中心部**に向かって行います。清拭を行いながら、皮膚についた水分は、そのつど拭き取るように心がけます。

顔は、目 → 額 → 鼻 → 頬 → 口 → 下顎 → 耳 → 首の順に拭いていきます。目を拭くときは**目頭**から**目尻**に向かって拭くようにします。 →詳細はp.540参照

その後、上肢 → 胸部 → 腹部 → 背部 → 下肢 → 陰部の順で行っていきます。

ひとこと

利用者に片麻痺がある場合、**背部は 健側 を下にして拭きます**。これは、患側は血液の循環が悪く、感覚もにぶくなっているからです。

例題

全身清拭の介護では、40℃のお湯を準備する。

〔第25回−問49〕

清拭を行っている間に冷めていくこと、血行促進の効果も考慮して、湯温は**55〜60℃**にしておく。

CHAPTER 11

SECTION 7

自立に向けた排泄の介護

このSECTIONのポイント

- ◆排泄の意義と目的 … 排泄は、生きていくうえで欠かすことのできない、大切な行為です
- ◆排泄介護の基本となる知識と技術 … ポータブルトイレ、採尿器、差し込み便器、おむつを使用する際の介助ポイントをおさえましょう
- ◆利用者の状態に応じた排泄の介助 … 便秘、下痢、尿失禁などに応じた介助方法を理解しましょう

重要度C 排泄の意義と目的

体内の不要物が体外に排出されない状態が続くと、からだのさまざまな器官に異常がみられるようになります。そのため「排泄(はいせつ)」は、生きていくために欠かせない行為といえます。

また、排泄は**羞恥心**(しゅうちしん)を伴う行為であり、排泄の自立は利用者の自尊心を守るためにも重要です。利用者が気持ちよく排泄することができるように、**プライバシー**に配慮した環境づくり（**カーテン**のある場所を選ぶ、陰部に**タオル**をかけて介助を行うなど）と、残存機能の活用を促す介護が求められています。

重要度A 排泄介護の基本となる知識と技術

1 トイレとポータブルトイレにおける介助

利用者に尿意や便意があり、自力での移動が可能なら、**通常のトイレ**を使用します。一方、尿意や便意があっても、トイレまでの移動が難しい場合は、**ポータブルトイレ**を使用します。

◆トイレの介助

トイレの介助においては、姿勢の保ちやすさや負担の軽減などを考慮して洋式便器を選ぶのが望ましいといった、環境整備のポイント →詳細はp.526参照 をまずはおさえておきます。

介護福祉職は、利用者の排泄パターンを把握し、適切な時間にトイレまで誘導するようにします。利用者が自分で陰部を拭き取ることが難しい場合は、適宜、介助を行うようにします。 →陰部洗浄の詳細はp.563参照

◆ポータブルトイレの介助

ポータブルトイレは、トイレまでの移動が難しい利用者がベッドサイドなどで使用します。夜間のみ使用するケースも多くみられるため、照明などを工夫して、転倒の予防に配慮する必要があります。なお、ポータブルトイレは、利用者の足元に置くことを原則として、片麻痺がある場合は健側に置くようにします。

●ここがポイント

ポータブルトイレを使用するときの留意点

※スイングアーム介助バーとは？
ベッドサイドに設置して、移乗時の手すりなどとして使用する可動式のバー。

ひとこと

ポータブルトイレの排泄物の処理は、**利用者が使用するたびに行います**。臭気が残らないように、清潔な環境を保つようにすることが大切です。また、片麻痺がある利用者の場合、安全を考慮して、立位になる前に下着やズボンを大腿部（だいたいぶ）まで上げておくようにします。

例題

Bさん（86歳、女性）は、介護老人福祉施設で生活している。脳梗塞の後遺症で左片麻痺があり、最近は筋力の低下が目立っている。Bさんは日中はポータブルトイレ、夜間は紙おむつを使用している。Bさんの使用しているポータブルトイレは木製の背もたれと肘かけがついているタイプである。Bさんが、ポータブルトイレを使用するときの排泄介護として、ポータブルトイレをベッドの左側の足元に置いた。〔第28回－問55〕

片麻痺のある人がポータブルトイレを使用するときは、**健側の足元**に置くようにする。Bさんは左片麻痺のため、**右側の足元**に置くのが適切である。

2 採尿器や差し込み便器における介助

採尿器や差し込み便器は、ベッド上での排泄を可能にする用具です。これらの用具を使用するときは、事前に**利用者**の了解を得るようにします。

◆採尿器の介助

採尿器を使用する場合の体位は、男性は**側臥位**（そくがい）、女性は**仰臥位**（ぎょうがい）で行うようにします。女性の場合は、尿が飛び散らないように、膝（ひざ）は曲げて膝頭（ひざがしら）をつけ、閉じるようにします。

◆差し込み便器の介助

差し込み便器を使用する場合は、使用前に便器を温めておきます。利用者には、仰臥位で膝を曲げて足底をベッドにしっかりつけ、膝をくっつけた状態で腰上げ動作をしてもらいます。腰上げ動作をできない場合は、側臥位になってもらい便器を当て、仰臥位に戻します。

肛門部（こうもん）が便器の中央にくるようにして、便が飛び散らないようにトイレットペーパーを便器の中に敷いておきます。また、便器のふちが仙骨部に当たらないように注意します。

男性の場合は、尿意が同時に起こることも想定して採尿器も準備しておきます。

3 おむつの介助

◆おむつは、排泄介護の「最後の手段」

おむつは、利用者に尿意や便意がなく、ベッドからの移動も困難な場合に使用する、最後の手段です。おむつを使用することで、意欲の低下や寝たきりの状態が引き起こされることもあります。利用者の自立のためにも、できる限り使用を避けたいものといえます。

●ここがポイント

おむつを装着するときの留意点

◆布おむつの場合、男性は **尿道付近** を、女性は **後ろ側** を厚くする

◆おむつカバーの上端は **ウエスト** に合わせる。腹部とおむつの間には、かぶれなどを防止するため **指２本程度** の余裕をもたせる

◆紙おむつの腹部のテープは、下のテープは 斜め上 に向かって止め、上のテープは 斜め下 に向かって止めることで、腹部を圧迫しない止め方になる

おむつを交換するときの留意点

◆おむつを交換するときは、必ず 使い捨て手袋 を着用する。素手 で排泄の有無を確認したり、おむつ本体 で汚れを拭き取ったりしない

◆おむつを処分するときは、汚れている部分 を内側に丸めて、片づけるようにする

◆おむつ交換と併せて陰部洗浄を行う場合は 微温湯（びおんとう）（熱くも冷たくもない、ぬるめの37～39℃程度の湯）を使う

ひとこと

夜間の排泄介助など、家族の負担を軽減する用具として、**自動排泄処理装置**があります。介護保険の福祉用具にも含まれ、尿や便を自動的に吸引してくれるものです。

例題

おむつ交換時に配慮することとして、腹部とおむつの間には隙間を作らない。〔第27回-問53〕

かぶれなどを防ぐために、腹部とおむつの間には、**指2本程度**の余裕をもたせる。

重要度B 利用者の状態に応じた排泄の介助

排泄の介助においては、便秘、下痢、尿失禁など、利用者の状態に応じた介助についても理解しておく必要があります。ここでは、膀胱留置カテーテルを使用している人の介助も併せておさえておきましょう。

1 便秘

「便秘」は、大腸がん、大腸の蠕動運動の低下、ストレスなどを原因として、大腸に便がとどまり、排泄が難しくなっている状態をいいます。器質性便秘と機能性便秘（弛緩性便秘・痙攣性便秘・直腸性便秘）に分類されます。

→詳細はp.243参照

便秘のみられる人への支援

❶ 食事の量や水分摂取量は減らさず、**食物繊維**の多い食品を勧める（ごぼうをはじめとした**根菜類**や、**海藻類**、**きのこ類**）
❷ 腹部、腰部を**温めて**、大腸の蠕動運動の活性化を図る
❸ 大腸の流れに沿って、**上行**結腸 → **横行**結腸 → **下行**結腸の順に、「**の**」の字を描くように時計回りにマッサージを行う →大腸の部位はp.208参照
❹ **腹圧**がかかりやすい、やや前かがみの姿勢で、便座に座るように促す
❺ 散歩などの適度な運動を勧めたり、**規則的な排便習慣**を身につけられるように、**食後**のトイレ誘導などを行う

例題

腹部マッサージは、下行結腸、横行結腸、上行結腸の順に行うことが有効である。　〔第30回－問49〕

✕　大腸の流れに沿って、**上行結腸** → **横行結腸** → **下行結腸**の順にマッサージする。

2 下痢

「下痢」は、ストレス、感染症、過食などを原因として、便が液状または半流動状になって排泄される状態をいいます。体内の水分が減少することで体力を消耗（しょうもう）し、**脱水**におちいるおそれもあるため、注意が必要です。

→脱水についてはp.554参照

下痢のみられる人への支援

❶ 脱水を予防するため、スポーツドリンクなどを摂取する。水分のなかでも、**牛乳**などは避ける
❷ 排便のあと、肛門（こうもん）の周囲はやわらかいタオルなどで**押さえ**拭（ふ）きする
❸ 腸管出血性大腸菌 →詳細はp.486参照 などの感染症のおそれもあるので、排泄介助の際には汚れたおむつを**感染源**として厳重に処理する

3 尿失禁

「尿失禁」は、からだの機能の低下などによって、**排尿**のコントロールが難しくなり、尿をもらしてしまう状態をいいます。主に、切迫性尿失禁、腹圧性尿失禁、溢流（いつりゅう）性尿失禁、機能性尿失禁、反射性尿失禁の５種類に分類されます。

→詳細はp.241参照

尿失禁のみられる人への支援

尿失禁をすることは、利用者にとってもショックが大きい。排泄の自立を支援するため、利用者の普段の様子から、排泄のサインがみられないか把握することが大切になる。早めのトイレ誘導を行うことで、尿失禁を防止する。

ひとこと

骨盤底筋群の機能低下を原因とする**腹圧性尿失禁**の場合は、骨盤底筋群**を鍛える体操**が効果的です。

4 膀胱留置カテーテル

「膀胱留置カテーテル」は、完全に尿が出ない（尿閉）場合や不完全な排尿しかできないなど、自力での排尿が難しい場合に、カテーテルと呼ばれるチューブを膀胱まで通して、排尿を行う器具です。膀胱留置カテーテルを用いた人工的な排尿は、導尿と呼ばれます。

◆膀胱留置カテーテルを装着するときの留意点

膀胱留置カテーテルを装着する場合、次のように固定します。

- 男性：陰茎を上向きにして、下腹部にカテーテルを固定
- 女性：大腿部に下向きで固定

蓄尿袋は、腰よりも低い位置に固定します。膀胱より高い位置に蓄尿袋があると、尿の逆流が起こり感染の危険があるため、移動時などには注意します。また、観察するとき以外は羞恥心やプライバシーに配慮してカバーをかけるようにします。

カテーテルの装着中は、尿路感染症や脱水を予防するために、水分をしっかりと摂取するようにします。

ひとこと

カテーテルを常に装着するのではなく、利用者が**自己導尿**を行うことが可能な場合は、導尿しやすい姿勢（**座位**など）で行えるように支援をします。

例題

膀胱留置カテーテルを使用している利用者への介護福祉職の対応として、水分摂取を控えてもらう。〔第32回-問51〕

カテーテル装着中は、**尿路感染症**や**脱水**を予防するために、積極的に水分を摂取するように支援する。

5 ストーマ（人工肛門・人工膀胱）

ストーマとは、人工的な排泄口をいい、消化管や尿路障害で通常の排泄ができないときに排泄ルートとしてつくられます。腸や尿路に開口部を設け、採尿や採便用のパック（**パウチ**）を装着するもので、消化管ストーマ（**人工肛門**）と尿路ストーマ（**人工膀胱**）に分けられます。介護福祉職の支援としては、パウチにたまった排泄物を捨てること、また、専門的な管理を必要としないストーマ装具の交換をすることができます。

ひとこと

右のマークは**オストメイトマーク**といって人工肛門・人工膀胱を造設している人（**オストメイト**）のための設備があることを表しています。

CHAPTER 11

SECTION 8

自立に向けた家事の介護

このSECTIONのポイント

- ◆家事の意義と目的 … 家事は、衣食住を成り立たせるために欠かせない行為です
- ◆調理 … 調理の手順や方法をおさえましょう
- ◆洗濯 … 洗濯方法や洗剤、しみ抜きの方法などをおさえましょう
- ◆家計の管理 … 高齢者の家計の実態についておさえましょう

重要度C 家事の意義と目的

調理や洗濯、さらには家計の管理など、「家事」は衣食住を成り立たせるために必要な行為です。家事が自立することで、生活環境が整い、利用者自身の意欲を引き出すことにもつながっていきます。

介護保険制度における訪問介護のサービス →詳細はp.109参照 には**生活援助**が含まれ、家事支援が位置づけられています。サービスの提供にあたっては、利用者の意向を尊重しながら、必要に応じて支援を行っていきます。

重要度B 調理

1 調理の基本

調理において大切なことは、利用者の**好み**や**状態**を把握して、**栄養素**をバランスよく摂取できるようにすることです。

利用者が直接調理を行うことが難しい場合でも、**献立**(こんだて)の作成や**食材**選びに参加してもらうことで、調理への意欲を引き出していくようにします。

また、介護福祉職は、バランスのとれた献立を提供するために、**五大栄養素**

→詳細はp.227参照の作用や、五大栄養素を多く含む食品について理解しておく必要があります。

2 調理の手順と調理方法

◆調理の手順

調理は、まず献立を決め、食材を選び、下ごしらえをしたうえで始めます。調理にあたっては、利用者の好みに応じた味付けをして、盛り付けます。食事をとって、後片づけを行うまでが、調理の手順に含まれます。

なお、和食（一汁三菜）の基本的な配膳の位置（並べ方）は、右利きの場合、次の図のとおりになります。中央の副菜の手前には、漬物などが置かれることもあります。

■和食の基本的な配膳の位置

◆さまざまな調理方法

調理方法には、加熱を必要とするもの（加熱操作）と、加熱を必要としないもの（非加熱操作）があります。また、加熱操作のなかには、水を使ってゆでたり煮たり蒸したりするもの（湿式加熱）と、水を使わずに焼いたり揚げたり炒めたりするもの（乾式加熱）という分け方もあります。このほか、電子レンジによる加熱（誘電加熱）、電磁調理器による加熱（誘導加熱）という分け方もあります。

◆食事形態の工夫と食事制限

例えば、片麻痺や嚥下障害のある利用者には、食事にとろみをつけることで、

誤嚥を防止し、安全に食事をとることができます。 →詳細はp.551・552参照

また、慢性腎不全の利用者には**たんぱく質**や**カリウム**の摂取を制限するなど、介護福祉職には、疾患に応じた食事制限や栄養管理の必要性についても理解しておくことが求められます。 →詳細はp.232参照

ひとこと

慢性腎不全の利用者の場合、レモンや香辛料を利用して、塩分を控えた味付けにする、野菜はゆでこぼすなど工夫しましょう。

◆調理環境を清潔に保つための方法

安全に食事を提供するためには、調理環境を清潔に保つことが重要です。主な留意点を以下にあげます。

■調理環境を清潔に保つための方法

調理器具等	方法
布巾	食器などを拭いた布巾には大量の細菌が付着しており、流水だけでは完全に除菌することはできないため、**中性洗剤**や**漂白剤**を使用して洗い、完全に乾燥させる
スポンジ	食器を洗った後のスポンジに泡が残ると、細菌が繁殖しやすく、臭いやカビの原因となるため、**熱湯消毒**や**漂白剤**などで除菌した後、しっかりと絞って乾燥させる
まな板	魚や肉を切ったまな板を熱湯で洗い流すと、まな板に付着した食材のたんぱく質が固まってしまい、汚れが落ちにくくなるため、**中性洗剤**を使用して汚れを洗い流した後、熱湯をかけて殺菌消毒し、乾燥させる
金属製の食器	殺菌消毒の際は、熱湯や薄めた漂白剤などで**煮沸消毒**する。塩素系漂白剤に長時間つけ置きすると、腐食して錆びてしまうので避ける
包丁	刃の部分だけでなく、刃と持ち手の**境目**の部分も洗浄して消毒する

◆食中毒の予防

食中毒は、飲食店に限らず施設や家庭での食事でも発生します。細菌やウイルス、自然毒などが原因となりますが、ほとんどの細菌やウイルスは、**加熱**により死滅するので、十分に**加熱**することが重要です。主な食中毒は、次のとおりです。

■主な食中毒の特徴と予防法

原因	特徴	予防法
ウエルシュ菌	酸素のないところで増殖する。カレー、煮魚、野菜の煮付など煮込み料理で発生しやすい 主症状 下痢、腹痛など（嘔吐、発熱はまれ）	常温で保存すると増殖し、熱に強い芽胞という細胞をつくるため、煮込み料理は、粗熱がとれたあと、**冷蔵**または**冷凍**保存する
カンピロバクター	加熱不十分か、生の**鶏肉**などを食べることでの発生が多い 主症状 下痢、腹痛、発熱、嘔吐、頭痛など	生や生に近い状態の鶏肉を食べることは避け、十分に加熱（中心部を75℃以上で1分間以上）する
サルモネラ菌	卵とその加工品、鶏肉などの食肉が主な原因食品 主症状 下痢、腹痛、発熱、嘔吐など	卵・肉は十分に加熱（中心部を75℃以上で1分間以上）する。卵の生食は新鮮なもの以外は避ける
腸炎ビブリオ	生鮮魚介類や、生魚に触った手指や調理器具を介した二次汚染で発生 主症状 下痢、腹痛、発熱、嘔吐など	**真水**や酸に弱いので、**真水**で十分に洗う。**4℃**以下ではほとんど繁殖しないので、調理直前まで冷蔵庫で保管する
黄色ブドウ球菌	食品中で増殖すると**エンテロトキシン**という毒素を生成し、その毒素のついた食品を摂取することで発生 主症状 下痢、腹痛、嘔吐など	手の傷口などを介するので手指の洗浄、調理器具の洗浄殺菌。手荒れや傷のある人はゴム手袋をして調理するなど、食品に直接触れない
ノロウイルス	→詳細はp.486参照	
O-157	→詳細はp.486参照	

例題

Q 肉入りのカレーを常温で保存し、翌日、加熱調理したときの食中毒の原因菌として、最も注意しなければならないものは、ウエルシュ菌である。〔第32回-問53〕

A ○ ウエルシュ菌は、常温で保存すると増殖し、熱に強い芽胞という細胞をつくるため、再加熱しても食中毒の原因となる。

重要度B 洗濯

1 洗濯の基本

洗濯では、洗剤を多く使用すれば汚れが落ちる、というわけではありません。衣服の繊維の種類や汚れの内容によっても、洗濯方法は異なってきます。

介護福祉職は、**洗剤**や**漂白剤**の用途、**しみ抜き**の方法などを理解し、利用者が可能な作業を一緒に行うなどして、自立を促すように心がけていきます。

2 洗濯方法と洗剤、漂白剤の種類

◆洗濯方法の違い

洗濯方法には、**水洗い**と**ドライクリーニング**があります。

2種類の洗濯方法

□ 水洗い
水溶性の汚れを落とすのに適している。**血液**や**尿**など、たんぱく質の汚れが対象に含まれる。

□ ドライクリーニング
油性の汚れを落とすのに適している。**有機溶剤**を用いる洗濯方法で型崩れしやすいものを洗う。

◆洗剤の分類

洗剤には、天然油脂（ゆし）を原料とした**石鹸（せっけん）**と、石油を原料とした**合成洗剤**があります。合成洗剤は、その性質により**弱アルカリ性洗剤**と**中性洗剤**に分けられます。

毛や絹などの動物繊維は、アルカリに弱いため、**中性洗剤**が適しています。

ひとこと

洗剤の主成分は、**界面活性剤**と呼ばれるものです。水になじむ**親水性**の部分と、油になじむ**親油性**の部分があり、この作用によって汚れを落としています。

◆漂白剤の分類

漂白剤には、**還元型漂白剤**と**酸化型漂白剤**があります。酸化型漂白剤はさらに、**酸素系漂白剤**と**塩素系漂白剤**に分類されます。それぞれ性質に違いがあることから、アルカリに弱い動物繊維（毛や絹）や、白物・色柄物別に、使用できる漂白剤が異なっています。

■漂白剤の性質と用途

名称	性質	用途
還元型漂白剤	弱アルカリ性	**白物**用の洗剤。**色柄物**には使用しない
酸素系漂白剤	液体：**弱酸性** 粉状：**弱アルカリ**性	白物・色柄物どちらにも使用できる。毛や絹は**液体**のみ使用可
塩素系漂白剤	強アルカリ性	漂白力が強いため、毛や絹、色柄物には使用しない。**白物**の綿、**麻**などに使用する

◆繊維製品の新しい洗濯表示

2016（平成28）年12月から改正された繊維製品の洗濯表示のうち、主なものは次のとおりです。

■新しい洗濯表示

家庭洗濯	漂白	タンブル乾燥	自然乾燥	アイロン	クリーニング
40℃限度 洗濯機「標準」*	漂白OK	高温 80℃まで	「日なた」「日 陰」 つり干し	高温 200℃まで	全ての溶剤 ドライクリーニング 通常処理
40℃限度 洗濯機「弱い」*	酸素系OK 塩素系NG	低温 60℃まで	濡れつり干し	中温 150℃まで	石油系溶剤 ドライクリーニング 弱い処理
40℃限度 洗濯機「非常に弱い」*	漂白NG	タンブル乾燥 NG	平干し	低温 110℃まで *スチームなし	ウエット クリーニング 非常に弱い処理
40℃限度 手洗い			濡れ平干し	アイロンNG	ドライ クリーニング NG
家庭洗濯 NG					ウエット クリーニング NG
*洗濯機の機種により異なる					

出典：経済産業省「H28年12月からの新しい洗濯表示」より作成

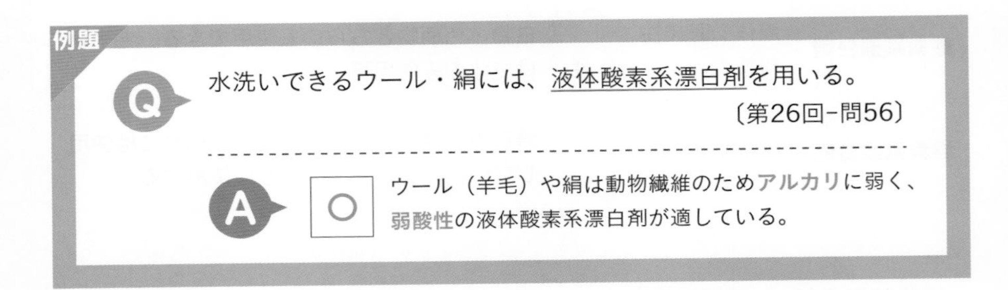
例題

Q 水洗いできるウール・絹には、液体酸素系漂白剤を用いる。
〔第26回-問56〕

A ○ ウール（羊毛）や絹は動物繊維のためアルカリに弱く、弱酸性の液体酸素系漂白剤が適している。

3 しみ抜き

しみには、水溶性のしみ、油性のしみ、不溶性のしみなどがあり、それぞれしみ抜きの方法が異なります。

■しみの種類としみ抜きの方法

種類	しみのもと	しみ抜きの方法
水溶性のしみ	しょうゆ、コーヒー、茶	しみがついてから早い段階では、通常の洗濯で落とす。時間がたってからの場合は、水を含ませたブラシなどでたたいて落とす
油性のしみ	口紅、チョコレート、バター	ベンジンなどの有機溶剤を含ませた布でたたいた後、洗剤をつけて落とす
不溶性のしみ	墨汁	歯磨き粉をつけてもみ洗う。ご飯粒をすりこむ
	泥はね	乾燥させた後、ブラッシングする
その他	ガム	氷で冷やした後、爪ではがす

重要度 B

家計の管理

1 「家計調査」における収入と支出のバランス

家計の管理は、生活を送るために大切な行為です。特に、家計の**収入**と**支出**（＝**収支**）＝「入ってきたお金」と「出ていったお金」のバランスをとることは、非常に重要です。総務省統計局「家計調査」（2022〈令和４〉年）から、世帯主が65歳以上の高齢単身無職世帯についての収支の状況をみてみましょう。

「家計調査」における収入と支出

□ **「家計調査」における収入**
給与や社会保障給付などの合計額を**実収入**と呼ぶ。
実収入から非消費支出を除いた額を**可処分所得**と呼ぶ。

□ **「家計調査」における支出**
非消費支出（税金や社会保険料）と**消費**支出（食料、住居、光熱・水道、被服、保健医療など）で構成される。

◆**収入と支出で最も多いのは？**

収入は**社会保障給付**が大部分を占め（90.1％）、支出は**食料費**が最も多くなっています（26.2%）。

◆可処分所得と消費支出の差は？

1か月の実収入は13万4915円で、そのうち可処分所得は12万2559円となっています。一方、消費支出は14万3139円で、消費支出が可処分所得を上回っている状況です。

2 さまざまな詐欺・悪質商法

高齢者が巻き込まれるお金のトラブルが増加しています。さまざまな詐欺・悪質商法について、その対応法を含めて理解しておくことが大切です。

■さまざまな詐欺・悪質商法とその対応法

種類	内容	対応法
振り込め詐欺	電話口で息子や公的機関の職員を装い、トラブルを理由とした金銭の振り込みなどを要求する行為	1人で対処するのではなく、家族や警察に相談をして、必ず事実確認を行うようにする
送りつけ商法	注文されていない商品を一方的に送りつけ、受け取れば購入したものとみなし、代金を請求する商法	注文した覚えのない商品はその場で断り、絶対に受け取らないようにする
催眠商法	商品説明会などと称し人を集め、巧みな話術や高揚した会場の雰囲気により、冷静な判断を失わせ、高額商品を売りつける商法	家族や友人を同伴したとしても、高額商品を購入してしまうおそれがあるので、会場に出かけないようにする
点検商法	設備の点検を理由に居宅を訪ね、不安をあおり、工事の契約や器具の交換などを促す商法	不審な業者を家の中に入れず、インターホンや、玄関のドア越しに断るようにする
利殖商法	「今がチャンス」「絶対に損はしない」などと高配当・高利回りをうたい、投資や出資を促す商法	「元本保証」などの記載があっても、必ず断るようにする

睡眠の介護

このSECTIONのポイント

◆**睡眠の意義と目的** … 睡眠は、心身の休息や、生活のリズムを維持するために大切なものです

◆**安眠のための環境整備と介助** … 環境の整え方と介助のポイントをおさえましょう

◆**利用者の状態に応じた睡眠の介助** … 睡眠の介護においても利用者に寄り添う姿勢が重要です

睡眠の意義と目的

「睡眠」は、心身の休息や疲労の回復をもたらすとともに、**生活のリズム**を維持するために欠かせないものです。適度な睡眠時間を確保できることで、日中の活動にも意欲的に取り組めるようになります。

利用者の睡眠のリズムが不規則になっている場合は、何が原因となっているのかを考え、適切に対応していくことが求められます。

安眠のための環境整備と介助

利用者の安眠を促すためには、適切な環境整備と、普段の生活のなかからさまざまな点に留意した介助を行っていくことが求められます。

1 安眠のための環境整備

安眠をもたらすための環境整備では、寝室の環境を整えることが大切です。

●ここがポイント

安眠のための環境整備

◆寝室の**温度**や**湿度**は、季節に応じて適度な値に保ち、臭気がこもらないように、換気をする

◆就寝時は、部屋の照度を暗め（**30**ルクス未満）にして、**暖色**系の蛍光灯を選ぶ

◆寝具は定期的に干して、**清潔**かつ**乾燥**した状態に保つ

◆施設では、**夜間の巡回**などで利用者の眠りを妨げないように配慮する（**異変**の有無を中心に確認する）

ひとこと

施設では、職員同士の会話が響かないように注意しましょう。

例題

施設における安眠を促すための環境として、夜間の照明は、部屋全体がはっきり見える明るさにする。〔第32回-問57〕

部屋の照明は、**暗め**（30ルクス未満）にして、**暖色**系の蛍光灯を選ぶとよい。

2 安眠のための介助

利用者のなかには、昼寝をしすぎたり、深夜までテレビを見続けてしまうなど、昼夜逆転している人もいます。介護福祉職は、次のような点に留意して、安眠を促すための介助を行います。

●ここがポイント

安眠のための介助

◆昼間のうちに、**適度な運動**をするように促す

（関節リウマチのある人は、朝のこわばりがみられるため**午後**に運動をする）

→**昼間の運動**により血液の循環が促され、夜間の睡眠時に深い眠りがもたらされる。**就寝前**の軽いストレッチも、リラックス効果と心地よい疲労感によって、安眠につながる

◆睡眠の**リズム**、睡眠に関わる**生活習慣**を把握する

→夜間の**睡眠状態**、睡眠のための**準備**や**環境設定**について把握しておく

◆食後、すぐに就寝することは避ける

→食事によって**消化機能**が活性化され、眠りにつきにくくなるため、**2～3**時間後に就寝する

◆就寝前のコーヒーや緑茶などの**カフェイン**摂取を避ける

→**カフェイン**の影響によって、目がさえて眠れなくなる

◆入浴は、就寝の**2～3**時間前に、**中温の湯（38～41℃）**ですませる

→中温の湯によって**副交感神経**が優位にはたらき、安眠につながる

ひとこと

睡眠薬を服用している利用者は、副作用のため、日中にふらつきや転倒がみられることがあります。その場合は、すみやかに医師に伝えましょう。

例題

安眠を促す生活習慣として、就寝直前に入浴する。

〔第29回-問58〕

入浴は就寝の**2**～**3**時間前に、副交感神経が優位にはたらく**中温**の湯ですませるのが適切である。

利用者の状態に応じた睡眠の介助

◆認知・知覚機能の低下している利用者への対応

認知症などによって認知・知覚機能の低下している利用者は、**環境**から受ける刺激に敏感になり、不安感などから、深夜になっても眠ることができずにいる場合があります。

そうしたときは、無理に眠りを促すのではなく、どうして眠ることができないか、**利用者の話**に耳を傾けることが大切です。利用者の立場に**寄り添う**姿勢を、こうした場面でも忘れないようにしましょう。

ひとこと

睡眠の介助においては、**概日**（がいじつ）**リズム**（p.244参照）を維持するための支援も大切になります。睡眠を促進するホルモン＝**メラトニン**と併せて理解しておきましょう（p.245参照）。

SECTION 10 人生の最終段階における介護

このSECTIONのポイント

- ◆人生の最終段階にある人への介護の視点 … 利用者だけでなく、家族への支援も求められます
- ◆終末期における介護 … 終末期介護の方法と留意点を理解します
- ◆臨終時の介護とグリーフケア … 死期が近づいたとき、亡くなった後の介護福祉職の役割をおさえましょう

重要度C 人生の最終段階にある人への介護の視点

1 人生の最終段階における介護

人は死を迎えるまで、人としての**尊厳**を尊重され、自分らしく生きる**権利**をもっています。介護福祉職には、利用者が安らかな最後を迎え、残された家族が悲しみを乗り越えていくための支援を行うことが、求められています。

2 事前の意思確認

人生の最終段階を迎えた利用者が、どのような形で最後のときを迎えたいか、事前に**意思確認**をしておくことが求められます。

その際、利用者の意思や権利を尊重しつつ**家族**も含めた意向を確認することが大切です。確認した内容はリビングウィルや事前指示書 →詳細はp.249参照 などの**書面**にして残すことで、利用者が意思を示すことができなくなっても、**書面**に基づき対応します。

また、利用者や家族の意向は、**施設に入所**してから変化することもあります。時間の経過とともに、その意向を確かめていくようにします。近年は、人生の最終段階において自らが望む医療・ケアについて、医療・ケアチーム等と話し合い、共有するためのアドバンス・ケア・プランニング（ACP）という取組が推奨されています。

ひとこと

医師などの医療職が、医療内容について説明し、利用者の同意を得ることを、インフォームド・コンセントと呼びます。ここでも、利用者の意思が、治療内容に反映されることになります。

3 コンセンサス・ベースド・アプローチ

リビングウィルの確認ができなかった場合には、長く利用者と接してきた家族、医療職、介護福祉職、介護支援専門員などがそれぞれの情報を共有して話し合い、利用者本人の意思を推測して、関係者の総意に基づいて方針をまとめていくことをコンセンサス・ベースド・アプローチといいます。家族にはいえないことを介護者に伝えた、医師にはいえない本音があった、などの情報が出てくる可能性があります。

4 人生の最終段階における医療・ケアの決定プロセスに関するガイドライン

人生の最終段階を迎えた患者と家族や、医師をはじめとする医療従事者が、患者にとって最善の医療とケアをつくり上げるためのプロセスを示すガイドラインとして、2007（平成19）年、厚生労働省によって、「**人生の最終段階における医療の決定プロセスに関するガイドライン**」が策定されました。

その後、内容の見直しが行われ、2018（平成30）年には改訂されたガイドラインが発表され、名称も「人生の最終段階における医療・ケアの決定プロセスに関するガイドライン」に変更されました。主な改訂のポイントは、次のとおりです。

改訂のポイント

- 医療・ケアチームの対象に、介護従事者が含められた
- 関係者での話し合いは繰り返し行い、その都度文書化して共有することが重要である
- 本人が意思を伝えられない状態になる前に、本人の意思を推定できる者として、家族等（親しい友人等を含む）の信頼できる者を定めておくことが重要である

なお、このガイドラインでは、生命短縮の意図をもつ積極的な安楽死は対象としないとされています。

介護老人福祉施設で最期まで過ごすことを希望する利用者への対応では、入所後に意思が変わっても、入所時の意思を優先する。

〔第31回-問58〕

入所時に利用者の意思を確認していても、途中で変わった場合には、新たな意向を尊重する。

重要度A

終末期における介護

1 終末期介護の方法と留意点

「終末期」とは、死を間近に控えた状態のことをいいます。

終末期に至った利用者は、身体的にも精神的にも、さまざまな苦痛を感じるようになります。すぐには死期が訪れたことを受け入れられず、悲嘆にくれることも少なくありません。

介護福祉職に求められているのは、利用者の苦痛や恐怖をやわらげ、安らかに死を迎えることができるように、最後まで支えていくことです。利用者の意向を尊重しつつ、少しでも安らかな時間を過ごせるように、介護を行っていきます。

●ここがポイント

終末期介護の方法と留意点

◆他の専門職と連携しながら、**苦痛**の緩和に努める

◆**声かけ**や**スキンシップ**、利用者の好む音楽を流すなど、心の安らぎをもたらす

◆**死への恐怖**を少しずつ受け入れていけるよう、利用者の話に耳を傾ける

◆終末期を迎えても、できる限り利用者の求める**食事**を提供する

◆定期的に**体位変換**を行い、褥瘡（じょくそう）の発生や、筋肉などの機能低下を予防する

◆**家族**と可能な範囲で関われるように配慮する

2 家族への関わり方

利用者だけでなく家族もまた、利用者に死期が訪れたことを受け入れられず、悲しみや不安、とまどいといった感情にさらされます。家族の感情の変化を受け止め、利用者と家族の双方が安らげるように**終末期ケア**と並行して支援を行っていくことが大切です。

また、利用者に対してさまざまな形で接したいという気持ちを否定せず、可能な範囲で関わることができるように、**面会時間**や**面会場所**を適度に確保するなどの支援を行います。

例題

Q 施設での終末期介護について、清拭を家族が行うことは避ける。

〔第26回-問60〕

A ✕ 終末期においては、家族が可能な限り利用者に関わることができるように配慮することが大切である。

重要度 B

臨終時の介護とグリーフケア

1 臨終時の介護

利用者の死期が近づいてきたときも、介護福祉職は、その苦痛や恐怖をやわらげるための支援を行います。

臨終時の介護

- 身体的な苦痛を取り除くためにも、**安楽な体位**を保持する
- 意識がなくなってからも、聴覚は機能しているので**声かけ**を続ける
- 口腔（こうくう）が乾燥していたら、**湿ったガーゼ**を当てる
- 家族や親しい入所者などと、**面会**できる時間を設ける
- 室内の**照明**は、落ち着いた明るさに保つようにする
- 容態の急変に備え、**夜間の巡回**を頻回にすることもある

ひとこと

利用者が死を迎えてからも、からだの清拭（せいしき）を行うなど、**最後までその人らしさを尊重**して、見送りができるようにします。見送りまでの処置は、家族の求めに応じてその場で行い、関わってもらうようにします。

2 グリーフケア

グリーフとは、大切な人を亡くした後にみられる、寂しさやむなしさ、無力感などの精神的反応や、睡眠障害、食欲不振、疲労感などの身体的反応のことで、**悲嘆**と訳されます。グリーフケア（悲嘆のケア）とは、利用者が亡くなったあとの、**遺族**に対するケアのことです。

遺族の悲しみがいえるように、介護福祉職をはじめとして利用者に関わった専門職が、それぞれの立場からケアを行います。

遺族のなかには、**うつ**などの症状がみられる場合もあります。生前の利用者の思い出を語り合うなど、利用者の死を受け入れていくことができるように、遺族の感情を受け止め寄り添うことが大切です。

ひとこと

終末期の介護に関わった専門職などが、利用者を看取ったあとに介護の内容を振り返ることを **デスカンファレンス** といいます。今後の介護の向上を図ることを目的に行います。

例題

グリーフケアは、看護師に任せる。　〔第25回−問60〕

看護師任せにせず、利用者にかかわった専門職それぞれが**グリーフケア**を行い、遺族の悲しみがいえるように努める。

CHAPTER 11
SECTION 11

福祉用具の意義と活用

このSECTIONのポイント

◆**福祉用具とは** … 福祉用具の意義と定義をおさえましょう

◆**介護保険法と福祉用具** … 介護保険法に規定される福祉用具の種類と対象種目を覚えておきましょう

◆**障害者総合支援法と福祉用具** … 障害者総合支援法における補装具と日常生活用具給付等事業をおさえましょう

◆**自助具、コミュニケーションツール** … そのほかの福祉用具について具体例をみていきます

重要度 B

福祉用具とは

福祉用具とは、高齢者や障害者などが使用する、日常生活上の便宜を図るための用具、機能訓練のための用具・補助具を指します。具体的には「福祉用具の研究開発及び普及の促進に関する法律」（福祉用具法）第2条において、「心身の機能が低下し日常生活を営むのに支障のある老人又は心身障害者の日常生活上の便宜を図るための用具及びこれらの者の機能訓練のための用具並びに補装具をいう」と規定されるものをいいます。

「介護保険法」に規定される**福祉用具**、「障害者総合支援法」に規定される**補装具**、日常生活用具給付等事業の対象となる用具、日常の生活動作をより便利に、より容易にできるようにくふうされた自助具、そのほか、福祉機器や障害者のコミュニケーションを補助するコミュニケーションツールなど、多くの種類があります。

これらを活用することにより、介護者の負担が軽減されるとともに、高齢者や障害者の社会参加や外出機会の拡大にもつながります。

◆福祉用具JISマークの活用

国に登録された第三者認証機関により、品質が保証された製品には**JISマーク**（左側）を表示できます。事故防止と安全対策の観点から、福祉用具の認証制度も導入され、右側の**福祉用具JISマーク**が活用されています。

重要度B 介護保険法と福祉用具

介護保険では、居宅サービスのなかに、福祉用具貸与および特定福祉用具販売が規定されています。

1 福祉用具貸与

次に示す福祉用具が貸与の対象となります。

福祉用具貸与の種目

❶車いす（自走用標準型車いす、普通型電動車いす、介助用標準型車いす、介助用電動車いす）
❷車いす付属品
❸特殊寝台
❹特殊寝台付属品(スライディングボードや介助用ベルトなど)
❺床ずれ防止用具（エアマットなど）
❻体位変換器
❼手すり（取り付け工事を伴わないもの）*
❽スロープ（取り付け工事を伴わない、持ち運びの容易なもの）*
❾歩行器*
❿歩行補助杖（松葉杖、多点杖など）*
⓫認知症老人徘徊感知機器（外部との通信機能を除いた部分）
⓬移動用リフト（つり具の部分を除く）
⓭自動排泄処理装置*

＊要介護２以上が対象

自動排泄処理装置で排便機能を有するものは要介護4以上が対象となります。また、令和6年度介護報酬改定において、購入した方が利用者の負担が抑えられる者の割合が相対的に高い、固定用スロープ、歩行器（歩行車を除く）、単点杖（松葉づえを除く）および多点杖について、貸与と販売の選択制が導入されました。

◆**保険給付**

福祉用具貸与では、福祉用具は**現物**給付され、要介護度別の**支給限度基準額**の範囲で他のサービスと組み合わせて利用します。また、**複数**の福祉用具を貸与する場合、あらかじめ都道府県等に届け出ることによって、通常の貸与価格から**減額**して貸与することができます。

2 特定福祉用具販売

福祉用具のうち、入浴や排せつに使用する貸与になじまないものは購入することが必要です。これを特定福祉用具販売といい、対象となるのは、次のものです。

特定福祉用具販売の種目

❶腰掛便座（水洗ポータブルトイレ含む）
❷自動排泄処理装置の交換可能部品（チューブなど）
❸排泄予測支援機器
❹入浴補助用具（入浴用いす、浴槽内いす、浴槽内すのこなど）
❺簡易浴槽（取水・排水の工事を伴わないもの）
❻移動用リフトのつり具部分

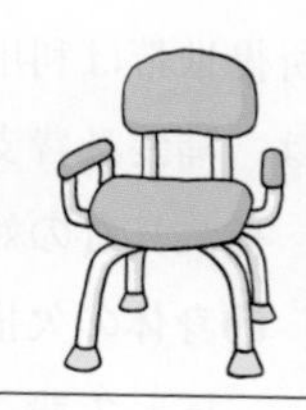

◆**保険給付**

購入費用は、自己負担分を除き、**償還払い**で保険給付されます。年間（4月1日から12か月間）**10**万円を上限とし、同一年度で1品目**1**回の購入が原則です。ただし、破損などの事情がある場合を除きます。

なお、**償還払い**の保険給付を受けるためには、市町村への申請が必要です。

3 福祉用具専門相談員

福祉用具専門相談員は、要介護者などへの福祉用具の**貸与・販売**の際に、福祉用具に関する専門的知識に基づいて助言を行います。

福祉用具専門相談員は介護保険の指定を受けた福祉用具貸与・販売事業所に**2**名以上の配置が義務づけられており、保健師、看護師、准看護師、社会福祉士、介護福祉士、理学療法士、作業療法士、義肢装具士、福祉用具専門相談員指定講習修了者が該当します。

障害者総合支援法と福祉用具

1 補装具

「障害者総合支援法」に定める補装具とは、障害者等の身体機能を補完し、または代替し、かつ、長期間にわたり継続して使用されるものです。補装具は金額も高額になりがちなことから、その購入・貸与に対して補助が行われます。2018（平成30）年４月より、障害者の事情に合わせ適切と考えられる場合に限り、「貸与」が新たに補装具費の支給の対象となりました。これは、子どもの成長に伴い短期間での補装具交換が必要となる場合などを考慮したものです。

負担上限額は、３万7200円ですが、生活保護世帯および市町村税非課税の低所得世帯は利用者負担がありません。ただし、一定以上の所得がある世帯の場合は、補装具費支給の対象から外される場合もあります。

補装具費の対象となる条件は、

❶身体の欠損または失われた身体機能を補完・代替するもので、障害個別に対応して設計・加工されたもの

❷身体に装着（装用）して日常生活や就学・就労に用いるもので、同一製品を継続して使用するもの

❸給付に際して専門的な知見を要するもの

で、具体的には次のようなものがあります。

対象者別の補装具の種類

- **肢体不自由**：義肢　装具　座位保持装置　車いす　電動車いす　歩行器
　歩行補助杖（つえ）（１本杖を除く）
 〈18歳未満のみ〉座位保持いす　起立保持具
　排便補助具　頭部保持具
 〈重度の肢体不自由と音声・言語障害〉重度障害者用意思伝達装置
- **視覚障害**：盲人（もうじん）安全杖　義眼　眼鏡
- **聴覚障害**：補聴器

補装具の支払い方法は、先に全額払ったうえで補助分が戻る**償還払い**と、実負担分だけ支払う**代理受領**方式の２通り用意されています。

補装具費支給制度の実施主体は**市町村**です。障害者（障害児の場合は保護者）が市町村長に申請し、**市町村**より補装具費の支給を受けることになります。

2　日常生活用具給付等事業

日常生活用具給付等事業は、「障害者総合支援法」の地域生活支援事業のひとつで、市町村が行う必須事業と規定されています。対象者は、日常生活用具を必要とする障害者、障害児、難病患者等で、サービスを受けるにあたっては、**市町村長**に申請し、市町村による給付等の決定後、給付等を受けることになります。

日常生活用具の要件は、

❶障害者等が安全かつ容易に使用できるもので、実用性が認められるもの
❷障害者等の日常生活上の困難を改善し、自立を支援し、かつ、社会参加を促進すると認められるもの
❸用具の製作、改良または開発にあたって障害に関する専門的な知識や技術を要するもので、日常生活品として一般に普及していないもの

で、具体的な対象種目は厚生労働省告示第529号（平成18年９月29日）において、次のように定められています。

■日常生活用具給付等事業の対象種目

介護・訓練支援用具	特殊寝台、特殊マットその他の障害者等の身体介護を支援する用具ならびに障害児が訓練に用いるいす等のうち、障害者等および介助者が容易に使用できるものであって、実用性のあるもの
自立生活支援用具	入浴補助用具、聴覚障害者用屋内信号装置その他の障害者等の入浴、食事、移動等の自立生活を支援する用具のうち、障害者等が容易に使用することができるものであって、実用性のあるもの
在宅療養等支援用具	電気式たん吸引器、盲人用体温計その他の障害者等の在宅療養等を支援する用具のうち、障害者等が容易に使用することができるものであって、実用性のあるもの
情報・意思疎通支援用具	点字器、人工喉頭その他の障害者等の情報収集、情報伝達、意思疎通等を支援する用具のうち、障害者等が容易に使用することができるものであって、実用性のあるもの
排泄管理支援用具	ストーマ装具その他の障害者等の排泄管理を支援する用具および衛生用品のうち、障害者等が容易に使用することができるものであって、実用性のあるもの
居宅生活動作補助用具	障害者等の居宅生活動作等を円滑にする用具であって、設置に小規模な住宅改修を伴うもの

費用負担は、国が50/100以内、都道府県が25/100以内の補助金があり、利用者負担は、市町村の判断によります。

重要度B 自助具、コミュニケーションツール

1 自助具

自助具とは、日常の生活動作をより便利に、より容易にできるようにくふうされた福祉用具をいいます。ここでは具体的に、関節リウマチ → 詳細はp.298参照 に適した自助具をみていきます。

◆関節リウマチに適した自助具

関節リウマチを原因とした腓骨神経麻痺では、**下垂足**（足首が下に垂れた状態になること）がみられるため、足首を固定するためにシューホン型の**短下肢装具**を使用することがあります。

また、柄の部分が太く長くなった整髪用の**長柄くし**や**長柄ブラシ**、洗体用のループ付きタオルを使用すると、関節可動域の制限により腕を上げにくい場合でも、頭の後ろまでブラッシングをしたり、背中を洗うことができるようになります。

そのほかにも、離れた場所にある物を引き寄せたり、着替えたりするときに役立つ**リーチャー**という自助具も多く使用されています。

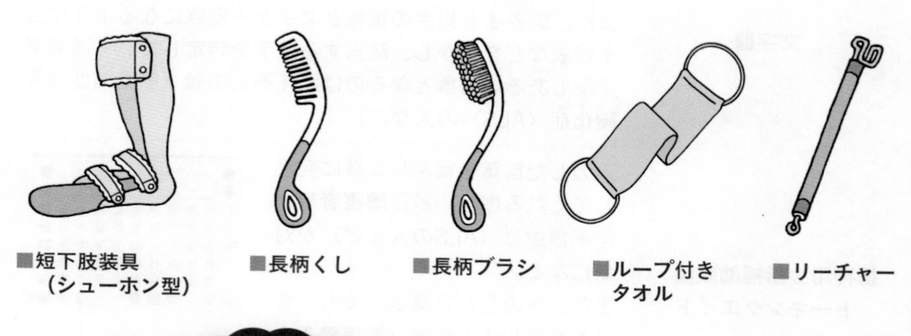

■短下肢装具（シューホン型）　■長柄くし　■長柄ブラシ　■ループ付きタオル　■リーチャー

ひとこと

関節リウマチや変形性膝関節症などで可動域制限のある人や腰痛などで前屈できず、手がつま先まで届きにくい人が、自分で靴下を履くために用いる自助具として、**ストッキングエイド**があります。

2 コミュニケーションツール

聴覚・言語・視覚機能などに障害のある人、肢体不自由者などの、コミュニケーションを補助するために、さまざまな道具や機器があります。

■障害者のコミュニケーションを補助する道具・機器・手法

名称	用途や対象者
補聴器	右図のような挿耳型（カナル型）**は小型のため、高齢者には操作しづらい**場合がある。 箱**型は音量を調節しやすく、高齢者にも適している。**比較的聞こえる側の耳にイヤホンを装着する。 聴覚**障害者**が対象になる
文字盤	五十音表などを指さすことで、意思を伝える道具。**言語障害者**（主に構音**障害**の人）などが対象になる。 また、読み手が相手の視線と文字が一直線になるように五十音表などを動かし、該当する文字を特定していく透明文字盤もある。対象となるのは肢体不自由者（筋萎縮性側索硬化症〈ALS〉の人など）
携帯用会話補助装置・トーキングエイド	入力した言葉を音声や文章に変換してくれる機器。言語**障害者**や肢体不自由者（ALSの人など）が対象になる。 また、入力した言葉以外でも、文章を音声化する機器（**音声読み上げソフト**）もある。対象となるのは視覚**障害者**など
点字タイプライター	入力した文字を、点字で打ち出す機器。 データを保存できるものもある。視覚**障害者**が対象になる

例題

言語機能障害の利用者には、ストッキングエイドの使用を勧める。
〔第35回−問104〕

ストッキングエイドは、関節リウマチや変形性膝関節症などで可動域制限のある人や腰痛などで前屈できない人に適した自助具である。

CHAPTER

12

介護過程

CHAPTER 12
SECTION 1

介護過程の意義と基礎的理解

このSECTIONのポイント

- ◆**介護過程の意義と目的** … 介護過程の概要と展開のプロセスを理解しましょう
- ◆**アセスメント** … ニーズや生活課題を把握するためのアセスメントの方法を学びます
- ◆**計画の立案** … 目標設定と計画立案における留意点をおさえましょう
- ◆**実施** … 実施段階における記録やモニタリングについて学びます
- ◆**評価** … 評価の方向性についておさえておきましょう

重要度B 介護過程の意義と目的

1 介護過程とは

「介護過程」とは、利用者の抱える課題をとらえ、課題を解決するための計画を立案し、実施、評価するプロセスのことです。

利用者の**自立**を支援し、**自己実現**を図っていくためには、その人に適した介護＝個別ケアを提供する必要があります。

介護過程では、利用者に関する情報を集め、**ニーズ**や**生活課題**※を把握するための**アセスメント**※を行うことで、「どのような介護が求められているのか」を、具体化させていきます。そして、客観的で科学的な思考によって、**根拠**に基づく介護の実践・評価を繰り返していくことが、介護過程の特徴といえます。

※生活課題／アセスメントとは？

生活課題とは、**利用者**の望む生活の実現・継続のために、解決しなければならないこと。
アセスメントとは、情報収集、情報の解釈と分析、情報の関連づけと統合を通じて、**利用者の生活課題**を明確化するプロセスのこと。

2 介護過程のめざすもの

介護過程の最終的な目標は、利用者の**自立**と**自己実現**です。そのためには、**QOL（生活の質）**の向上や**尊厳**の保持を常に念頭に置いて、介護過程を展開することが大切です。

ただし、「**利用者の望むことすべて**を、生活上の課題として介護過程に取り入れる」ことが、利用者の自己実現につながるわけではありません。

利用者が自立した生活を送ることができるように、どのような支援が必要かを**専門知識**を活用して見極めていくことも、介護過程の重要な視点といえます。

また、介護過程は、**アセスメント**→**計画の立案**→**実施**→**評価**という流れで行われます。この流れを繰り返す＝サイクルさせることで、より質の高い介護の提供が可能となり、**介護の専門性**を高めていくこともできます。

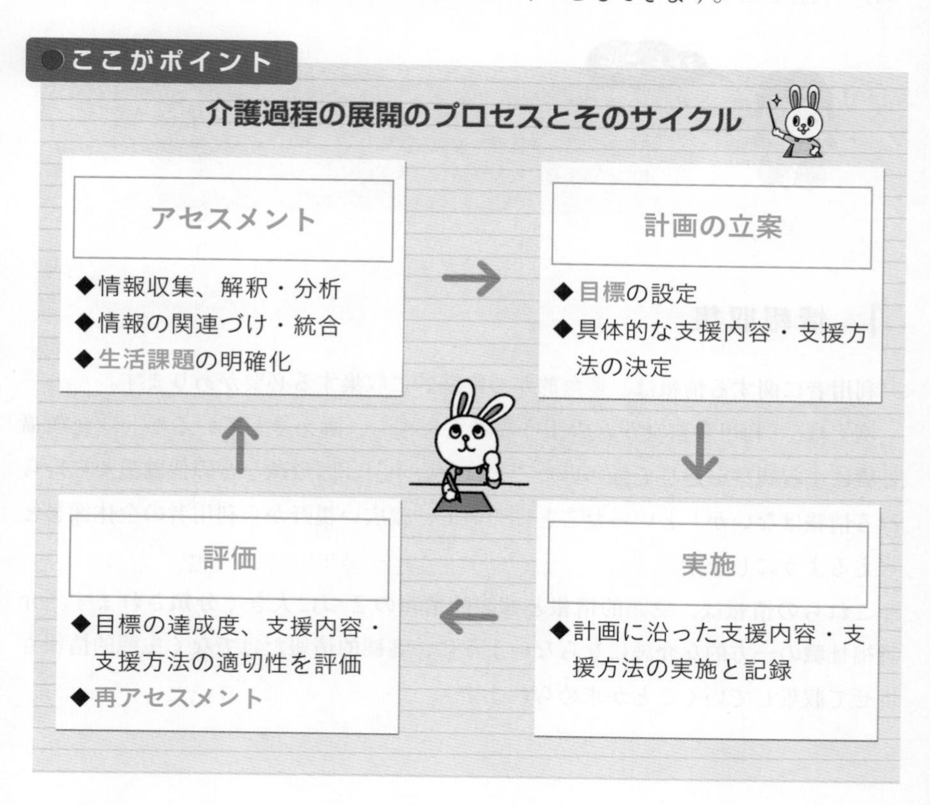

例題

介護過程における生活課題とは、利用者が家族の望む生活を送るために解決するべきことである。〔第34回-問63〕

×　介護過程における生活課題とは、利用者が望む生活を実現するために、解決するべきことである。

重要度A アセスメント

介護過程では、まず、利用者に関する情報収集を行い、その解釈・分析、関連づけ・統合を通じて、ニーズや生活課題を把握するアセスメントを実施します。

ひとこと

アセスメントは、介護過程の土台となる段階です。介護福祉職には、**先入観や偏見を排除**して、事実をありのままにとらえることが求められます。

1 情報収集

利用者に関する情報は、多角的かつ継続的に収集する必要があります。

例えば、「利用者自身がどのような考えをもち、訴えをしているか」、「介護福祉職による観察を通じて気づいたことはないか」、「医療職などの他職種から得られる情報はないか」といったことについて、幅広い視野から利用者の全体像をとらえるようにします。

これらの情報は、主観的情報と客観的情報の２つに大きく分類されます。介護福祉職の一方的な介護にならないように、客観的情報だけでなく主観的情報も併せて収集していくことが求められます。

ここがポイント

情報の種類と情報収集の方法

主観的情報

◆利用者自身の考え方、感じていること、訴えていることなど

◆**情報収集の方法**：言語的コミュニケーションだけでなく **非言語的コミュニケーション** も活用して、利用者のニーズを引き出す

✔CHECK!

客観的情報

◆介護福祉職の観察、健康状態に関するデータ・記録、他職種や家族から得られる情報

◆**情報収集の方法**：日々の **観察** や **介護記録** 、**バイタルサイン** の測定、他職種との **情報共有** によって、利用者の状態・状況を把握する

✔CHECK! 介護福祉職による主観的情報

利用者の様子や言動に対して、介護福祉職が「〜のようだ」「〜だと思う」「〜ではないか」などと感じたこと（印象や見立て）を交えた場合、これらは **客観的情報** ではなく、その介護福祉職による **主観的情報** に該当する。介護過程における記録としては加えるべきものではないが、今後の見通しを立てるときに必要な場合もある。

例題

Q 家族から聞いた利用者の生活歴は、介護過程における主観的情報に該当する。 〔第29回－問64〕

A × 家族から得られた情報は、客観的情報に該当する。

2 情報の解釈と分析、関連づけと統合

情報の収集を終えたら、個々の情報がその利用者にとってどのような意味をもっているのかを解釈し、分析する過程に移ります。

このとき大切なのは、1つひとつの情報を、相互に関連づけて分析していくことです。例えば、利用者がからだの不調を訴えたとき、客観的なデータによって、それを裏づけることができるかもしれません。

ばらばらの情報をつなげ、統合していくことによって、利用者の状態が明確になり、ニーズや生活課題も見えてくるようになります。

ひとこと

介護福祉職がそれまでに培った、介護福祉の知識を活用して情報を解釈することが求められます。

3 生活課題の明確化と優先順位

情報の分析や統合を通じて、その利用者は「何ができていて、できないか」、「何をやりたくて、やれずにいるか」、「今後、どのような状態が起こり得るか」といった生活課題が明確化されます。これらの生活課題は、1つや2つに限定されるものではありません。複数の課題のなかから、利用者の自立と自己実現、QOLの向上、緊急性などを考慮して、優先順位をつける必要があります。

4 ICF（国際生活機能分類）の活用

情報収集に始まり、生活課題の明確化に至るまでのアセスメントの過程では、ICF（国際生活機能分類）※ →詳細はp.459参照 の活用も望まれます。

◆情報収集におけるICFの活用

ICFの生活機能のひとつである「活動」に基づき情報収集する場合、実行状況（している活動）や能力（できる活動）の2つの視点から情報を集めることで、

利用者の自立に向けた支援につながります。

◆生活課題の明確化に向けたICFの活用

収集した情報を、ICFの構成要素にあてはめ解釈・統合すると、「**できないこと**」「**やれずにいること**」の原因も見えてきます。それらの相互作用から、何が利用者の自立を妨(さまた)げているのかを把握することで、生活課題を明確にしていきます。

※ICF（国際生活機能分類）とは？
WHO（世界保健機関）の提唱する、人間の生活機能や障害の状態を把握するための分類法。３つの生活機能（「心身機能・身体構造」「活動」「参加」）には、健康状態と２つの背景因子（「環境因子」「個人因子」）との間に相互作用がある。

ひとこと

環境因子が、生活機能にプラスの影響を与えている場合は **促進** 因子、マイナスの場合は **阻害** 因子と呼びます。

重要度 A

計画の立案

計画の立案は、設定した**目標**に沿って、生活課題を解決するための具体的な**介護計画**を作成していく段階です。

1 目標の設定

明確になったニーズや生活課題を踏まえて、それらを解決するための**目標**を設定します。**短期目標**と**長期目標**を設定して、常に連動させて考える必要があります。

ここがポイント

目標の設定

短期目標	長期目標
◆長期目標を達成するための当面の目標 ◆期間を細かく定めて、段階的に設定する ◆期間の目安は数週間から数か月	◆生活課題を解決するための最終的な目標 ◆期間の目安は6か月から1年

目標の設定にあたっての留意点

◆目標の「主語」は、主体的に取り組めるように利用者として、積極的な参加を促し、話し合いながら設定していく
◆目標は、実現可能な内容にする
◆目標達成までの期間を定めておく（短期目標・長期目標ともに、目安の期間にとらわれず、利用者の状況に応じて設定する）
◆目標を評価するための基準を具体的に示しておく

2 介護計画の立案

介護計画とは、介護保険制度におけるケアマネジメントで作成されるケアプランの目標を実現するために、各専門職が協働して立案する、より詳細な計画＝個別援助計画※のことをいいます。立案にあたり、心に留めておくべきことがあります。

●ここがポイント

介護計画の立案における留意点

◆利用者の生活習慣や価値観を踏まえた **個別的な内容** にする

◆誰が読んでも同じ支援ができるように **分かりやすい表現** で記入する

◆支援内容・支援方法を **具体的に** 示し（いつ・どこで・誰が・何をどうするのか、時間・頻度、注意点など）、**実現可能な計画** にする

◆計画を実施する **期間** を明確にしておく

◆支援内容・支援方法による **効果** をあらかじめ予測しておく

◆必要に応じて、支援内容・支援方法に **変更** を加える

◆利用者と家族の **意向** を反映させ、**同意** を得る

※個別援助計画とは？

個別援助計画は、具体的なサービス内容をまとめたものであり、サービスの種類によって訪問介護計画や通所介護計画などとも呼ばれる。

例題

介護計画の立案においては、本人や家族の希望と乖離（かいり）してもよい。〔第30回-問62〕

× 介護計画の立案においては、利用者と家族の意向を反映させ、同意を得ることが大前提である。

実施

実施は、介護計画に基づき、実際にサービスを提供する段階です。

1 実施の方向性

実施にあたっては、まず、利用者の安全・安心に配慮すること、自立支援を意識することを念頭に置いておきます。そして基本的には、介護計画に示された支援内容・支援方法を、介護福祉職全体や他の専門職で統一して提供します。

また、その際には、利用者の状態・状況、意向に合わせて、必要な支援を見極めて提供するようにします。

2 実施段階における記録

サービスの実施段階においては、客観的な事実を記録に残すことが大切です。介護計画の内容に沿って、事実関係を忠実に記し、利用者や家族の表情・言動、介護福祉職の対応なども記録します。

ひとこと

記録には、実施前の利用者の状態や、実施の結果・考察についても正しく記述する必要があります。ただし、**根拠のない予測や憶測（おくそく）は、記録に含まないよう**に注意しましょう（その他、記録の方法や留意点はp.512参照）。

◆SOAP方式の記録

SOAP方式とは、問題志向型システムに基づき、実施内容を整理してまとめる記録方式です。S（Subjective Data：主観的データ）、O（Objective Data：客観的データ）、A（Assessment：分析）、P（Plan：計画）の４項目に、該当する内容を分類して記述していきます。

3 モニタリング

モニタリングは、介護計画に基づいてサービスが実施されているかどうか、有効であるかどうかを、点検することです。

利用者の状態によっては、現在行っている計画の内容・方法が妥当なものではなくなっていたり、思うような効果が上がっていなかったり、ということも考えられます。モニタリングを定期的に行うことで、ニーズや生活課題に変化が生じていないか、チェックするようにします。

例題

介護計画の実施内容は個々の介護福祉職に任せる。

〔第31回-問64〕

×

介護計画で示された実施内容は、介護福祉職全体や他の専門職で統一して提供する。

重要度A 評価

評価は、計画の実施を通じて、設定した目標（短期目標・長期目標）にどのくらい到達できたかを測る段階です。計画は利用者の個別性を踏まえた内容になっているため、他の利用者の目標達成度とは比較せずに評価します。

1 評価の方向性

介護福祉職の責任のもとに行われ、利用者や家族の意見も参考にして、結果に至るまでのプロセス全体を評価します。

評価を行う日は、目標を設定する際に決められていますが、利用者の状態に変化があった場合や、家族の要望などにより、早期に行う必要が出てくることもあります。

ひとこと

目標が達成されていても、目標に対する**支援内容・支援方法の**妥当性などを評価する必要があります。
また、計画は立てても実施しなかったものは、実施しなかった理由から評価を行うようにします。

2 再アセスメント

目標の達成が不十分だと判定されたり、新たな生活課題がみられたりした場合には、再び介護過程のプロセスを展開していきます。これを、再アセスメントといいます。

再アセスメントは、１つの目標が達成されていても、支援の継続・変更・終結を判断するために、目標ごとに実施されます。その際、利用者の満足度をもとにサービスの継続を判断し、介護計画の内容を変更する場合は、利用者やその家族に説明し、同意を得なければなりません。

例題

介護過程の評価は、支援の実施状況に関する情報を整理して、評価する。〔第30回-問65〕

記述のとおり。利用者や家族の意見も参考にして、結果に至るまでのプロセス全体を評価する。

CHAPTER 12
SECTION 2

介護過程とチームアプローチ

このSECTIONのポイント

◆チームアプローチのあり方 … チームアプローチの中心は利用者です

◆チームアプローチと介護福祉職の役割 … チームアプローチにおいて、利用者の最も近い立場にいるのが介護福祉職です

重要度B チームアプローチのあり方

介護過程におけるサービスは、チームによって行われます。

チームのメンバーは、利用者に関する**情報**を適宜交換し、目的や目標を**共有**しながら連携・協働していきます。

チームアプローチでは、特定の専門職がリーダーになるということはありません。その中心は**利用者**であり、サービスを提供する各専門職はそれぞれの視点から、**専門性**を生かした支援を行っていきます。

チームのメンバーは**固定**されておらず、利用者のニーズや生活課題に合わせて構成されます。専門職に限らず、**ボランティア**や**利用者の家族**がメンバーのなかに含まれることもあります。

重要度B チームアプローチと介護福祉職の役割

チームアプローチにおいては、さまざまな職種が集まり、生活課題の把握や、支援の方向性を定めていくために、**ケアカンファレンス**を開催します。

こうした会議の場で介護福祉職に求められているのは、利用者に最も近い立場にいる専門職として、利用者の思いを**代弁**していくことです。

利用者の心身の状態や生活状況に、どのような変化がみられるか、さらには、家族がどのような感情を抱いているのかを、**観察**や**コミュニケーション**を通じて、キャッチできるようにしていくことが大切です。そして状況に応じて、チームメンバーである他の専門職に**つなげて**いきます。

ひとこと

介護保険制度におけるケアカンファレンスは、ケアマネジメントを通じて作成される、ケアプランの内容を検討する場としても実施されます。この場合は主に、**サービス担当者会議**と呼ばれます。

例題

Q Ｆさん（74歳、男性、要介護３）は、長女（45歳）とその息子（15歳）の３人で暮らしている。
Ｆさんは10年前、パーキンソン病と診断された。ADL（日常生活動作）全般に、動作がゆっくりで時間がかかる。Ｆさんは大柄だが、長女は小柄でやせており、入浴介助が難しい。訪問介護（ホームヘルプサービス）を週３回（入浴介助、長女が留守の時の調理）、通所リハビリテーションを週１回、配食サービスを週１回利用している。居宅介護サービス計画の方針は、Ｆさんの体調に考慮しながら、住み慣れた自宅で安心して暮らせるように支援することである。ある日、長女から、「お弁当を食べていないことが時々ある」「お父さんが重くて腰が痛い」「そろそろ施設入所も考えている」と話があった。
訪問介護員（ホームヘルパー）は、Ｆさんの声が小さく、言葉がはっきりせず聞き取りにくくなったと感じている。
チームアプローチでの訪問介護員の役割として、訪問介護員の腰痛予防対策をケアカンファレンスで話し合った。

〔第27回－問68〕

A ×

このような状況を踏まえたケアカンファレンスで、訪問介護員に求められるのは、**自身の腰痛予防対策**ではなく、**Ｆさんや長女の思い**を報告して、適切な支援につなげていくことである。

CHAPTER 12

SECTION 3

介護過程の展開の理解

このSECTIONのポイント

◆自立に向けた介護過程の展開の実際 … 介護過程を通じて、利用者の能力や意向に応じた自立支援を行います

◆利用者の状態・状況に応じた介護過程の展開 … 利用者の状態・状況に応じた個別ケアを通じて、自立や自己実現をめざします

重要度 B

自立に向けた介護過程の展開の実際

介護過程の目的のひとつは、利用者の**自立**を支援することです。

自立には、**自分の力**で必要な動作をとれるようになる、という意味が含まれています。一方で、他者からの支援を受けながらも、主体的に自己選択・自己決定することで**自分らしい生活**を送ることも、自立ととらえることができます。

介護過程を通じて、利用者の能力や意向に応じた**自立支援**を行うことが求められています。

例題

夜間はおむつに排泄していた利用者が、ポータブルトイレで排泄することを目指して、介護計画を立案した。介護目標については、「夜間はポータブルトイレで排泄するように、理解させる」とした。 〔第25回-問63〕

排泄の自立を促すためには、**介護福祉職**の視点から「排泄するように理解させる」のではなく、**利用者**の視点から「**夜間はポータブルトイレで排泄できる**」という目標を設定することが適切である。

利用者の状態・状況に応じた介護過程の展開

介護を必要とする人は、さまざまな疾患や障害を抱え、それぞれ異なるニーズや生活課題をもっています。**情報収集**の段階から、利用者の状態・状況を的確に把握するように心がけていきます。

また、アセスメントを通じた生活課題の明確化、目標の設定においても、「**利用者の状態・状況**を改善させること」を念頭に、個々のケースに応じた支援を行っていくようにします。

ひとこと

利用者の状態・状況を踏まえて、最優先される生活課題は何か、次の例題から考えてみましょう。

例題

Fさんは、アルツハイマー型認知症である。家族の介護負担が増加して、3日前から介護老人保健施設に入所している。入所前から、トイレに間に合わずに尿失禁をしてしまうことがあるため、昼夜、リハビリパンツを使用している。歩行は自立している。夜間、トイレに起きているが、その後、眠っていることが確認されている。Fさんの尿失禁の改善を目標に収集する情報として、最も優先度の高いものは、施設生活に対する不安である。〔第30回-問67〕

Fさんは、施設に入所する前から、トイレに間に合わず尿失禁をしており、施設生活に対する不安が尿失禁の理由とは考えられない。アルツハイマー型認知症であることから、トイレの場所がわからない、**機能性尿失禁**が疑われる。歩行は自立しているため、適切なトイレ誘導を行うことで、尿失禁の改善を図ることができる。したがって、最も優先度の高い情報はトイレに行く**時間帯**を把握することである。

CHAPTER

13

総合問題

CHAPTER 13

SECTION 1

総合問題の出題傾向

このSECTIONのポイント

◆総合問題の概要 … 総合問題の範囲、出題数などの概要を把握しましょう

◆総合問題の出題傾向 … どのような疾患・障害のある人が事例に取り上げられているのかを把握しましょう

総合問題の概要

介護福祉士国家試験の筆記試験では、各科目が４つの領域 →p. x を参照 に分類されています。「総合問題」は、この４領域の知識および技術を横断的に問う問題を、事例形式で出題するものです。過去の国家試験では、１つの事例に対して**３問**、１回の試験で**４事例12問**が出題されています。

全科目にわたる総合的な習熟度が問われる問題であり、各事例で取り上げられる人は、なんらかの疾患・障害のある人として示されています。

総合問題の出題傾向

1 主な疾患・障害別の出題頻度

◆大きく分けると、どの疾患・障害の出題頻度が高いか？

事例で取り上げられる人の疾患・障害は、大きく分けると、「認知症」「身体障害」「知的障害」「精神障害」「発達障害」「生活習慣病」「難病」に分類できます。これまでに出題された「総合問題」を、この分類にあてはめてみると、特に出題が多いのは「**認知症**」と「**身体障害**」になっています。

■主な疾患・障害からみた出題頻度（過去10回）

分類	出題回と具体的な疾患・障害の名称や状態
認知症	●第27回　アルツハイマー型認知症
	●第27回　レビー小体型認知症
	●第28回　アルツハイマー型認知症
	●第29回　アルツハイマー型認知症（帯状疱疹がある）
	●第30回　アルツハイマー型認知症（養護者に虐待されている）
	●第31回　レビー小体型認知症
	●第32回　アルツハイマー型認知症
	●第33回　認知症（角化型疥癬がある）
	●第34回　アルツハイマー型認知症
	●第35回　アルツハイマー型認知症（一人暮らしをしている）
	●第36回　前頭側頭型認知症（妻と二人暮らしをしている）
身体障害	●第27回　事故による全盲
	●第28回　脳梗塞による左片麻痺と高次脳機能障害
	●第28回　アテトーゼ型脳性麻痺
	●第29回　脳梗塞による左片麻痺（MRSAの保菌者）
	●第29回　頸髄損傷による四肢麻痺
	●第30回　脳出血による不全麻痺（左半側空間無視がある）
	●第30回　事故による頸髄損傷（第６頸髄まで機能残存）
	●第30回　事故による両大腿切断（身体障害者手帳１級を交付されている）
	●第31回　脳出血による不全麻痺（白癬がある）
	●第31回　腰髄損傷（うつ病とパニック発作がある）
	●第31回　脳性麻痺（言語による意思の疎通が困難）
	●第32回　脳梗塞による左半身のしびれ（右膝の変形性関節症がある）
	●第32回　関節リウマチ（障害者支援施設に入所している）
	●第33回　変形性膝関節症
	●第33回　事故による頸髄損傷（第５頸髄まで機能残存）
	●第34回　脳性麻痺
	●第35回　脳梗塞による右片麻痺（介護老人福祉施設に入所している）
	●第35回　脳梗塞による左片麻痺（左同名半盲、失行がある）
	●第36回　事故による脊髄損傷（第４胸髄節まで機能残存）
	●第36回　アテトーゼ型脳性麻痺
知的障害	●第29回　染色体異常による知的障害

精神障害	●第27回　統合失調症 ●第32回　統合失調症 ●第34回　統合失調症
発達障害	●第33回　自閉症スペクトラム障害 ●第35回　自閉症スペクトラム障害 ●第36回　自閉症スペクトラム障害
生活習慣病	●第28回　糖尿病（インスリン自己注射をしている）
難病	●第34回　筋萎縮性側索硬化症（ALS）

◆複数の疾患を抱えているケースもある

上記の表にもあるように、主な疾患・障害のほかに、異なる症状をもつケースもあります。いずれかの種類の疾患が必ず出題されている「**認知症**」などは、事例の対象者が高齢者ということもあり、複数の疾患を併発していることも少なくありません。

ひとこと

「認知症」以外の疾患・障害は、事例の対象者の年齢もさまざまです。「身体障害」では事故によるケースもあり、**対象者の心のケア**という視点からも、介護の必要性が問われています。

2 求められているサービス・支援内容をとらえる

事例に登場する人たちの生活状態は、それぞれ異なります。施設に入所している人もいれば、在宅で生活している人もいます。

認知症であれば、CHAPTER 6「認知症の理解」、身体障害・知的障害・精神障害・発達障害などであれば、CHAPTER 7「障害の理解」の習熟度が問われます。

一方で、その人の状態にあったサービスの提供については、CHAPTER 3「社会の理解」における**介護保険制度**や、**障害福祉サービス**の理解が求められてきます。また、介護保険制度の詳しいサービス内容については、CHAPTER 9「介護の基本」に示されています。

そして、身じたく・移動・食事・入浴・排泄(はいせつ)・睡眠などの介護については、CHAPTER 4「こころとからだのしくみ」と、CHAPTER11「生活支援技術」を、併せておさえておく必要があります。すべての介護場面で必要となるコミュニケーションのあり方をまとめた、CHAPTER10「コミュニケーション技術」の理解も重要です。

主要な疾患・障害の特徴を改めて見直し、どのような**サービス**や**支援内容**が求められているのかを考えるところから、始めてみましょう。

例題

〔事例〕

Mさん（19歳、男性）は、染色体の異常による疾患で知的障害がある。特別支援学校の卒業後、自立した生活を目指して、両親から離れて、共同生活援助（グループホーム）を利用している。日中は、一定期間（おおむね24か月を標準とする）必要な訓練を受けることのできる日中活動のサービスを利用して、生産活動の訓練、職場体験の機会の提供などを受けている。

Mさんは、毎朝、このグループホームから駅まで歩いて、電車で日中活動の場所まで通っている。Mさんは、楽しそうに生き生きと訓練に励んでいる。

〈問題〉

ある朝、介護福祉士であるA世話人がMさんの部屋をのぞくと、グループホームを出る時間を過ぎていたが、まだ寝ていた。「今日は行かないの」と尋ねると、「日中活動がつまらないから行かない」と言いながら、布団をかぶってしまった。A世話人のMさんへの対応として、両親に連絡して、日中活動に行くように話してもらった。

〔第29回-問125〕

Mさんは、自立した生活をめざし、両親の下を離れてグループホームを利用している。そのため、すぐに両親に連絡を取るのではなく、なぜ日中活動がつまらないと思うのか、A世話人自身がMさんと**話し合う**過程で、その**意向**を確かめていくのが適切である。

索引 Index

欧文

あ

い

き

さ

し

す

せ

そ

た

ち

つ

て

ね

の

は

ひ

ふ

へ

ほ

ま

み

む

め

2025年版 みんなが欲しかった！ 介護福祉士の教科書

（2017年版　2016年５月20日　初　版　第１刷発行）
2024年４月27日　初　版　第１刷発行

編 著 者　TAC介護福祉士受験対策研究会
発 行 者　多　田　敏　男
発 行 所　TAC株式会社 出版事業部
（TAC出版）
〒101-8383 東京都千代田区神田三崎町3-2-18
電 話 03（5276）9492（営業）
FAX 03（5276）9674
https://shuppan.tac-school.co.jp/

組　版　朝日メディアインターナショナル株式会社
印　刷　株式会社 光　邦
製　本　株式会社 常 川 製 本

ISBN 978-4-300-11074-4
N.D.C. 369

(2024年2月現在)

書籍のご購入は

1 全国の書店、大学生協、ネット書店で

2 TAC各校の書籍コーナーで

資格の学校TACの校舎は全国に展開!
校舎のご確認はホームページにて

資格の学校TAC ホームページ
https://www.tac-school.co.jp

3 TAC出版書籍販売サイトで

24時間
ご注文
受付中

TAC 出版 で 検索

https://bookstore.tac-school.co.jp/

新刊情報を いち早くチェック!

たっぷり読める 立ち読み機能

学習お役立ちの 特設ページも充実!

TAC出版書籍販売サイト「サイバーブックストア」では、TAC出版および早稲田経営出版から刊行されている、すべての最新書籍をお取り扱いしています。
また、会員登録(無料)をしていただくことで、会員様限定キャンペーンのほか、送料無料サービス、メールマガジン配信サービス、マイページのご利用など、うれしい特典がたくさん受けられます。

サイバーブックストア会員は、特典がいっぱい!(一部抜粋)

通常、1万円(税込)未満のご注文につきましては、送料・手数料として500円(全国一律・税込)頂戴しておりますが、1冊から無料となります。

専用の「マイページ」は、「購入履歴・配送状況の確認」のほか、「ほしいものリスト」や「マイフォルダ」など、便利な機能が満載です。

メールマガジンでは、キャンペーンやおすすめ書籍、新刊情報のほか、「電子ブック版TACNEWS(ダイジェスト版)」をお届けします。

書籍の発売を、販売開始当日にメールにてお知らせします。これなら買い忘れの心配もありません。

書籍の正誤に関するご確認とお問合せについて

書籍の記載内容に誤りではないかと思われる箇所がございましたら、以下の手順にてご確認とお問合せをしてくださいますよう、お願い申し上げます。
なお、正誤のお問合せ以外の**書籍内容に関する解説および受験指導などは、一切行っておりません。**
そのようなお問合せにつきましては、お答えいたしかねますので、あらかじめご了承ください。

1 「Cyber Book Store」にて正誤表を確認する

TAC出版書籍販売サイト「Cyber Book Store」の
トップページ内「正誤表」コーナーにて、正誤表をご確認ください。

CYBER BOOK STORE TAC出版書籍販売サイト

URL:https://bookstore.tac-school.co.jp/

2 1の正誤表がない、あるいは正誤表に該当箇所の記載がない ⇒ 下記①、②のどちらかの方法で文書にて問合せをする

★ご注意ください★

お電話でのお問合せは、お受けいたしません。
①、②のどちらの方法でも、お問合せの際には、「お名前」とともに、
「対象の書籍名(○級・第○回対策も含む)およびその版数(第○版・○○年度版など)」
「お問合せ該当箇所の頁数と行数」
「誤りと思われる記載」
「正しいとお考えになる記載とその根拠」
を明記してください。
なお、回答までに1週間前後を要する場合もございます。あらかじめご了承ください。

① ウェブページ「Cyber Book Store」内の「お問合せフォーム」より問合せをする

【お問合せフォームアドレス】

https://bookstore.tac-school.co.jp/inquiry/

② メールにより問合せをする

【メール宛先　TAC出版】

syuppan-h@tac-school.co.jp

※土日祝日はお問合せ対応をおこなっておりません。
※正誤のお問合せ対応は、該当書籍の改訂版刊行月末日までといたします。

乱丁・落丁による交換は、該当書籍の改訂版刊行月末日までといたします。なお、書籍の在庫状況等により、お受けできない場合もございます。
また、各種本試験の実施の延期、中止を理由とした本書の返品はお受けいたしません。返金もいたしかねますので、あらかじめご了承くださいますようお願い申し上げます。

TACにおける個人情報の取り扱いについて
■お預かりした個人情報は、TAC(株)で管理させていただき、お問合せへの対応、当社の記録保管にのみ利用いたします。お客様の同意なしに業務委託先以外の第三者に開示、提供することはございません(法令等により開示を求められた場合を除く)。その他、個人情報保護管理者、お預かりした個人情報の開示等及びTAC(株)への個人情報の提供の任意性については、当社ホームページ(https://www.tac-school.co.jp)をご覧いただくか、個人情報に関するお問い合わせ窓口(E-mail:privacy@tac-school.co.jp)までお問合せください。

(2022年7月現在)